前　言

根据国家有关的政策性文件，全国计算机技术与软件专业技术资格（水平）考试（以下简称"计算机软件考试"）已经成为计算机软件、计算机网络、计算机应用、信息系统、信息服务领域高级工程师、工程师、助理工程师、技术员国家职称资格考试。而且，根据信息技术人才年轻化的特点和要求，报考这种资格考试不限学历与资历条件，以不拘一格选拔人才。现在，软件设计师、程序员、网络工程师、数据库系统工程师、系统分析师、系统架构设计师和信息系统项目管理师等资格的考试标准已经实现了中国与日本互认，程序员和软件设计师等资格的考试标准已经实现了中国和韩国互认。

计算机软件考试规模发展很快，年报考规模已超过 50 万人，二十多年来，累计报考人数超过 500 万。

计算机软件考试已经成为我国著名的 IT 考试品牌，其证书的含金量之高已得到社会的公认。计算机软件考试的有关信息见网站www.ruankao.org.cn中的资格考试栏目。

对考生来说，学习历年试题分析与解答是理解考试大纲的最有效、最具体的途径之一。

为帮助考生复习备考，全国计算机专业技术资格考试办公室汇集了信息系统监理师 2014 至 2019 年的试题分析与解答，以便于考生测试自己的水平，发现自己的弱点，更有针对性、更系统地学习。

计算机软件考试的试题质量高，包括了职业岗位所需的各个方面的知识和技术，不但包括技术知识，还包括法律法规、标准、专业英语、管理等方面的知识；不但注重广度，而且还有一定的深度；不但要求考生具有扎实的基础知识，还要具有丰富的实践经验。

这些试题中，包含了一些富有创意的试题，一些与实践结合得很好的佳题，一些富有启发性的试题，具有较高的社会引用率，对学校教师、培训指导者、研究工作者都是很有帮助的。

由于作者水平有限，时间仓促，书中难免有错误和疏漏之处，诚恳地期望各位专家和读者批评指正，对此，我们将深表感激。

编　者

2020 年 8 月

全国计算机技术与软件专业技术资格（水平）考试指定用书

信息系统监理师 2014至2019年试题分析与解答

全国计算机专业技术资格考试办公室 主编

清华大学出版社
北京

内 容 简 介

信息系统监理师考试是全国计算机技术与软件专业技术资格（水平）考试的中级职称考试，是历年各级考试报名的热点之一。本书汇集了2014到2019年的所有试题和权威解析。欲参加考试的考生读懂本书的内容后，将会更加深入理解考试的出题思路，发现自己的知识薄弱点，使学习更加有的放矢，对提升通过考试的信心会有极大的帮助。

本书适合参加信息系统监理师考试的考生学习。

图书在版编目（CIP）数据

信息系统监理师 2014 至 2019 年试题分析与解答 / 全国计算机专业技术资格考试办公室主编. —北京：清华大学出版社，2020.12

全国计算机技术与软件专业技术资格（水平）考试指定用书

ISBN 978-7-302-56915-2

Ⅰ. ①信…　Ⅱ. ①全…　Ⅲ. ①信息系统－监管制度－资格考试－题解　Ⅳ. ①G202-44

中国版本图书馆 CIP 数据核字(2020)第 226764 号

责任编辑： 杨如林
封面设计： 常雪影
责任校对： 胡伟民
责任印制： 杨　艳

出版发行： 清华大学出版社
网　　址：http://www.tup.com.cn, http://www.wqbook.com
地　　址：北京清华大学学研大厦 A 座　　邮　　编：100084
社 总 机：010-62770175　　邮　　购：010-83470235
投稿与读者服务：010-62776969，c-service@tup.tsinghua.edu.cn
质量反馈：010-62772015，zhiliang@tup.tsinghua.edu.cn
印 装 者： 三河市铭诚印务有限公司
经　　销： 全国新华书店
开　　本： 185mm×230mm　　**印　张：** 30.25　　**防伪页：** 1　　**字　数：** 755 千字
版　　次： 2020 年 12 月第 1 版　　**印　次：** 2020 年 12 月第 1 次印刷
定　　价： 115.00 元

产品编号：089249-01

目　　录

第1章　2014上半年信息系统监理师上午试题分析与解答

试题（1）

在各种系统开发方法中，系统可重用性、扩充性、维护性较好的开发方法是__（1）__。

（1）A．原型法　　B．生命周期法　　C．面向对象的方法　　D．增长法

试题（1）分析

1. 结构化系统开发方法（亦称“生命周期法”）

①优点：从系统整体出发，强调在整体优化的条件下“自上而下”地分析和设计，保证了系统的整体性和目标的一致性；遵循用户至上原则；严格区分系统开发的阶段性；每一阶段的工作成果是下一阶段的依据，便于系统开发的管理和控制；文档规范化，按工程标准建立标准化的文档资料。

②缺点：用户素质或系统分析员和管理者之间的沟通存在问题；开发周期长，难以适应环境变化；结构化程度较低的系统，在开发初期难以锁定功能要求。

③适用范围：主要适用于规模较大、结构化程度较高的系统的开发。

2. 原型法

①优点：符合人们认识事物的规律，系统开发循序渐进，反复修改，确保较好的用户满意度；开发周期短，费用相对少；由于有用户的直接参与，系统更加贴近实际；易学易用，减少用户的培训时间；应变能力强。

②缺点：不适合大规模系统的开发；开发过程管理要求高，整个开发过程要经过“修改—评价—再修改”的多次反复；用户过早看到系统原型，误认为系统就是这个模样，易使用户失去信心；开发人员易将原型取代系统分析；缺乏规范化的文档资料。

③适用范围：处理过程明确、简单系统；涉及面窄的小型系统。不适合于：大型、复杂系统，难以模拟；存在大量运算、逻辑性强的处理系统；管理基础工作不完善、处理过程不规范；大量批处理系统。

3. 面向对象开发方法

①优点：

- 是一种全新的系统分析设计方法（对象、类、结构属性、方法）。
- 适用于各类信息系统的开发。
- 实现了对客观世界描述到软件结构的直接转换，大大减少后续软件开发量。
- 开发工作的重用性、继承性高，降低重复工作量。
- 缩短了开发周期。

②缺点：

类和继承等特点使得程序会有很多指针操作来定位函数入口和自身要维护虚拟方法表等额外的工作，程序的处理效率相对要低（但程序开发效率高）。所以现在单纯的C语言还

是大为用武之地的。但随着科技的进步，CPU和内存的性能也突飞猛进。由原来的1核到8核，内存16MB和现在的16GB，所以程序的效率多多少少会随着硬件的性能变得更好。考生可以发现很多大的项目也开始由C转而变成由C++和Java等面向对象来写了。

所以选择答案C正确。

参考答案

（1） C

试题（2）

J2EE架构核心是一组技术规范与指南，其中访问数据库的标准接口是__（2）__。

（2）A．JSP　　B．EJB　　C．JMS　　D．JDBC

试题（2）分析

JDBC（Java Data Base Connectivity，Java数据库连接）是一种用于执行SQL语句的Java API，可以为多种关系数据库提供统一访问，它由一组用Java语言编写的类和接口组成。JDBC提供了一种基准，据此可以构建更高级的工具和接口，使数据库开发人员能够编写数据库应用程序。选择答案D正确。

参考答案

（2）D

试题（3）

通过构造目标系统的基本需求，通过追加、完善，演化成最终系统的方法属于__（3）__范畴。

（3）A．结构化方法　　B．面向对象方法　　C．原型法　　D．功能点法

试题（3）分析

原型法是指在获取一组基本的需求定义后，利用高级软件工具可视化的开发环境，快速地建立一个目标系统的最初版本，并把它交给用户试用、补充和修改，再进行新的版本开发。反复进行这个过程，直到得出系统的“精确解”，即用户满意为止的一种方法。通过题干的描述和原型法的定义可以得出选择答案C正确。

选择答案C正确。

参考答案

（3）C

试题（4）

计算机操作系统的主要功能是__（4）__。

（4）A．处理机管理、存储器管理、设备管理、文件管理

B．运算器管理、控制器管理、打印机管理、磁盘管理

C．硬盘管理、软盘管理、存储器管理、文件管理

D．程序管理、文件管理、编译管理、设备管理

试题（4）分析

为了使计算机系统能协调、高效和可靠地进行工作，同时也为了给用户提供方便、友好的计算机使用环境，在计算机操作系统中，通常都设有处理器管理、存储器管理、设备管理、文件管理、作业管理等功能的模块，它们相互配合，共同完成操作系统既定的全部功能。

下面简要地介绍上述几个模块的主要功能：因此选择答案 A 正确。

另外一个角度，选项 B 中运算器管理、控制器管理是硬件系统自身的功能，所以该答案错误；选项 C 中硬盘管理、软盘管理都是设备管理的范畴，缺少处理器管理的内容，该选项错误；选项 D 中编译管理、程序管理都是应用软件管理范畴，显然也不正确，所以选择答案 A 正确。

参考答案

（4）A

试题（5）

__（5）__磁盘阵列存储有校验数据，可提供数据容错能力。

（5）A．RAID5　　B．RAID2　　C．RAID1　　D．RAID0

试题（5）分析

RAID 0：RAID 0 并不是真正的 RAID 结构，没有数据冗余。RAID 0 连续地分割数据并并行地读/写于多个磁盘上。因此具有很高的数据传输率。 但 RAID 0 在提高性能的同时，并没有提供数据可靠性，如果一个磁盘失效，将影响整个数据。因此 RAID 0 不可应用于需要数据高可用性的关键应用。

RAID 1：RAID 1 通过数据镜像实现数据冗余，在两对分离的磁盘上产生互为备份的数据。 RAID 1 可以提高读的性能，当原始数据繁忙时，可直接从镜像拷贝中读取数据。RAID 1 是磁盘阵列中费用最高的，但提供了最高的数据可用率。当一个磁盘失效，系统可以自动地交换到镜像磁盘上，而不需要重组失效的数据。

RAID 2：从概念上讲，RAID 2 同 RAID 3 类似，两者都是将数据条块化分布于不同的硬盘上，条块单位为位或字节。然而 RAID 2 使用称为“加重平均纠错码”的编码技术来提供错误检查及恢复。这种编码技术需要多个磁盘存放检查及恢复信，使得 RAID 2 技术实施更复杂。因此，在商业环境中很少使用。

RAID 3：不同于 RAID 2，RAID 3 使用单块磁盘存放奇偶校验信息。如果一块磁盘失效，奇偶盘及其他数据盘可以重新产生数据。如果奇偶盘失效，则不影响数据使用。RAID 3 对于大量的连续数据可提供很好的传输率，但对于随机数据，奇偶盘会成为写操作的瓶颈。

RAID 4：同 RAID 2，RAID 3 一样，RAID 4，RAID 5 也同样将数据条块化并分布于不同的磁盘上，但条块单位为块或记录。 RAID 4 使用一块磁盘作为奇偶校验盘，每次写操作都需要访问奇偶盘，成为写操作的瓶颈。在商业应用中很少使用。

RAID 5：RAID 5 没有单独指定的奇偶盘，而是交叉地存取数据及奇偶校验信息于所有磁盘上。在 RAID5 上，读/写指针可同时对阵列设备进行操作，提供了更高的数据流量。RAID 5 更适合于小数据块，随机读写的数据。RAID 3 与 RAID 5 相比，重要的区别在于 RAID 3 每进行一次数据传输，需涉及所有的阵列盘。而对于 RAID 5 来说， 大部分数据传输只对一块磁盘操作，可进行并行操作。在 RAID 5 中有“写损失”，即每一次写操作，将产生四个实际的读/写操作，其中两次读旧的数据及奇偶信息，两次写新的数据及奇偶信息。

因此选择 A 正确。

参考答案

（5）A

试题（6）

（6）是用来实现局域网与广域网之间互联的网络设备。

（6）A．中继器或网桥　　B．路由器或网关

C．网桥或路由器　　D．网桥或网关

试题（6）分析

网桥（Bridge）是一个局域网与另一个局域网之间建立连接的桥梁。网桥是属于网络层的一种设备，它的作用是扩展网络和通信手段，在各种传输介质中转发数据信号，扩展网络的距离，同时又有选择地将有地址的信号从一个传输介质发送到另一个传输介质，并能有效地限制两个介质系统中无关紧要的通信。网桥可分为本地网桥和远程网桥。本地网桥是指在传输介质允许长度范围内互联网络的网桥；远程网桥是指连接的距离超过网络的常规范围时使用的远程桥，通过远程桥互联的局域网将成为城域网或广域网。如果使用远程网桥，则远程桥必须成对出现。在题目中并没有指明是远程网桥，所以说网桥就是实现局域网与广域网之间互联的网络设备的手法不是完整的说法，是错误的表达，而选项 A，C，D 中都有网桥，用排除法，因此选择 B 正确。

参考答案

（6） B

试题（7）、（8）

Ethernet 采用的媒体访问控制方式为（7），（8）是 100Base-T 使用的传输介质。

（7）A．CSMA/CD　　B．CDMA　　C．令牌总线　　D．无竞争协议

（8）A．同轴电缆　　B．光纤　　C．双绞线　　D．红外线

试题（7）、（8）分析

以太网是当今现有局域网采用的最通用的通信协议标准，组建于七十年代早期。Ethernet（以太网）是一种传输速率为 10Mbps 的常用局域网（LAN）标准。在以太网中，所有计算机被连接一条同轴电缆上，采用具有冲突检测的载波感应多处访问（CSMA/CD）方法，采用竞争机制和总线拓扑结构。基本上，以太网由共享传输媒体，如双绞线电缆或同轴电缆和多端口集线器、网桥或交换机构成。在星型或总线型配置结构中，集线器/交换机/网桥通过电缆使得计算机、打印机和工作站彼此之间相互连接。

选择 A、C 正确。

参考答案

（7）A　（8）C

试题（9）

采用组件的优点主要是（9）。

（9）A．让软件获得更高性能　　B．支持软件复用

C．让功能划分容易　　D．为达到低内聚、高耦合的设计目标

试题（9）分析

组件（Component）是对数据和方法的简单封装。C++ Builder 中，一个组件就是一个从 TComponent 派生出来的特定对象。组件可以有自己的属性和方法。属性是组件数据的简单访问者。方法则是组件的一些简单而可见的功能。使用组件可以实现拖放式编程、快速的属性处理以及真正的面向对象的设计。组件是近代工业发展的产物，兴起于 20 世纪初，目的是功能模块化，前提是接口标准化，好处是软件复用，构成产品的各个功能组件，由更专业的厂商生产，提高了质量，降低了成本。

因此，选择答案 B 正确。

参考答案

（9）B

试题（10）

IPv6 将 32 位地址空间扩展到＿（10）＿位。

（10）A．64　　B．128　　C．256　　D．1024

试题（10）分析

IPv6 最明显的特征是它使用更大的地址。IPv6 中地址的大小是 128 位，比 IPv4 中的地址大 4 倍。32 位地址空间允许 232 个或 4,294,967,296 个可能的地址。128 位地址空间允许 2128 个或 340,282,366,920,938,463,463,374,607,431,768,211,456（3.4×1038）个可能的地址。

选择答案 B 正确。

参考答案

（10）B

试题（11）

关于“大数据”，错误的说法是＿（11）＿。

（11）A．“大数据”是继云计算、物联网之后，IT 行业又一次对生产和消费产生巨大影响的技术变革

B．“大数据”是指无法在一定时间内用常规软件工具对其内容进行抓取、管理和处理的数据集合

C．“大数据”是用来描述信息爆炸时代产生的海量数据的概念，其规模标准在几十个“TB”与几个“PB”之间的持续变化

D．“大数据”是信息通信技术日渐普遍和成熟的产物，是信息时代的重要标志

试题（11）分析

大数据，是指无法在一定时间内用常规软件工具对其内容进行抓取、管理和处理的数据集合。大数据技术，是指从各种各样类型的数据中，快速获得有价值信息的能力。适用于大数据的技术，包括大规模并行处理（MPP）数据库、数据挖掘电网、分布式文件系统、分布式数据库、云计算平台、互联网和可扩展的存储系统。

大数据与海量数据的区别是：满足 4V（Variety,Velocity,Volume,Value，即种类多、流量大、容量大、价值高）指标的数据称为大数据。而海量数据仅仅是指 Volume（量大）。选项 C 是海量数据的概念，在本题中选择答案 C 正确。

参考答案

（11）C

试题（12）

（12）是指用户可通过 Internet 获取 IT 基础设施硬件资源。

（12）A．SaaS　　B．PaaS　　C．IaaS　　D．HaaS

试题（12）分析

IaaS: Infrastructure-as-a-Service（基础设施即服务）

IaaS 有时候也叫作 Hardware-as-a-Service，几年前如果你想在办公室或者公司的网站上运行一些企业应用，你需要去买服务器，或者别的高昂的硬件来控制本地应用，让你的业务运行起来。

但是现在有 IaaS，你可以将硬件外包到别的地方去。IaaS 公司会提供场外服务器，存储和网络硬件，你可以租用。节省了维护成本和办公场地，公司可以在任何时候利用这些硬件来运行其应用。

一些大的 IaaS 公司包括 Amazon, Microsoft, VMWare, Rackspace 和 Red Hat。不过这些公司又都有自己的专长，比如 Amazon 和微软给你提供的不只是 IaaS，他们还会将其计算能力出租。

PaaS: Platform-as-a-Service（平台即服务）

PaaS 某些时候也叫作中间件。你公司所有的开发都可以在这一层进行，节省了时间和资源。PaaS 公司在网上提供各种开发和分发应用的解决方案，比如虚拟服务器和操作系统。这节省了你在硬件上的费用，也让分散的工作室之间的合作变得更加容易。网页应用管理，应用设计，应用虚拟主机，存储，安全以及应用开发协作工具等，用户只需要自行开发部分或全部的应用程序。

SaaS: Software-as-a-Service（软件即服务）

SaaS 大多是通过网页浏览器来接入。任何一个远程服务器上的应用都可以通过网络来运行，就是 SaaS 了。

一些用作商务的 SaaS 应用包括 Citrix 的 GoToMeeting，Cisco 的 WebEx，Salesforce 的 CRM，ADP，Workday 和 SuccessFactors。

因此选择答案 C 正确。

参考答案

（12）C

试题（13）

按照采用（13）不同，服务器可以分为 CISC 架构、VLIW 架构和 RISC 架构 3 种类型。

（13）A．操作系统　　B．CPU 架构　　C．性能　　D．功能

试题（13）分析

VLIW 是英文“Very Long Instruction Word”的缩写，中文意思是“超长指令集架构”，VLIW 架构采用了先进的 EPIC（清晰并行指令）设计，我们也把这种构架叫作“IA-64 架构”。每时钟周期例如 IA-64 可运行 20 条指令，而 CISC 通常只能运行 1～3 条指令，RISC 能运行 4 条指令，可见 VLIW 要比 CISC 和 RISC 强大得多。VLIW 的最大优点是简化了处理器的结

构，删除了处理器内部许多复杂的控制电路，这些电路通常是超标量芯片（CISC 和 RISC）协调并行工作时必须使用的，VLIW 的结构简单，也能够使其芯片制造成本降低，价格低廉，能耗少，而且性能也要比超标量芯片高得多。目前基于这种指令架构的微处理器主要有 Intel 的 IA-64 和 AMD 的 x86-64 两种。这些都是与服务器、CPU 相关的术语。

选择答案 B 正确。

参考答案

（13）B

试题（14）

解决网络故障问题的过程中，需要询问用户，以便了解解决问题所需的信息，这个步骤的目的是要__（14）__。

（14）A．收集信息　　B．界定故障现象
C．列举可能导致故障的原因　　D．排查原因

试题（14）分析

题目中已经给出了前提条件就是“询问用户，以便了解解决问题所需的信息”，其目的不是为了收集信息而是为了解决问题，也就是为了列举可能导致故障的原因，因此选择答案 C 正确。

参考答案

（14）C

试题（15）

为了确认网络性能能够满足多媒体应用的需要，需要通过必要的网络测试工具对网络的性能进行测试。以下属于网络测试工具的是__（15）__。

（15）A．MSTest　　B．PerformaSure　　C．LoadRunner　　D．Smartbits

试题（15）分析

MS_TOOLS 是微软的一些工具；PerformaSure 是一个用于分布式 J2EE 应用的，强大的诊断工具，它是以事务为中心的。PerformaSure 使公司能够诊断并解决横跨应用服务器，数据库和 J2EE 应用代码的性能问题；LoadRunner：一种较高规模适应性的，自动负载测试工具，它能预测系统行为，优化性能，都不是网络测试工具。

而 SmartBits 是数据通信领域广泛认同的、能够对于网络及设备进行性能测试和评估分析的标准测量仪表。能帮助用户测试交换机、路由器的性能，如吞吐量、延迟、丢包等指标，更可以在一个端口中模拟上千万个网络的数量，并可以对其各自的性能进行分析，测试出不同的 QoS 下不同流量的表现。除了对交换机和路由器的基本网络设备的测试，SmartBits 还能够应用在网络安全设备、接入网设备、通信终端、ATM 设备进行测试和分析。

因此选择答案 D 正确。

参考答案

（15）D

试题（16）

关于机房工程施工中监理工作重点内容的描述，__（16）__是不正确的。

（16）A．审查好承建方的工程实施组织方案，尤其要重点审查是否有保证施工质量的措施
B．控制好施工人员的资质，坚持持证上岗
C．为保证施工进度，应在工作整体完成后进行检测
D．对违反《建筑智能化系统工程实施及验收规范》的做法应及时纠正

试题（16）分析

机房工程监理的主要工作及关键要点是：设计标准、建设规范和规程，这些是工程实施和工程质量评定的依据，抓好工程实施的关键环节：深化设计、工程界面、施工安装、系统调试、系统验收。管理协调工作始终贯穿其中。因此为保证施工进度，应在工作整体完成后进行检测的说法是错误的，本题选择答案 C 正确。

参考答案

（16） C

试题（17）

隐蔽工程施工中，垂直线槽布放缆线应于每间隔＿（17）＿处将缆线固定在缆线支架上。

（17）A．1 米　　B．1.5 米　　C．2 米　　D．2.5 米

试题（17）分析

参见教材第二编“金属线槽安装”一节的内容：槽内缆线应顺直，尽量不交叉，缆线不应溢出线槽，在缆线进出线槽部位、转弯处应绑扎固定。垂直线槽布放缆线应每间隔 1.5m 处固定在缆线支架上；在水平、垂直桥架和垂直线槽中敷设缆线时，应对缆线进行绑扎。4 对对绞电缆以 24 根为束，25 对或以上主干对绞电缆、光缆及其他通信电缆应根据缆线的类型、缆径、缆线芯数为束绑扎。绑扎间距不宜大于 1.5 米，扣间距应均匀、松紧适应。

本题选择答案 B 正确。

参考答案

（17）B

试题（18）

暗敷管路的敷设路由应以直线敷设为主，尽量不选弯曲路由。如暗敷管路受到客观条件限制必须弯曲时，要求其弯曲的曲率半径不应小于该管外径的＿（18）＿倍。

（18）A．5　　B．6　　C．7　　D．8

试题（18）分析

参见教材第二篇“金属线槽安装”一节的内容。

参见教材第二篇“隐蔽工程管路设计”一节的内容。暗敷管路的敷设路由应以直线敷设为主，尽量不选弯曲路由。直线敷设段落的最大长度以不超过 30m 为宜。如必须超过上述长度时，应根据实际需要在管路早间的适当位置加装接头箱（接头盒或过渡盒），以便穿放缆线时，在中间协助牵引施工。如暗敷管路受到客观条件限制必须弯曲时，要求其弯曲的曲率半径不应小于该管外径的 6 倍；如暗管外径大于 50mm 时，要求曲率半径不应小于该管外径的 10 倍。转弯的夹角角度不应小于 90°，且不应有两个以上的弯曲。如有两次弯曲时，应设法把弯曲处设在该暗管段落的两端，并要求该段落的长度不超过 15m，同时要求在这一段落内不得有 S 形弯或 U 形弯。如弯曲管的段长超过 20m 时，应在该段落中装接头箱（接头

盒或过渡盒）。

在设计时，暗敷管路的弯曲角度和曲率半径应尽量大些，有利于穿放缆线，不致使缆线的外护套受到损伤。

本题选择答案 B 正确。

参考答案

（18） B

试题（19）

关于 5 类双绞线的特性，下列说法错误的是__（19）__。

（19）A．最大传输速率为 100Mbps　　B．节点间的最大传输距离为 100m
　　C．双绞线传输信号有衰减　　D．传输过程中 8 根线都在工作

试题（19）分析

百兆网络只使用 1236 四根线，但是千兆网络就要使用八根线。但是 5 类双绞线不能用于千兆网络。因此选项 D 的说法是错误的。

本题选择答案 D 正确。

参考答案

（19）D

试题（20）

水平布线子系统也称作水平子系统，其设计范围是指__（20）__。

（20）A．信息插座到楼层配线架　　B．信息插座到主配线架
　　C．信息插座到用户终端　　D．信息插座到服务器

试题（20）分析

水平布线子系统是指从工作区子系统（信息插座）的信息点出发，连接管理子系统的通信中间交叉配线设备的线缆部分。由于智能大厦对通信系统的要求，需要把通信系统设计成易于维护、更换和移动的配置结构，以适用通信系统及设备在未来发展的需要。水平布线子系统分布于智能大厦的各个角落，绝大部分通信电缆包括在这个子系统中。相对于垂直干线子系统而言，水平布线子系统一般安装得十分隐蔽。在智能大厦交工后，该子系统很难接近，因此更换和维护水平线缆的费用很高、技术要求也很高。如果我们经常地对水平线缆进行维护和更换的话，就会打扰大厦内用户的正常工作，严重者就要中断用户的通信系统。由此可见，水平布线子系统的管路敷设、线缆选择将成为综合布线系统中重要的组成部分。因此电气工程师应初步掌握综合布线系统的基本知识，从施工图中领悟设计者的意图，并从实用角度出发为用户着想，减少或消除日后用户对水平布线子系统的更改，这是十分重要的。

本题选择 A 正确。

参考答案

（20）A

试题（21）

入侵检测一般分为三个步骤，依次是：__（21）__。

①修补　　②数据分析　　③响应　　④信息收集

（21）A．④③① B．④②③ C．④②① D．②③①

试题（21）分析

入侵检测过程一般分为三个步骤：信息收集、信息分析和结果处理。

信息收集：信息收集是指利用 IDS 收集系统、网络、数据及用户活动的行为和状态，并利用所知道的真正、精确而完整的软件来报告这些信息，对来自不同源的信息进行特征分析比较之后得出问题的所在。

信息分析：主要采用两种技术进行分析：模式匹配（误用）、统计分析（异常）。

模式匹配：将收集到的信息与已知的网络入侵数据库进行比较，从而发现违背安全策略的行为。该方法检测准确、效率高，但相应数据库要不断升级。

统计分析：将用户、文件、目录、设备等的访问次数、操作失败次数、延时等属性的平均值与它们的实时行为进行比较，当观测值超常则认为有入侵。该方法能发现未知、复杂入侵，但误报、漏报率高，方法推理复杂，目前处于热点研究之中。

结果处理：在发现了攻击企图或违背安全策略的网络行为时，入侵检测系统需要及时对这些网络行为进行响应。响应的行为包括：

1）告警；

2）记录：记录入侵的细节和系统的反应；

3）反应：进行响应的处理进行进一步的处理；

本题选择 A 正确。

参考答案

（21）A

试题（22）

驻留在多个网络设备上的程序在短时间内同时产生大量的请求消息冲击某 Web 服务器，导致该服务器不堪重负，无法正常响应其他用户的请求，这属于<u>（22）</u>。

（22）A．网上冲浪 B．中间人攻击 C．DDoS 攻击 D．MAC 攻击

试题（22）分析

分布式拒绝服务(DDoS:Distributed Denial of Service)攻击指借助于客户/服务器技术，将多个计算机联合起来作为攻击平台，对一个或多个目标发动 DDoS 攻击，从而成倍地提高拒绝服务攻击的威力。通常，攻击者使用一个偷窃账号将 DDoS 主控程序安装在一个计算机上，在一个设定的时间主控程序将与大量代理程序通信，代理程序已经被安装在 Internet 上的许多计算机上。代理程序收到指令时就发动攻击。利用客户/服务器技术，主控程序能在几秒钟内激活成百上千次代理程序的运行。

本题选择答案 C 正确。

参考答案

（22）C

试题（23）

对工程建设监理公正性的要求，是<u>（23）</u>。

（23）A．对工程建设监理进行约束的条件

B. 监理单位和监理工程师的基本职业道德准则

C. 工程建设监理正常和顺利开展的基本条件

D. 由它的维护社会公共利益和国家利益的特殊使命所决定的

试题（23）分析

参见教材第一篇，监理单位的组织建设一节：

原信息产业部正式颁布的《信息系统工程监理暂行规定》中，第十八条详细规定了监理单位的权利与义务：

- 应按照“守法、公平、公正、独立”的原则，开展信息系统工程监理工作，维护建设单位与承建单位的合法权益；
- 按照监理合同取得监理收入；
- 不承建信息系统工程；
- 不得与被监理项目的承建单位存在隶属关系和利益关系，不得作为其投资者或合伙经营者；
- 不得以任何形式侵害建设单位和承建单位的知识产权；
- 在监理过程中因违犯国家法律、法规，造成重大质量、安全事故的，应承担相应的经济责任和法律责任。

从以上的条款可以看出，一个信息系统工程监理单位的行为应该遵循以下准则：

1. 守法

这是任何一个具有民事行为能力的单位或个人最起码的行为准则，对于监理单位守法就是依法经营，其行为应遵守国家和相应地区的所有法律法规。

2. 公正

主要是指监理单位在处理建设单位与承建单位之间的矛盾和纠纷时，要做到不偏袒任何一方，是谁的责任，就由谁承担，该维护谁的权益，就维护谁的利益，决不能因为监理单位受建设单位的委托，就偏袒建设单位。

3. 独立

这是信息系统工程监理有别于其他监理的一个特点，监理单位不能参与除监理以外的与本项目有关的业务，而且，监理单位不得从事任何的具体的信息系统工程业务。也就是说，监理单位应该是完全独立于其他双方的第三方机构。

4. 科学

信息系统工程是代表高科技的工程，监理的业务活动要依据科学的方案，运用科学的手段，采取科学的方法，进行科学的总结。

5. 保密

信息系统工程是高新技术领域的工程，在工程设计和实施中会涉及大量的技术、商业、经济等秘密，监理单位有义务对其在工作范围内接触的上述信息保守秘密。

本题选择答案 B 正确。

参考答案

（23）B

试题（24）

信息系统监理单位应在项目执行过程中坚持“独立”的行为准则，具体是指__（24）__。

（24）A．依照国家法律法规及标准开展监理工作
B．在纠纷处理过程中，不偏袒任何一方
C．不参与除监理以外的与本项目有关的业务
D．不将工作中接触到的信息透露给第三方

试题（24）分析

独立，这是信息系统工程监理有别于其他监理的一个特点，监理单位不能参与除监理以外的与本项目有关的业务，而且，监理单位不得从事任何的具体的信息系统工程业务。也就是说，监理单位应该是完全独立于其他双方的第三方机构。选择答案C正确。

参考答案

（24）C

试题（25）

总监理工程师代表由总监理工程师授权，可以__（25）__。

（25）A．审定系统测试方案　　B．签发工程暂停令
C．审批工程延期　　D．主持编写工程项目监理规划

试题（25）分析

总监理工程师代表的职责：

- 总监理工程师代表由总监理工程师授权，负责总监理工程师指定或交办的监理工作。
- 负责本项目的日常监理工作和一般性监理文件的签发。
- 总监理工程师不得将下列工作委托总监理工程师代表：
  - 根据工程项目的进展情况进行监理人员的调配，调换不称职的监理人员；
  - 主持编写工程项目监理规划及审批监理实施方案；
  - 签发工程开工／复工报审表、工程暂停令、工程款支付证书、工程项目的竣工验收文件；
  - 审核签认竣工结算；
  - 调解建设单位和承建单位的合同争议，处理索赔，审批工程延期。

选择答案A正确。

参考答案

（25）A

试题（26）

__（26）__是需求分析阶段研究的对象。

（26）A．软件的功能和性能　　B．软件项目的用户要求
C．目标系统的物理模型　　D．目标系统的逻辑模型

试题（26）分析

需求分析阶段研究的对象是软件项目的用户要求，软件的功能和性能是用户要求的一部分，所以不会选择选项A。

选择答案 B 正确。

参考答案

（26）B

试题（27）

监理软件质量保证工作的目标包括__（27）__。

①监督承建单位对软件质量保证活动做到有计划

②促进由各方及时处理软件项目开发过程中的不一致性问题

③确保所选择的软件工作产品是经过标识、受到控制并具有可用性的

④客观地验证软件产品及其活动是否遵守应用的标准、规程和需求

（27）A．①②③④　B．②③④　C．①②③　D．①②④

试题（27）分析

软件质量保证（SQA）是建立一套有计划，有系统的方法，来向管理层保证拟定出的标准、步骤、实践和方法能够正确地被所有项目所采用。软件质量保证的目的是使软件过程对于管理人员来说是可见的。它通过对软件产品和活动进行评审和审计来验证软件是合乎标准的。软件质量保证组在项目开始时就一起参与建立计划、标准和过程。这些将使软件项目满足机构方针的要求，显然应该从一开始（需求阶段）就定义和实施，这些都是软件项目监理工作要注重的内容，“确保所选择的软件工作产品是经过标识、受到控制并具有可用性的”这句话所说是要求而不是目标。

因此选择答案 D 正确。

参考答案

（27）D

试题（28）

对于监理工作而言，软件质量保证应从__（28）__时开始定义和实施，一直持续到运行期。

（28）A．立项阶段　B．合同签订　C．需求分析　D．编码阶段

试题（28）分析

软件的质量保证（QA）是实施阶段的任务，在建立的前期阶段都是招标投标和合同签订的工作，不存在软件质量保证（QA）的工作，应从实施阶段（需求分析）。

本题选择答案 C 正确。

参考答案

（28）C

试题（29）

配置管理库不包括__（29）__。

（29）A．开发库　B．代码库　C．受控库　D．产品库

试题（29）分析

软件配置管理库包含：开发库、受控库、产品库。

选择答案 B 正确。

参考答案

（29） B

试题（30）

（30）不是使用软件测试工具的目的。

（30）A．帮助测试寻找问题　　B．协助问题的诊断
　　C．节省测试时间　　D．更好地控制缺陷提高软件质量

试题（30）分析

软件测试的目的主要是：

测试的目的是为了发现尽可能多的缺陷，不是为了说明软件中没有缺陷。

成功的测试在于发现了迄今尚未发现的缺陷。所以测试人员的职责是设计这样的测试用例，它能有效地揭示潜伏在软件里的缺陷。

软件测试本身只能发现错误，不能提高软件质量，使用软件测试工具同样不能达到这个目的。

选择答案 D 正确。

参考答案

（30）D

试题（31）

在局域网网络性能评价中，最核心的评价指标不包括（31）。

（31）A．响应时间　B．数据量　C．吞吐率　D．资源利用率

试题（31）分析

常用的网络性能评价指标如下。

1．吞吐率（Throughput）

吞吐率是单位时间内传送通过网络的给定点的平均比特数，单位为 b/s（比特/秒）。因为数据分组可能出错，所以，当测试吞吐率时，一般只包括无差错数据分组的比特数。对整个或局部稳态网络来说，其输入和输出速率是相等的。因此，吞吐率则为进入或离开一段网络时每秒钟的平均比特数。

2．包延迟（Latency）

包延迟反映的是网络的反应时间，是指数据分组的最后一位从到达网络的工作站到通过网络送至目的工作站所用的时间。无论是网络延迟还是由用户/工作站链路所引起的延迟，都可能超过用户-用户的响应时间。根据吞吐率，可测出网络在每秒钟处理的比特数或数据分组数的平均值。很多网络用延迟-吞吐率的关系曲线来描述网络性能。由于现在网络的复杂应用，许多应用（如音频、视频等）对延迟非常敏感。

3．丢包率（Frame Lost Rate）

丢包率反映的是网络资源的利用率，是指在正常稳定网络状态下，应该被转发由于缺少资源而没有被转发的数据包所占的百分比。丢包率的大小，显示出网络的稳定性及可靠性程度。

4．背对背（Back-to-back）

背对背是用于表示网络设备缓冲数据包能力的一个指标。网络上经常有一些应用（如

NFS、备份、路由更新等）会产生大量的突发数据包，而且这样的数据包丢失可能会产生更多的数据包，强大缓冲能力可以减小这种突发对网络造成的影响。

没有数据量的测试项，选择 B 正确。

参考答案

（31） B

试题（32）

软件配置管理项应满足的特性不包括__（32）__。

（32）A．正确性　　B．完备性　　C．可追踪性　　D．实时性

试题（32）分析

软件配置管理（Software Configuration Management，SCM）是一种标识、组织和控制修改的技术。软件配置管理应用于整个软件工程过程。在软件建立时变更是不可避免的，而变更加剧了项目中软件开发者之间的混乱。SCM 活动的目标就是为了标识变更、控制变更、确保变更正确实现并向其他有关人员报告变更。从某种角度讲，SCM 是一种标识、组织和控制修改的技术，目的是使错误降为最小并最有效地提高生产效率。知道了软件配置管理的目的，采用排除法，软件配置管理必须正确、完备，具有可追踪性，而实时并不是软件配置管理所追求的目标。

选择答案 D

参考答案

（32）D

试题（33）

UML 提供了 4 种结构图用于对系统的静态方面进行可视化、详述、构造和文档化。__（33）__不属于这类视图。

（33）A．对象图　　B．类图　　C．协作图　　D．组件图

试题（33）分析

UML 中包含 9 种图，可以将这 9 种图分为两类，一类用于结构建模，称为结构图；一类用于行为建模，称为行为图。

1. 结构图

结构图有 4 种，分别是：

（1）类图（classdiagram）

类图显示一组类、接口、协作以及它们之间的关系。类图可用于说明系统的静态设计视图。包含主动类的类图可用于说明系统的静态进程视图。

（2）对象图（objectdiagram）

UML 图中对象图显示一组对象以及它们之间的关系。对象图是类图中发现的事物的实例的数据结构和静态快照。对象图也可用于说明系统的静态设计视图和静态的进程视图，但它是从现实或原型的方面来透视的（因为是类的实例）。

（3）构件图（componentdiagram）

UML 图中构件图显示了一组构件以及他们之间的关系。构件图可用于说明系统的静态

实现视图。

（4）实施图（deploymentdiagram）

UML 图中实施图显示了一组节点以及他们之间的关系。实施图可用于说明系统的静态实施视图。

这4种图还有一些常见的变体，例如子系统图实际就是一个类图。

2. 行为图

行为图有5种，分别是：

（1）用况图（usecasediagram）

UML图中用况图用于组织系统的行为，描述了一组用况和参与者以及它们之间的关系。用况图用于描述系统的静态用况视图。

（2）顺序图（sequencediagram）和协作图（collaborationdiagram）

UML 图中顺序图和协作图在语义上是等价的，它们可以互相转换。顺序图和协作图又被统称为交互图（interactiondiagram）。它们显示了一组对象和由这组对象发送和接收的消息。顺序图强调消息的时间次序，协作图强调发消息的对象的结构组织。

（3）状态图（statechartdiagram）和活动图（activitydiagram）

UML 图中状态图和活动图在语义上是等价的，它们可以互相转换。状态图用来描述一个特定的对象的所有可能的状态以及由于各种事件的发生而引起的状态之间的转移。与活动图的主要区别体现在：状态图侧重从行为的结果来描述，而活动图侧重从行为的动作来描述。活动图可能涉及多个对象，而状态图只涉及一个特定的对象。

协作图未包含上述描述的范围内，选择答案C正确。

参考答案

（33）C

试题（34）

___（34）___不属于面向对象技术的基本特征。

（34）A．封装性　　B．模块性　　C．多态性　　D．继承性

试题（34）分析

显然模块性是结构化设计的典型特征。选择答案B正确。

参考答案

（34）B

试题（35）

作为软件系统验收依据的文件是软件生存周期中的___（35）___。

（35）A．实施方案　　B．测试方案　　C．需求规格说明书　　D．设计文档

试题（35）分析

选项中没有合同文件，如果有合同应该是软件系统验收依据的文件。需求规格说明书编写的目的是通过此文档，以保证业务需求提出者与需求分析人员、开发人员、测试人员及其他相关利益人对需求达成共识，因此，需求规格说明书作为软件系统验收依据的文件是合适的。

因此选择答案C正确。

参考答案

（35）C

试题（36）

某项目团队包含项目经理在内共计 11 人，团队内部的沟通渠道共计__（36）__条。

（36）A．55　　B．44　　C．33　　D．22

试题（36）分析

计算公式为：沟通渠道=n(n−1)/2=55

选择答案 A 正确。

参考答案

（36）A

试题（37）

信息化工程建设监理过程中，被监理单位应当按照__（37）__的规定接受监理。

（37）A．工程建设监理合同
B．工程建设合同
C．监理单位给被监理单位的书面通知
D．建设单位给被监理单位的书面通知

试题（37）分析

信息化工程建设监理过程中，一般是在建设单位与承建单位的工程建设合同中明确要求承建单位接受监理单位的监理，选择答案 B 正确。

参考答案

（37）B

试题（38）

分包合同发生的索赔问题，涉及总包合同中建设单位的义务和责任时，由总承包商向建设单位提出索赔，由__（38）__进行协调。

（38）A．总包项目经理　　B．分包项目经理
C．监理工程师　　D．建设单位代表

试题（38）分析

本题中给出的情景式实际上是建设单位和承建单位发生了索赔的问题，需要协调，这当然是监理工程师的责任，因此，本题选择答案 C 正确。

参考答案

（38）C

试题（39）

当专业监理工程师需要重大调整时，总监理工程师应书面通知__（39）__。

（39）A．承建单位和监理单位　　B．建设单位质量监督机构
C．质量监督机构和主管单位　　D．建设单位和承建单位

试题（39）分析

参见教材第一篇“监理项目部的组成”一节的内容，监理项目部的组织形式和规模，应

根据委托监理合同规定的服务内容、服务期限、工程类别、规模、技术复杂程度、监理单位式等因素确定。监理项目部的组织机构应该精简灵活，运转高效。监理项目实行总监理工程师负责制，监理人员还应包括专业监理工程师和监理员，必要时可配备总监理工程师代表。监理工程师的专业结构应合理，数量和比例要满足监理工作的实际需要。一般来说，监理单位应于委托监理合同签订后 10 个工作日内将监理项目部的组织形式、人员构成及对总监理工程师的任命书书面通知建设单位。当总监理工程师需要调整时，监理单位应征得建设单位同意并书面通知承建单位；当专业监理工程师需要调整时，总监理工程师应书面通知建设单位和承建单位。

选择答案 D 正确。

参考答案

（39）D

试题（40）

关于监理单位的权利与义务，__（40）__说法是错误的。

（40）A．监理单位应按照“守法、公平、公正、独立”的原则，开展信息系统工程监理工作，维护建设单位与承建单位的合法权益

B．监理单位应按照监理合同取得监理收入

C．监理单位不得与被监理项目的承建单位存在隶属关系和利益关系，不得作为其投资者或合伙经营者

D．在监理过程中，如承建单位发生质量和安全事故，监理单位无须承担责任

试题（40）分析

选项 D 在监理过程中，如承建单位发生质量和安全事故，监理单位无须承担责任这一说法存在着错误，如果监理正确的履行了自己的监理职责，当然不需要为承建单位发生的质量事故承担责任，但是如果监理工作未做到位，承建单位发生质量和安全事故，监理当然应当承担相应的责任。

选择 D 是正确答案。

参考答案

（40）D

试题（41）

信息系统工程监理行业相对于建设工程监理行业，其监理对象特点不包括__（41）__。

（41）A．过程控制可视性强 B．信息技术水平高

C．需求变更较为频繁 D．投资规模相对小

试题（41）分析

参见教材第一篇“信息系统工程监理与建筑工程监理之区别”一节的内容：

两者在工程方面的区别主要体现在：

1. 技术浓度

建筑工程项目属于劳动密集型；而信息系统工程项目属于技术密集型。

2. 可视性

建筑工程项目可视性、可检查性强；信息系统工程项目可视性差，而且在度量和检查方面难度较高。

3. 设计独立性

建筑工程的设计通常是由专门的设计单位承担的，或者说，建筑工程的设计单位通常不承担施工任务，而是由施工单位根据设计单位提供的设计图纸和说明书进行施工；信息系统工程的设计与实施通常是由一个系统集成商（承建单位）承担的。

建筑设计行业已存在了多年，有若干单位专门从事这一行当，但到目前为止尚不存在专门从事信息系统设计的公司和行业，也不存在不进行系统设计而专门等着别人设计好了而自己去施工以完成信息系统的公司和行业。

4. 变更性

建筑工程一旦施工开始，则投资单位一般不再对该建筑的功能需求、设计等方面提出变更，建筑工程队只需严格按设计图纸和说明书施工直至完成；而信息系统工程则不然，承建单位常常在实施过程中不断地面对“变更”问题，特别是用户需求的变更。

5. 复制成本

如果由同一套筑建设计生成 n 套建筑工程，则一般而言，其总投资（设为 TI）就应为一套建筑工程投资（设为 i）的几倍（即 TI=ni）；而在信息系统建设中，则有 TI<ni 或 TI≤ni。所以，只要花较小甚至很小的代价，就可以将一个信息系统的软件和集成方案经过再造而成一个新的信息系统去满足类似用户的需求，从而使该信息系统的知识产权所有者蒙受重大损失。

6. 投资规模

建筑工程项目的投资规模与信息系统的投资规模不在同一数量级上，后者比前者小得多。所以，在确定监理费占整个工程项目费的比例上会遇到一定困难。

选择 A 是正确答案。

参考答案

（41）A

试题（42）

某企业与一长期合作供应商签订合同，委托其在本年度内代为采购企业所需的信息化设备，现设备费用总额尚不确定。该企业在合同中约定除向供应商支付设备购置费外，同时按购置费总和的 20%作为该供应商的服务费用。上述合同类型属于__（42）__。

（42）A．总价合同　　B．工料合同
C．成本加奖励合同　　D．成本加固定费率合同

试题（42）分析

参见教材第一篇“信息系统工程合同的分类”一节的内容：

以付款方式的不同，信息系统工程合同分为总价合同、单价合同和成本加酬金合同。

1. 总价合同

又称固定价格合同。固定价格合同是指在合同中确定一个完成项目的总价，承建单位据

此完成项目全部内容的合同。这种合同类型能够使建设单位在评标时易于确定报价最低的承建单位，易于进行支付计算。但这类合同仅适用于项目工作量不大且能精确计算、工期较短、技术不太复杂、风险不大的项目。因而采用这种合同类型要求建设单位必须准备详细而全面的设计方案（一般要求实施详图）和各项说明，使承建单位能准确计算项目工作量。

2. 单价合同

单价合同是承建单位在投标时按照招标文件就分部、分项项目所列出的项目工作量表确定各分部、分项项目费用的合同类型。

这类合同适用范围比较宽，其风险可以得到合理的分摊，并且能鼓励承建单位通过提高工效等手段从成本节约中提高利润。这类合同能够成立的关键在于双方对单价和项目工作量计算方法的确认，在合同履行中需要注意的问题则是双方实际项目工作量的确认。

3. 成本加酬金合同

成本加酬金合同，是建设单位向承建单位支付建设项目的实际成本，并按事先约定的某一种方式支付酬金的合同类型。在这类合同中，建设单位需承担项目实际发生的一切费用，因此也就承担了项目的全部风险。而承建单位由于无风险，其报酬也往往较低。这类合同的缺点是建设单位对项目总价不易控制，承建单位也往往不注意降低项目成本。这类合同主要适用于需要立即开展工作的工程项目、新型的工程项目，或风险很大的工程项目。因此正确答案是D。

参考答案

（42）D

试题（43）

在合同协议书内应明确注明开工日期、竣工日期和合同工期总日历天数。其中工期总日历天数应为＿（43）＿。

（43）A. 招标文件要求的天数　　B. 投标书内承包人承诺的天数
　　C. 工程实际需要实施的天数　　D. 经政府主管部门认可的天数

试题（43）分析

选项B“投标书内承包人承诺的天数”一定符合招标文件要求的工期天数，否则不能中标，而且承建单位投标书的工期天数有可能少于招标文件要求的工期天数。

选择答案B正确。

参考答案

（43）B

试题（44）

建设单位选择合适的监理单位时，监理单位为了获得监理任务，在项目监理招标阶段编制的项目监理指导性文件是＿（44）＿。

（44）A. 监理大纲　　B. 监理规划　　C. 监理方案　　D. 监理细则

试题（44）分析

监理大纲是在建设单位选择合适的监理单位时，监理单位为了获得监理任务，在项目监理招标阶段编制的项目监理单位案性文件。它是监理单位参与投标时，投标书内容的重要组成部分。编制监理大纲的目的是，要使建设单位信服，采用本监理单位制定的监理单位方案，能够圆满实现建设单位的投资目标和建设意图，进而赢得竞争投标的胜利。由此可见，监理大纲的作用，是为监理单位的经营目标服务的，起着承接监理任务的作用。

本题选择答案 A 正确。

参考答案

（44）A

试题（45）

下列各种说法中，＿（45）＿是不正确的。

（45）A．监理规划由项目总监理工程师主持制订

B．制订监理规划是开展监理工作的第一步

C．监理规划是签定监理合同之前与建设方协商确定的监理文件

D．监理规划是签定监理合同之后与建设方协商确定的监理文件

试题（45）分析

监理规划是在监理委托合同签订后，由监理单位制定的指导监理工作开展的纲领性文件。它起着指导监理单位规划自身的业务工作，并协调与建设单位在开展监理活动中的统一认识、统一步调、统一行动的作用。由于监理规划是在委托合同签订后编制的，监理委托关系和监理授权范围都已经很明确，工程项目特点及建设条件等资料也都比较翔实。因此，监理规划在内容和深度等方面比监理委托合同更加具体化，更加具有指导监理工作的实际价值。

本题选择答案 C 正确。

参考答案

（45）C

试题（46）

监理细则是在＿（46）＿制订的。

（46）A．签订监理合同前

B．监理招标过程中

C．开展现场监理活动前

D．开展监理工作过程中

试题（46）分析

参见教材第一篇建立实施细则章节的内容：监理实施细则则是在监理规划指导下，监理项目部已经建立，各项专业监理工作责任制已经落实，配备的专业监理工程师已经上岗，再由专业监理工程师根据专业项目特点、本专业技术要求所编制的具有实施性和可操作性的业务性文件。监理实施细则由各专业监理工程师负责主持编制，并报送项目总监理工程师认可批准执行。

选择答案 C 正确。

参考答案

（46）C

试题（47）

（47）是应用系统建设过程中凸显出来的最大特点。在需求获取过程中因需求不完整、不清晰的情况，导致后续开发改动频繁，容易引发大量的质量缺陷及隐患。

（47）A．风险　　B．漏洞　　C．纠纷　　D．变更

试题（47）分析

"在需求获取过程中因需求不完整、不清晰的情况，导致后续开发改动频繁，容易引发大量的质量缺陷及隐患"值得是变更，已经给出了答案。

选择答案 D 正确。

参考答案

（47）D

试题（48）

以下属于工程设计阶段质量控制要点的是（48）。

（48）A．审查承建单位对关键部位的测试方案

B．协助建设单位提出工程需求方案

C．对开发、实施材料与设备的检查

D．协助招标公司和建设单位制定评标的评定标准

试题（48）分析

审查承建单位对关键部位的测试方案应该在涉及阶段来完成。协助建设单位提出工程需求方案实在工程前期完成的；对开发、实施材料与设备的检查是实施阶段的工作；协助招标公司和建设单位制定评标的评定标准是在前期阶段的工作内容。

因此选项 A 正确。

参考答案

（48） A

试题（49）

工程项目质量控制是采取一系列监控措施、手段和方法，以确保项目符合（49）的质量标准的过程。

（49）A．监理工程师规定　　B．合同规定

C．政府规定　　D．建设单位规定

试题（49）分析

项目的质量、进度等都要满足合同的要求，而合同是不会与政府的规定、建设单位的规定相违背的。因此选择答案 B 正确。

参考答案

（49） B

试题（50）～（52）

- 下表描述了某软件工程各项子任务之间的关系和持续时间，由此可知工程总工期为（50）天。如因某骨干员工离职，原定任务 F 由 2 天延长至 4 天，则总工期为（51）天，此时任务 E 的自由时差为（52）天。

工作代号	紧前工作	持续时间
A		2
B	A	3
C	A	1
D	B	2
E	C	3
F	C	2
G	E、F	4
H	D、G	1
I	H	4

（50）A. 13　　B. 14　　C. 15　　D. 16

（51）A. 15　　B. 16　　C. 17　　D. 18

（52）A. 1　　B. 2　　C. 3　　D. 4

试题（50）～（52）分析

本题的关键是画出双代号网络图如下：

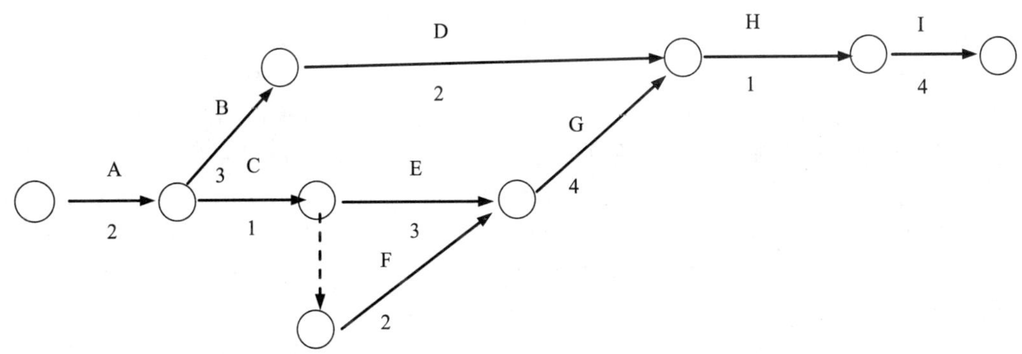

从图中可以看出，关键路径是 A—C—E—G—H—I，工期为 15 天。

原定任务 F 由 2 天延长至 4 天后，关键路径变为 A—C—F—G—H—I，工期为 16 天，此时任务 E 的自由时差是 1。

选择答案 C、B、A 正确。

参考答案

（50）C　（51）B　（52）A

试题（53）

质量控制工具<u>（53）</u>与“二八定律”揭示的原理相同。

（53）A. 直方图　　B. 散点图　　C. 控制图　　D. 帕累托图

试题（53）分析

帕累托图又叫排列图、主次图，是按照发生频率大小顺序绘制的直方图，表示有多少结果是由已确认类型或范畴的原因所造成。它是将出现的质量问题和质量改进项目按照重要程度依次排列而采用的一种图表。可以用来分析质量问题，确定产生质量问题的主要因素。

按等级排序的目的是指导如何采取纠正措施：项目班子应首先采取措施纠正造成最多数量缺陷的问题。从概念上说，帕累托图与帕累托法则一脉相承，该法则认为相对来说数量较少的原因往往造成绝大多数的问题或缺陷。排列图用双直角坐标系表示，左边纵坐标表示频数，右边纵坐标表示频率。分析线表示累积频率，横坐标表示影响质量的各项因素，按影响程度的大小（即出现频数多少）从左到右排列，通过对排列图的观察分析可以抓住影响质量的主要因素。帕累托法则往往称为二八原理，即百分之八十的问题是百分之二十的原因所造成的。帕累托图在项目管理中主要用来找出产生大多数问题的关键原因，用来解决大多数问题。

因此选择答案 D 正确。

参考答案

（53）D

试题（54）

监理工程师对工程项目的进度控制从审核承建单位提交的实施进度计划开始直至工程项目 （54） 为止。

（54）A．开工　　B．工程完工交付使用

C．竣工验收　　D．质保运行维护期满

试题(54)分析

信息化工程监理分为工程招标、工程设计、工程实施、工程验收四个阶段，监理工程师对工程项目的进度控制从审核承建单位提交的实施进度计划开始直至工程项目竣工验收为止。

因此选择答案 C 正确。

参考答案

（54） C

试题（55）

挣值法中，成本偏差 （55） 。

（55）A．为正表示成本增加，为负表示成本节约

B．为正表示成本节约，为负表示成本增加

C．表示成本实际值与成本计划值的偏离程度

D．表示绝对偏差与相对偏差的偏离程度

试题（55）分析

挣值法中，成本偏差为正表示成本节约，为负表示成本增加。选择答案 B 正确。

参考答案

（55）B

试题（56）

在信息系统工程成本估算的工具和方法中， （56） 是专家判断的一种形式。

（56）A．累加估计　　B．类比估计　　C．参数建模　　D．计算工具

试题（56）分析

显然类比估计是需要大量的判断的工作，是专家判断的一种形式。

选择答案 B 正确。

参考答案

（56）B

试题（57）

在信息工程的各个过程，为了确保投资目标的实现，__（57）__需要编制资金使用计划，比较实际投资额和投资控制目标之间的偏差，分析偏差产生的原因，采取有效的措施加以控制。

（57）A．建设单位　B．投资方　C．监理单位　D．承建单位

试题（57）分析

编制资金使用计划，比较实际投资额和投资控制目标之间的偏差，分析偏差产生的原因，采取有效的措施加以控制必然是承建单位的事情，不可能由建设单位或者监理单位来承担。

参见教材第一篇“施阶段成本控制”一节的内容：

督促承建单位编制项目总费用计划，监理人员审核总费用计划的可行性，并监督其执行。对于跨年度的大型工程，还应编制年度费用计划。对应于月进度计划，承建单位应编制月度费用计划，监理人员据此进行月度费用的控制和跟踪。

选择答案 D 正确。

参考答案

（57）D

试题（58）

监理工程师在遇到项目变更情况时，正确的变更控制程序是__（58）__。

（58）A．工程变更建议书应在预计可能变更的时间之前 14 天提出

B．承建单位向建设单位提出变更要求或建议，建设单位再要求监理工程师进行变更初审

C．监理机构在进行变更的初审时，应首先明确界定变更的合理性

D．最优的变更方案由监理机构分析和评估后进行确定

试题（58）分析

参见教材“接受变更申请”一节的内容：变更申请单位向监理工程师提出变更要求或建议，提交书面工程变更建议书。工程变更建议书主要包括以下内容：变更的原因及依据；变更的内容及范围；变更引起的合同总价增加或减少；变更引起的合同工期提前或缩短；为审查所提交的附件及计算资料等。工程变更建议书应在预计可能变更的时间 14 天之前提出。在特殊情况下，工程变更可不受时间的限制。

本题选择答案 A 正确。

参考答案

（58）A

试题（59）

分包单位应立即执行的变更指令包括__（59）__的书面指令。

（59）A．建设单位直接送达　　　　　　　B．监理工程师直接送达
C．监理工程师代表直接送达　　　　D．经总包单位代表确认监理工程师发布

试题（59）分析

分包单位由总包单位领导和管理，总包单位对分包单位承担连带责任，因此，分包单位应立即执行的变更指令一定是要由总包单位认定过的指令，选项D正确。

参考答案

（59）D

试题（60）

信息系统工程建设过程中要控制需求变更。以下监理人员必须遵守的原则，错误的是（60）。

（60）A．每个项目合同必须包括一个控制系统，通过它对项目计划、流程、预算、进度或可交付成果的变更申请进行评估
B．变更必须获得项目各方责任人的书面批准
C．在准备审批变更申请单前，监理工程师必须与总监理工程师商议所有提出的变更
D．变更申请单批准以前，必须修改项目整体计划，使之反映出该项变更，并且使该变更单成为这个计划的一部分

试题（60）分析

变更没有被批准前，项目整体计划不可能去反映这个变化，更不能使该变更单成为这个计划的一部分。

选择答案D正确。

参考答案

（60）D

试题（61）

监理工程师对已同意承建单位覆盖的隐蔽工程质量有怀疑，指示承建单位进行剥露后的重新检验。检验结果表明该部位的施工质量满足行业规范的要求，但未达到合同约定的标准。监理工程师应判定（61）。

（61）A．质量合格　　　　　　　　　　　B．需重新修复
C．不补偿费用但顺延合同工期　　　D．顺延合同工期并追加合同价款

试题（61）分析

承建单位施工质量满足行业规范的要求，但未达到合同约定的标准，当然属于质量不合格，必须要返工修复，选择答案B正确。

参考答案

（61）B

试题（62）

以下关于监理单位合同争议调解措施描述错误的是（62）。

（62）A．及时了解合同争议的全部情况，包括进行调查和取证
B．及时与合同争议的双方进行磋商
C．在项目监理机构提出调解方案后，由监理工程师进行争议调解

D. 当调解未能达成一致时，总监理工程师应在实施合同规定的期限内提出处理该合同争议的意见，同时对争议做出监理决定，并将监理决定书面通知建设单位和承建单位

试题（62）分析

合同争议的调解需要第三者来实施，但调解建设单位和承建单位的合同争议是总监理工程师的职责，不能由监理工程师来处理。

选择答案 C 正确。

参考答案

（62）C

试题（63）

某单位（甲方）委托某企业（乙方）开发一款新产品，委托某监理公司（丙方）作为此项目的监理方。甲乙双方签订合同时丙方并未入场，因此合同内并未说明知识产权归属问题。当乙方开发出某一新产品，并投入生产后，甲方根据监理建议，向专利部门提交专利申请。在甲方提交专利权申请后的第五日，乙方向该专利部门提交了此产品的专利申请。按照专利法有关条款，__（63）__获得专利申请权。

（63）A. 甲乙方同时　B. 甲乙方先后等到此专利权　C. 甲方　D. 乙方

试题（63）分析

根据《中华人民共和国专利法》第八条 两个以上单位或者个人合作完成的发明创造、一个单位或者个人接受其他单位或者个人委托所完成的发明创造，除另有协议的以外，申请专利的权利属于完成或者共同完成的单位或者个人；申请被批准后，申请的单位或者个人为专利权人。因此，乙方是受甲方的委托完成的发明创造，合同并未约定的话，申请专利的权利属于完成的单位（即乙方）；申请被批准后，申请的单位为专利权人。

因此选择答案 D 正确。

参考答案

（63）D

试题（64）

《中华人民共和国保守国家秘密法》第二章规定了国家秘密的范围和密级，国家秘密的密级分为：__（64）__。

（64）A. “普密”和“商密”两个级别
B. “低级”和“高级”两个级别
C. “绝密”“机密”“秘密”三个级别
D. “一密”“二密”“三密”“四密”四个级别

试题（64）分析

《中华人民共和国保守国家秘密法》第二章第十条：国家秘密的密级分为绝密、机密、秘密三级。

绝密级国家秘密是最重要的国家秘密，泄露会使国家安全和利益遭受特别严重的损害；机密级国家秘密是重要的国家秘密，泄露会使国家安全和利益遭受严重的损害；秘密级国家

秘密是一般的国家秘密，泄露会使国家安全和利益遭受损害。

选择答案C正确。

参考答案

（64）C

试题（65）

对于物理环境安全，监理单位应注意的问题，包括＿（65）＿。

①硬件设施在合理的范围内是否能防止强制入侵

②计算机设备在搬动时是否需要设备授权通行的证明

③智能终端是否上锁或有安全保护，以防止电路板、芯片或计算机被搬移

④在程序中移入木马

（65）A．①②④　　B．②③④　　C．①②③　　D．①②③④

试题（65）分析

物理安全技术，通过物理机械强度标准的控制使信息系统的建筑物、机房条件及硬件设备等条件，满足信息系统的机械防护安全；通过对电力供应设备以及信息系统组件的抗电磁干扰和电磁泄露性能的选择性措施达到两个安全目的，其一是信息系统组件具有抗击外界电磁辐射或噪声干扰能力而保持正常运行，其二是控制信息系统组件电磁辐射造成的信息泄露，必要时还应从建筑物和机房条件的设计开始就采取必要措施，以使电磁辐射指标符合国家相应的安全等级要求。物理安全技术运用于物理保障环境（含系统组件的物理环境）。物理安全技术包括机房安全和设施安全。而在程序中移入木马显然不属于物理环境的范围，所以不应当选择④。

选择答案C正确。

参考答案

（65）C

试题（66）

建设项目监理工作中，各有关部门之间同一层次的各有关人员之间相互交流的信息属于＿（66）＿。

（66）A．自上而下流动信息

B．自下而上流动信息

C．横向流动信息

D．建设项目内部与外部环境之间流动的信息

试题（66）分析

各有关部门之间同一层次的各有关人员之间相互交流的信息显然属于横向流动。选择答案C正确。

参考答案

（66）C

试题（67）

依据《国家电子政务工程建设项目档案管理暂行办法》，需求变更确认文档报归档后保

管期限是＿（67）＿。

（67）A．10 年　　B．20 年　　C. 30 年　　D．永久

试题（67）分析

参见《国家电子政务工程建设项目档案管理暂行办法》，需求变更确认文档报归档后保管期限是 30 年。

选择答案 C 正确。

参考答案

（67）C

试题（68）

以下对监理文档内容及作用描述错误的是＿（68）＿。

（68）A．在进度监理过程中，监理工程师对某一工程阶段的进度情况进行客观描述，由总监理工程师组织对进度情况进行评审和分析，并提出进度监理意见

B．在质量监理过程中，总监理工程师组织对检测情况进行评审和分析，并提出质量监理意见

C．工程监理月报由总监理工程师代表组织编写，由各相关专业监理工程师参加，对本月的工程进度、工程质量、合同管理及其他事项进行综合、分析，总结本月监理结论，并提出下月的监理计划

D．工程监理总结报告由总监理工程师组织编写，由各相关专业监理工程师参加，综合各工程月报和所有的监理资料，对工程进度、工程质量、合同管理及其他事项进行统一的综合分析，总结出整体监理结论

试题（68）分析

工程监理月报由总监理工程师组织编写，由各相关专业监理工程师参加，对本月的工程进度、工程质量、合同管理及其他事项进行综合、分析，总结出本月监理结论，并提出下月的监理计划。一般来说，监理月报应包含以下几个要素：

- 工程概况：包括本月进行的工程情况，如有工程外包，则包括相应的承包单位情况；
- 监理工作统计：统计本月的监理情况，包括监理会议、监理实施等情况；
- 工程质量控制：综合本月的质量控制情况，包括测试结论、质量事故、模块修改过程等；
- 工程进度控制：综合本月的工程进度情况，包含完成情况及分析、实际进度与计划进度的比较、纠偏实施情况、工程变更等；
- 管理协调：综合本月的合同管理、综合协调情况，包含有无新签合同、合同履行情况、合同纠纷、双方工作关系情况等；
- 监理总评价：对本月工程质量、进度、协调的各方面情况进行综合性评价，并提出存在的问题和建议；
- 下月监理计划：对下月监理工作提出计划，指导各监理工程师工作。

选择答案 C 正确。

参考答案

（68）C

试题（69）

监理实践中，工程师对核心问题有预先控制措施，凡事要有证据，体现了<u>（69）</u>原则。

（69）A．公平 B．科学 C．诚信 D．独立

试题（69）分析

监理实践中，监理工程师对核心问题采取凡事要有证据的工作方式，显然是符合科学发展的做法，选择 B 正确。

参考答案

（69）B

试题（70）

监理单位在项目组织协调过程中，有关会议的描述错误的是<u>（70）</u>。

（70）A．监理例会由总监理工程师组织与主持

B．监理专题会议可由总监理工程师授权的监理工程师主持

C．监理专题会议的会议纪要可由总监理工程师授权的监理工程师签认

D．应该在会后 24 小时内公布会议成果

试题（70）分析

参见教材第一篇“监理会议”一节的内容，专题会议是为解决专门问题而召开的会议，由总监理工程师或授权监理工程师主持。专题会议应认真做好会前准备，监理工程师要认真做好会议记录，并整理会议纪要，由总监理工程师签认，发给项目有关方面。专题会议通常包括技术讨论会、现场（项目组织）协调会、紧急事件协调会和技术（或方案）评审会等。

选择答案 C 正确。

参考答案

（70）C

试题（71）

The stages within the development phase of the software life cycle are <u>（71）</u>.

（71）A．design, analysis, implementation, and testing

B．analysis, design, implementation, and testing

C．analysis, design, testing, and implementation

D．design, analysis, testing, and implementation

试题（71）分析

本题的含义是：软件生命周期中开发的各个步骤，正确的是：分析、设计、实现和测试。

选择答案 B 正确。

参考答案

（71）B

试题（72）

Which type of the backup process backs up files that have been modified since the last time all data was backed up?__（72）__.

（72）A．Incremental backup　　B．Full backup
　　　C．Partial backup　　D．Differential backup

试题（72）分析

本题的含义是，上次所有数据都被备份后，备份上一次的完全备份后，发生变化的所有文件是哪种类型的备份？

备份的方式：

完全备份（Full backup）

备份全部选中的文件夹，并不依赖文件的存档属性来确定备份哪些文件（在备份过程中，任何现有的标记都被清除，每个文件都被标记为已备份，换言之，清除存档属性）。

差异（差分）备份（Differential backup）

差异备份是针对完全备份：备份上一次的完全备份后发生变化的所有文件（差异备份过程中，只备份有标记的那些选中的文件和文件夹。它不清除标记，即：备份后不标记为已备份文件，换言之，不清除存档属性）。

增量备份（Incremental backup）

增量备份是针对于上一次备份（无论是哪种备份）：备份上一次备份后，所有发生变化的文件。（增量备份过程中，只备份有标记的选中的文件和文件夹，它清除标记，即：备份后标记文件，换言之，清除存档属性。）

没有 Partial backup 这样的备份方式，是干扰项。

选择答案 D 确。

参考答案

（72）D

试题（73）

“Cost of quality” is a project management concept that includes cost of __（73）__.

（73）A．exceeding requirements　　B．changes to the requirements
　　　C．ensuring conformance to requirements　　D．the quality control requirements

试题（73）分析

本题的含义是：“质量成本”是一个项目管理概念，它包括下列哪项所需的成本？

A．超过要求　　B．要求变更　　C．保证符合要求　　D．质量控制要求

选择答案 C 正确。

参考答案

（73）C

试题（74）

All the following are root-cause analysis techniques used in quality management except __（74）__.

（74）A．fishbone diagrams　　B．Ishikawa diagrams
　　　C．system or process flowcharts　　D．checklists

试题（74）分析

本题的含义是：

以下哪项不属于质量管理中使用的根原因分析技术？

A．鱼骨图　　B．Ishikawa 图

C．系统或过程流程图　　D．检查清单

选择答案 D 正确。

参考答案

（74）D

试题（75）

Which of the following represents the estimated value of the work actually accomplished? （75）.

（75）A．AC　　B．CV　　C．PV　　D．EV

试题（75）分析

本题的含义是：以下哪项表示工作实际完成的估算值？

显然选择答案 D 正确。

参考答案

（75）D

第 2 章　2014 上半年信息系统监理师下午试题分析与解答

试题一（20 分）

阅读下列说明，回答问题 1 至问题 4，将解答填入答题纸的对应栏内。

【说明】

某电子商务工程建设项目，建设单位甲分别与承建单位乙、监理单位丙签订了项目承建合同和监理合同，在项目实施过程中发生了如下事件：

【事件 1】在项目核心模块开发过程中，交易模块的开发和测试基本完成后，监理工程师发现在设计要求的运行环境下，模块的功能操作反应迟缓，信息查询时间长，怀疑其性能存在问题。设计要求系统能够支持 3 万用户的并发交易，信息查询响应时间不超过 5 秒。于是要求承建单位出示交易模块性能的测试资料和其他证明材料。承建单位向监理机构出示其对交易模块的性能测试计划、用例和测试结果，表明交易模块的负载能力和响应时间全部达到或超过项目的设计要求，其中查询的响应时间最快达到 2 秒。

【事件 2】面对交易模块性能测试未达标的结果，承建单位承认他所提交的性能测试结果不是在运行环境下进行测试的，而是在实验室内高配的环境下进行测试的结果。

【事件 3】为了加强开发过程监理的质量控制力度，建设单位就如何进行质量控制对监理进行了质询：①开发质量控制的监理过程包括哪些方面；②应采取哪些质量控制手段。

【事件 4】在后续的监理工作中，监理单位加强以抽查的方式监控承建单位的开发行为。为此监理机构要求承建单位的开发和测试人员在监理进行抽查时，必须暂时停止开发或者测试工作，全力配合监理工作，以便保证抽查的效果。

【问题 1】（6 分）

在事件 1 中，作为监理工程师应如何判断承建单位开发的交易模块的性能是否达到了要求。

【问题 2】（5 分）

根据事件 2，请回答对于这起质量事故，（1）承建单位应承担什么责任；（2）监理机构的监理工作有何错误。

【问题 3】（5 分）

在事件 3 中，请你回答建设单位提出的两个问题。

【问题 4】（4 分）

针对事件 4，监理的做法恰当吗？如果恰当，请给出理由。如果不恰当，请给出监理和承建单位的正确做法。

试题一分析

【问题 1】

参见教材第三篇“测试质量控制”章节的内容：测试的最终目的是确保最终交给用户的产品的功能符合用户的需求，把尽可能多的问题在产品交给用户之前发现并改正，监理单位对测试质量控制的目的就是促使测试人员按照国家标准实施测试工作，以达到最终的测试目的。主要监理过程如下。

- 系统承建单位或外部测试方按合同规定和进度计划提交测试计划和测试规范。
- 监理工程师按照有关国家标准审查提交的测试计划和测试规范，并提出审查意见。
- 必要时，总监理工程师组织专家进行评审，提出评审意见和建议。
- 监理单位与业主和承建单位共同探讨，最终确定可行的测试方案。
- 承建单位或外部测试方根据最终确定的测试方案实施测试，监理工程师对测试过程进行抽查。
- 测试结束后承建单位或外部测试方提交测试问题单和测试报告。
- 监理工程师对测试问题单及测试报告进行审查，如有疑点可进行抽检。
- 承建单位对测试问题进行修改并回归测试通过后，再次提交给监理单位。
- 监理单位对回归测试的过程、结果进行确认，并决定测试是否完成。

参见教材第一篇“测试质量控制”章节的内容：对于工程中的关键性技术指标，以及有争议的质量问题，监理机构应要求承建单位出具第三方测试机构的测试报告。第三方测试机构应经建设单位和监理机构同意。

本项目中，在项目核心模块开发过程中，交易模块的开发和测试基本完成后，监理工程师发现在设计要求的运行环境下，模块的功能操作反应迟缓，信息查询时间长，怀疑其性能存在质量问题，设计要求系统能够支持 3 万用户的并发交易，信息查询响应时间不超过 5 秒。出现了这样的情况后，承建单位向监理机构出示其对交易模块的性能测试计划、用例和测试结果，表明交易模块的负载能力和响应时间全部达到或超过项目的设计要求，其中查询的响应时间最快达到 2 秒。问题是这已经是事后提供的材料，过程没有建立的监督或者抽查，显然建立不能够仅仅根据承建单位提供的测试计划、用例和结果等就认可不存在性能问题。

监利可以采取几种方式来处理这个问题：

1. 在有承建单位在场的情况下组织自身检测（测试）力量进行抽测。

2. 聘请有权威性的第三方测试机构（费用由责任方承担）进行测试。

3. 承建单位在监理机构的监督下，对交易模块进行性能测试，取得性能的数据，进行分析鉴定。

【问题 2】

（1）这个质量事故是由于承建单位性能测试不是按照设计要求的运行环境进行的，而是在实验室内高配的环境下进行的。因此，承建单位应承担工程质量责任，承担返工处理的一切有关费用和工期损失责任。

（2）对于监理机构来说，也存在着一定的错误，主要是未能认真、严格地对承建单位的测试过程进行监督、控制。

【问题 3】

参见教材第三篇“开发质量控制”章节的内容：开发质量主要指软件开发过程的质量。承建单位必须制订软件质量保证计划，确立质量体系，保证开发的质量。监理工程师要对承建单位的软件质量保证计划和执行情况进行监理。另外，监理单位还对承建单位的开发过程进行抽查，促使其开发行为按照软件工程的基本步骤规范地进行，促进最终软件产品质量的提高。监理过程包含两个方面，对系统承建单位的质量保证管理体系进行评审，对承建单位的开发过程和开发行为进行监控。

评审质量保证体系：

- 系统承建单位按合同规定日期提交《系统软件质量保证计划》，对自身的质量保证管理体系进行说明。
- 质量监理组组织监理工程师根据合同及有关标准审查《系统软件质量保证计划》。
- 质量监理组提出审查意见。
- 必要时，总监理工程师组织专家进行评审，提出评审意见。
- 监理单位与业主和承建单位共同探讨，提出建议。
- 承建单位根据评审意见和建议完善自身的质量保证体系，并再次提交监理单位。
- 监理单位再次审查，并向业主提交最终评审意见，业主根据评审意见对承建单位工作做出整改决定。

监控开发过程：

- 以《系统软件质量保证计划》为依据，检查开发方是否按照计划正常进行日常开发行为的质量保证。
- 按照需求说明书、设计说明书及有关国家标准抽检开发过程的不同阶段的开发工作，以确定开发方是否按照设计说明书和有关国家标准实施开发工作。
- 以抽查的方式监控开发方的开发行为，监理单位的监理行为必须在不影响开发方的日常开发的前提下进行，开方人员也应该对监理单位的监理行为予以配合。
- 监理工程师把上述监理工作予以记录，形成监理记录，并对问题或隐患提出监理意见。
- 总监理工程师对监理工程师的原始监理资料和监理意见进行审查，并根据情况确定专项监理任务进行专项监理，并向业主提交专项监理报告。业主根据监理报告对承建单位工作做出整改决定。

参见教材第一篇“质量控制手段”章节的内容：质量控制的手段主要有评审、测试、旁站、抽查四种方式。

【问题 4】

参见教材第三篇“开发质量控制”章节的内容：以抽查的方式监控开发方的开发行为，监理单位的监理行为必须在不影响开发方的日常开发的前提下进行，开发人员也应该对监理单位的监理行为予以配合。

因此，针对事件 4 ，监理的做法不恰当。

试题一解答要点

【问题 1】

作为监理工程师为了准确判断交易模块的性能是否合格，应当在有承建单位在场的情况下组织自身检测（测试）（或由权威性的第三方测试机构），或是承建单位在监理机构的监督下，按照设计要求对交易模块进行性能测试，取得性能的数据，进行分析鉴定。

【问题2】

（1）应承担工程质量责任，承担返工处理的一切有关费用和工期损失责任。

（2）监理的错误是：未能认真、严格地对承建单位的测试过程进行监督、控制。

【问题3】

（1）监理过程包含两个方面，对承建单位的质量保证管理体系进行评审，对承建单位的开发过程和开发行为进行监控。

（2）可以采用评审、测试、旁站、抽查的方式进行质量控制。

【问题4】

不恰当。正确的做法是：以抽查的方式监控承建单位的开发行为，监理机构的监理行为必须在不影响开发方的日常开发的前提下进行，承建单位人员也应该对监理机构的监理行为予以配合。

试题二（15分）

阅读下列说明，回答问题1至问题3，将解答填入答题纸的对应栏内。

【说明】

某市级政府部门拟采购便携式笔记本，采购预算30万元；专业定制的数据采集设备，预算90万元；软件应用系统，开发预算110万元。现就上述内容的招标方式向监理单位进行咨询。

【事件1】监理工程师查询当地财政采购政策后发现：当地发布的公开招标数额标准为单项或批量采购金额一次性达到100万元以上（含100万元）；公开的政府采购目录中包含便携式笔记本电脑；为规范采购行为，提高采购效率，特殊采购项目可参考《政府采购非招标采购方式管理办法》执行。

【事件2】软件应用系统项目开标当天，无任何一家单位前来参与，导致该项目流标。

【问题1】（6分）

根据事件1，请给出题目说明中三项采购项目适用的采购方式并说明理由。

【问题2】（5分）

根据事件2，请问是否可变更采购方式。如可以，请说明变更后的采购方式及原因；如不可以，请说明理由并给出下一步工作内容。

【问题3】（4分）

请简述招标阶段监理工作重点。

试题二分析

【问题1】

题目中已经部分给出了可以参照的标准，“当地发布的公开招标数额标准为单项或批量采购金额一次性达到100万元以上（含100万元）；公开的政府采购目录中包含便携式笔记本电脑；为规范采购行为，提高采购效率，特殊采购项目可参考《政府采购非招标采购方式管理办法》执行。”首先按照给出的标准进行比较，看看哪项采购项目适用。

（1）便携式笔记本，采购预算30万元＜100万元，并在政府采购目录中，可以采用协议供货或集中采购方式。

（2）专业定制的数据采集设备，虽然采购预算 90 万元＜100 万元，但是不在政府采购目录中，因此不能采用协议供货或集中采购方式。必须寻找别的方式。

财政部部令第 74 号《政府采购非招标采购方式管理办法》第三条　采购人、采购代理机构采购以下货物、工程和服务之一的，可以采用竞争性谈判、单一来源采购方式采购；采购货物的，还可以采用询价采购方式：

（一）依法制定的集中采购目录以内，且未达到公开招标数额标准的货物、服务；

（二）依法制定的集中采购目录以外、采购限额标准以上，且未达到公开招标数额标准的货物、服务；

（三）达到公开招标数额标准、经批准采用非公开招标方式的货物、服务；

（四）按照招标投标法及其实施条例必须进行招标的工程建设项目以外的政府采购工程。

因此，专业定制的数据采集设备可以采用竞争性谈判、单一来源采购方式。

（3）软件应用系统，开发预算 110 万元＞100 万元，应该采用公考招标方式进行采购。

【问题 2】

财政部 74 号令《政府采购非招标采购方式管理办法》第二十七条 符合下列情形之一的采购项目，可以采用竞争性谈判方式采购：

（一）招标后没有供应商投标或者没有合格标的，或者重新招标未能成立的；

（二）技术复杂或者性质特殊，不能确定详细规格或者具体要求的；

（三）非采购人所能预见的原因或者非采购人拖延造成采用招标所需时间不能满足用户紧急需要的；

（四）因艺术品采购、专利、专有技术或者服务的时间、数量事先不能确定等原因不能事先计算出价格总额的。

公开招标的货物、服务采购项目，招标过程中提交投标文件或者经评审实质性响应招标文件要求的供应商只有两家时，采购人、采购代理机构按照本办法第四条经本级财政部门批准后可以与该两家供应商进行竞争性谈判采购，采购人、采购代理机构应当根据招标文件中的采购需求编制谈判文件，成立谈判小组，由谈判小组对谈判文件进行确认。符合本款情形的，本办法第三十三条、第三十五条中规定的供应商最低数量可以为两家。

第四条 达到公开招标数额标准的货物、服务采购项目，拟采用非招标采购方式的，采购人应当在采购活动开始前，报经主管预算单位同意后，向设区的市、自治州以上人民政府财政部门申请批准。

因此，可以变更。变更采购方式为竞争性谈判。

【问题 3】

参见教材第一篇“招投标过程的质量控制”章节内容：

信息工程的招标一般由建设单位、监理单位、招标公司、专家、纪检或者公证部门参加，监理单位在招投标阶段质量控制的注意要点有：

- 协助建设单位提出工程需求方案，确定工程的整体质量目标。
- 参与标书的编制，并对工程的技术和质量、验收准则、投标单位资格等可能对工程质量有影响的因素明确提出要求。

- 协助招标公司和建设单位制定评标的评定标准。
- 对项目的招标文件进行审核，对招标书涉及的商务内容和技术内容进行确认。
- 监理在协助评标时，应对投标单位标书中的质量控制计划进行审查，提出监理意见。
- 对招标过程进行监控，如招标过程是否存在不公正的现象等问题。
- 协助建设单位与中标单位洽商并签订工程合同，在合同中要对工程质量目标提出明确的要求。

结合工作的实际情况，梳理出几条作为答案即可。

试题二解答要点

【问题 1】

（1）便携式笔记本电脑：采用协议供货或集中采购方式 ，便携式笔记本电脑在当地政府公开的政府采购目录中，因其金额较小，属规定限额内，故采用协议供货或集中采购方式。

（2）专业定制的数据采集设备：采用竞争性谈判（或单一来源）方式 ，根据《政府采购非招标采购方式管理办法》，依法制定的集中采购目录以外、采购限额标准以上，且未达到公开招标数额标准的货物、服务，可以采用竞争性谈判、单一来源采购方式采购。

（3）软件应用系统：采用公开招标，因软件开发已达到公开招标限额。

【问题 2】

可以变更。

变更采购方式为竞争性谈判。

原因：满足竞争性谈判的适用条件（依据 2013 年底《政府采购非招标采购方式管理办法》），招标后没有供应商投标或者没有合格标的。

【问题 3】

（1）协助客户编写招标文件及评标办法。

（2）协助客户审查投标人资质（资格预审，如有）。

（3）协助客户对招标期间的质疑进行澄清。

（4）协助客户组织现场踏勘或召开标前会。

（5）监督开标过程。

（6）参与合同谈判。

试题三（15 分）

阅读下列说明，回答问题 1 至问题 3，将解答填入答题纸的对应栏内。

【说明】

某政府部门拟对网络进行升级改造，建设单位通过招标选择了一具有相应资质的监理单位承担项目监理工作，现计划通过公开招标方式选择承建单位，监理单位协助建设单位对招标过程进行监理。

【事件 1】为了做好项目招标阶段的监理工作，总监理工程师召集监理工程师收集、学习项目招标有关的法律法规。

【事件 2】在项目公开招标中，有 A、B、C、D、E、F、G、H 等承建单位投标。评标时发现，B 承建单位投标报价明显低于其他投标单位报价且未能合理说明理由；D 承建单位投标报价大写金额小于小写金额；F 承建单位投标文件提供的检验标准和方法不符合招标文件的要求；H 承建单位投标文件中某分项工程的报价有个别漏项；其他承建单位的投标文件均符合招标文件要求。招标最终确定 G 承建单位中标并与建设单位签订了实施合同。

【事件 3】项目启动后，进入了实施设计阶段，该阶段时间紧、任务繁重，为保证设计人员将精力投入到技术方案设计中，监理抽调资深的监理工程师帮助承建单位编写了项目总进度计划并及时对技术方案中的信息安全保障措施进行了审核。

【问题 1】（2 分）

针对事件 1，请指出应重点学习的国家法律有哪些。

【问题 2】（8 分）

针对事件 2，判别 B、D、F、H 四家承建单位的投标是否为有效标？说明理由。

【问题 3】（5 分）

针对事件 3 中的信息，请回答：

（1）监理的做法正确吗？请给出理由。

（2）制定总体进度计划时，工期依据的是哪份文件？

试题三分析

【问题 1】

与招标投标相关的法律法规有很多，最重要的就是《中华人民共和国招标投标法》《中华人民共和国政府采购法》。除此之外还有：政府采购货物和服务招标投标管理办法、工程建设项目招标范围和规模标准规定、工程建设项目货物招标投标办法、工程项目施工招标投标办法、机电产品国际招标投标实施办法、政府采购信息公告管理办法、政府采购非招标采购方式管理办法，等等。

【问题 2】

这个问题涉及标书是否有效、是否存在偏差以及偏差的处理。要根据《评标委员会和评标方法暂行规定》中的相关条款来回答。

第 25 条：投标文件提供的检验标准和方法不符合招标文件的要求，属于重大偏差，为未能对招标文件作出实质性响应，按废标处理。所以，F 的投标无效。

第 21 条：在评标过程中，评标委员会发现投标人的报价明显低于其他投标报价或者在设有标底时明显低于标底，使得其投标报价可能低于其个别成本的，应当要求该投标人作出书面说明并提供相关证明材料。投标人不能合理说明或者不能提供相关证明材料的，由评标委员会认定该投标人以低于成本报价竞标，其投标应作废标处理。从这一条看，B 单位的投标无效。

第 19 条：评标委员会可以书面方式要求投标人对投标文件中有明显文字和计算错误的内容作必要的澄清、说明或者补正。澄清、说明或者补正应以书面方式进行并不得超出投标文件的范围或者改变投标文件的实质性内容。投标文件中的大写金额和小写金额不一致的，以大写金额为准。从这一点来看，D 单位的投标有效。

第 26 条：细微偏差是指投标文件在实质上响应招标文件要求，但在个别地方存在漏项或者提供了不完整的技术信息和数据等情况，并且补正这些遗漏或者不完整不会对其他投标人造成不公平的结果。细微偏差不影响投标文件的有效性。显然，H单位的标书属于这种情况，因此H单位的标书有效。

【问题3】

很显然，编制总体进度计划是承建单位的事情，是不可以由建设单位或者监理单位来替代的，监理抽调资深的监理工程师帮助承建单位编写了项目总进度计划。

实施合同中一定有实施工期方面的条款，而且这个条款一定是符合招标文件要求和投标文件相应的。

试题三解答要点

【问题1】

《中华人民共和国招标投标法》《中华人民共和国政府采购法》。

【问题2】

B的投标不是有效标，低于成本。

D的投标是有效标，无重大偏差。

F的投标不是有效标，根据有关法律，技术规格和技术标准有重大偏差的标书应废标。

H的投标是有效标，无实质性偏差。

【问题3】

（1）监理的做法不正确。编写总体进度计划是承建单位的工作，监理的工作只能是审核总体进度计划。

（2）依据的文件是实施合同。

试题四（15分）

阅读下列说明，回答问题1至问题3，将解答填入答题纸的对应栏内。

【说明】

某行业协会组织开发了一套信息系统，准备完成系统终验后即在地方协会部署，为保证部署效果，招入第三方监理机构和测试机构对系统最终验收工作提供咨询和服务。

【事件1】协会要求第三方测试机构测试通过后，由监理机构针对第三方测试给出监理意见。

【事件2】协会要求监理机构开展地方协会部署过程的监理工作，并要求监理机构出具相关监理方案。

【事件3】协会要求监理机构提供验收工作的咨询意见，协助编制验收工作方案。

【问题1】（3分）

针对事件1，请指出监理机构的监理意见主要包括哪些内容。

【问题2】（6分）

针对事件2，如果你作为该项目的总监，你认为本项目监理工作开展的主要难点是什么，最妥当的解决办法包括哪些？

【问题3】（6分）

在事件3中，请给出一般信息系统验收的工作步骤。

试题四分析

【问题 1】

参见教材第一篇：

对工程质量有重大影响的软硬件，应审核承建单位提供的技术性能报告或者权威的第三方测试报告，凡不符合质量要求的设备及配件、系统集成成果、网络接入产品、计算机整机与配件等不能使用。

在软件开发项目中，在重要的里程碑阶段或者验收阶段，一般要请专业的第三方测试机构对项目进行全面的测试，监理单位的主要工作包括：

- 协助建设单位选择权威的第三方测试机构，一般要审查第三方测试机构的资质、测试经验以及承担该项目测试工程师情况。
- 对第三方测试机构提交的测试计划进行确认。
- 协调承建单位、建设单位以及第三方测试机构的工作关系，并为第三方测试机构的工作提供必要的帮助。
- 对测试问题和测试结果进行评估。

【问题 2】

从这个题目提干给出的情况来看，这个项目的主要难点在于系统要在地方协会部署，实施的范围广，各地情况也有差异。因此，做好试点是解决这个难点的办法之一，除此之外，制定工作标准程序；完善工作流程；全面推广结合监理巡检的方式都是解决这个难点的方式。

【问题 3】

教材第三篇：验收工作步骤如下：

（1）提出验收申请；

（2）制定验收计划；

（3）成立验收委员会；

（4）进行验收测试和配置审计；

（5）进行验收评审；

（6）形成验收报告；

（7）移交产品。

试题四解答要点

【问题 1】

（1）测试手段和流程。

（2）测试结果与预期指标（合同指标）进行分析比较。

（3）第三方测试机构的资质。

【问题 2】

最大的难点是：多节点实施的监理工作。

最妥当的解决办法是：制定工作标准程序；进行试点验证；完善工作流程；全面推广结合监理巡检的方式解决该问题。

【问题 3】

（1）提出验收申请。

（2）制定验收计划。

（3）成立验收委员会。

（4）进行验收测试和配置审核。

（5）进行验收评审。

（6）形成验收报告。

（7）移交产品。

试题五（10 分）

阅读下列说明，回答问题 1 至问题 3，将解答填入答题纸的对应栏内。

【说明】

某部门建设云计算数据中心，该数据中心作为部门信息系统的运行中心、灾备中心，承载着部门核心业务运营、信息资源服务、关键业务计算、数据存储和备份，以及确保业务连续性等重要任务。为做到心中有数，建设单位就数据中心的性能测试以及信息安全等方面的问题向监理做了一些询问。

【问题 1】（4 分）

在（1）～（4）中填写恰当内容（从候选答案中选择一个正确选项，将该选项编号填入答题纸对应栏内）。

在云计算数据中心的测试中，网络测试常见的关键性能指标包括<u>（1）</u>、<u>（2）</u>、<u>（3）</u>和<u>（4）</u>四个部分。

（1）～（4）供选择的答案：

A．衰减串扰比（ACR）　B．新建速率（CPS）　C．响应时间（ResponseTime）

D．吞吐量（GoodPut）　E．近端串扰（NEXT）　F．并发数（CC）

【问题 2】（2 分）

在（1）～（2）中填写恰当内容（从候选答案中选择一个正确选项，将该选项编号填入答题纸对应栏内）。

我国制定实行的信息安全等级分为五级，它们是：第一级，用户自主保护级；第二级，<u>（1）</u>；第三级，安全标记保护级；第四级，结构化保护级；第五级，<u>（2）</u>。

（1）～（2）供选择的答案：

A．用户身份保护级　B．系统审计保护级

C．系统性保护级　D．访问验证保护级

【问题 3】（4 分）

在（1）～（2）中填写恰当内容（从候选答案中选择一个正确选项，将该选项编号填入答题纸对应栏内）。

在进行云数据平台负载压力测试时，针对某个业务高峰期进行的模拟测试，我们称之为<u>（1）</u>；针对多个用户同时在线数据的测试，我们称之为<u>（2）</u>。

（1）～（2）供选择的答案：

A．并发测试　　B．大数据量测试　　C．边界值分析测试　　D．疲劳强度测试

试题五分析

【问题 1】

采用排除法，衰减串扰比（ACR）和近端串扰（NEXT）都是线缆的测试指标，而题目中给出的是“云计算数据中心的测试中，网络测试常见的关键性能指标”，不会进行线缆方面的测试，这两个指标不再测试范围之内。选择 B、C、D、F 正确。

【问题 2】

信息安全等级保护是对信息和信息载体按照重要性等级分级别进行保护的一种工作，在中国、美国等很多国家都存在的一种信息安全领域的工作。在中国，信息安全等级保护广义上为涉及该工作的标准、产品、系统、信息等均依据等级保护思想的安全工作；狭义上称为的一般指信息系统安全等级保护，指对国家安全、法人和其他组织及公民的专有信息以及公开信息和存储、传输、处理这些信息的信息系统分等级实行安全保护，对信息系统中使用的信息安全产品实行按等级管理，对信息系统中发生的信息安全事件分等级响应、处置的综合性工作。

《信息安全等级保护信息安全等级保护管理办法》规定，国家信息安全等级保护坚持自主定级、自主保护的原则。信息系统的安全保护等级应当根据信息系统在国家安全、经济建设、社会生活中的重要程度，信息系统遭到破坏后对国家安全、社会秩序、公共利益以及公民、法人和其他组织的合法权益的危害程度等因素确定。

信息系统的安全保护等级分为以下五级：

第一级，信息系统受到破坏后，会对公民、法人和其他组织的合法权益造成损害，但不损害国家安全、社会秩序和公共利益。

第二级，信息系统受到破坏后，会对公民、法人和其他组织的合法权益产生严重损害，或者对社会秩序和公共利益造成损害，但不损害国家安全。

第三级，信息系统受到破坏后，会对社会秩序和公共利益造成严重损害，或者对国家安全造成损害。

第四级，信息系统受到破坏后，会对社会秩序和公共利益造成特别严重损害，或者对国家安全造成严重损害。

第五级，信息系统受到破坏后，会对国家安全造成特别严重损害。

【问题 3】

第一个填空中，要么选择疲劳强度测试，要么选择疲劳强度测试作为答案，那么什么是疲劳强度测试和大数据测试呢？

疲劳强度测试：主要特点是长时间对目标测试系统加压，目的是测试系统的稳定性，持续时间一般在 1 小时以上；疲劳强度测试属于用户并发测试的延续，因此核心内容仍然是核心模块用户并发和组合模块用户并发，在编写测试用例时需要编写不同参数或者负载条件下的多个测试用例，可以参考用户并发性能测试用例的设计内容，通常修改相应的参数就可实现所需要的测试场景。疲劳强度测试用例如下。

大数据量测试：主要针对对数据库有特殊要求的系统进行的测试，如电信业务系统的手

机短信业务；可以分为实时大数据量，主要目的是测试用户较多或者某些业务产生较大数据量时，系统能否稳定运行；极限状态下的测试，测试系统使用一段时间即系统累计一点量的数据时能否正常的运行业务；前面两种的结合，测试系统已经累计了较大数据量时，一些实时产生较大数据量的模块能否稳定工作；如下大数量测试用例：

在本题的第一个填空中，可以排除大数据测试，选择 D。

第二个填空中，题目中给出了描述“针对多个用户同时在线数据的测试”，那一定是兵法测试，主要指当测试多用户并发访问同一个应用、模块、数据时是否产生隐藏的并发问题，如内存泄漏、线程锁、资源争用问题，几乎所有的性能测试都会涉及并发测试。选择 A 正确。

试题五解答要点

【问题 1】

（1）B （2）C （3）D （4）F

【问题 2】

（1）B （2）D

【问题 3】

（1）D （2）A

第 3 章　2014 下半年信息系统监理师上午试题分析与解答

试题（1）、（2）

螺旋模型是一种演进式的软件过程模型，结合了原型开发方法的系统性和瀑布模型的可控性特点。它有两个显著特点，一是采用＿（1）＿方式逐步加深系统定义和实现的深度，降低风险；二是确定一系列＿（2）＿，确保项目开发过程中的相关利益者都支持可行的和令人满意的系统解决方案。

（1）A．逐步交付　　B．顺序　　C．循环　　D．增量

（2）A．实现方案　　B．设计方案　　C．关键点　　D．里程碑

试题（1）、（2）分析

螺旋模型是一种演进式的软件过程模型，结合了原型开发方法的系统性和瀑布模型可控性特点。它有两个显著特点，一是采用循环的方式逐步加深系统定义和实现的深度，降低风险；二是确定一系列里程碑，确保项目开发过程中的相关利益者都支持可行的和令人满意的系统解决方案。

参考答案

（1）C　（2）D

试题（3）

软件生存周期一般划分为六个阶段，包括软件项目计划、＿（3）＿、软件设计、程序编码、软件测试以及运行维护。

（3）A．可行性分析　　B．计划验证

C．需求分析和定义　　D．风险分析和定义

试题（3）分析

正如同任何事物一样，软件也有一个孕育、诞生、成长、成熟、衰亡的生存过程。我们称其为计算机软件的生存周期。根据这一思想，把上述基本的过程活动进一步展开，可以得到软件生存周期的六个阶段：软件项目计划、软件需求分析和定义、软件设计、程序编码、软件测试以及运行维护。

参考答案

（3）C

试题（4）

在计算机体系中，存储系统是分层的。存储系统中处理速度从快到慢依次为＿（4）＿。

（4）A．寄存器、Cache、外存、内存　　B．Cache、寄存器、内存、外存

C．Cache、内存、寄存器、外存　　D．寄存器、Cache、内存、外存

试题（4）分析

在计算机体系中，存储系统是分层的，从快到慢层次为寄存器、Cache、内存（主存）、外存（包括磁盘、U 盘、光盘等）。

参考答案

（4）D

试题（5）

云计算通过__（5）__技术形成可管理的弹性资源池。

（5）A．虚拟化　B．云存储　C．面向文档的数据库　D．高速计算

试题（5）分析

云计算作为最近几年的热门技术，融合了以虚拟化、标准化和服务管理自动化为代表的大量革新技术。它就像一个虚拟化的资源池，包含大量的、可以配置的、容易扩展的大量资源，并且这些资源可以按需分配。其中，虚拟化正是云计算的核心技术。

参考答案

（5）A

试题（6）

下列不属于路由选择协议的是__（6）__。

（6）A．RIP　B．ICMP　C．BGP　D．OSPF

试题（6）分析

路由选择协议主要是运行在路由器上的协议，主要用来进行路径选择。

路由选择协议包括域内协议和域间协议。具体包括：

地址解析协议（ARP）是一个 Internet（TCP/IP）协议，它为内部路由器传递数据报提供了一种方法。

路由选择信息协议（RIP）是一种距离向量路由选择协议。

优先开放最短路径（OSPF）是一种链路状态路由选择协议，它优于 RIP。OSPF 是 Internet 网中最常用的内部网关协议，但 OSI IS-IS 协议也用于 Internet。

周边网关协议（BGP）提供有关相邻点可达性信息。BGP 可以减低带宽需求，这是因为路由选择信息是增量交换的，而不是在路由器间发送路由选择数据库信息。BGP 也提供了基于策略的算法，使网络管理者对路由选择有较多的控制权，例如对某些信息传输实行优化的能力。

ICMP 是（Internet Control Message Protocol）Internet 控制报文协议。它是 TCP/IP 协议族的一个子协议，用于在 IP 主机和路由器之间传递控制消息。

参考答案

（6）B

试题（7）

以下关于 OSI 参考模型的叙述中，__（7）__是不正确的。

（7）A．不同系统同等层之间按相应的协议进行通信，同一系统不同层之间通过接口进行通信

B．只有最底层物理层完成物理数据传送，其他同等层之间的通信称为逻辑通信

C．用户通过最上层的应用层获得服务

D．数据总是由物理层传输到应用层

试题（7）分析

OSI 参考模型中不同层完成不同的功能，各层相互配合通过标准的接口进行通信。

第 7 层应用层：OSI 中的最高层。为特定类型的网络应用提供了访问 OSI 环境的手段。应用层确定进程之间通信的性质，以满足用户的需要。应用层不仅要提供应用进程所需要的信息交换和远程操作，而且还要作为应用进程的用户代理，来完成一些为进行信息交换所必需的功能。它包括：文件传送访问和管理 FTAM、虚拟终端 VT、事务处理 TP、远程数据库访问 RDA、制造报文规范 MMS、目录服务 DS 等协议。应用层能与应用程序界面沟通，以达到展示给用户的目的。 在此常见的协议有：HTTP、HTTPS、FTP、TELNET、SSH、SMTP、POP3 等。

第 6 层表示层：主要用于处理两个通信系统中交换信息的表示方式，为上层用户解决用户信息的语法问题。它包括数据格式交换、数据加密与解密、数据压缩与终端类型的转换。

第 5 层会话层：在两个节点之间建立端连接，为端系统的应用程序之间提供了对话控制机制。此服务包括建立连接是以全双工还是以半双工的方式进行设置，尽管可以在层 4 中处理双工方式；会话层管理登入和注销过程。它具体管理两个用户和进程之间的对话。如果在某一时刻只允许一个用户执行一项特定的操作，会话层协议就会管理这些操作，如阻止两个用户同时更新数据库中的同一组数据。

第 4 层传输层：为会话层用户提供一个端到端的可靠、透明和优化的数据传输服务机制。包括全双工或半双工、流控制和错误恢复服务。传输层把消息分成若干个分组，并在接收端对它们进行重组，不同的分组可以通过不同的连接传送到主机，这样既能获得较高的带宽，又不影响会话层。在建立连接时传输层可以请求服务质量，该服务质量指定可接受的误码率、延迟量、安全性等参数，还可以实现基于端到端的流量控制功能。

第 3 层网络层：本层通过寻址来建立两个节点之间的连接，为源端的运输层送来的分组，选择合适的路由和交换节点，正确无误地按照地址传送给目的端的运输层。它包括通过互连网络来路由和中继数据。除了选择路由之外，网络层还负责建立和维护连接，控制网络上的拥塞以及在必要的时候生成计费信息。常用设备有交换机。

第 2 层数据链路层：在此层将数据分帧，并处理流控制。屏蔽物理层，为网络层提供一个数据链路的连接，在一条有可能出差错的物理连接上，进行几乎无差错的数据传输（差错控制）。本层指定拓扑结构并提供硬件寻址。常用设备有网卡、网桥、交换机。

第 1 层物理层：处于 OSI 参考模型的最底层。物理层的主要功能是利用物理传输介质为数据链路层提供物理连接，以便透明的传送比特流。常用设备有（各种物理设备）集线器、中继器、调制解调器、网线、双绞线、同轴电缆。

数据发送时，从第七层传到第一层，接收数据则相反。因此答案 D 错误。

参考答案

（7）D

试题（8）

在网络协议中，UDP协议位于OSI模型的___（8）___。

（8）A．数据链路层　　B．传输层　　C．会话层　　D．表示层

试题（8）分析

UDP 是 User Datagram Protocol 的简称， 中文名是用户数据报协议，是OSI（Open System Interconnection，开放式系统互联）参考模型中一种无连接的传输层协议，提供面向事务的简单不可靠信息传送服务，IETF RFC 768是UDP的正式规范。UDP在IP报文的协议号是17。

参考答案

（8）B

试题（9）

为了提高模块的独立性，模块之间最好是___（9）___。

（9）A．控制耦合　　B．公共耦合　　C．内容耦合　　D．数据耦合

试题（9）分析

耦合性也叫块间联系，指软件系统结构中各模块间相互联系紧密程度的一种度量。模块之间联系越紧密，其耦合性就越强，模块的独立性则越差，模块间耦合的高低取决于模块间接口的复杂性，调用的方式以及传递的信息。

如果一个模块访问另一个模块时，彼此之间是通过数据参数（不是控制参数、公共数据结构或外部变量）来交换输入、输出信息的，则称这种耦合为数据耦合。由于限制了只通过参数表传递数据，按数据耦合开发的程序界面简单，安全可靠。因此，数据耦合是松散的耦合，模块之间的独立性比较强。在软件程序结构中至少必须有这类耦合。

参考答案

（9）D

试题（10）

IPv6将32位地址空间扩展到___（10）___位。

（10）A．64　　B．128　　C．256　　D．1024

试题（10）分析

IPv6是IETF（Internet Engineering Task Force 译：互联网工程任务组）设计的用于替代现行版本IP协议-IPv4-的下一代IP协议，它由128位二进制数码表示。全球因特网所采用的协议组是TCP/IP协议组。IP是TCP/IP协议中网络层的协议，是TCP/IP协议组的核心协议。

参考答案

（10）B

试题（11）

在取得相应权限后，云用户通过___（11）___可以选择或定制服务列表，也可以对已有服务进行退订的操作。

（11）A．云用户端　　B．服务目录　　C．管理系统和部署工具　　D．监控端

试题（11）分析

服务目录的功能是：云用户在取得相应权限（付费或其他限制）后可以选择或定制服务列表。

参考答案

（11）B

试题（12）

__（12）__不属于移动计算的特点。

（12）A．移动性　B．网络条件多样性　C．网络持续连接性　D．便利性

试题（12）分析

与固定网络上的分布计算相比，移动计算具有以下一些主要特点：

（1）移动性：移动计算机在移动过程中可以通过所在无线单元的 MSS 与固定网络的节点或其他移动计算机连接。

（2）网络条件多样性：移动计算机在移动过程中所使用的网络一般是变化的。这些网络既可以是高带宽的固定网络，也可以是低带宽的无线广域网，甚至处于断接状态。

（3）频繁断接性：由于受电源、无线通信费用、网络条件等因素的限制，移动计算机一般不会采用持续连网的工作方式，而是主动或被动地连接、断接。

（4）可靠性低：这与无线网络本身的可靠性及移动计算环境的易受干扰和不安全等因素有关。

参考答案

（12）C

试题（13）

常用的网络接入技术不包括__（13）__。

（13）A．Modem　B．ADSL　C．MPLS　D．HDSL

试题（13）分析

常用的接入技术主要有：电话线调制解调器（Modem）、电缆调制解调器（Cable Modem）、高速数字用户环路（HDSL），非对称数字用户环路（ADSL）、超高速数字用户环路（VDSL）和无线接入等。MPLS（Multi-Protocol Label Switching，多协议标签交换技术）是一种广域网络传输技术。

参考答案

（13）C

试题（14）

下关于互联网中 IP 地址的叙述中，__（14）__是不正确的。

（14）A．在同一个局域网上的主机或路由器的 IP 地址的网络号必须相同

B．用网桥互连的网段仍然是一个局域网，只能有一个网络号

C．路由器总是具有两个或两个以上的 IP 地址

D．当两个路由器直接相连时，在连线两端的接口处，必须指明 IP 地址

试题（14）分析

两个路由器直接相连的接口处，可指明也可不指明 IP 地址。如指明 IP 地址，则这一段连线就构成了一种只包含一段线路的特殊“网络”。现在常不指明 IP 地址。

参考答案

（14）D

试题（15）

在用户主机上 ping 网关地址，发现丢包严重。以下引起丢包的原因中，不可能的是（15）。

（15）A．连接用户电脑的网线有问题

B．用户主机未配置网关地址

C．网段内有用户主机感染病毒，导致交换机负荷过重

D．存在网络环路，引起广播风暴，导致交换机负荷过重

试题（15）分析

丢包的原因为以下几种：物理线路故障、设备故障、网络拥塞、路由错误。对应 A、C、D 选项，产生了丢包现象，说明 Ping 网关畅通，用户主机为配置网关地址不影响 Ping 网关畅通与否。

参考答案

（15）B

试题（16）

在机房工程中，机房环境应满足 （16） 。

（16）A．地板载重量须大于 500kg/m^2

B．地板表面电阻大于 0.1MΩ

C．高架地板对天花板的距离为 2m

D．机柜前后左右预留 70cm

试题（16）分析

地板表面电阻应大于 0.5 MΩ，若使用高架地板，其对天花板距离应为 2.4m；机柜的前后左右至少各留 75cm，建议值为 90cm。

参考答案

（16）A

试题（17）

以下关于综合布线监理的叙述中， （17） 是不正确的。

（17）A．按照国家关于综合布线的相关施工标准的规定审查承建方人员施工是否规范

B．到场的设备、缆线等的数量、型号、规格是否与合同中的清单一致

C．为保证实施质量和进度，在实施的监理中采用评审和测试手段即可

D．对违反 GB/T 50312—2000《建筑与建筑群综合布线工程施工及验收规范》的做法应及时纠正

试题（17）分析

评审和测试只是综合布线监理手段的一部分，综合布线还应实施针对关键部位的旁站等有效手段，因此 C 选项不正确。

参考答案

（17）C

试题（18）

以下关于管道安装隐蔽工程的叙述中， （18） 是不正确的。

（18）A．暗管管口应光滑，管口伸出部位应为 25～50mm
　　B．电话电缆管路长度大于 20m 时，导线应在接线盒内固定一次
　　C．钢管煨弯管径 20mm 以下的可采用液压煨管器
　　D．暗管外径大于 50mm 时，转变的曲率半径不应小于 10 倍

试题（18）分析

一般管径为 20mm 及其以下时，用手扳煨管器；管径为 25mm 及其以上时，使用液压煨管器。因此选项 C 不正确。

参考答案

（18）C

试题（19）

非屏蔽双绞线电缆用色标来区分不同的线，计算机网络系统中常用的 4 对电缆有四种本色，它们是__（19）__。

（19）A．蓝色、橙色、绿色和紫色　　B．蓝色、红色、绿色和棕色
　　C．蓝色、橙色、绿色和棕色　　D．白色、橙色、绿色和棕色

试题（19）分析

计算机网络系统中常用的 4 对电缆的四种本色应是蓝色、橙色、绿色和棕色。因此正确答案是 C。

参考答案

（19）C

试题（20）

垂直干线子系统的设计范围包括__（20）__。

（20）A．管理间与设备间之间的电缆
　　B．信息插座与管理间配线架之间的连接电缆
　　C．设备间与网络引入口之间的连接电缆
　　D．主设备间与计算机主机房之间的连接电缆

试题（20）分析

垂直干线子系统也称干线子系统，它是整个建筑物综合布线系统的一部分。它提供建筑物的干线电缆，负责连接管理子系统和设备间子系统，一般使用光缆或选用大对数的非屏蔽双绞线。

参考答案

（20）A

试题（21）

计算机网络系统中，入侵检测一般分为 3 个步骤，依次为__（21）__。

①数据分析　　②响应　　③信息收集

（21）A．③①②　　B．②③①　　C．③②①　　D．②①③

试题（21）分析

入侵检测一般分为三个步骤，分别为：信息收集、数据分析和响应。

参考答案

（21）A

试题（22）

__（22）__不是防火墙的核心技术。

（22）A．（静态/动态）包过滤技术　　B．NAT 技术
　　C．应用代理技术　　D．日志审计

试题（22）分析

无论防火墙在网络中如何部署，也无论防火墙性能差异如何巨大，纵观防火墙发展的历史，其核心技术都经历了包过滤、应用代理和状态监测三个阶段。

防火墙本身的主要功能除了对网络访问进行有效控制以外，还有一个很重要的功能就是对网络上的访问进行记录和审计，防火墙日志审计服务器就是完成这一功能的主要工具。

参考答案

（22）D

试题（23）

__（23）__不是专业监理工程师的职责。

（23）A．负责编制本专业监理实施方案
　　B．负责本专业监理工作量核定
　　C．复核并签署原始凭证
　　D．负责本专业监理资料的整理

试题（23）分析

信息系统监理师按照总监理工程师、总监代表、专家、专业监理工程师、监理员等不同的角色，具有不同的工作职责。其中专业监理工程师的职责包括：

（1）负责编制监理规划中本专业部分以及本专业监理实施方案；

（2）按专业分工并配合其他专业对工程进行抽检、监理测试或确认见证数据，负责本专业的测试审核、单元工程验收，对本专业的子系统工程验收提出验收意见；

（3）负责审核系统实施方案中的本专业部分；

（4）负责审核承建单位提交的涉及本专业的计划、方案、申请、变更，并向总监理工程师提出报告；

（5）负责核查本专业投入软、硬件设备和工具的原始凭证、检测报告等质量证明文件及其实物的质量情况，根据实际情况有必要时对上述进行检验；

（6）负责本专业工程量的核定，审核工程量的数据和原始凭证；

（7）负责本专业监理资料的收集、汇总及整理，参与编写监理日志、监理月报。

根据上述描述，A、B、D 3 个选项都是专业监理工程师的职责，选项 C 是监理员的职责。因此正确答案是 C。

参考答案

（23）C

试题（24）

监理工程师维护业主的利益主要表现在__（24）__。

（24）A．代表业主索赔　　B．提高工程质量
C．在合同纠纷中为业主辩护　　D．按合同要求监理工程项目

试题（24）分析

监理工程师作为独立的第三方，需要遵从“守法、公平、公正、独立”的原则办事。选项 A、C 明显是丧失原则的表现，选项 B 提高工程质量的主要责任方是承建单位，监理单位是监督方，不承担这个责任。因此正确答案是 D。

参考答案

（24）D

试题（25）

某监理工程师认为承建单位设计方案有较大问题，于是私下找外单位资深专业人士就该设计方案进行讨论。该行为违反的监理行为准则是__（25）__。

（25）A．公正　　B．独立　　C．科学　　D．保密

试题（25）分析

信息系统工程是高新技术领域的工程，在工程设计和实施中会涉及大量的技术、商业、经济等秘密，监理单位有义务对其在工作范围内接触的信息保守秘密。因此选项 D 为正确答案。

参考答案

（25）D

试题（26）

若有一个计算类型的程序，它的输入量只有一个 X，其范围是[-1.0，1.0]，现从输入的角度考虑一组测试用例：-1.001，-1.0，1.0，1.001。设计这组测试用例的方法是__（26）__。

（26）A．条件覆盖法　　B．等价分类法
C．边界值分析法　　D．错误推测法

试题（26）分析

黑盒测试也称功能测试，它是通过测试来检测每个功能是否都能正常使用。在测试中，把程序看作一个不能打开的黑盒子，在完全不考虑程序内部结构和内部特性的情况下，在程序接口进行测试，它只检查程序功能是否按照需求规格说明书的规定正常使用，程序是否能适当地接收输入数据而产生正确的输出信息。黑盒测试着眼于程序外部结构，不考虑内部逻辑结构，主要针对软件界面和软件功能进行测试。

常用的黑盒测试用例设计方法包括等价类划分法、边界值分析法、错误推测法、因果图法等。

等价类划分的办法是把程序的输入域划分成若干部分（子集），然后从每个部分中选取少数代表性数据作为测试用例。每一类的代表性数据在测试中的作用等价于这一类中的其他值。

边界值分析是通过选择等价类边界的测试用例。边界值分析法不仅重视输入条件边界，而且也必须考虑输出域边界。

错误推测法是基于经验和直觉推测程序中所有可能存在的各种错误，从而有针对性的设

计测试用例的方法。

因果图方法主要将测试发生的可能条件进行组合，考虑产生多个动作的形式来设计测试用例，最终生成的就是判定表。它适合于检查程序输入条件的各种组合情况。

根据题目的描述，考虑了输入域的边界，也考虑了输出域的边界。因此正确选项是 C。

参考答案

（26）C

试题（27）

影响计算机信息安全的因素很多，主要包括__（27）__。

（27）A．自然环境、人为失误、人为恶意破坏、软件设计不完善

B．硬件故障、软件故障、系统故障、人为破坏

C．局域网故障、广域网故障、通信网故障、Internet 故障

D．防火墙故障、入侵检测系统故障、病毒攻击、木马入侵

试题（27）分析

信息系统安全的总体目标是物理安全、信息基础设备安全、网络安全、数据安全、信息内容安全与公共信息安全的总和，最终目标是确保信息的可用性、保密性和完整性。确保信息系统工程的主体，不仅是用户，还包括组织、社会和国家对于信息资源的控制。

影响信息安全的因素很多，主要包括自然环境、人为失误、人为恶意破坏、软件设计不完善等方面。选项 A 为正确选项。其他 3 个选项均为信息安全因素某一方面的集中体现，不能代表整体因素。

参考答案

（27）A

试题（28）

以下关于软件质量保证的叙述中，__（28）__是不正确的。

（28）A．质量保证活动贯穿于软件工程始终

B．质量保证活动目的是尽量预防错误，防患于未然

C．质量保证小组记录所有不符合质量要求的情况

D．质量保证应由程序员承担主要责任

试题（28）分析

软件质量保证活动贯穿于整个软件工程始终，其目的是通过对工程过程和阶段工作产品的审查和审核，尽量预防错误，及早地发现和纠正错误，防患于未然。质量保证由软件工程师、项目管理者、客户、销售人员和质量保证小组人员等组成。而质量保证小组成员需要记录所有的质量不符合部分，并报告给高级管理者。跟踪不符合部分，直到问题得到解决。因此正确答案是 D。

参考答案

（28）D

试题（29）

软件配置管理项都必须做到“文实相符、文文一致”，以满足“有效性”“可见性”和

“__（29）__”要求。

（29）A．安全性　　B．可控性　　C．保密性　　D．正确性

试题（29）分析

软件配置管理项是该软件的真正实质性材料，因此必须保持正确性、完备性和可追踪性。任何软件配置管理项都必须做到“文实相符、文文一致”，以满足“有效性”“可见性”和“可控性”要求。因此正确答案是 B。

参考答案

（29）B

试题（30）

以下关于软件测试技术中静态分析方法的叙述中，__（30）__是正确的。

（30）A．程序设计语言不同，但使用的静态分析工具是相同的

B．静态分析主要包括控制流分析、数据流分析、接口分析和表达式分析等

C．静态分析是按照程序内部逻辑结构设计并执行测试用例的方法

D．静态分析只能由人工完成

试题（30）分析

虽然软件测试技术在不断地发展，但传统的分类方法仍然适用。按使用的测试技术不同可以将测试分为静态测试和动态测试。进一步地可以将静态测试分成静态分析和代码审查，将动态测试分成白盒测试和黑盒测试。

代码审查（包括代码评审和走查）主要依靠有经验的程序设计人员根据软件设计文档，通过阅读程序，发现软件错误和缺陷。代码审查一般按代码审查单阅读程序，查找错误。代码审查的内容包括：检查代码和设计的一致性；检查代码的标准性、可读性；检查代码逻辑表达的正确性和完整性；检查代码结构的合理性等。代码审查虽然在发现程序错误上有一定的局限性，但它不需要专门的测试工具和设备，且有一旦发现错误就能定位错误和一次发现一批错误等优点。

静态分析主要对程序进行控制流分析、数据流分析、接口分析和表达式分析等。静态分析一般由计算机辅助完成。静态分析的对象是计算机程序，程序设计语言不同，相应的静态分析工具也就不同。目前具备静态分析功能的软件测试工具有很多，如 Purify，Macabe 等。

白盒测试是一种按照程序内部的逻辑结构和编码结构设计并执行测试用例的测试方法。采用这种测试方法，测试者需要掌握被测程序的内部结构。白盒测试通常根据覆盖准则设计测试用例，使程序中的每个语句、每个条件分支、每个控制路径都在程序测试中受到检验。白盒测试需要运行程序，并能在运行过程中跟踪程序的执行路径。软件人员使用白盒测试方法，主要想对程序模块进行如下的检查：

- 对程序模块的所有独立的执行路径至少测试一次；
- 对所有的逻辑判定，取“真”与取“假”的两种情况都能至少测试一次；
- 在循环的边界和运行界限内执行循环体；
- 测试内部数据结构的有效性等。

黑盒测试是一种从软件需求出发，根据软件需求规格说明设计测试用例，并按照测试用

例的要求运行被测程序的测试方法。它较少关心程序内部的实现过程，侧重于程序的执行结果，将被测程序看成是不可见的黑盒子，因此被称为黑盒测试。黑盒测试着重于验证软件功能和性能的正确性，它的典型测试项目包括功能测试、性能测试、边界测试、余量测试和强度测试等。黑盒测试主要是为了发现以下几类错误：

- 是否有不正确或遗漏了的功能？
- 在接口上，输入能否正确地接受？能否输出正确的结果？
- 是否有数据结构错误或者外部信息（例如数据文件）访问错误？
- 性能上是否能够满足要求？
- 是否有初始化或终止性错误？

因此正确答案是 B。

参考答案

（30）B

试题（31）

在局域网网络性能评价中，最核心的评价指标不包括＿（31）＿。

（31）A．响应时间　　B．数据量　　C．吞吐率　　D．资源利用率

试题（31）分析

局域网（Local Area Network，LAN）是指在某一区域内由多台计算机互联成的计算机组。局域网可以实现文件管理、应用软件共享、打印机共享、工作组内的日程安排、电子邮件和传真通信服务等功能。

局域网一般为一个部门或单位所有，建网、维护以及扩展等较容易，系统灵活性高。其主要特点是：

1. 覆盖的地理范围较小，只在一个相对独立的局部范围内联，如一座或集中的建筑群内。
2. 使用专门铺设的传输介质进行联网，数据传输速率高（10Mb/s～10Gb/s）。
3. 通信延迟时间短，可靠性较高。
4. 局域网可以支持多种传输介质。

为了测试网络的性能，一般需要针对网络的响应时间、吞吐率和资源利用率进行测试。选项 B 的数据量只是描述测试指标的内容，非核心评价指标。因此正确答案是 B。

参考答案

（31）B

试题（32）

软件系统测试计划需要在＿（32）＿阶段编制。

（32）A．需求分析　　B．概要设计　　C．详细设计　　D．编码阶段

试题（32）分析

软件测试模型主要包括 V 模型、W 模型和 H 模型。各自具有不同的使用特点：其中 V 模型是软件开发瀑布模型的变种，主要反映测试活动与分析和设计的关系。如下图所示：

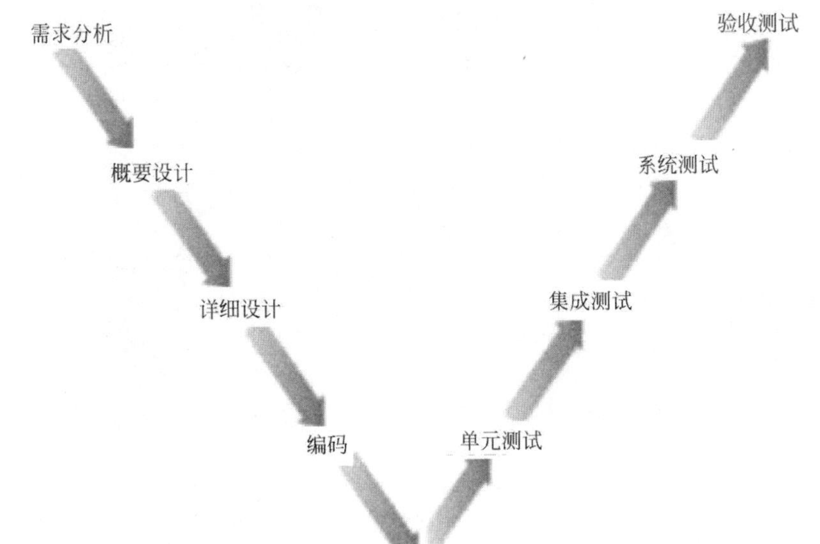

W 模型强调的是测试伴随着整个软件开发周期，而且测试的对象不仅仅是程序，需求、功能和设计同样要测试。在 V 模型的基础上，增加开发阶段的同步测试，形成 W 模型。测试与开发同步进行，有利于尽早地发现问题，如下图所示。

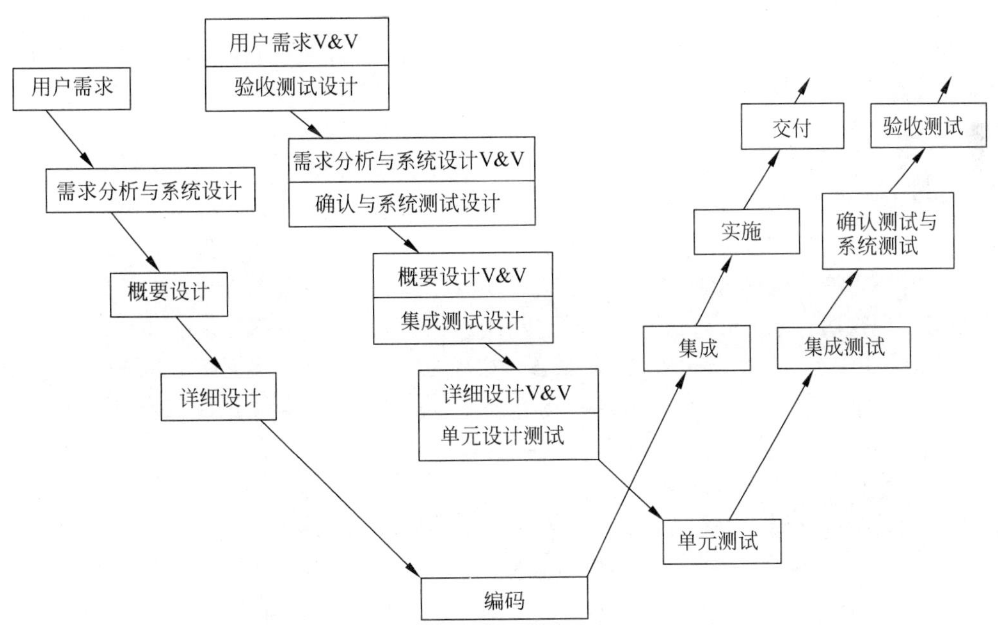

H 模型中，软件测试过程活动完全独立，贯穿于整个产品的周期与其他流程并发地进行，某个测试点准备就绪时，就可以从测试准备阶段进行到测试执行阶段。软件测试可以尽早地

进行，并且可以根据被测物的不同而分层次进行。

从上述描述可以看出，题目说明的阶段在需求分析与系统设计阶段编制系统测试计划。正确答案是 A。

参考答案

（32）A

试题（33）

UML 提供了 4 种结构图用于对系统的静态方面进行可视化、详述、构造和文档化。__（33）__不属于这类视图。

（33）A．对象图　　B．类图　　C．协作图　　D．组件图

试题（33）分析

UML 是一种可视化的建模语言，结合了 Booch、Objectory 和 OMT 方法，同时吸收了其他大量方法学的思想，提供了一种表示的标准。1997 年 OMG 采纳 UML 作为软件建模语言的标准，可以应用于不同的软件开发过程。

下面介绍 UML 涉及的一些基本概念。

1. 视图（Views）

UML 用模型来描述系统的静态结构和动态行为。为了捕捉要构建的软件系统的所有决策信息，需要从团队中不同参与者的角度出发，为系统的体系结构建模，形成不同的系统视图。要描述一个软件系统，下面的五种视图尤为重要。

1）用例视图（Use case view）

用例视图定义系统的外部行为，是最终用户、分析人员和测试人员所关注的。用例视图定义了系统的需求，是描述系统设计和构建的其他视图的基础，即用例驱动。用例视图也称为用户模型视图。

2）逻辑视图（Logic view）

逻辑视图描述逻辑结构，该逻辑结构支持用例视图描述的功能，它描述了问题空间中的概念以及实现系统功能的机制，如类、包、子系统等，因而是编程人员最关心的。逻辑视图又称做结构模型视图或静态视图。

3）实现视图（Implementation view）

实现描述用于组建系统的物理组件，如可执行文件、代码库和数据库等系统程序员所看到的软件产物，是和配置管理以及系统集成相关的信息。实现视图又称为组件视图（Component view）。

4）过程视图（Process view）

过程视图描述将系统分解为过程和任务，以及这些并发元素之间的通信与同步。过程视图对于系统集成人员特别重要，因为他们需要考虑系统的性能和吞吐量等。过程视图也称为并发视图、动态视图或者协作视图等。

5）部署视图（Deployment view）

描述系统的物理网络布局，是系统工程师和网络工程师所感兴趣的，又称作物理视图。

2. 图（Diagrams）

每个视图都由一个或者多个图组成，一个图是系统体系结构在某个侧面的表示，所有的图在一起组成系统的完整视图。UML 提供了九种不同的图，分为静态图和动态图两大类。静态图包括用例图、类图、对象图、组件图和配置图；动态图包括序列图、状态图、协作图和活动图。

1）用例图（Use case diagram）

用例图描述系统的功能，由系统、用例和角色（Actor）三种元素组成。图中显示若干角色以及这些角色和系统提供的用例之间的连接关系。用例是系统对外提供的功能的描述，是角色和系统在一次交互过程中执行的相关事务的序列。角色是与系统、子系统或类交互的外部人员、进程或事物。

用例之间存在扩展、使用和组合三种关系。角色之间可以用通用化关系将某些角色的共同行为抽象为通用行为。在 UML 中，用例图是用例视图的重要组成部分。

2）类图（Class diagram）

类图用来表示系统中的类以及类与类之间的关系，描述系统的静态结构，用于逻辑视图中。类是对象的抽象描述。所谓对象就是可以控制和操作的实体，类是具有共同的结构、行为、关系、语义的一组对象的抽象。类的行为和结构特征分别通过操作和属性表示。

类与类之间有多种关系，如关联、依赖、通用化、聚合等。关系提供了对象之间的通信方式。关联关系用于描述类与类之间的连接，通常是双向的。通用化又称继承，是通用元素和具体元素之间的一种分类关系，具体元素完全拥有通用元素的信息，并且还可以附加其他信息。聚合关系具有较强的耦合性，描述整体与部分的关系。依赖关系描述两个模型元素之间语义上的连接关系，其中一个元素是独立的，另一个元素依赖于独立的模型元素，独立元素的变化将影响到依赖元素。

3）对象图（Object diagram）

对象图是类图的示例，类图表示类以及类与类之间的关系，对象图则表示在某一时刻这些类的具体实例以及这些实例之间的具体连接关系，可以帮助人们理解比较复杂的类图。对象图也可以用于显示类图中的对象在某一点的连接关系。对象图常用于用例视图和逻辑视图中。

4）状态图（State diagram）

状态图主要用来描述对象、子系统、系统的生命周期。通过状态图可以了解一个对象可能具有的所有状态、导致对象状态改变的事件，以及状态转移引发的动作。状态是对象操作的前一次活动的结果，通常由对象的属性值来决定。事件指的是发生的且引起某些动作执行的事情。状态的变化称作转移，与转移相连的动作指明状态转移时应该做的事情。状态图是对类描述的事物的补充说明，用在逻辑视图中描述类的行为。

5）序列图（Sequence diagram）

面向对象系统中对象之间的交互表现为消息的发送和接收。序列图反映若干个对象之间的动态协作关系，即随着时间的流逝，消息是如何在对象之间发送和接收的。序列图表现为二维的形式，其中的纵坐标轴显示时间，横坐标轴显示对象。序列图中重点反映对象之间发送消息的先后次序，常用在逻辑视图中。

6）协作图（Collaboration diagram）

协作图主要描述协作对象之间的交互和链接。协作图和序列图同样反映对象间的动态协作，也可以表达消息序列，但重点描述交换消息的对象之间的关系，强调的是空间关系而非时间顺序。

7）活动图（Activity diagram）

活动图显示动作及其结果，着重描述操作实现中所完成的工作以及用例实例或对象中的活动。活动图中反映了一个连续的活动流，常用于描述一个操作执行过程中所完成的工作。活动图也有其他的用途，如显示如何执行一组相关的动作，以及这些动作如何影响它们周围的对象，说明一次商务活动中的人员、工作流、组织和对象是如何工作的等。

8）组件图（Component diagram）

组件图用来反映代码的物理结构。组件可以是源代码、二进制文件或可执行文件，包含逻辑类的实现信息，实现视图由组件图构成。

9）配置图（Deployment diagram）

配置图用来显示系统中软件和硬件的物理架构。图中通常显示实际的计算机和设备及它们之间的关系。配置图用来构成配置视图，描述系统的实际物理结构。

根据上述描述，该题正确答案是 C。

参考答案

（33）C

试题（34）

<u>（34）</u>不是面向对象开发方法的优点。

（34）A．对需求变化的适应性好　　B．支持软件复用
　　　C．可维护性好　　D．程序处理效率高

试题（34）分析

面向对象的软件开发方法 OMT（Object Modelling Technique）。这是一种自底向上和自顶向下相结合的方法，而且它以对象建模为基础，从而不仅考虑了输入、输出数据结构，实际上也包含了所有对象的数据结构，所以 OMT 彻底实现了 PAM 没有完全实现的目标。不仅如此，OMT 技术在需求分析、可维护性和可靠性这三个软件开发的关键环节和质量指标上有了实质性的突破，彻底地解决了在这些方面存在的严重问题，从而宣告了软件危机末日的来临。

1. 自底向上的归纳

OMT 的第一步是从问题的陈述入手，构造系统模型。从真实系统导出类的体系，即对象模型包括类的属性，与子类、父类的继承关系，以及类之间的关联。类是具有相似属性和行为的一组具体实例（客观对象）的抽象，父类是若干子类的归纳。因此这是一种自底向上的归纳过程。在自底向上的归纳过程中，为使子类能更合理地继承父类的属性和行为，可能需要自顶向下修改，从而使整个类体系更加合理。由于这种类体系的构造是从具体到抽象，再从抽象到具体，符合人类的思维规律，因此能更快、更方便地完成任务。这与自顶向下的 Yourdon 方法构成鲜明的对照。在 Yourdon 方法中构造系统模型是最困难的一步，因为自顶

向下的“顶”是一个空中楼阁，缺乏坚实的基础，而且功能分解有相当大的任意性，因此需要开发人员有丰富的软件开发经验。而在 OMT 中这一工作可由一般开发人员较快地完成。在对象模型建立后，很容易在这一基础上再导出动态模型和功能模型。这三个模型一起构成要求解的系统模型。

2. 自顶向下的分解

系统模型建立后的工作就是分解。与 Yourdon 方法按功能分解不同，在 OMT 中通常按服务（service）来分解。服务是具有共同目标的相关功能的集合，如 I/O 处理、图形处理等。这一步的分解通常很明确，而这些子系统的进一步分解因有较具体的系统模型为依据，也相对容易。所以 OMT 也具有自顶向下方法的优点，即能有效地控制模块的复杂性，同时避免了 Yourdon 方法中功能分解的困难和不确定性。

3. OMT 的基础是对象模型

每个对象类由数据结构（属性）和操作（行为）组成，有关的所有数据结构（包括输入、输出数据结构）都成了软件开发的依据。因此 Jackson 方法和 PAM 中输入、输出数据结构与整个系统之间的鸿沟在 OMT 中不再存在。OMT 不仅具有 Jackson 方法和 PAM 的优点，而且可以应用于大型系统。更重要的是，在 Jackson 方法和 PAM 方法中，当它们出发点的输入、输出数据结构（即系统的边界）发生变化时，整个软件必须推倒重来。但在 OMT 中系统边界的改变只是增加或减少一些对象而已，整个系统改动极小。

1）需求分析彻底

需求分析不彻底是软件失败的主要原因之一。即使在目前，这一危险依然存在。传统的软件开发方法在开发过程中不允许由于用户的需求发生变化，而导致出现种种问题。正是这一原因，人们提出了原型化方法，推出探索原型、实验原型和进化原型，积极鼓励用户改进需求。在每次改进需求后又形成新的进化原型供用户试用，直到用户基本满意，大大提高了软件的成功率。但是它要求软件开发人员能迅速生成这些原型，这就要求有自动生成代码的工具的支持。OMT 彻底解决了这一问题。因为需求分析过程已与系统模型的形成过程一致，开发人员与用户的讨论是从用户熟悉的具体实例（实体）开始的。开发人员必须搞清现实系统才能导出系统模型，这就使用户与开发人员之间有了共同的语言，避免了传统需求分析中可能产生的种种问题。

2）可维护性大大改善

在 OMT 之前的软件开发方法都是基于功能分解的。尽管软件工程学在可维护方面做出了极大的努力，使软件的可维护性有较大的改进。但从本质上讲，基于功能分解的软件是不易维护的。因为功能一旦有变化都会使开发的软件系统产生较大的变化，甚至推倒重来。更严重的是，在这种软件系统中，修改是困难的。因为由于种种原因，即使是微小的修改也可能引入新的错误，所以传统开发方法很可能会引起软件成本增长失控、软件质量得不到保证等一系列严重问题。正是 OMT 才使软件的可维护性有了质的改善。

OMT 的基础是目标系统的对象模型，而不是功能的分解。功能是对象的使用，它依赖于应用的细节，并在开发过程中不断变化。由于对象是客观存在的，因此当需求变化时对象的性质要比对象的使用更为稳定，从而使建立在对象结构上的软件系统也更为稳定。

更重要的是 OMT 彻底解决了软件的可维护性。在 OO 语言中，子类不仅可以继承父类的属性和行为，而且也可以重载父类的某个行为（虚函数）。利用这一特点，我们可以方便地进行功能修改，引入某类的一个子类，对要修改的一些行为（即虚函数或虚方法）进行重载，也就是对它们重新定义。由于不再在原来的程序模块中引入修改，所以彻底解决了软件的可修改性，从而也彻底解决了软件的可维护性。OO 技术还提高了软件的可靠性和健壮性。根据上述描述，正确答案选择 D。

参考答案

（34）D

试题（35）

软件需求规格说明的内容不应包括__（35）__。

（35）A．主要功能　　　　B．算法的详细描述
　　C．用户界面及运行环境　　　　D．软件的性能

试题（35）分析

软件需求说明书的编制是为了使用户和软件开发者双方对该软件的初始规定有一个共同的理解，使之成为整个开发工作的基础。包含硬件、功能、性能、输入输出、接口界面、警示信息、保密安全、数据与数据库、文档和法规的要求。

它的作用在于便于用户、开发人员进行理解和交流，反映出用户问题的结构，可以作为软件开发工作的基础和依据，并作为确认测试和验收的依据。因此软件需求规格说明不涉及具体的软件架构和算法。所以选择 B。

参考答案

（35）B

试题（36）

项目质量管理的构成不包括__（36）__。

（36）A．质量计划编制　　B．质量保证　　C．质量认证　　D．质量控制

试题（36）分析

项目质量管理的主要目的是确保项目满足建设单位的应用需求和期望。当然，项目承建单位首先要全力以赴地使信息系统满足在合同或相关标准中的，明确表达了的建设单位需求和期望，还应站在使用者的角度仔细揣摩未写在书面说明中的隐含需求。项目质量管理的构成包括质量计划编制、质量保证和质量控制三方面构成。

质量计划编制包括：

综合合同中或标准中的相关条款，形成本项目的质量标准；

确认在项目的实施过程中达到项目质量标准的主要方法及组织落实；

必要时可供采取的纠正措施。

信息系统项目的质量范围主要包括：

系统功能和特色、系统界面和输出、系统性能、系统可靠性、系统可维护性等。

质量保证：

质量保证是指为实现质量计划和不断改进质量所开展的所有活动。

承建单位投入到该项目的全体人员在质量保证中的活动起决定性作用。包括质量保证体系的执行与完善、系统设计、软件开发、外购和外包等环节的质量保证，项目经理与所在单位质保体系负责人之配合，项目经理与建设单位相关负责人之配合等。

监理单位在质量保证的主要作用是对承建单位的上述质量计划编制和质量保证活动进行审查，通常采用质量审计的方法、技术和工具；监理单位在质量管理中的另一个职能是在质量控制中发挥主导作用。

质量控制：

质量控制是指信息系统工程实施过程中在对信息系统质量有重要影响的关键时段进行质量检查、确认、决策及采取相应措施。具体包括：

1）检查

通过测试等方法检查该阶段实施过程及其结果的质量状况。

2）确认

在对质量状况进行分析的基础上，分别对成绩、事故及事故预兆进行确认。

3）决策

处理事故，例如决定是否返工，是否需要组织专门的小组负责解决和纠正质量问题。

4）采取措施

通过采取适当措施之后使不合格项达到预定要求；

采取过程调整等预防措施以防止进一步质量问题的发生。

因此正确答案是 C。

参考答案

（36）C

试题（37）

在信息系统项目管理过程中，项目的管理主体是__（37）__。

（37）A．建设单位　　B．设计单位　　C．监理单位　　D．承建单位

试题（37）分析

信息系统项目的实施涉及主建方、承建单位、监理单位三方，而三方都需要采用项目管理的方法（简称“三方一法”）以完成其在项目实施中所肩负的责任。

下图是描述这“三方一法”之关系的框架。

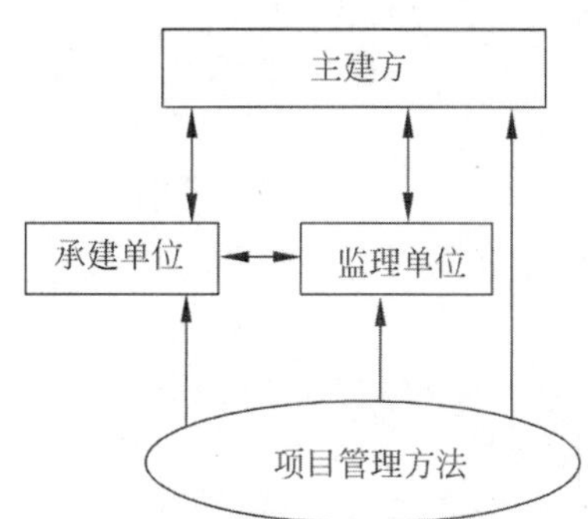

根据“三方一法”的关系，项目管理的主要实施单位是承建单位，但管理的主要责任方是建设单位。选择 A。

参考答案

（37）A

试题（38）

监理工程师审查总包单位提交的分包单位资质资料，主要是审查__（38）__。

（38）A．分包合同是否合规　　B．分包协议草案
C．分包单位是否具有相应能力　　D．分包单位情况是否属实

试题（38）分析

分包单位一般不与甲方和监理单位直接产生联系。主要由总包单位承担分包单位的工作职责和能力要求。监理单位一般审核分包单位的合同是否有效，协议是否合理，分包单位资质，业绩等是否符合要求等等。因此选择 C。

参考答案

（38）C

试题（39）

在现场监理工作中，监理不具有的权利是__（39）__。

（39）A．分包单位否决权　　B．承建单位工作量签认权
C．支付申请确认权　　D．施工组织计划确定权

试题（39）分析

监理单位独立行使监理权利。其中很重要的原则是监理只有建议权没有决策权，从以上各选项看，只有选项 D 是决策权的体现，其他几项均是监理单位可以正常行使的权利。选项 C 即监理开具支付证书的正常工作要求。正确答案是 D。

参考答案

（39）D

试题（40）

在“四控，三管，一协调”的监理内容中，__（40）__活动属于“四控”的内容。

（40）A．监理单位对隐蔽工程进行旁站
B．监理单位进行工程文档的整理
C．监理单位进行合同索赔的处理
D．监理单位主持召开项目的三方工程例会和专题会议

试题（40）分析

监理现场工作内容包括“四控三管一协调”，其中四控为质量控制、进度控制、投资控制、变更控制；三管为合同管理、信息管理、信息安全管理；一协调为组织协调。A 选项是质量控制内容，B 选项是信息管理内容，C 选项是合同管理内容，D 选项是组织协调内容。因此正确答案是 A。

参考答案

（40）A

试题（41）

当隐蔽工程列为质量控制点时，监理工程师应按规定到场监督检查。除见证施工过程外还需见证＿（41）＿。

（41）A．实施环境状况　　B．实施作业条件
　　C．劳动组织及工种配合状况　　D．隐蔽部位的覆盖过程

试题（41）分析

隐蔽工程一般属于监理现场旁站工作的重点内容。具体包括见证整体施工的过程，同时还需要全程见证隐蔽部位的覆盖过程。因此选择 D。

参考答案

（41）D

试题（42）

一般来说，可作为信息系统建设合同组成部分的材料不包括＿（42）＿。

（42）A．投标文件　　B．招标文件　　C．履约保证金　　D．实施方案

试题（42）分析

信息系统建设合同是工程实施的依据性文件。作为该文件的组成部分一般还包括招标文件、投标文件、项目实施方案等内容。履约保证金一般在合同验收后作为运维过程的有效保障，由合同乙方提供的担保性内容，因此不属于合同的组成部分。

所以选择 C。

参考答案

（42）C

试题（43）

以下关于建设工程投资、进度、质量三大目标之间基本关系的说法中，表达目标之间统一关系的是＿（43）＿。

（43）A．缩短工期，可能增加工程投资
　　B．减少投资，可能要降低功能和质量要求
　　C．提高功能和质量要求，可能延长工期
　　D．提高功能和质量要求，可能降低运行费用和维修费用

试题（43）分析

质量控制、投资控制、进度控制是进行建设项目管理的三大重要控制目标，这三个管理目标之间有着相互依存和相互制约的关系。我们进行工程项目管理的最终目标是：以较少的投资，在预定的工期内，完成符合建筑工程施工工序质量指标的建设项目。然而，单纯的过高的质量要求会造成投资的加大和进度的延长；相反对质量要求过低，将会导致质量事故剧增，严重的也会拖延工期，造成投资费用增加，且对整个项目的产出质量造成严重后果。这就要求我们要从实际情况出发，针对建设项目的类别和建设规模，确定出符合实际需要的质量标准。

从题目描述看，A、B、C 三个选项都是阐述三个目标之间的制约和矛盾的关系，只有 D 是表达目标之间统一关系的内容。所以，选择 D。

参考答案

（43）D

试题（44）

工程监理实施的步骤有：①编制监理规划；②参与验收，签署监理意见；③编制监理实施细则；④任命总监成立项目监理机构；⑤开展监理工作；⑥向建设单位提交监理档案资料；⑦监理工作总结。其正确顺序为＿（44）＿。

（44）A．②③①⑥⑦④⑤　　B．①②③④⑤⑥⑦
　　C．④①③⑤②⑥⑦　　D．④①⑤③②⑦⑥

试题（44）分析

信息系统工程监理单位在签订监理合同之后，按照合同要求成立监理机构并任命总监人员，然后在项目总监的主持和组织下，编制项目监理规划。根据监理规划，各专业监理工程师编制专业的监理细则；监理工程师按照监理细则开展具体的监理工作；待项目完成合同任务后，监理参与验收工作，并签署相关监理意见；随后移交监理档案资料，最后进行监理工作的总结。

根据题目描述，只有选项 C 符合要求。

参考答案

（44）C

试题（45）

作为建设单位考核监理单位对监理工作的执行情况的依据和基础性文件是＿（45）＿。

（45）A．监理规划　　B．监理投标文件　　C．监理细则　　D．监理大纲

试题（45）分析

监理规划是将委托合同规定的责任和任务具体化，并在此基础上制定实现监理任务的措施。监理单位向建设单位提交监理规划，作为监理单位对监理项目的行动指南，也可以作为建设单位考核监理单位对监理委托合同实际执行情况的重要依据。正确答案是 A。

参考答案

（45）A

试题（46）

从承建单位的角度看，监理实施细则的作用不包括＿（46）＿。

（46）A．起到工作联系单的作用　　B．起到提醒的作用
　　C．起到专业指导作用　　D．起到消除怀疑的作用

试题（46）分析

监理单位把监理实施细则提供给承建单位，能起工作联系单或通知书的作用。因为除了强制性要求的验收内容外，承建单位不清楚还有哪些工序监理项目组必须进行检查。而细则中通过质量控制点设置的安排，可告诉承建单位在相应的质量控制点到来前必须通知监理项目组，避免承建单位遗忘通知监理单位，从而也就避免由此引发的纠纷。

监理单位把监理实施细则提供给承建单位，能为承建单位起到提醒与警示的作用。主要是提醒承建单位注意质量通病，使之为预防通病出现应采取相应的措施，同时提醒承建单位对工程过程中可能出现的问题采取相应的应急措施。

所以选择 D。

参考答案

（46）D

试题（47）

监理单位应对承建单位提供的各类设计、实施方案进行审查并采取监理措施，对此进行的质量控制重点不包括__（47）__。

（47）A．关键部位的测试方案　　B．质量保证计划

C．总体设计方案　　D．技术性能报告

试题（47）分析

在信息系统工程设计阶段的质量控制重点包括：

了解建设单位建设需求和对信息系统安全性的要求，协助建设单位制定项目质量目标规划和安全目标规划。

对各种设计文件，提出设计质量标准。

进行设计过程跟踪，及时发现质量问题，并及时与承建单位协调解决。

审查阶段性设计成果，并提出监理意见。

审查承建单位提交的总体设计方案。

审查承建单位对关键部位的测试方案，如主机网络系统软硬件测试方案，应用软件开发的模块功能测试方法等。

协助承建单位建立、完善针对该信息工程建设的质量保证体系，包括完善计量及质量检测技术和手段。

协助总承建单位完善现场质量管理制度，包括现场会议制度、现场质量检验制度、质量统计报表制度和质量事故报告及处理制度等。

组织设计文件及设计方案交底会，熟悉项目设计、实施及开发过程，根据有关设计规范，实施验收及软件工程验收等规范、规程或标准，对有的工程部位下达质量要求标准。

对工程质量有重大影响的软硬件，应审核承建单位提供的技术性能报告或者权威的第三方测试报告，凡不符合质量要求的设备及配件、系统集成成果、网络接入产品、计算机整机与配件等不能使用。

参考答案

（47）D

试题（48）

监理质量控制的手段主要包括__（48）__。

①审核有关技术和里程碑报告　②直接进行现场质量检验

③进行必要的测试　④严格控制施工设备的质量　⑤全面控制实施过程

（48）A．①②③④⑤　B．①②③　C．②③④　D．②③⑤

试题（48）分析

参见教材第一编“质量控制手段”一节的内容，监理的质量控制手段主要有四个，即：评审、测试、抽查、旁站。题目中，①“审核有关技术和里程碑报告”起着评审的

作用；②“直接进行现场质量检验”显然是使用抽测的手段进行质量控制，③“进行必要的测试”是利用测试手段进行质量控制；④“严格控制施工设备的质量”是承建单位的工作，监理方也做不了此工作；⑤“全面控制实施过程”是说明要怎样做该项目的监理工作，不是质量控制的手段。因此，本题选择答案B正确。

参考答案

（48）B

试题（49）

以下关于验收和验收中出现质量问题处理方法的叙述中，（49）是不正确的。

（49）A．第三方测试机构应经监理机构同意

B．验收中发现的质量问题需要承建单位进行确认

C．对验收中发现质量问题的，必要时应组织重新验收

D．应督促建设单位根据整改要求提出整改方案

试题（49）分析

监理方应督促承建单位根据整改要求提出整改方案，并监督整改过程，而不是建设单位。因此选项D错误。

参考答案

（49）D

试题（50）～（52）

某工程网络计划如下图所示（时间单位：天），该工程的工期为（50）天，工作D的自由时差是（51）天。如因建设单位原因，原定任务D由2天延长至5天，则建设单位应当弥补承建单位工期（52）天。

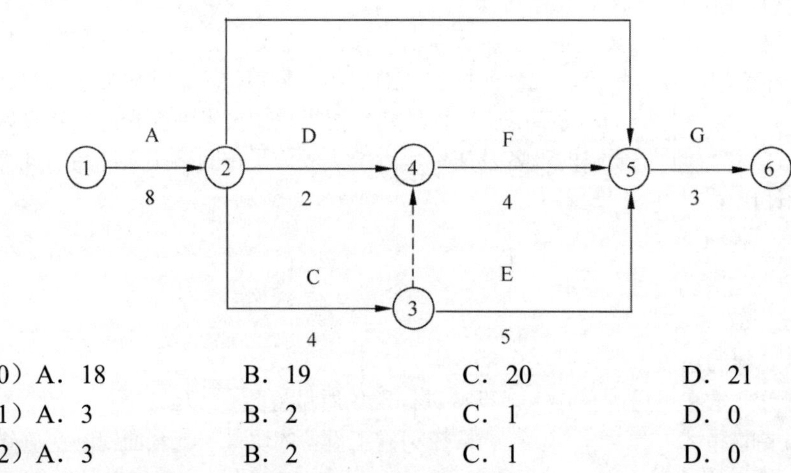

（50）A．18　　B．19　　C．20　　D．21

（51）A．3　　B．2　　C．1　　D．0

（52）A．3　　B．2　　C．1　　D．0

试题（50）～（52）分析

根据上图，可知该工程关键路径为A-C-E-G，因此总工期为20天。

自由时差是指一项工作在不影响其紧后工作最早开始时间的条件下，本工作可以利用的机动时间，用紧后工作的最早开始时间与该工作的最早完成时间之差表示。工作F的最早开

始时间为 12，D 的最早完成时间是 10，因此工作 D 的自由时差是 2。

若任务 D 延长至 5 天，关键路径变为 A-D-F-G，工期依旧为 20 天。因此弥补工期 0 天。

参考答案

（50）C　（51）B　（52）D

试题（53）

某项目采用挣值法进行综合分析后得到：ACWP>BCWS>BCWP，则项目__（53）__。

（53）A．费用超支　B．进度延误　C．进度提前　D．投入落后

试题（53）分析

费用偏差 CV=BCWP–ACWP，为负表示费用超支，为正表示费用节余；SV=BCWP–BCWS，为负表示进度延误，为正表示进度提前。

参考答案

（53）C

试题（54）

监理工程师控制建设工程进度的组织措施是指__（54）__。

（54）A．落实监理单位进度控制的人员　B．编制进度控制工作细则
C．及时办理工程进度款支付手续　D．建立工程进度报告制度

试题（54）分析

在实施进度控制时，可以采用以下基本措施：

组织措施。落实监理单位进度控制的人员组成，具体控制任务和管理职责分工。

技术措施。确定合理定额，进行进度预测分析和进度统计。

合同措施。合同期与进度协调。

信息管理措施。实行计算机进度动态比较，提供比较报告。

参考答案

（54）A

试题（55）

某工程，拟完工程计划投资和已完工程计划投资的比较如下图所示。图中Δ表示 t 时刻的__（55）__。

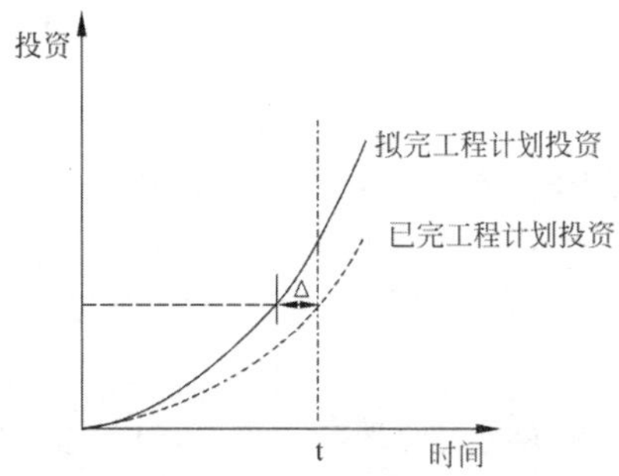

（55）A．投资节约额　B．投资超支额　C．进度滞后量　D．进度超前量

试题（55）分析

根据图示，t时刻Δ值的进度偏差SV小于零，表明进度滞后。

参考答案

（55）C

试题（56）

信息化工程监理中，投资控制的目的是确保＿（56）＿。

（56）A．结算价等于合同价

B．预算价不超过投资估算价

C．实际投资不超过计划投资，实现投资目标

D．在投资目标分解的各个层次上，实际投资均不超过计划投资

试题（56）分析

信息工程项目的投资控制主要是在批准的预算条件下确保项目保质按期完成。即指在项目投资的形成过程中，对项目所消耗的人力资源、物质资源和费用开支，进行指导、监督、调节和限制，及时纠正即将发生和已经发生的偏差，把各项项目费用控制在计划投资的范围之内，保证投资目标的实现。信息工程项目投资控制的目的，在于降低项目成本，提高经济效益。

参考答案

（56）C

试题（57）

以下关于信息系统工程竣工结算意义的叙述中，＿（57）＿是不正确的。

（57）A．为竣工图的编制提供依据资料

B．可正确分析成本效果

C．可分析工程建设计划执行情况

D．可分析总结项目成本使用中的经验和教训

试题（57）分析

信息系统工程竣工结算的意义包括：可正确分析成本效果；可分析工程建设计划和设计预算实际执行情况；可分析总结项目成本使用中的经验和教训；为修订预界定额提供依据资料。而竣工图的编制在工程军工结算之前完成，因此选项A不正确。

参考答案

（57）A

试题（58）

在项目实施过程中发生工程变更，应经过＿（58）＿的代表鉴认。

①建设单位　②承建单位　③分包单位　④监理单位　⑤设计单位

（58）A．①②④⑤　B．①④⑤　C．①③④　D．①②④

试题（58）分析

任何变更都要得到三方（承建方、监理方、业主方）书面的确认，并且要在接到变更通知单之后才能进行，严禁擅自变更，在任何一方或者两方同意下做出变更而造成的损失应该

由变更方承担。

变更控制流程如下：

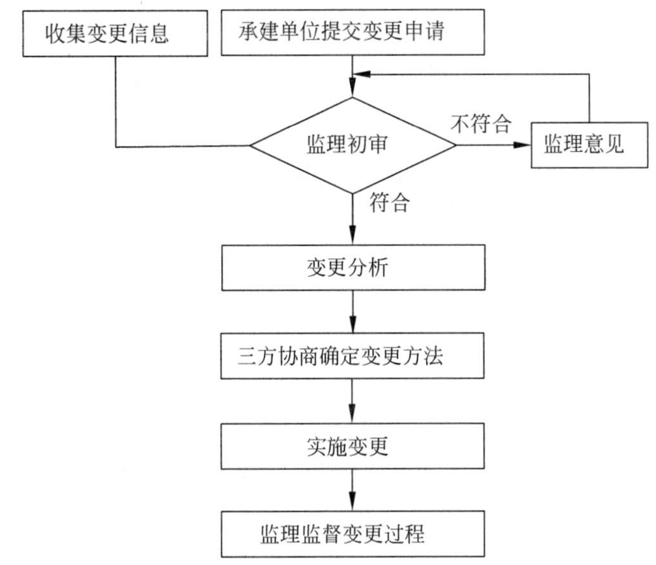

所以选项 D 正确。

参考答案

（58）D

试题（59）

监理工程师在遇到项目变更情况时，正确的变更控制程序是__（59）__。

（59）A．工程变更建议书应在预计可能变更的时间之前 14 天提出。在特殊情况下，工程变更可不受时间的限制

B．承建单位应先向建设单位提出变更要求或建议，建设单位再要求监理工程师进行变更初审

C．监理机构在进行变更的初审时，应首先明确界定变更的合理性和必要性

D．最优的变更方案由监理机构分析和评估后进行确定

试题（59）分析

变更申请单位向监理工程师提出变更要求或建议，提交书面工程变更建议书。工程变更建议书应在预计可能变更的时间 14 天之前提出。在特殊情况下，工程变更可不受时间的限制。

项目监理机构应了解实际情况和收集与项目变更有关的资料，首先明确界定项目变更的目标，再根据收集的变更信息判断变更的合理性和必要性。

三方进行协商和讨论，根据变更分析的结果，确定最优变更方案。

所以选项 A 正确。

参考答案

（59）A

试题（60）

监理工程师评价项目变更合理性时主要应考虑__（60）__。

（60）A．变更是否会影响工作范围、成本、工作质量和时间进度

B．变更是否会损害个人利益

C．变更是否对监理单位有负面影响

D．变更是否会影响项目的净现值

试题（60）分析

评价项目变更合理性应考虑的内容包括：

变更是否会影响工作范围、成本、工作质量和时间进度；是否会对项目准备选用的设备或消耗的材料产生影响，性能是否有保证，投资的变化有多大；在信息网络系统或信息应用系统的开发设计过程中，变更是否会影响到开发系统的适用性和功能，是否影响系统的整体架构设计；变更是否会影响到项目的投资回报率和净现值？如果是，那么项目在新的投资回报率和净现值基础上是否可行；如何证明项目的变更是合理的，是会产生良性效果的，必要时要有论证。所以选项 A 正确。

参考答案

（60）A

试题（61）

合理的质量是指__（61）__。

（61）A．在满足业主所需功能和使用价值的前提下，所付出的费用最少

B．在一定投资限额下，能达到业主所需要的最佳功能和质量水平

C．在一定进度内，达到业主所需要的质量水平

D．工程质量竣工后，验收合格

试题（61）分析

质量是指产品、服务或过程满足规定或潜在要求（或需求）的特征和特征的总和。对信息工程项目而言，最终产品就是建成投入使用的信息工程项目，质量要求就是对整个信息工程项目和他的实施过程所提出的“满足规定或潜在要求（或需求）的特征和特征的总和”，即要达到的信息工程项目质量目标。

进度，质量，投资是项目的三个关键因素，彼此关联。仅考虑任何一个因素，都不是合理的质量。合理的质量不仅要满足所需的功能和使用价值，还应满足其潜在的需求。工程质量竣工验收合格，忽略了质量是全过程的形成以及投资额。所以答案 B 正确。

参考答案

（61）B

试题（62）

信息系统工程项目索赔具有较多特征。以下叙述中，__（62）__是不正确的。

（62）A．索赔是合同管理的重要环节

B．索赔有利于建设单位、承建单位双方自身素质和管理水平的提高

C．索赔是合同双方利益的体现

D．索赔是确保项目收益的重要手段

试题（62）分析

索赔是在信息系统工程合同履行中，当事人一方由于另一方未履行合同所规定的义务而遭受损失时，向另一方提出赔偿要求的行为。其特征包括：

索赔是合同管理的重要环节，索赔和合同管理有直接的联系，合同是索赔的索赔依据。

索赔有利于业主方、承建方双方自身素质和管理水平的提高。

索赔直接关系到业主方和承建方的双方利益，索赔和处理索赔的过程实质上是双方管理水平的综合体现。作为业主方为使项目顺利进行，如期完成，早日投产取得收益，就必须加强自身管理，做好资金、技术等各项有关工作，保证项目中各项问题及时解决。作为承建方要实现合同目标，取得索赔，争取自己应得利益，就必须加强各项基础管理工作，对项目的质量、进度、变更等进行更严格、更细致的管理，进而推动行业管理的加强与提高。

索赔是合同双方利益的体现。

索赔是一种风险费用的转移或再分配。如果承建方利用索赔的方法使自己尽可能的损失得到补偿，就会降低项目报价中的风险费用，从而使业主方得到相对较低的报价，当项目实施中发生这种费用时可以按实际支出给予补偿，也使项目造价更趋于合理。作为承建方，要取得索赔，保证自己应得的利益，就必须做到自己不违约，全力保证项目质量和进度，实现合同目标。同样，作为业主方，要通过索赔的处理和解决，保证项目顺利进行，使项目项目按期完工，早日投产取得经济收益。

索赔是挽回成本损失的重要手段。所以应选择答案 D。

参考答案

（62）D

试题（63）

甲、乙合作开发了一套数据管理平台。丙公司欲在自己准备承担的经济决策支持系统项目中使用该平台，甲以丙公司没有名气为由拒绝；乙独自与丙公司签订合同，以伍拾万元的价格将该数据管理平台作为产品许可丙公司使用。__（63）__说法是不正确的。

（63）A．该数据管理平台的著作权由甲乙共同拥有

B．该数据管理平台的著作权不可转让

C．乙未征得甲同意而与丙公司签订的许可合同无效

D．如甲同意，乙获得的伍拾万元报酬合理分成给甲

试题（63）分析

著作权法第十三条：两人以上合作创作的作品，著作权由合作作者共同享有。根据我国著作权法第二十五条的规定：著作权的转让应当订立书面合同。著作权许可使用是著作权人授权他人以一定的方式，在一定的时期和一定的地域范围内商业性使用其作品并收取报酬的行为。由于甲乙共同拥有著作权，合同应征得甲乙同意，并与丙签订。甲乙双方授权许可的报酬，甲乙方合理分配。

所以答案应选 B。

参考答案

（63）B

试题（64）

为了系统地、完整地构建信息系统的安全体系框架，信息系统安全体系应当由__（64）__共同构建。

（64）A．技术体系、组织机构体系和管理体系
B．硬件、软件、安全产品和管理制度
C．技术框架、产品、管理制度和标准
D．用户需求、建设内容、运维管理

试题（64）分析

从信息安全管理目标来看，其中的网络安全、数据安全、信息内容安全等可通过开放系统互连安全体系的安全服务、安全机制及其管理实现，但所获得的这些安全特性只解决了与通信和互连有关的安全问题，而涉及与信息系统工程的构成组件及其运行环境安全有关的其他安全问题（如物理安全、系统安全等）还需从技术措施和管理措施两方面结合起来。为了系统地、完整地构建信息系统的安全体系框架，信息系统安全体系应当由技术体系、组织机构体系和管理体系共同构建。

管理制度和标准是管理体系的一部分，组织机构体系是信息系统的组织保障系统。由机构、岗位和人事三个模块构成，一个机构设置分为：决策层、管理层和执行层。所以答案应选 A。

参考答案

（64）A

试题（65）

信息网络的物理安全要从__（65）__两个角度来考虑。

（65）A．软件安全和设备安全　　B．环境安全和设备安全
C．环境安全和软件安全　　D．软件安全和硬件安全

试题（65）分析

物理安全技术运用于物理保障环境（含系统组件的物理环境）。物理安全包括：设备、设施、环境、介质。所以答案 B 正确。

参考答案

（65）B

试题（66）

__（66）__是总监理工程师应履行的职责。

（66）A．签署工程计量原始凭证　　B．编制各专业的监理实施细则
C．负责合同争议调解　　D．负责各专业监理资料的收集、汇总及整理

试题（66）分析

总监理工程师应履行的职责：

对信息工程监理合同的实施负全面责任；负责管理监理项目部的日常工作，并定期向监

理单位报告；确定监理项目部人员的分工；检查和监督监理人员的工作，根据工程项目的进展情况可进行人员的调配，对不称职的人员进行调换；主持编写工程项目监理规划及审批监理实施方案；主持编写并签发监理月报、监理工作阶段报告、专题报告和项目监理工作总结；主持编写工程质量评估报告；组织整理工程项目的监理资料；主持监理工作会议，签发监理项目部重要文件和指令；审定承建单位的开工报告、系统实施方案、系统测试方案和进度计划；审查承建单位竣工申请，组织监理人员进行竣工预验收，参与工程项目的竣工验收、签署竣工验收文件；审核签认系统工程和单元工程的质量验收记录；主持审查和处理工程变更；审批承建单位的重要申请和签署工程费用支付证书；参与工程质量事故的调查；调解业主单位和承建单位的合同争议，处理索赔，审批工程延期；负责指定专人记录工程项目监理日志。所以答案 C 正确。

参考答案

（66）C

试题（67）

承建、监理单位应当在__（67）__，将各自形成的有关工程档案向建设单位归档。

（67）A．工程初步验收前　　B．工程初步验收后
　　C．工程竣工验收前　　D．工程竣工验收后

试题（67）分析

按照《国家电子政务工程建设项目管理暂行办法》初步验收，项目建设单位对项目的工程、技术、财务和档案等进行验收，形成初步验收报告。根据《国家电子政务工程建设项目档案管理暂行办法》电子政务项目文件材料的收集、整理、归档应与项目建设进程同步实施，工程竣工验收后，由建设单位向档案部门移交档案。因此答案 A 正确。

参考答案

（67）A

试题（68）

工程验收监理报告必须包含__（68）__。

①工程背景　　②工程竣工准备工作综述　　③验收测试方案与规范
④测试结果与分析　　⑤验收测试结论

（68）A．①②③④⑤　　B．①②④⑤　　C．①②③⑤　　D．②③④⑤

试题（68）分析

工程监理验收报告的主体应该是验收测试结论与分析，必须包含以下几个要素：

● 工程竣工准备工作综述

评估集成商准备的技术资料、文档、基础数据等是否准确、齐全，其他竣工准备工作是否完备。

● 验收测试方案与规范

组织三方确定验收测试方案、测试案例、测试工具的使用等。

● 测试结果与分析

依照验收测试方案实施测试得到的测试结果描述，包括业务测试和性能测试。对原始测

试结果必要的技术分析，包括各种分析图表、文字说明等。

- 验收测试结论

根据测试结果分析对各项指标是否达到工程设计要求做综合性说明，对工程中存在或可能存在的问题进行分析和归纳，以及确定的需要返工修改的部分，对返工修改的部分回归测试的情况。

所以答案选 D。

参考答案

（68）D

试题（69）

在委托监理的信息工程项目中，监理单位与承建单位不得有隶属关系和其他利害关系，这个要求反映了信息工程监理的＿（69）＿。

（69）A．服务性　　B．科学性　　C．独立性　　D．公正性

试题（69）分析

《信息系统工程监理暂行规定》中，第十八条详细规定了监理单位的权利与义务：

- 应按照“守法、公平、公正、独立”的原则，开展信息系统工程监理工作，维护业主单位与承建单位的合法权益；
- 按照监理合同取得监理收入；
- 不承建信息系统工程；
- 不得与被监理项目的承建单位存在隶属关系和利益关系，不得作为其投资者或合伙经营者；
- 不得以任何形式侵害业主单位和承建单位的知识产权；
- 在监理过程中因违犯国家法律、法规，造成重大质量、安全事故的，应承担相应的经济责任和法律责任。

从以上的条款可以看出，一个信息系统工程监理单位的行为应该遵循以下准则：

1. 守法

这是任何一个具有民事行为能力的单位或个人最起码的行为准则，对于监理单位守法就是依法经营，其行为应遵守国家和相应地区的所有法律法规。

2. 公正

主要是指监理单位在处理业主单位与承建单位之间的矛盾和纠纷时，要做到“一碗水端平”，是谁的责任，就由谁承担；该维护谁的权益，就维护谁的利益，决不能因为监理单位受业主单位的委托，就偏袒业主单位。

3. 独立

这是信息系统工程监理有别于其他监理的一个特点，监理单位不能参与除监理以外的与本项目有关的业务，而且监理单位不得从事任何的具体的信息系统工程业务。也就是说，监理单位应该是完全独立于其他双方的第三方机构。

4. 科学

信息系统工程是代表高科技的工程，监理的业务活动要依据科学的方案，运用科学的手

段，采取科学的方法，进行科学的总结。

5. 保密

信息系统工程是高新技术领域的工程，在工程设计和实施中会涉及大量的技术、商业、经济等秘密，监理单位有业务对其在工作范围内接触的上述信息保守秘密。

所以答案选 C

参考答案

（69）C

试题（70）

工程建设过程中，按照计划应于 2014 年 7 月 23 日完成到货验收，但乙方并未按时到货，乙方恳请监理单位暂且不向甲方汇报此事，而监理公司出具了专题监理报告向甲方说明了此事。这体现了监理的__（70）__原则。

（70）A．公平　　B．科学　　C．诚信　　D．独立

试题（70）分析

监理工程师的职业道德要求：维护国家的荣誉和利益，按照“守法、诚信、公正、科学”的准则执业。诚信就是忠诚老实、为人做事守信用，诚信是做人的基本品德。

所谓科学的原则，就是在监理实践中，要依据科学的方案（如监理规划），运用科学的手段（如测试设备或测试工具软件），采取科学的办法（如收集数据），并在项目结束后，进行科学的总结（如信息归纳整理）。监理要用科学的思维、科学的方法对核心问题有预先控制措施上的认识，凡事要有证据，处理业务一定要有可靠的依据和凭证，判断问题时尽量用数据说服业主方或承建方，必要时，一定以书面材料（如专题监理报告）说明立场和观点。

公平是指坚持正确观点，实事求是。独立是指监理单位应该是完全独立于其他双方的第三方机构。所以答案选 C。

参考答案

（70）C

试题（71）

Most of the host operating system provides a way to automated configure the IP information needed by a host.Automated configuration methods,such as __（71）__,are required to solve the problem.

（71）A．IPSec　　B．DHCP　　C．PPT　　D．SOAP

试题（71）分析

本题考查给计算机自动设置 IP 地址的方法。

IPSec：IP 层协议安全结构。IPSec 在 IP 层提供安全服务，它使系统能按需选择安全协议，决定服务所使用的算法及放置需求服务所需密钥到相应位置。

DHCP：在一个使用 TCP/IP 协议的网络中，每一台计算机都必须至少有一个 IP 地址，才能与其他计算机连接通信。为了便于统一规划和管理网络中的 IP 地址，DHCP（Dynamic Host Configure Protocol，动态主机配置协议）应运而生了。这种网络服务有利于对校园网络中的客户机 IP 地址进行有效管理，而不需要一个一个手动指定 IP 地址。

PPT 是 PowerPoint 的简称，是微软公司出品的 Office 软件系列软件之一。

SOAP，简单对象访问协议。是一种轻量的、简单的、基于 XML 的协议，是交换数据的一种协议规范，是一种轻量的、简单的、基于 XML（标准通用标记语言下的一个子集）的协议，它被设计成在 WEB 上交换结构化的和固化的信息。SOAP 可以和现存的许多因特网协议和格式结合使用，包括超文本传输协议（HTTP），简单邮件传输协议（SMTP），多用途网际邮件扩充协议（MIME）。它还支持从消息系统到远程过程调用（RPC）等大量的应用程序。所以答案选 B。

参考答案

（71）B

试题（72）

Which factors must be most considered when developing acceptance criteria （72）.

（72）A．Match with requirements　　B．User availability
C．Ability to benchmark system　　D．Schedule of system delivery

试题（72）分析

本题考查验收的标准。

满足用户需求，基准系统的能力，用户可用性，预计交付时间。满足用户需求，是最重要的因素。所以答案选 A。

参考答案

（72）A

试题（73）

Many useful tools and techniques are used in developing schedule.（73） is a schedule network analysis technique that modifies the project schedule to account for limited resource.

（73）A．PERT　　B．Resource levelling
C．Schedule compression　　D．Critical chain method

试题（73）分析

本题考查制定项目计划时有限资源的安排技术、计划评审技术、资源平衡法、进度压缩、关键路径法。

资源平衡是一种进度网络分析技术，用于已经利用关键路线法分析过的进度模型。资源平衡使用场景一般如下：处理时间安排需要满足规定交工日期的计划活动；处理只有在某些时间动用或只能动用有限数量的必要的共用或关键资源数量；处理在项目工作具体时间段内按照某种水平均匀地使用选定资源；资源平衡核心在于将稀缺资源首先用到关键路线的关键活动。此外，可以考虑加班和提高资源的生产率。所以答案选 B。

参考答案

（73）B

试题（74）

In all projects, needs must be tempered by schedule, cost and resource constraints.Project success depends primarily on （74）.

（74）A．the quality of the schedule and cost control analysis

B．customer satisfaction

C．customer compromise in defining its needs

D．exceeding customer requirements through gold-plating

试题（74）分析

所有项目中，客户的要求必须根据进度表、成本和有限的资源进行修改。项目的成功主要取决于：

A．进度表和成本控制分析的优劣

B．客户满意程度

C．客户在确定要求时的折中态度

D．通过漂亮的外包装超额满足客户的要求

所以答案选 B。

参考答案

（74）B

试题（75）

__（75）__ is one of the quality planning outputs.

（75）A．Scope base line　　B．Cost of quality

C．Product specification　　D．Quality checklist

试题（75）分析

质量计划的输出，是形成质量检查表，不是范围基线，也不是质量成本和产品说明。

所以选择答案 D。

参考答案

（75）D

第 4 章　2014 下半年信息系统监理师下午试题分析与解答

试题一（20 分）

阅读下列说明，回答问题 1 至问题 4，将解答填入答题纸的对应栏内。

【说明】

某企业信息系统工程项目，包含综合布线工程、网络工程、主机系统工程、企业业务软件开发工程等 4 个子项目。建设单位甲通过公开招标方式确定承建单位，某知名集团公司丁的全资子公司乙经过竞标，赢得工程合同。建设单位甲委托监理公司丙承担项目的监理工作，在项目实施过程中发生了如下事件：

【事件 1】 工程正式开工之前，乙方项目经理对综合布线工程、网络工程、主机系统工程等子项目制订了详细的实施计划，由于工期较紧，计划安排综合布线工程与网络工程、主机系统工程并行实施，同时完成安装工作并进行加电联调达到要求后，报监理方签字认可。

【事件 2】 在项目业务软件开发实施过程中，由于乙方未按要求投入所需的主要技术人员等原因，导致项目进度滞后，甲、丙方多次要求乙方尽快补齐所缺人员。迫于甲、丙方的一再督促，乙方在甲、丙方不知情的情况下，从母公司丁抽调多名资深技术人员加入到本项目的现场开发工作中，丙方在巡查中发现后，向乙发出停工令，要求新加入人员所承担的工作暂时停工，乙方认为监理方的做法错误并影响了工程进度，并应该补偿由此造成的工期损失。

【事件 3】 为了确保项目质量，及时发现问题，项目总体设计方案完成后，进入评审过程。甲、丙方对此非常重视，聘请了数位资深业务专家和信息化专家参加评审会。评审会由信息化专家主持，对总体设计方案进行讨论，得出了评审结论。会后，参会的几位监理工程师经过讨论，形成最终的监理意见。

【事件 4】 在专题监理会议上，甲方现场负责人发言指出：由于甲方业务及其流程发生变化，要求正在实施的应用软件功能做相应的变更。会后，乙方经过缜密的研究认为功能有增有减，总的工作量与原来差别不大，同意了甲方的变更要求并付诸实施。

【问题 1】（4 分）

作为监理工程师你认为事件 1 中的安排合适吗？请说明理由。

【问题 2】（8 分）

在事件 2 中，作为监理工程师，请回答：

（1）监理方的做法是错误的吗？请说出理由。

（2）乙方抽调人员的资质有问题吗？请说出理由。

（3）应该给乙方相应的工期补偿吗？

【问题 3】（4 分）

请指出事件 3 中评审过程中存在的错误做法。

【问题 4】（4 分）

请指出事件 4 中应用软件变更中存在的错误做法。

试题一分析

本题考查企业信息化项目的质量控制、进度控制、变更控制等方面的理论和应用。考生应结合案例的背景，综合运用理论知识和实践经验回答问题。

【问题 1】

按照《信息系统监理规范总则》（GB/T 19668.1）中关于质量控制的要求，相关实施任务完成后，需要监理单位的检查和确认。因此根据题目描述，项目涉及基础环境建设和网络、主机等系统集成类工程。其中综合布线工作属于其他工作的前置工作，且相关工作质量必须要经过监理单位的检查测试并认可后，才可以和其他网络、主机等系统进行加电联调。显然事件 1 中乙方项目经理的安排是不合适的。

【问题 2】

按照《信息系统监理规范总则》（GB/T 19668.1）中关于质量控制的要求，乙方入场前需要报告监理并提出相关开工申请，经监理审查同意后，出具开工令方可实施。其中，审查的要点之一就是乙方的组织结构和人员资质证明文件。而根据题目描述的情况，乙方在未经各方同意的情况下，私自抽调人员参与实施，是错误的行为。监理在巡场过程中发现该问题，由总监理工程师发出停工令是正确的。

根据招投标法相关规定，实施人员必须是乙方自有的员工。根据题目描述，抽调的人员并非自身员工，两者之间不存在隶属关系。这样的做法对项目从信息保密性、管理规范性、技术合理性等方面都是有危害的。

按照《信息系统监理规范总则》（GB/T 19668.1）中关于进度控制的要求，由于该工期的延误是由于乙方的原因造成的，因此不予补偿。乙方还应该采取措施保证总工期符合要求。

【问题 3】

里程碑节点完成后，需要对里程碑成果进行专家评审。按照评审的议程，一般应由总监理工程师主持，由专家组进行评审。

形成评审结论后，监理单位也需要形成监理意见。但应由总监理工程师组织讨论，并形成最终监理意见。

【问题 4】

按照《信息系统监理规范总则》（GB/T 19668.1）中关于变更控制的要求，按照变更控制的程序，需要提出变更申请，并经三方认可后，方可进行变更，且监理单位需要对变更结果进行评估。根据题目描述，变更比较随意，没有履行书面的变更申请手续。另外，没有经过监理的认可也是不对的。

试题一参考答案

【问题 1】（4 分）

不合适（2 分）。理由是：综合布线工程实施完成后，未经监理工程师检查（或测试、认可）（1 分），不得与整个计算机网络系统连接通电（1 分）（说出类似的意思就可以给分）。

【问题 2】（8 分）

（1）监理的做法是正确的（1 分）。理由是：未经资质审查的人员进入现场实施、开发，总监理工程师可以下达停工令（2 分）。

（2）有问题（1 分）。理由是：招标投标法律相关规定（1 分），项目实施人员必须是乙方自己的人员（2 分，说出这层意思就给分）。

（3）由于是乙方自己的问题造成的，因此不给工期补偿（1 分，答出不给工期补偿就给分）。

【问题 3】（4 分）

（1）评审会应该由总监理工程师主持（2 分，说出总监理工程师组织等意思都可以给分）。

（2）应该由总监理工程师组织监理工程师进行讨论后形成监理意见（2 分）。

【问题 4】（4 分）

变更申请应该以书面形式提出（2 分）。变更实施前，应得到三方认可（或者说还应该得到监理方的认可等，意思相同的说法都可以给分）（2 分）。

试题二（15 分）

【说明】

某单位拟通过公开招标方式采购一家集成单位承担网络改造工程，开标现场共有 3 家单位前来投标。

事件 1：招标人组建了总人数为 5 人的评标委员会，其中招标人代表 1 人，招标代理机构代表 1 人，法律顾问 1 人，网络专家 2 人，开标后，评标委员会对投标文件的密封情况进行了检查。评标过程中，由于 3 家单位均没有同行业类似业绩，原该部分评分项没有实际意义，评标委员会建议修改对应评分项，按照公司相同规模进行打分，期间，法律顾问突发低血糖晕倒后送医就诊，只得由评标委员会组长组织其他人完成了评标，并由组长代法律顾问签署评标报告。

事件 2： A 公司报价 70 万，B 公司 95 万，C 公司 75 万。评标价格得分采用算术均价最高分，每上浮 1.25%扣 5 分，下浮 1.25%扣 3 分。

【问题 1】

请指出事件 1 所描述的评标过程中存在的问题有哪些并说明原因。

【问题 2】

请空白位置填写对应得分，并按总分由高到低顺序排名。

评分项	权重	说明	A 公司	B 公司	C 公司
商务得分	30%	百分制	80	80	90
技术得分	40%	百分制	80	85	85
报价得分	30%	百分制			
总分	——	百分制			

得分排名：

【问题 3】

采用公开招标时，对于有资格预审的招标项目，监理方应协助业主对投标单位的资质进行评审，评审应主要依据哪些方面。

试题二分析

本题考查项目招投标采购等相关理论与应用。考生应结合案例的背景，综合运用理论知识和实践经验回答问题。

【问题 1】

1. 本案中招标人和招标代理机构各派 1 人参加评标，所占比例超过了总人数的 1/3（招标代理机构派代表参加评标，在性质上属于招标人代表），违反了招标投标法第三十七条，即评标委员会由招标人代表和有关技术、经济方面的专家组成，人员为 5 人以上的单数，其中招标人代表不能超过 1/3，技术、经济方面的专家不能少于 2/3。

2. 根据招标投标法第三十六条，对投标文件的密封情况进行检查的职责属于招标人，不属于评标委员会。

3. 评标委员会修改评分项的做法属于越权，违法了招标投标法规定的评标原则，即按照招标文件中的评标标准和方法，对投标文件进行系统的评审和比较，评标时不能采用招标文件中没有规定的标准和方法。

4. 法律顾问在评审过程中突发急病，应更换一位满足要求的成员替换其评标才能完成整个评标工作。本案由剩下的 4 位成员完成了评标，不符合招标投标法第三十七条对评标委员会组成的规定。而由评标委员会组长代替法律顾问平标报告上签字的做法，违反了招标投标法第四十四条评标委员会成员对评标结果承担个人责任，以及《招标投标法》第四十八条由更换的评标委员会成员重新进行评审的规定。

【问题 2】（7 分）

价格分计算：

评标价格均价=(70+95+75)/3=80

A 公司：报价 70<80，差额百分比=(80–70)/80 *100%=12.5%，扣分=12.5%/ 1.25%*3=30，报价得 70 分；

B 公司：报价 95>80，差额百分比=(95–80)/80 *100%=18.75%，扣分=18.75%/1.25%*5=15*5=75，报价得 25 分；

C 公司：报价 75<80，差额百分比=(80–75)/80 *100%=6.25%；扣分=6.25%/1.25*3=15，报价得 85 分。

总分计算：

A 公司：80*30%+80*40%+70*30%=24+32+21=77

B 公司：80*30%+85*40%+25*30%=24+34+7.5=65.5

C 公司：90*30%+85*40%+85*30%=27+34+25.5=86.5

评分项	权重	说明	A 公司	B 公司	C 公司
商务得分	30%	百分制	80	80	90
技术得分	40%	百分制	80	85	85
报价得分	30%	百分制	70	25	85
总分	——	百分制	77	65.5	86.5

得分排名：C公司-->A公司-->B公司

【问题3】

采用公开招标时，监理方应协助业主对投标单位的资质进行评审，根据《信息系统监理师教程》，其评审依据包括：企业资质（包括但不限于：计算机信息系统集成资质、建筑智能化系统集成专项工程设计资质、安全消防工程等资质）、质量管理体系（是否通过相关认证或评估）、相关项目的实施经验（是否从事过与本项目相关或相似的开发工作、是否有相关领域的成功经验）、公司实力（注册资本、技术实力、企业发展情况、核心领导层背景及稳定度等）四个方面。

试题二参考答案

【问题1】（4分）

1. 所占比例超过了总人数的1/3（招标代理机构派代表参加评标，在性质上属于招标人代表），违反了《招标投标法》第三十七条。（1分）

2. 对投标文件的密封情况进行检查的职责属于招标人，不属于评标委员会。（1分）

3. 评标委员会修改评分项的做法属于越权，违法了《招标投标法》规定的评标原则。（1分）

4. 法律顾问在评审过程中突发急病，应更换一位满足条件的成员替换其评标才能完成整个评标工作。由评标委员会组长代替法律顾问平标报告上签字的做法，违反了《招标投标法》。（1分）

【问题2】（7分）

评分项	权重	说明	A公司	B公司	C公司
商务得分	30%	百分制	80	80	90
技术得分	40%	百分制	80	85	85
报价得分	30%	百分制	70	25	85
总分	——	百分制	77	65.5	86.5

（每空1分，共6分）

总分排名（由高到低）：C公司、A公司、B公司。（1分）

【问题3】（4分）

企业资质（1分）（包括但不限于：计算机信息系统集成资质、建筑智能化系统集成专项工程设计资质、安全消防工程等资质）、质量管理体系（1分）（是否通过相关认证或评估）、相关项目的实施经验（1分）（是否从事过与本项目相关或相似的开发工作、是否有相关领域的成功经验）、公司实力（1分）（注册资本、技术实力、企业发展情况、核心领导层背景及稳定度等）四个方面。

试题三（15分）

阅读下列说明，回答问题1至问题2，将解答填入答题纸的对应栏内。

【说明】

某国家级大型信息系统工程建设项目，使用中央财政投资，在完成编写项目建议书、可行性研究报告、初步设计方案后获得批准。建设单位通过公开招标方式选定某监理单位承担整个项目全过程监理工作。在项目执行过程中发生了以下几个事件：

[事件 1] 在某次到货过程中，现场监理工程师发现所到设备与合同清单品牌不符，经咨询，承建单位解释该批产品为 OEM 产品。现场监理工程师认为不符合要求，因此拒绝在到货验收清单上签字。

[事件 2] 由于新增项目涉及部分新业务，建设单位经过市场调研后，认为市场可以开展此项业务的单位不多，因此直接将其中某一个预算金额为 200 万元的新增单项以单一来源的方式采购。

【问题 1】（9 分）

（1）在事件 1 中，现场监理工程师的做法是否合理？请说明理由。

（2）请说明监理后续需要开展哪些工作才能符合现场到货要求？

【问题 2】（6 分）

（1）在事件 2 中，建设单位直接采用单一来源方式采购是否恰当？请说明理由。

（2）如确需采用单一来源方式，需要履行的审批手续是哪些？

试题三分析

本题考查电子政务工程的项目管理以及政府采购法的理论与应用。考生应结合案例的背景，综合运用理论知识和实践经验回答问题。

【问题 1】

根据题目描述，首先需要知道 OEM 的概念和常用工作程序。

（1）OEM 是当前比较流行的制造方式。即品牌生产者不直接生产产品，而是利用合同订购的方式委托其他厂家生产，之后将所订产品贴上自己的品牌商标对外销售。因此 OEM 产品称之为贴牌产品。

（2）相关程序是品牌厂商向厂家下订单，并签署相关协议，待出厂后即可以该品牌的产品向客户供货。

从题目阐述的背景看，到货的产品与合同配置的品牌不一致，作为现场监理工程师有权要求供应商退换货或者提供澄清文件，并在情况未核实前不予在到货验收单上签字。因此监理的做法是合理的。

当现场监理工程师对货物提出质疑时，按照到货验收要求，相关供货商必须提供有力的证据证明所供设备的合法性。因此供货商需要提供与厂家签订的 OEM 协议证明产品合法，同时按照到货验收要求，提供原厂合格证明文件等随机附件。另外，涉及第三方品牌产品的，必须确保用户使用权限不侵犯第三方知识产权。

【问题 2】

根据政府采购法中关于单一来源条件“（一）只能从唯一供应商处采购的；（二）发生了不可预见的紧急情况不能从其他供应商处采购的；（三）必须保证原有采购项目一致性或者服务配套的要求，需要继续从原供应商处添购，且添购资金总额不超过原合同采购金额百分之十的。”的要求建设单位无法证明市场只有唯一一家可以满足需求，因此不能采用单一来源的方式。

如果确需采用单一来源，则按照财政部关于印发《政府采购进口产品管理办法》的通知

（财库〔2007〕119号）相关文件要求，必须先进行专家论证，再履行报批手续后才能进行。

试题三参考答案

【问题1】（9分）

（1）合理。（2分）

因为设备是贴牌（OEM）产品（2分），不符合合同清单要求（1分）。

（2）后续需要开展的工作包括：

（a）责成承建单位提供OEM合同或协议，以证明设备的合法性；

（b）责成承建单位提供原厂设备证明；

（c）建设单位、承建单位、监理单位三方签署备忘录，确定合同清单的品牌要求；

（d）责成承建单位提供承诺函，保证所提供的设备品牌型号不侵犯第三方知识产权。

（每项2分，最多得4分）

【问题2】（6分）

（1）不恰当。（2分）

因为不符合政府采购法相关单一来源中"（一）只能从唯一供应商处采购的；（二）发生了不可预见的紧急情况不能从其他供应商处采购的；（三）必须保证原有采购项目一致性或者服务配套的要求，需要继续从原供应商处添购，且添购资金总额不超过原合同采购金额百分之十的。"等任一条件的要求。（2分）

（2）需要履行的审批手续包括：

（a）召集专家进行单一来源采购论证；

（b）整理材料上报财政部或项目主管部门审批。

（每项2分，最多得2分）

试题四（15分）

阅读下列说明，回答问题1至问题3，将解答填入答题纸的对应栏内。

【说明】

在某省重点大型电子政务工程项目建设中，建设单位甲与承建单位乙签订了实施合同，工期为18个月。合同规定，项目完成后首先进行各子项内部验收，再按照《国家电子政务工程建设项目管理暂行办法》的相关规定进行项目验收，并委托某监理公司丙承担项目全过程的监理任务。建设过程中发生如下事件：

[事件1] 承建单位根据项目建设需要制定了周密的实施计划，部分节点是：项目实施后第8个月完成主机等设备的安装调试工作和子项内部验收，第9个月完成软件的开发和子项内部验收，第10个月开始进行试运行，第14个月完成信息安全风险评估，第15个月完成项目初步验收。

[事件2] 承建单位项目经理在安排软件测试任务的动员会上讲：软件测试环节是软件系统质量形成的主要环节，各开发小组，特别是测试小组，应重视软件集成测试工作。因此，项目经理安排给测试组进行测试的时间非常充足，测试周期占整个软件系统开发周期的40%，约15周。在软件系统测试的过程中，项目经理安排了详细的测试跟踪计划，统计每周所发现软件系统故障数量，以及所解决的软件故障。根据每周集成测试的结果分析，软件

系统故障随时间的推移呈明显的下降趋势，第 1 周发现约 100 个故障，第 2 周发现约 90 个故障，第 3 周发现 50 个故障……第 10 周发现 2 个故障，第 11 周发现 1 个故障，第 12 和第 13 周发现 0 个故障，因此项目经理认为应用软件达到了内部验收的条件。

[事件 3] 项目初步验收完成后，建设单位要求监理机构协助整理提交竣工验收申请报告时所需的、作为附件一并上交的其他文件。

【问题 1】（4 分）

针对事件 1，如果你作为该项目的监理工程师，你认为承建单位项目经理做的项目计划可行吗？说出理由。

【问题 2】（6 分）

针对事件 2，作为监理工程师，请指出：

（1）“软件测试环节是软件系统质量形成的主要环节”说法妥当吗？说出理由。

（2）“第 12 和第 13 周发现 0 个故障，因此项目经理认为应用软件达到了内部验收的条件”说法妥当吗？说出理由。

【问题 3】（5 分）

请给出事件 3 中提交竣工验收申请报告时所需的、作为附件一并上交的文件清单。

试题四分析

本题首先给出实际案例 3 个事件的背景，考察的知识点是国家电子政务工程建设管理的政策法规以及软件工程的理论基础。其中事件 1 和事件 3 的案例背景是项目验收过程中需要依据的政策法规，即《国家电子政务工程建设项目管理暂行办法》中关于电子政务工程项目验收管理的要求；事件 2 的案例背景是软件工程的理论知识实践应用。3 个事件总体要求考生能综合运用政策法规、理论知识和结合实践运用。

【问题 1】

项目经理安排的工期符合要求。因为按照事件 1 中的描述，“第 9 个月完成软件的开发和子项内部验收，第 14 个月完成信息安全风险评估，第 15 个月完成初步验收。”信息安全风险评估和初步验收是在软件开发任务完成的半年内组织完成的。依据《国家电子政务工程建设项目管理暂行办法》第三十一条规定：项目建设单位应在完成项目建设任务后的半年内，组织完成建设项目的信息安全风险评估和初步验收工作。

【问题 2】

一问的答案是不妥当。因为，依据软件工程理论，软件过程是一系列的活动和步骤组成。软件质量形成于过程中。软件开发过程包括：系统需求分析，系统结构设计，软件需求分析、结构设计、详细设计、编码、集成、测试。软件测试只是质量保证的一个环节，忽视其他环节软件的质量将无法保证。

二问的答案是不妥当。因为，依据软件工程理论，内部测试合格不能说明满足验收条件。确认测试是验证被测软件是否满足需求规格说明书列出的需求。任务是验证软件的功能和性能及其他特性是否与用户的要求一致。对软件的功能和性能要求在软件需求规格说明书中已经明确规定，它包含的信息就是软件确认测试的基础。

【问题 3】

答案是“项目建设总结、初步验收报告、财务报告、审计报告和信息安全风险评估报告。”因为，依据《国家电子政务工程建设项目管理暂行办法》中第三十一条规定：初步验收合格后，项目建设单位应向项目审批部门提交竣工验收申请报告，并将项目建设总结、初步验收报告、财务报告、审计报告和信息安全风险评估报告等文件作为附件一并上报。项目审批部门应适时组织竣工验收。

试题四参考答案

【问题 1】（4 分）

可行（1 分）。理由是：符合项目建设单位应在完成项目建设任务后的半年内（1 分），组织完成建设项目的信息安全风险评估和初步验收工作（2 分）。（说出符合工期要求等给 1 分）

【问题 2】（6 分）

（1）不妥当（1 分）。理由是：软件测试是保证软件质量的重要工作内容之一，但软件测试环节却不是软件质量的形成环节（1 分），测试只能检查软件中所存在的缺陷，发现问题。软件质量是在需求分析、设计、编码、测试、文档编制等软件生产的全过程中形成的（1 分）。

（2）不妥当（1 分）。理由是：应该在确认测试（或者验收测试）完成后，才有可能具备提请内部验收的条件。（2 分，说出类似的意思就可以得分）

【问题 3】（5 分）

项目建设总结、初步验收报告、财务报告、审计报告、信息安全风险评估报告。

（每个 1 分，共 5 分）

试题五（10 分）

阅读下列说明，回答问题 1 至问题 3，将解答填入答题纸的对应栏内。

【说明】

某网络项目建设包含综合布线，网络设备采购等内容。综合布线已通过单项验收，现承建方在进行交换机的配置。

【问题 1】

监理在旁站过程中，发现板卡上的 LED 指示灯为红色，现场实施工程师执行 show module 时，输出结果为 other，此时可初步判断________发生了故障。

A．线卡　　B．背板　　C．端口　　D．配置

【问题 2】

判断交换机引擎插板（或称为管理插板）故障的主要措施，包括________（3 分）

a．连接至该交换机的各个接入交换机之间彼此是否无法通信

b．使用 Show interface interface_id 命令，判断交换机管理模块是否正常

c．直接连接至该交换机的服务器之间彼此是否无法通信

d．将 SPF 模块插入另外一个正常插槽进行测试

e．重新启动交换机后，是否也无法登录至交换机管理

f. 检查同一 UPS 供电的其他网络设备是否正常工作

【问题 3】（5 分）

判断下列关于服务器故障排除原则是否正确：

（1）在对计算机故障进行检查判断时，遇到未知计算机故障时应该首先考虑打开主机箱对硬件进行检测，如果不能解决问题，则检查是否是由软件引起的，最终达到排除故障的目的。（ ）

（2）先检查键盘、鼠标、显示器、切换器、磁盘阵列等外部设备，查看电源的连接、各种连线是否链接得当，排除这些方面的原因后，再来检查主机。（ ）

（3）首先检查电源部分，如是否有电压通到主机，工作电压是否正常、稳定，主机电源功率是否能负载各部件的正常运行，然后再检查各个部件。（ ）

（4）遇到故障时，应首先考虑引起故障的特殊因素，如不能解决问题，再检查电源线、数据线是否松动，把它们重新插接。（ ）

（5）在排除故障时，先排除简单而易修理的故障，再去排除困难的不好解决的故障。（ ）

试题五分析

本题考查数据库测试等相关理论与应用。考生应结合案例的背景，综合运用理论知识和实践经验回答问题。

【问题 1】

线卡故障主要表现如下：

- 部分网络间的通信失败，不能连接至核心网络。
- 线卡 LED 指示灯全部熄灭、全部点亮或全部狂闪。
- 板卡上的 LED 指示灯显示为琥珀色或红色，或者执行 show module 命令时，输出状态为以下几种状态中的一种：
  - Other
  - Faulty
  - Err-disable
  - Power-deny
  - Power-bad

【问题 2】

b 是检测端口故障；d 是检测 SFP 故障 f 是检测电源故障。

【问题 3】

（1）在对计算机故障进行检查判断时，一般应遵循先软后硬的原则，即遇到未知计算机故障时应该首先考虑是否是由软件引起的，如果不能解决问题再打开主机箱对硬件进行检测，最终达到排除故障的目的。

（2）先检查键盘、鼠标、显示器、切换器、磁盘阵列等外部设备，查看电源的连接，各种连线是否链接得当，排除这些方面的原因后，再来检查主机。

（3）首先检查电源部分，如是否有电压通到主机，工作电压是否正常、稳定，主机电源功率是否能负载各部件的正常运行，然后再检查各个部件。

（4）遇到故障时，应首先考虑最可能引起故障的原因，比如硬盘不能正常工作，应先检查电源线、数据线是否松动，把它们重新插接，如不能解决问题，再考虑其他较复杂的原因。

（5）在排除故障时，先排除简单而易修理的故障，再去排除困难的不好解决的故障。

试题五参考答案

【问题 1】（2 分）

A

【问题 2】（3 分）

A、C、E （每选对一个得 1 分，共 3 分，选项超过 3 个该题得 0 分）

【问题 3】（5 分）

（1）× （2）√ （3）√ （4）× （5）√

（每个 1 分，共 5 分）

第 5 章　2015 上半年信息系统监理师上午试题分析与解答

试题（1）

微信是移动即时沟通工具之一，其发现功能模块下的扫一扫功能主要应用了智能标签__（1）__技术。

（1）A．NFC　　B．RFID　　C．二维码　　D．条形码

试题（1）分析

目前市场上的智能标签技术主要集中在上述四个选项当中，但使用过微信的人应该知道微信扫一扫应用的是二维码技术。

NFC 是指近距离无线通信，是一种短距离的高频无线通信技术，允许电子设备之间进行非接触式点对点数据传输（在 10 厘米内）交换数据。而微信的扫一扫并不是电子设备之间的点对点传输，所以 A 选项错误。

RFID 射频识别技术是一种无线通信技术，可以通过无线电信号识别特定目标并读写相关数据，而无须识别系统与特定目标之间建立机械或者光学接触。从概念上来讲，RFID 类似于条码扫描，对于条码技术而言，它是将已编码的条形码附着于目标物并使用专用的扫描读写器利用光信号将信息由条形磁传送到扫描读写器；而 RFID 则使用专用的 RFID 读写器及专门的可附着于目标物的 RFID 标签，利用频率信号将信息由 RFID 标签传送至 RFID 读写器。很明显微信不具备专用的扫描读写器，所以 B 选项错误。

二维条码/二维码（2-Dimensional Bar Code）是用某种特定的几何图形按一定规律在平面（二维方向上）分布的黑白相间的图形记录数据符号信息的；在代码编制上巧妙地利用构成计算机内部逻辑基础的“0”“1”比特流的概念，使用若干个与二进制相对应的几何形体来表示文字数值信息，通过图像输入设备或光电扫描设备自动识读以实现信息自动处理：它具有条码技术的一些共性：每种码制有其特定的字符集；每个字符占有一定的宽度；具有一定的校验功能等。同时还具有对不同行的信息自动识别功能及处理图形旋转变化点。微信上使用的正是这种二维码技术。

条形码技术是在计算机和信息技术基础上产生和发展起来的融编码、识别、数据采集、自动录入和快速处理等功能于一体的新兴信息技术。

参考答案

（1）C

试题（2）

风险小、安全可靠，但人力和设备消耗较大的新、旧信息系统切换方式是__（2）__。

（2）A．直接切换　　B．并行切换

C．试点后直接切换　　D．逐步切换

试题（2）分析

直接切换是在指定时刻，旧的信息系统停止使用，同时新的信息系统立即开始运行，没有过渡阶段。这种方案的优点是转换简便，节约人力、物力、时间。但是，这种方案是四种切换方案中风险最大的。而 C 选项试点后直接切换与 A 类似。

逐步切换是指分阶段、分系统的逐步实现新旧系统的交替。这样做既可避免直接方式的风险，又可避免并行运行的双倍代价，但这种逐步转换对系统的设计和实现都有一定的要求，否则是无法实现这种逐步转换的，同时，这种方式接口多，数据的保存也总是被分为两部分。

并行切换是在一段时间内，新、旧系统各自独立运行，完成相应的工作，并可以在两个系统间比对、审核，以发现新系统问题进行纠正，直到新系统运行平稳了，再抛弃旧系统。并行切换的优点是转换安全，系统运行的可靠性最高，切换风险最小。但是该方式需要投入双倍的人力、设备，转换费用相应增加。

参考答案

（2）B

试题（3）

当计算机主频确定后，影响其运算速度的主要指标是 （3） 。

（3）A．存取节拍　B．字长　C．内存容量　D．总线宽度

试题（3）分析

字长在计算机中，作为一个整体被传送和运算的一串二进制代码叫作一个计算机字，简称字。一个字所含的二进制位数称为字长。字长与计算机的速度相关，字长是指微处理器内部的寄存器、运算器、内部数据总线等部件之间传输数据的宽度（位数），字节是计算机存储容量的基本单位，一个字节等于 8bit。字长一般是字节的整数倍，如 8bit、16bit、32bit、64bit 等。字长越长，运算精度就越高，功能越强，支持的主存容量就越大。可见，字长越长表明计算机技术和器件越完善、越发达，所以同一类机器，字长较长的，其性能速度就更优越。

参考答案

（3）B

试题（4）

计算机网络数据交换技术中， （4） 不属于分组交换技术。

（4）A．线路交换　B．数据报　C．信元交换　D．虚电路

试题（4）分析

在通信过程中，通信双方以分组为单位、使用存储-转发机制实现数据交互的通信方式，被称为分组交换（Packet Switching，PS）。分组交换也称为包交换，它将用户通信的数据划分成多个更小的等长数据段，在每个数据段的前面加上必要的控制信息作为数据段的首部，每个带有首部的数据段就构成了一个分组。所以数据报、信元交换和虚电路都属于分组交换技术。

而线路交换技术是采用面向连接的方式，在双方进行通信之前，需要为通信双方分配一条具有固定带宽的通信电路，通信双方在通信过程中将一直占用所分配的资源，直到通信结束，并且在电路的建立和释放过程中都需要利用相关的信令协议。

参考答案

（4）A

试题（5）

OSI 七层模型中的＿（5）＿为上层协议提供端到端的可靠和透明的数据传输服务，包括处理差错控制和流量控制等。

（5）A．表示层　　B．会话层　　C．应用层　　D．传输层

试题（5）分析

开放系统互连参考模型（Open System Interconnect，OSI）是国际标准化组织（ISO）和国际电报电话咨询委员会（CCITT）联合制定的开放系统互连参考模型，为开放式互连信息系统提供了一种功能结构的框架。它从低到高分别是：物理层、数据链路层、网络层、传输层、会话层、表示层和应用层。

①物理层：提供为建立、维护和拆除物理链路所需要的机械的、电气的、功能的和规程的特性；有关的物理链路上传输非结构的位流以及故障检测指示。

②数据链路层：在网络层实体间提供数据发送和接收的功能和过程；提供数据链路的流控。

③网络层：控制分组传送系统的操作、路由选择、用户控制、网络互连等功能，它的作用是将具体的物理传送对高层透明。

④传输层：提供建立、维护和拆除传送连接的功能；选择网络层提供最合适的服务；在系统之间提供可靠的透明的数据传送，提供端到端的错误恢复和流量控制。

⑤会话层：提供两进程之间建立、维护和结束会话连接的功能；提供交互会话的管理功能，如三种数据流方向的控制，即一路交互、两路交替和两路同时会话模式。

⑥表示层：代表应用进程协商数据表示；完成数据转换、格式化和文本压缩。

⑦应用层：提供 OSI 用户服务，例如事务处理程序、文件传送协议和网络管理等。

参考答案

（5）D

试题（6）

匿名 FTP 是＿（6）＿。

（6）A．Internet 中一种匿名信的名称
　　B．在 Internet 上没有主机地址的 FTP
　　C．允许用户免费登录并下载文件的 FTP
　　D．用户之间能够进行传送文件的 FTP

试题（6）分析

使用 FTP 时必须首先登录，在远程主机上获得相应的权限以后，方可上传或下载文件。匿名 FTP 是这样一种机制：用户可通过它连接到远程主机上，并从其下载文件，而无须成为其注册用户。系统管理员建立了一个特殊的用户 ID，名为 anonymous，Internet 上的任何人在任何地方都可使用该用户 ID。所以匿名 FTP 是准许用户免费登录并下载文件的。

参考答案

（6）C

试题（7）

VLAN 网的帧结构__（7）__。

（7）A．与以太网帧结构完全相同

B．与以太网帧结构完全不同

C．与以太网帧结构不兼容

D．在以太网帧结构中增加 4 个 VLAN 标记

试题（7）分析

VLAN（802.1Q）标签在以太网帧中占 4 个字节，即带 VLAN 标记的数据帧比普通的以太网帧多 4 个字节，包含 2 个字节的标签协议标识（TPID）和 2 个字节的标签控制信息（TCI）。

①TPID（Tag Protocol Identifier）是 IEEE 定义的类型，表明这是一个加了 802.1Q 标签的帧，此 2 个字节固定为 0x8100。

②TCI 包含下面的一些元素：Priority：这 3 位指明帧的优先级。一共有 8 种优先级，0～7。IEEE 802.1Q 标准使用这三位信息。 CFI（Canonical Format Indicator）：CFI 值为 0 说明是规范格式，1 为非规范格式。它被用在令牌环/源路由 FDDI 介质访问方法中来指示封装帧中所带地址的比特次序信息。VLAN ID（VLAN Identified）：这是一个 12 位的域，指明 VLAN 的 ID，一共 4096 个，每个支持 802.1Q 协议的交换机发送出来的数据包都会包含这个域，以指明自己属于哪一个 VLAN。

参考答案

（7）D

试题（8）

以下关于中继器的叙述中，不正确的是__（8）__。

（8）A．中继器是工作于物理层的网络连接设备

B．利用中继器的放大再生功能，可以无限延长网络距离

C．一般情况下，中继器两端连接的是相同的传输介质

D．中继器的主要功能是通过重新发送或者转发数据信号，来扩大网络的范围

试题（8）分析

中继器（Repeater）是网络物理层上面的连接设备。适用于完全相同的两类网络的互连，主要功能是通过对数据信号的重新发送或者转发，来扩大网络传输的距离。中继器是对信号进行再生和还原的网络设备：OSI 模型的物理层设备。中继器是局域网环境下用来延长网络距离的最简单最廉价的网络互联设备，操作在 OSI 的物理层，中继器对在线路上的信号具有放大再生的功能，用于扩展局域网网段的长度（仅用于连接相同的局域网网段）。中继器（Repeater，RP）是连接网络线路的一种装置，常用于两个网络节点之间物理信号的双向转发工作。中继器主要完成物理层的功能，负责在两个节点的物理层上按位传递信息，完成信号的复制、调整和放大功能，以此来延长网络的长度。由于存在损耗，在线路上传输的信号功率会逐渐衰减，衰减到一定程度时将造成信号失真，因此会导致接收错误。中继器就是为解

决这一问题而设计的。

从理论上讲中继器的使用是无限的，网络也因此可以无限延长。事实上这是不可能的，因为网络标准中都对信号的延迟范围作了具体的规定，中继器只能在此规定范围内进行有效的工作，否则会引起网络故障。

参考答案

（8）B

试题（9）

以下关于 VPN 的叙述中，不正确的是__（9）__。

（9）A. 通常情况下，VPN 网关采取双网卡结构，外网卡使用公网 IP 接入 Internet

B. VPN 属于远程访问技术，简单地说就是利用公用网络架设专用网络

C. VPN 称为虚拟专用网络，实质上就是利用加密技术在公网上封装出一个数据通信隧道

D. 隧道两端的 VPN 网关只要有一端知道 VPN 目标地址和与此对应的远端 VPN 网关地址，即可进行 VPN 通信

试题（9）分析

根据 VPN 的工作原理：

①通常情况下，VPN 网关采取双网卡结构，外网卡使用公网 IP 接入 Internet。

②网络一（假定为公网 Internet）的终端 A 访问网络二（假定为公司内网）的终端 B，其发出的访问数据包的目标地址为终端 B 的内部 IP 地址。

③网络二的 VPN 网关在接收到终端 A 发出的访问数据包时对其目标地址进行检查，如果目标地址属于网络二的地址，则将该数据包进行封装，封装的方式根据所采用的 VPN 技术不同而不同，同时 VPN 网关会构造一个新 VPN 数据包，并将封装后的原数据包作为 VPN 数据包的负载，VPN 数据包的目标地址为网络二的 VPN 网关的外部地址。

④网络二的 VPN 网关将 VPN 数据包发送到 Internet，由于 VPN 数据包的目标地址是网络一的 VPN 网关的外部地址，所以该数据包将被 Internet 中的路由正确地发送到网络二的 VPN 网关。

⑤网络二的 VPN 网关对接收到的数据包进行检查，如果发现该数据包是从网络一的 VPN 网关发出的，即可判定该数据包为 VPN 数据包，并对该数据包进行解包处理。解包的过程主要是先将 VPN 数据包的包头剥离，再将数据包反向处理还原成原始的数据包。

⑥网络二的 VPN 网关将还原后的原始数据包发送至目标终端 B，由于原始数据包的目标地址是终端 B 的 IP，所以该数据包能够被正确地发送到终端 B。在终端 B 看来，它收到的数据包就和从终端 A 直接发过来的一样。

所以隧道两端的 VPN 网关必须互相知道对方 VPN 目标地址和与此对应的远端 VPN 网关地址。

参考答案

（9）D

试题（10）

OPNET 能够准确分析网络的性能和行为，主要用于网络仿真。利用该工具不能得到 (10) 测试指标。

（10）A．网络吞吐量 B．近端串扰 C．延迟抖动 D．链路利用率

试题（10）分析

OPNET 是一个网络仿真技术软件包，它能够准确地分析复杂网络的性能和行为，在网络模型中的任意位置都可以插入标准的或用户指定的探头，以采集数据和进行统计。通过探头得到的仿真输出可以以图形化显示、数字方式观察或者输出到第三方的软件包去。网络仿真能够验证实际方案或比较多个不同的设计方案。在网络规划设计过程中经常出现多个不同的设计方案，它们往往是各有优缺点，很难做出正确的选择，因此如何进行科学的比较和取舍往往是网络设计者们感到头疼的事。网络仿真能够通过为不同的设计方案建立模型，进行模拟，获取定量的网络性能预测数据，为方案的验证和比较提供可靠的依据。这里所指的设计方案可以是网络拓扑结构、路由设计、业务配置等。

而近端串扰（Near End Cross-Talk（NEXT））是指在UTP电缆链路中一对线与另一对线之间因信号耦合效应而产生的串扰，是物理层面的问题，不属于网络性能和行为。

参考答案

（10）B

试题（11）

虚拟化资源是指一些可以实现一定操作具有一定功能，但其本身是 (11) 的资源，如计算池、存储池等，通过软件技术可实现相关的虚拟化功能包括虚拟环境、虚拟系统、虚拟平台。

（11）A．虚拟 B．真实 C．物理 D．实体

试题（11）分析

虚拟化是指通过虚拟化技术将一台计算机虚拟为多台逻辑计算机。在一台计算机上同时运行多个逻辑计算机，每个逻辑计算机可运行不同的操作系统，并且应用程序都可以在相互独立的空间内运行而互不影响，从而显著提高计算机的工作效率。虚拟化使用软件的方法重新定义划分IT资源，可以实现IT资源的动态分配、灵活调度、跨域共享，提高IT资源利用率，使IT资源能够真正成为社会基础设施，服务于各行各业中灵活多变的应用需求。

参考答案

（11）A

试题（12）

(12) 是指用户可通过 Internet 获取软件服务资源。

（12）A．SaaS B．PaaS C．IaaS D．HaaS

试题（12）分析

SaaS 是 Software-as-a-Service（软件即服务）的简称，随着互联网技术的发展和应用软件的成熟，在21世纪开始兴起的一种完全创新的软件应用模式。它与“on-Demand Software”（按需软件），the Application Service Provider（ASP，应用服务提供商），Hosted Software（托

管软件）所具有相似的含义。它是一种通过 Internet 提供软件的模式，厂商将应用软件统一部署在自己的服务器上，客户可以根据自己实际需求，通过互联网向厂商定购所需的应用软件服务，按定购的服务多少和时间长短向厂商支付费用，并通过互联网获得厂商提供的服务。

PaaS（Platform-as-a-Service：平台即服务）全称：（Platform as a service）中文：平台即服务所谓 PaaS 实际上是指将软件研发的平台（计世资讯定义为业务基础平台）作为一种服务，以 SaaS 的模式提交给用户。因此，PaaS 也是 SaaS 模式的一种应用。但是，PaaS 的出现可以加快 SaaS 的发展，尤其是加快 SaaS 应用的开发速度。

提供给消费者的服务是对所有计算基础设施的利用，包括处理 CPU、内存、存储、网络和其他基本的计算资源，用户能够部署和运行任意软件，包括操作系统和应用程序。消费者不管理或控制任何云计算基础设施，但能控制操作系统的选择、存储空间、部署的应用，也有可能获得有限制的网络组件（例如路由器、防火墙、负载均衡器等）的控制。

HaaS（Hardware-as-a-Service）的意思是硬件即服务。HaaS 概念的出现源于云计算，现在被称作基础架构即服务（IaaS）或基础架构云，使用 IaaS，各企业可通过 Web 将更多的基础架构容量作为服务提供。通过 Web 分配更多的存储或处理容量，当然要比供应商在基础环境中引入和安装新硬件要快得多。HaaS 还具有另外一层含义是针对嵌入式设备而言的，目的在于建立通过互联网（Web）进行嵌入式设备统一管理服务的模式。

参考答案

（12）A

试题（13）

以下关于网络接入技术的叙述中，不正确的是__（13）__。

（13）A．调制解调器能把计算机的数字信号转换成模拟信号

B．网络接入技术包含无线接入技术

C．有线电视网络上安装的一般是电缆调制解调器

D．VDSL 是非对称数字用户环路的简写

试题（13）分析

网络接入技术包括光纤接入、同轴电缆接入、铜线接入和无线接入。

调制解调器是一种计算机硬件，它能把计算机的数字信号翻译成可沿普通电话线传送的模拟信号，而这些模拟信号又可被线路另一端的另一个调制解调器接收，并译成计算机或其他终端可以识别的计算机语言或信号。

VDSL 是一种非对称 DSL 技术，全称 Very High Speed Digital Subscriber Line（超高速数字用户线路）。和 ADSL 技术一样，VDSL 也使用双绞线进行语音和数据的传输。VDSL 是利用现有电话线上安装 VDSL，只需在用户侧安装一台 VDSL Modem。最重要的是，无须为宽带上网而重新布设或变动线路。VDSL 技术采用频分复用原理，数据信号和电话音频信号使用不同的频段，互不干扰，上网的同时可以拨打或接听电话。

A、B、C 都是网络接入技术的一种或延伸，而 D 不是。

因此，本问题的答案是 D。

参考答案

（13）D

试题（14）

电缆传输信道测试不包括__（14）__检测。

（14）A．频谱带宽　　B．电缆走向　　C．误码率　　D．传输速率

试题（14）分析

电缆传输信道测试是确认所安装的线缆、相关连接硬件及其工艺能否达到设计要求。只有使用能满足特定要求的测试仪器并按照相应的测试方法进行测试，所得结果才是有效的。因为电缆走向并不会影响测试结果，所以，该测试不包括在测试内容中。

参考答案

（14）B

试题（15）

某监理工程师在进行网络系统验收时测试了电缆__（15）__，这项测试属于电缆性能测试。

（15）A．有无开路短路　　B．信号衰减

C．连接是否正确　　D．接地是否良好

试题（15）分析

电缆有无开路短路是属于电缆物理损坏情况，不属于电缆性能。连接是否正确和接地是否良好也都不是电缆的性能体现，只有电缆的性能衰减情况是反映电缆性能的。

参考答案

（15）B

试题（16）

综合布线工程实施过程中，监理工程师应当按照__（16）__审查承建单位人员施工是否符合要求。

（16）A．建设合同和承建单位的施工方案

B．建设单位的施工要求

C．监理单位的施工要求

D．建设合同和国家相关施工标准

试题（16）分析

建设合同是项目建设的最重要依据，而国家相关施工标准是建设过程中施工的规范依据，所以这两项内容是综合布线工程实施过程中监理工程师的审查依据。

选项A、B、C中的各方施工方案或者要求，都没有足够的公信力。

参考答案

（16）D

试题（17）

综合布线的楼层配线间的正常湿度范围应为__（17）__。

（17）A．20%～90%　　B．40%～90%　　C．20%～80%　　D．40%～80%

试题（17）分析

按照《综合布线系统工程设计规范》（GB50311—2007），配线间的正常湿度范围为 20%～80%，因此答案为 C。

参考答案

（17）C

试题（18）

在综合布线系统中，信息插座的安装位置距离地面的高度为＿（18）＿cm。

（18）A．10　　B．15　　C．30　　D．40

试题（18）分析

按照《综合布线系统工程设计规范》（GB50311—2007），信息插座安装高度为 30cm，因此答案为 C。

参考答案

（18）C

试题（19）

在综合布线系统的槽道设计中应对智能化建筑内部的各种管线的走向和位置进行分解，电缆槽道与屋内无保温层的热力管道（含管沟）平行或交叉时，最小净距为＿（19）＿m。

（19）A．1.0　　B．0.5　　C．0.4　　D．0.3

试题（19）分析

按照《综合布线系统工程设计规范》（GB50311—2007），电缆槽道与屋内无保温层的热力管道（含管沟）平行或交叉时，最小净距为 1.0m，答案为 A。

参考答案

（19）A

试题（20）

综合布线系统的水平子系统的管线槽一般不采用＿（20）＿方式。

（20）A．直接埋管线槽　　B．架空线槽
　　C．地面线槽　　D．先走线槽再分管

试题（20）分析

按照《综合布线系统工程设计规范》（GB50311—2007），综合布线系统的水平子系统的管线槽一般采用直接埋管线槽、地面线槽，并且先走线槽再分管的方式进行，一般水平子系统不能采用架构方式布线，因此答案为 B。

参考答案

（20）B

试题（21）

漏洞扫描技术包括 ping 扫描、端口扫描、OS 探测、脆弱点探测、防火墙扫描等，每种技术实现的目标和运用的原理各不相同。其中端口扫描、防火墙扫描工作在＿（21）＿。

（21）A．传输层　　B．网络层　　C．应用层　　D．会话层

试题（21）分析

漏洞扫描是指基于漏洞数据库，通过扫描等手段对指定的远程或者本地计算机系统的安全脆弱性进行检测，发现可利用的漏洞的一种安全检测（渗透攻击）行为。

漏洞扫描技术是一类重要的网络安全技术。它和防火墙、入侵检测系统互相配合，能够有效提高网络的安全性。通过对网络的扫描，网络管理员能了解网络的安全设置和运行的应用服务，及时发现安全漏洞，客观评估网络风险等级。网络管理员能根据扫描的结果更正网络安全漏洞和系统中的错误设置，在黑客攻击前进行防范。

端口扫描可以发现远程主机开放的端口以及服务；防火墙扫描可以有效阻挡恶意行为。因此，将漏洞扫描的端口扫描和防火墙部署在网络的关键部位传输层的是必要的。

参考答案

（21）A

试题（22）

__（22）__不属于防火墙的核心技术。

（22）A．（静态/动态）包过滤技术　　B．NAT 技术
　　C．应用代理技术　　D．日志审计

试题（22）分析

防火墙是一种高级访问控制设备，置于不同网络安全域之间，它通过相关的安全策略来控制（允许、拒绝、监视、记录）进出网络的访问行为。

防火墙主要有包过滤技术、应用代理技术、状态检测技术、安全内容检测技术等几种核心技术。

而 NAT 技术是一种组网技术，即网络地址转换（Network Address Translation）的简称，故它不是防火墙的核心技术。

参考答案

（22）B

试题（23）

__（23）__是总监理工程师代表的职责。

（23）A．对本工程监理工作提供参考意见
　　B．负责审核系统实施方案中的本专业部分
　　C．负责本项目的日常监理工作和一般性监理文件的签发
　　D．接受专业监理工程师的咨询

试题（23）分析

根据《信息化工程监理规范》（GB 19668.1—2005）中 2.7 角色定义和 4.4.2 监理人员职责等处的明确规定，总监理工程师代表是“经监理单位法定代表人同意，由总监理工程师书面授权，代表总监理工程师行使其部分职责和权力的监理工程师”，故总监理工程师代表的职责和权利受到限制。

也是根据 4.4.2.2 总监理工程师代表的职责 b)款之总监理工程师不得将 4 项工作委托给总监理工程师代表，以及 4.4.2.3 监理工程师职责等规定，选择 C 是最恰当的。

参考答案

（23）C

试题（24）

承担信息系统工程监理的监理单位与该信息系统工程的承建单位不得有隶属关系和其他利害关系，这个要求反映了监理的__（24）__。

（24）A．服务性　　B．科学性　　C．独立性　　D．公正性

试题（24）分析

国家有关文件和行业标准要求信息化工程监理单位必须按照“公正、独立、自主”原则开展监理工作。

按照独立性的要求，监理单位应当严格地按照有关法律，法规、规章、工程建设文件、工程建设技术标准、建设工程委托监理合同和有关的建设工程合同等规定实施监理。在委托监理的工程中，与承建单位不得有隶属关系和其他利害关系；在开展工程监理的过程中，必须建立自己的组织，按照自己的计划、程序、流程、方法、手段，根据自己的判断，独立地开展工作。

根据上述相关文件精神要求，选择 C 是正确的。

参考答案

（24）C

试题（25）

监理工程师的工作对信息化工程项目的质量、进度、投资目标起到了__（25）__作用。

（25）A．监督　　B．监控与保证　　C．监控与促进　　D．保证

试题（25）分析

监理的工作既是监视和督察，也要起到促进工程建设按照预期的质量要求、进度工期和投资预算等工作目标完成各项建设任务的作用，从监理任务本身和所承担建设投资的角度，都是工程建设的非主体任务。

而承建单位承担了大多数的任务，也获取了工程建设的主要投资部分，是工程建设的主体和主要角色，对工程建设的成败起着至关重要的作用。

因此，对于“监督”而言，监理的作用弱了点；对于“保证”而言，监理的作用又强了些，也是不能够完成的。比较而言，选择 C 是正确的。

参考答案

（25）C

试题（26）

软件工程活动的需求过程包括的内容是：__（26）__。

（26）A．需求获取、需求规约和需求验证

B．需求计划、需求提问和需求分析

C．需求收集、需求分析和需求规格说明

D．需求计划、需求调研实施和需求文档编制

试题（26）分析

软件工程是一类工程。工程是将理论和知识应用于实践的科学。就软件工程而言，它借

鉴了传统工程的原则和方法，以求高效地开发高质量软件。其中应用了计算机科学、数学和管理科学。计算机科学和数学用于构造模型与算法，工程科学用于制定规范、设计范型、评估成本及确定权衡，管理科学用于计划、资源、质量和成本的管理。软件工程涉及了软件工程的目标、软件工程原则和软件工程活动。

软件工程的需求过程包括需求获取、需求确认或规约、需求验证等工作内容，也是软件工程中的一个关键过程，通常称之为需求分析。需求分析就是在建立一个新的或改变一个现有软件系统时，确立新的软件系统的目的、范围、定义和功能时所要完成的所有工作内容。只有在确定了这些需要后，软件设计才能够切实完成需求分析、理解和达成一致的认识，同时也才能寻求、确定新系统的解决方法。假如在需求分析时，分析者们未能正确地认识到顾客的需要的话，那么最后的软件实际上是不可能达到顾客的需要，或者无法在规定的时间里完成软件设计。

因此，从软件工程活动的需求过程重要性角度理解，选择 A 是最为恰当的。

参考答案

（26）A

试题（27）

软件质量包括软件产品的质量和软件产品的＿（27）＿。

（27）A．过程质量　　B．工作质量　　C．管理质量　　D．文档质量

试题（27）分析

正如试题（26）分析的一样，软件工程是系统化、工程化的产品过程，软件工程产品是通过软件开发人员一系列的工作过程、工作内容创造出来的。这些工作过程、工作内容和工作人员的工作质量也会影响软件产品的质量，进而直接影响软件质量。

因此，选择 B 是正确的。

参考答案

（27）B

试题（28）

以下关于软件质量因素的叙述，正确的是：＿（28）＿。

（28）A．正确性是第一重要的软件质量属性

B．安全性是指防止系统被非法入侵的能力，属于管理问题的范畴

C．兼容性是指软件不经修改或稍加修改就可以运行于不同软硬件环境（CPU、OS 和编译器）的能力

D．性能通常是指软件的运行速度

试题（28）分析

软件质量因素包括正确性、健壮性、可靠性、性能、易用性、清晰性、安全性、可扩展性、兼容性、可移植性等。其主要定义如下。

正确性是指软件按照需求正确执行任务的能力，描述软件在需求范围之内的行为。

健壮性是指在异常情况下，软件能够正常运行的能力，描述软件在需求范围之外的行为。它有两层含义：一是容错能力，二是恢复能力。

可靠性是指在一定的环境下，在给定的时间内，系统不发生故障的概率。

性能通常是指软件的“时间-空间”效率，而不仅是指软件的运行速度。性能优化的关键工作是找出限制性能的“瓶颈”可以通过优化数据结构、算法和代码来提高软件的性能。

易用性是指用户使用软件的容易程度。

清晰性意味着所有的工作成果易读、易理解，可以提高团队开发效率，降低维护代价。

安全性是指防止系统被非法入侵的能力，既属于技术问题又属于管理问题。

可扩展性反映软件适应“变化”的能力。

兼容性是指两个或两个以上的软件相互交换信息的能力。

可移植性是指软件运行于不同软硬件环境的能力。

通过上述分析及定义，正确性无疑是第一重要的软件质量属性。

因此，选择 A 是正确的。

参考答案

（28）A

试题（29）

版本管理是对系统不同版本进行__（29）__的过程。

（29）A．标识与跟踪　　B．标识变更　　C．发布变更　　D．控制变更

试题（29）分析

版本管理是软件配置管理的基础，它管理并保护开发者的软件资源。

版本管理的主要功能如下。

①集中管理档案，安全授权机制：档案集中地存放在服务器上，经系统管理员授权给各个用户。用户通过 check in 和 check out 的方式访问服务器上的文件，未经授权的用户则无法访问服务器上的文件。

②软件版本升级管理：每次登录时，在服务器上都会生成新的版本，任何版本都可以随时检测出编辑。

③加锁功能：在文件更新时保护文件，避免不同的用户更改同一文件时发生冲突。

④提供不同版本源程序的比较。

因此，选择 A 是正确的。

参考答案

（29）A

试题（30）、（31）

为验证某程序的模块 A 是否正确实现了规定的功能，需要进行__（30）__；为验证模块 A 能否与其他模块按照规定方式正确工作，需要进行__（31）__。

（30）A．单元测试　　B．集成测试　　C．确认测试　　D．系统测试

（31）A．单元测试　　B．集成测试　　C．确认测试　　D．系统测试

试题（30）、（31）分析

软件测试是检查软件产品质量的重要过程之一，不同的工作过程通过不同的测试方法验证软件产品不同的功能和性能实现。

单元测试是指对软件中的最小可测试单元进行检查和验证。单元测试也称模块测试，它是开发者编写的一小段代码，用于检验被测代码的一个很小的、很明确的功能是否正确。通常而言，一个单元测试是用于判断某个特定条件（或者场景）下某个特定函数的行为。

集成测试也叫作组装测试或联合测试。在单元测试的基础上，将所有模块按照设计要求（如根据结构图）组装成为子系统或系统，进行集成测试。

确认测试又称有效性测试，是在模拟的环境下，运用黑盒测试的方法，验证被测软件是否满足需求规格说明书列出的需求。任务是验证软件的功能和性能及其他特性是否与用户的要求一致。确认测试的目的是向未来的用户表明系统能够像预定要求那样工作。

系统测试是将已经确认的软件、计算机硬件、外设、网络等其他元素结合在一起，进行信息系统的各种组装测试和确认测试，它是针对整个产品系统进行的测试。目的是验证系统是否满足了需求规格的定义，找出与需求规格不符或与之矛盾的地方，从而提出更加完善的方案。系统测试发现问题之后要经过调试找出错误原因和位置，然后进行改正。它是基于系统整体需求说明书的黑盒类测试，应覆盖系统所有联合的部件。对象不仅仅包括需要测试的软件，还要包含软件所依赖的硬件、外设甚至包括某些数据、某些支持软件及其接口等。

了解并掌握软件在不同阶段应用不同的测试方法，有助于监理工程师适时准确了解、分析和判断软件质量。

针对试题所问，选择必要的测试方法即可，（30）题为 A，（31）题为 B。

参考答案

（30）A （31）B

试题（32）

在软件测试计划、软件测试说明和软件测试记录的基础上，对测试结果进行<u>（32）</u>，形成软件测试报告。

（32）A．统计、分析和评估　　B．归纳、整理和分析
　　C．统计、整理和分析　　D．归纳、整理并提出评价意见

试题（32）分析

软件测试报告是测试阶段最后的文档产出物，是把测试的过程和结果经统计后，基于测试中的数据采集，以及对最终的测试结果分析基础上形成文档，既要对发现的问题和缺陷进行分析，也要包含对产品质量和测试过程的评价和评估意见，为纠正软件存在的质量问题提供依据，同时为软件验收和交付打下基础，包含了足够的信息。

因此，选择 A 是最为恰当的。

参考答案

（32）A

试题（33）

使用 UML 进行关系数据库的<u>（33）</u>时，需要设计出表达持久数据的实体类及其联系，并把它们映射成为关系数据库表（Table）、视图（View）等。

（33）A．业务 Use Case 模型设计　　B．逻辑数据模型设计
　　C．物理数据模型设计　　D．物理实现设计

试题（33）分析

UML 是一种通用的建模语言，其表达能力相当强，不仅可以用于软件系统的建模，而且可用于业务建模以及其他非软件系统建模。UML 综合了各种面向对象方法与表示法的优点，在提出之日起就受到了广泛的重视并得到了工业界的支持。

UML 由视图（View）、图（Diagram）、模型元素（Model Element）和通用机制（General Mechanism）等几个部分组成。

①视图（View）：表达系统的某一方面的特征的 UML 建模元素的子集，由多个图构成，是在某一个抽象层上对系统的抽象表示。

②图（Diagram）：模型元素集的图形表示，通常是由弧（关系）和顶点（其他模型元素）相互连接构成的。

③模型元素（Model Element）：代表面向对象中的类、对象、消息和关系等概念，是构成图的最基本的常用概念。

④通用机制（General Mechanism）：用于表示其他信息，例如注释、模型元素的语义等。另外，UML 还提供扩展机制，使 UML 语言能够适应一个特殊的方法（或过程），或扩充至一个组织或用户。

更多的 UML 设计知识需要通过适当的学习和熟悉去掌握、运用。而监理工程师了解必要的知识，将有助于识别和判定软件设计适当的方法，进而了解和分析项目质量、控制进度，进而作出正确的投资预算预判。

本题选择 B 是正确的。

参考答案

（33）B

试题（34）

__（34）__是从用户使用系统的角度描述系统功能的图形表达方法。

（34）A. 类图　　B. 对象图　　C. 序列图　　D. 用例图

试题（34）分析

首先了解几个基本概念。

类图（Class diagram）显示了模型的静态结构，特别是模型中存在的类、类的内部结构以及它们与其他类的关系等。类图是由许多（静态）说明性的模型元素（例如类、包和它们之间的关系，这些元素和它们的内容互相连接）组成。类图可以组织在（并且属于）包中，仅显示特定包中的相关内容。类图是最常用的UML 图，显示出类、接口以及它们之间的静态结构和关系；它用于描述系统的结构化设计。类图不显示暂时性信息。

对象图（Object Diagram）是显示了一组对象和它们之间的关系。使用对象图来说明数据结构，类图中的类或组件等的实例的静态快照。对象图和类图一样反映系统的静态过程，但它是从实际的或原型化的情景来表达的。对象图显示某时刻对象和对象之间的关系。一个对象图可看成一个类图的特殊用例，实例和类可在其中显示。对象也和合作图相联系，合作图显示处于语境中的对象原型（类元角色）。对象图是类图的实例，几乎使用与类图完全相同的标识。它们的不同点在于对象图显示类的多个对象实例，而不是实际的类。一个对象图是类图的一个实例。由于对象存在生命周期，因此对象图只能在系统某一时间段存在。

序列图主要用于按照交互发生的一系列顺序，显示对象之间的这些交互。很像类图，开发者一般认为序列图只对他们有意义。然而，一个组织的业务人员会发现，序列图显示不同的业务对象如何交互，对于交流当前业务如何进行很有用。除记录组织的当前事件外，一个业务级的序列图能被当作一个需求文件使用，为实现一个未来系统传递需求。在项目的需求阶段，分析师能通过提供一个更加正式层次的表达，把用例带入下一层次。那种情况下，用例常常被细化为一个或者更多的序列图。序列图的主要用途之一，是把用例表达的需求转化为进一步、更加正式层次的精细表达。用例常常被细化为一个或者更多的序列图。序列图除了在设计新系统方面的用途外，它们还能用来记录一个存在系统（称它为“遗产”）的对象现在如何交互。

用例图是指由参与者（Actor）、用例（Use Case）以及它们之间的关系构成的用于描述系统功能的静态视图。用例图（User Case）是被称为参与者的外部用户所能观察到的系统功能的模型图，呈现了一些参与者和一些用例，以及它们之间的关系，主要用于对系统、子系统或类的功能行为进行建模。

因此，该试题的答案应该为 D。

参考答案

（34）D

试题（35）

软件设计活动中，项目开发计划包括质量保证计划、配置管理计划、__（35）__和安装实施计划。

（35）A．软件开发计划　　B．用户培训计划

C．软件试运行计划　　D．软件验收计划

试题（35）分析

应用软件的项目开发计划是一个软件项目进入系统实施启动阶段的标志性计划书，主要进行的工作包括：确定详细的项目实施范围、定义递交的工作成果、评估实施过程中主要的风险、制定项目实施的时间计划、成本和预算计划、人力资源计划等，由于软件产品最终要交付给用户使用，而正确地使用必须通过一定的培训，因此用户培训计划是重要的组成部分。

参考答案

（35）B

试题（36）

一个由 6 人组成的项目组，内部沟通的渠道为__（36）__条。

（36）A．10　　B．15　　C．20　　D．30

试题（36）分析

这是一道排列组合 C（6,2）=?算式过程，其算式和结果为：

$$C(6,2)=6!/(2!*4!)=(6*5)/2=15$$

参考答案

（36）B

试题（37）、（38）

《国家电子政务工程建设项目管理暂行办法》规定，__（37）__和__（38）__未获批复前，原则上不予下达项目建设资金。

（37）A．可研报告　　B．项目建议书　　C．初步设计　　D．概要设计

（38）A．投资预算　　B．投资概算　　C．投资规模　　D．投资效益

试题（37）、（38）分析

《国家电子政务工程建设项目管理暂行办法》第二章申报和审批管理中有若干条的具体规定，试题分析摘录其中的两条作为分析意见参考。

第七条　电子政务项目原则上包括以下审批环节：项目建议书、可行性研究报告、初步设计方案和投资概算。对总投资在 3000 万元以下及特殊情况的，可简化为审批项目可行性研究报告（代项目建议书）、初步设计方案和投资概算。

第十三条　项目审批部门对电子政务项目的项目建议书、可行性研究报告、初步设计方案和投资概算的批复文件是项目建设的主要依据。批复中核定的建设内容、规模、标准、总投资概算和其他控制指标原则上应严格遵守。

因此，试题（37）答案为 C，试题（38）答案为 B。

参考答案

（37）C　（38）B

试题（39）

信息系统工程监理活动是指具有相应资质等级的监理单位，受工程建设单位的委托，承担工程建设监理任务的项目管理工作。在监理活动中，监理要对承建单位履行__（39）__的行为进行监督和管理。

（39）A．信息系统工程质量标准　　B．信息系统工程技术标准

C．信息系统工程设计标准　　D．信息系统工程建设合同

试题（39）分析

监理单位开展监理工作的主要依据包括法律法规、行业标准和技术规范，具体到项目任务，建设合同是最为明确和细化的依据。监督、检查、敦促和评价承建单位是否完全履行建设合同的要求并开展建设行为是监理单位的核心工作。而其他三项工作任务可能都包含在合同执行的过程中和细节上，因此，本题的答案应为 D。

参考答案

（39）D

试题（40）

监理工程师维护业主的利益主要表现在__（40）__。

（40）A．代表业主反索赔　　B．提高工程质量

C．在合同纠纷中为业主辩护　　D．按合同要求监理工程项目

试题（40）分析

在试题（39）分析的基础上，监理单位接受业主单位的委托行使监理职责，维护业主单位的利益并在日常监理活动中体现出这一工作原则，首要的就是按照合同要求，监督、敦促、

检查建设合同的执行是否到位。因此，试题（40）的答案选择 D 最为恰当。

参考答案

（40）D

试题（41）

信息系统工程合同确定的内容，不包括__（41）__。

（41）A．信息系统工程投资规模　　B．信息系统工程质量

C．信息系统工程建设任务　　D．信息系统工程工期

试题（41）分析

按照国家有关部门颁布工程建设管理程序的相关规定，信息系统投资规模是在初步设计和投资预算就已经明确了的。而建设合同是在工程实施建设阶段，将某一项具体的建设任务明确给某一家承建单位，按照预定的投资预算，明确建设质量要求和建设工期等签订建设合同。因此试题（41）的答案是 A 为正确的。

参考答案

（41）A

试题（42）

某部委经济决策支持系统项目竣工后，需要定期购买系统运行需要的最新数据，有关费用一般通过__（42）__解决。

（42）A．项目经费　　B．向政府财政部门申请资金

C．自有经费　　D．向信息主管部门申请资金

试题（42）分析

按照国家发改委、财政部等有关部门财务管理文件的规定，现行的信息系统工程建设完成后的系统维护费用是在每年度向政府财政部分提出预算计划，提出申请资金使用的理由、用途和预算计划等。

因此，试题（42）的答案应为 B。

参考答案

（42）B

试题（43）

在信息系统工程项目实施过程中，因承建单位原因造成实际进度拖后，监理工程师确认承建单位修改后的实施进度计划，表示__（43）__。

（43）A．排除承建单位应负的责任　　B．批准合同工期延长

C．实施进度计划满足合同工期要求　　D．同意承建单位在合理状态下实施

试题（43）分析

显然答案 A 是错误的，答案 B 没有实施必要的变更过程也是错误的，而答案 C 更是逻辑错误，故答案 D 最为恰当。

但是，如何在合理状态下实施，需要承建单位提出明确的改进方案和新的计划后，经总监理工程师批准并协商业主单位同意后方能实施。监理工程师无权对此事件表达明确意见。

参考答案

（43）D

试题（44）

建立项目监理机构的基本程序是__（44）__。

（44）A．任命总监理工程师，编制监理规划，制定工作流程
　　B．签订监理合同，任命总监理工程师，确定监理机构目标，制定工作流程
　　C．确定监理机构目标，确定监理工作内容，组织结构设计，制定工作流程和信息流程
　　D．选择组织结构形式，确定管理层次与跨度，划分监理机构部门，制定考核标准

试题（44）分析

建立适合项目建设特点和实际情况的监理机构，是确保监理单位完成监理任务的必要。监理合同明确了监理任务，提出了对监理服务的工作要求；而总监理工程师负责制的监理机构和人员组成是服务的保障；服务有了机构，就要确定服务目标和任务，明确机构的组成、职责和权限，制定必要的工作流程和工作机制，以便于日后开展逐项监理工作。

按照这一工作思路，答案 B 是最为符合要求的。

参考答案

（44）B

试题（45）

由多家监理单位分别承担监理业务的信息化建设工程中，作为一名总监理工程师，应当承担__（45）__。

（45）A．建设单位代表分配的各项工作
　　B．整个建设工程的监理工作
　　C．所分管的那部分工程的指挥工作
　　D．监理合同范围内受委托的监理工作

试题（45）分析

监理任务是监理委托服务合同确定的，总监理工程师必须按照监理合同指挥、调度和分配监理机构内部人员行使监理职责，在监理合同明确议定的服务范围内完成必要的监理工作任务。

依照该思路，采用排除法确定答案。

显然答案 A 的说法是不合适的；答案 B 更不妥，监理范围超限；答案 C 的“指挥”不是监理的任务；只有答案 D 是正确的。

参考答案

（45）D

试题（46）

总监理工程师参与编制监理大纲有利于__（46）__。

（46）A．被业主认可　　B．承揽到监理业务
　　C．监理实施细则的编制　　D．监理规划的编制

试题（46）分析

按照监理大纲、监理规划和监理实施细则编制的所处阶段、文档内容和表述详细程度，监理大纲应该是在监理合同确定前的洽商或投标过程中产出的文档，该文档应该有监理企业的技术负责人召集必要的人员参与编制并审定。除答案 C 以外，其他的答案 A、B、D 都是可以的，但相对而言，从总监理工程师角色的职责角度，答案 D 更为恰当。

参考答案

（46）D

试题（47）

监理实施细则不仅用以指导监理工程师开展监理活动，也可以提供给承建单位，起到①的作用。通过设置质量控制点，提醒承建单位注意质量通病并采取预防措施或应急策略，并在必要的质量控制点对应的任务②通知监理，以便监理开展必要的监理活动。①和②分别是___（47）___。

（47）A．提醒与警示，实施前　　B．监理工作指令，实施时
C．监理作业指导书，实施前　　D．工作联系单或通知书，实施后

试题（47）分析

监理实施细则通常理解为指导监理机构人员开展对应专业监理工作任务的作业指导文件，是监理内部的文件之一。如果将监理实施细则报业主单位并送达承建单位，也有助于委托单位和被监理单位了解监理任务实施的要点，以及主要技术检查的关键项等信息，是一种信息公开，更加有利于各方协调，共同促进项目建设质量的提高。

对承建单位而言，提前了解监理实施要点，将有助于承建单位提前设置质量控制点等关键要素，是对承建单位的帮助、提醒，尤其是针对未来可能的监理检查点，更是警示。同时，也为承建单位更好地配合监理单位共同开展关键质量控制点的检查，节省时间、提高效率有了可靠的基础。

因此，试题（47）答案是 A 为正确的。

参考答案

（47）A

试题（48）

工程上使用的原材料、半成品和构配件，进场前必须有___（48）___，经监理工程师审查并确认其质量合格方可进场。

①厂合格证　②技术说明书　③生产厂家标志
④生产厂出厂手续　⑤检验或试验报告

（48）A．①②③④⑤　B．①③④⑤　C．①②④　D．①②⑤

试题（48）分析

为了有效控制进入施工现场的有关设备、材料质量，在设备、材料进场时，必须实施建设单位、承建单位（包括设备、材料的供货单位）和监理单位共同开展的设备、材料进场验收手续，检查设备材料的原产品包装，验证有关证明，实施必要的抽查等，并记录有关事项，签认相关手续。其中的产品出厂合格证、技术说明书或使用说明书、检验或试验报告等是必

要的产品证明。生产厂家标志只能作为原厂证明，生产厂出场手续能够证明合格产品准予出厂，作为进场验收的辅助信息。

因此，最为恰当的答案是 D。

参考答案

（48）D

试题（49）

监理人员对工程__（49）__全过程的现场监理称为旁站。

（49）A．特殊部位实施　　B．重要环节或关键部位实施
C．易出现质量通病的部位实施　　D．工序实施

试题（49）分析

旁站监理从词义上解释，是指在项目施工过程中，监理人员在一旁守候、监督施工操作的做法。旁站是监理企业完成监理任务的重要职责之一，也是监理企业进行质量控制的一个重要手段。因此，为了杜绝不规范行为的发生，监理企业应将旁站作为质量控制的一个重要手段。

鉴于信息工程建设特点，对所有的建设任务全部采取旁站监理显然是不恰当的，也是没有必要的。因此对重要环节或关键部位实施全过程的现场旁站监理是信息工程监理的重要手段之一。故试题（49）的答案为 B。

参考答案

（49）B

试题（50）、（51）

在工程双代号网络计划中，某项工作的最早完成时间是指其__（50）__。网络计划的计算工期应等于其所有结束工作__（51）__。

（50）A．完成节点的最迟时间与工作自由时差之差
B．开始节点的最早时间与工作自由时差之和
C．完成节点的最迟时间与工作总时差之差
D．开始节点的最早时间与工作总时差之和

（51）A．最早完成时间的最小值　　B．最早完成时间的最大值
C．最迟完成时间的最小值　　D．最迟完成时间的最大值

试题（50）、（51）分析

在工程双代号网络计划中，某项工作的最早完成时间是指开始节点的最早时间与工作自由时差之差。

工期泛指完成任务所需要的时间，一般有以下三种：计算工期，根据网络计划时间参数计算出来的工期。要求工期，任务委托人所要求的工期。计划工期，根据要求工期和计算工期所确定的作为实施目标的工期。网络计划的计算工期应等于以网络计划终点节点为完成节点的工作的最早完成时间的最大值。计算工期等于以网络计划的终点节点为箭头节点的各个工作的最早完成时间的最大值。当网络计划终点节点的编号为 n 时，计算工期：

Tc=max{EFi-n}。

参考答案

（50）C （51）B

试题（52）

__（52）__不是常用的质量管理工具。

（52）A．关联图 B．折线图 C．因果图 D．系统图

试题（52）分析

质量管理工具不断发展，分为老七种质量管理工具、新七种质量管理工具。老七种工具包括：分层法、排列图法、因果分析图法、调查表法、直方图法、散布图法、控制图法。新七种工具包括：关联图、KJ法、系统图法、矩阵图法、矩阵数据分析法、PDPC法、箭条图法。质量管理工具不包括折线图法。

参考答案

（52）B

试题（53）

信息系统工程的进度控制需要进行多方面的控制，需要考虑的因素很多。通常情况下可以通过二维图表的方法指导进度控制，若图表的纵向已经考虑了工程建设的各个阶段，那么横向应该重点考虑__（53）__。

（53）A．工程建设各分项建设任务 B．工程建设投资
C．工程建设人力资源 D．工程建设各阶段成果

试题（53）分析

二维图表是利用二维直角坐标系中的直线、折线或曲线来表示完成一项工作量所需时间，或在一定时间内所完成工程量的一种进度计划表达方式。一般是纵向考虑项目阶段，横向考虑项目的各任务。其优点是：概括性强，效果直观。

参考答案

（53）A

试题（54）

__（54）__不是信息化工程进度计划编制的主要目的。

（54）A．协调资源 B．减少变更的发生
C．项目进度的正常进行 D．预测在不同时间段上所需的资金

试题（54）分析

信息化工程进度计划编制是为了有效控制项目进度，编制过程中，根据任务和进度，安排投入的资源和资金。

参考答案

（54）B

试题（55）

挣值法中，成本偏差的计算公式是：CV=__（55）__。

（55）A．BCWP-ACWP B．BCWP-BCWS

C．ACWP–BCWP　　　　　　　　　D．BCWS–BCWP

试题（55）分析

挣值法的核心是将项目在任一时间的计划指标，完成状况和资源耗费综合度量。挣值法的价值在于将项目的进度和费用综合度量，从而能准确描述项目的进展状态。挣值法的另一个重要优点是可以预测项目可能发生的工期滞后量和费用超支量，从而及时采取纠正措施，为项目管理和控制提供了有效手段。

参数指标：

计划工作量的预算费用（BCWS），即（Budgeted Cost for Work Scheduled）。BCWS 是指项目实施过程中某阶段计划要求完成的工作量所需的预算费用。计算公式为：BCWS=计划工作量×预算定额。BCWS 主要是反映进度计划应当完成的工作量（用费用表示）。

已完成工作量的实际费用（ACWP），即（Actual Cost for Work Performed）。ACWP 是指项目实施过程中某阶段实际完成的工作量所消耗的费用。ACWP 主要是反映项目执行的实际消耗指标。

BCWS 是与时间相联系的，当考虑资金累计曲线时，是在项目预算s 曲线（如下图所示）上的某一点的值。当考虑某一项作业或某一时间段时，例如某一月份，BCWS 是该作业或该月份包含作业的预算费用。

已完成工作量的实际费用（Actual Cost for Work Performed，ACWP），有的资料也称 AC（实际值）。

ACWP 是指项目实施过程中某阶段实际完成的工作量所消耗的工时（或费用）。ACWP 主要反映项目执行的实际消耗指标。

已完工作量的预算成本（BCWP），即（Budgeted Cost for Work Performed），或称挣值、盈值和挣得值。

BCWP 是指项目实施过程中某阶段按实际完成工作量及按预算定额计算出来的费用，即挣得值（Earned Value）。BCWP 的计算公式为：BCWP=已完工作量×预算定额。

BCWP 的实质内容是将已完成的工作量用预算费用来度量

评价指标：

费用偏差（Cost Variance，CV）：CV 是指检查期间 BCWP 与 ACWP 之间的差异，计算公式为 CV=BCWP–ACWP。当 CV 为负值时表示执行效果不佳，即实际消费费用超过预算值即超支。反之当 CV 为正值时表示实际消耗费用低于预算值，表示有节余或效率高。若 CV=0，表示项目按计划执行。

进度偏差（Schedule Variance，SV）：SV 是指检查日期 BCWP 与 BCWS 之间的差异。其计算公式为 SV=BCWP–BCWS。当 SV 为正值时表示进度提前，SV 为负值表示进度延误。若 SV=0，表明进度按计划执行。

费用执行指标（Cost Performed Index，CPI）：CPI 是指挣得值与实际费用值之比。CPI=BCWP/ACWP，当 CPI>1 表示低于预算，CPI<1 表示超出预算，CPI=1 表示实际费用与预算费用吻合。若 CPI=1，表明项目费用按计划进行。

进度执行指标（Schedule Performed Index，SPI）：SPI 是指项目挣得值与计划值之比，即 SPI=BCWP/BCWS，当 SPI>1 表示进度提前，SPI<1 表示进度延误，SPI=1 表示实际进度等于计划进度。

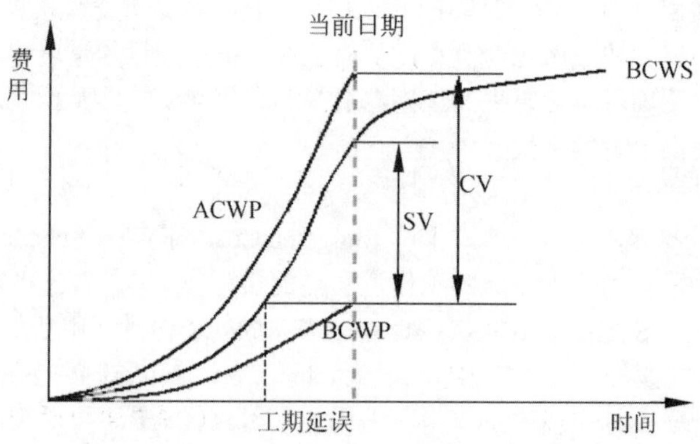

参考答案

（55）A

试题（56）

以下关于信息系统工程成本估算的方法和工具的叙述中，不正确的是__（56）__。

（56）A．类比估计是花费较少、精确性较差的一种方法
　　B．类比估计是专家判断的一种形式
　　C．参数建模对大型项目适用，对小型项目不适用
　　D．累加估计涉及单个工作的逐个估计，然后累加得到项目成本的总计

试题（56）分析

信息系统工程成本估算的方法和工具较多，其中常用的有：类比估计、参数建模、累加估计、自上而下估算、自下而上的估算等。参数建模可简单也可复杂，对大型项目适用，对小型项目也适用。

参考答案

（56）C

试题（57）

现场实施危险作业意外伤害保险费应列入项目__（57）__中。

（57）A．直接费用　　B．间接费用　　C．风险费用　　D．其他费用

试题（57）分析

工程直接费用是指与直接工程相关的支出，是工程支出的主要部分。它由直接工程费和措施费组成。直接工程费：指施工过程中耗费的构成工程实体的各项费用，包括人工费、材料费、施工机械使用费。其中，人工费包括：基本工资、工资补贴、福利费、劳动保障费。意外伤害保险费属于劳动保障费，因此也就属于直接费用。

参考答案

（57）A

试题（58）

项目实施中，监理方的变更控制应＿（58）＿。

（58）A．尽量使项目实施不发生变更　　B．决定项目变更的范围
　　C．确保变更的合理性和正确性　　D．给出最优的变更方案

试题（58）分析

变更控制是信息系统工程监理工作中的一项重要内容，变更常伴随着建设合同价格的调整及实施进度的调整，是合同双方利益的焦点，因此，合理确定并及时处理好项目变更，既可以减少不必要的纠纷，保证合同的顺利实施，又有利于业主对工程造价的控制。监理方通过变更评估，使变更控制合理和正确。

参考答案

（58）C

试题（59）

项目变更控制是一个动态的过程，在这一过程中，监理工程师要记录这一变化过程，充分掌握信息，及时发现变更引起的超过估计的后果，以便及时控制和处理。这一过程属于变更控制程序中的＿（59）＿环节。

（59）A．变更分析　　B．变更效果评估
　　C．监控变更的实施　　D．变更的初审

试题（59）分析

信息系统工程建设过程中，可能会出现很多种原因造成变更。而任何变更都要施加必要的控制与管理，并经过变更控制手续提出变更申请、分析审核变更影响，监督变更实施，确认变更效果，对整个变更过程加以记录、管理，施以必要的控制。

通常情况下，变更和控制的流程如下。

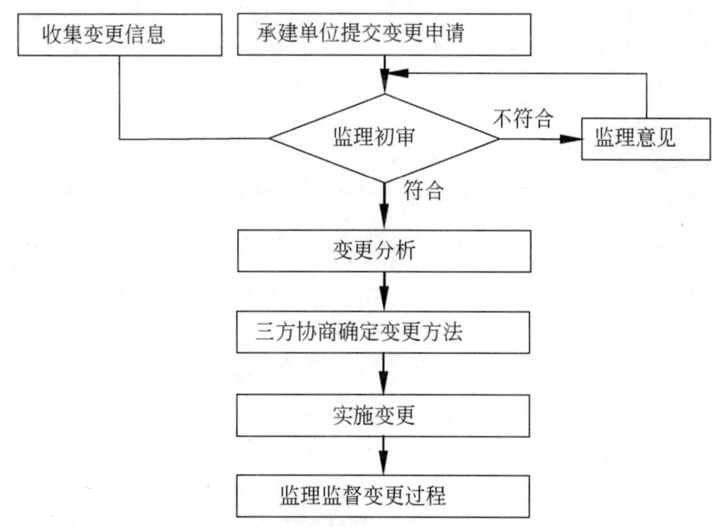

监理充分掌握信息，及时发现变更引起的超过估计的后果，以便及时控制和处理。这一

过程属于监控变更的实施。

参考答案

（59）C

试题（60）

承建单位提出的项目合同变更，应编制变更文件，由__（60）__组织审查。

（60）A．监理工程师　　B．总监理工程师代表
C．总监理工程师　　D．监理文档管理人员

试题（60）分析

组织审查变更是总监理工程师的职责之一，且不能委托其他人员行使此职责。

参考答案

（60）C

试题（61）

承建单位按甲乙双方口头协议实施建设单位委托的开发任务，双方一直没有签订书面合同。在开发任务完成后由于建设单位拖欠工程款而发生纠纷，此时应当认定__（61）__。

（61）A．尚无合同关系
B．合同没有成立
C．合同已经成立
D．由于未签署书面合同，故发包人不承担责任

试题（61）分析

合同法第十条规定："当事人订立合同，有书面形式、口头形式和其他形式。法律、行政法规规定采用书面形式的，应当采用书面形式。当事人约定采用书面形式的，应当采用书面形式。"这就说，除了法律、行政法规规定应当采用书面的形式订立合同或者当事人约定要书面订立合同的之外，也可以口头订立合同。开发任务完成，说明一方已经实际履行义务，《中华人民共和国合同法》第三十六条法律、行政法规规定或者当事人约定采用书面形式订立合同，当事人未采用书面形式但一方已经履行主要义务，对方接受的，该合同成立。

参考答案

（61）C

试题（62）

违约是指合同当事人一方不履行或不适当履行合同义务。违约方应承担由此给对方造成经济损失的赔偿责任。以下关于合同违约的叙述中，正确的是__（62）__。

（62）A．合同当事人双方都未履行合同义务，不属于违约，属于合同自动终止
B．建设单位无故不按时支付项目预付款属于违约
C．发生合同违约情况，监理机构具有直接责任
D．监理单位在处理双方违约过程中，应坚持以保护建设方利益为出发点

试题（62）分析

合同法第一百二十条规定，"当事人双方都违反合同的，应当各自承担相应的责任。属于违约，不属于合同自动终止的范围。建设单位无故不按时支付项目预付款，属于未履行合

同义务，属于违约。合同违约是指合同签订的双方未履行合同权利和义务，第三方不具有直接责任。监理单位在处理双方违约过程中，应客观公正。

参考答案

（62）B

试题（63）

甲公司在研发数据管理平台的过程中，乙公司提供了辅助活动。数据平台研发完成后，由公司丙负责在国内市场上销售。该软件产品的著作权应归属于__（63）__。

（63）A．甲　B．甲和乙　C．丙　D．甲和丙

试题（63）分析

软件产品的著作权是指软件的开发者或者其他权利人依据有关著作权法律的规定，对于软件作品所享有的各项专有权利。按照著作权法规定，软件作品的著作权的创作者是甲公司。

参考答案

（63）A

试题（64）

信息系统安全体系不包括__（64）__。

（64）A．资质体系　B．技术体系　C．组织机构体系　D．管理体系

试题（64）分析

信息系统安全体系包括技术体系、组织机构体系和管理体系，不包括资质体系。

参考答案

（64）A

试题（65）

对于物理环境安全，监理单位应注意的问题包括：__（65）__。

①所有相关人员都必须进行相应的培训，明确个人工作职责；

②制定严格的值班和考勤制度，安排人员定期检查各种设备的运行情况；

③在重要场所的进出口安装监视器，并对进出情况进行录像；

④可以随身携带、使用智能手机等智能设备。

（65）A．①②④　B．②③④　C．①②③　D．①②③④

试题（65）分析

物理环境安全是指为信息的处理活动提供安全的环境和使用环境来控制人员的行为。对人员进行培训和明确职责分工是属于人员安全管理，进行监控录像属于安全防护的技术手段。在数据中心和重要机房等场所，不可以随身携带、使用智能手机等智能设备。

参考答案

（65）C

试题（66）

在信息工程中，从监理的角度来讲，应根据不同的__（66）__决定收集不同的信息。

（66）A．委托单位　B．介入阶段　C．合同结构　D．监理费用

试题（66）分析

信息系统工程具有适时性特点，反映了信息系统工程信息具有突出的时间性特点。某一信息对某一目标是适用的，但随着项目进展，该信息的价值将逐步降低或完全丧失，监理信息管理的方法之一就是按项目的阶段收集、分析项目信息，这与项目信息适时性的特点是一致的。

参考答案

（66）B

试题（67）

工程监理总结报告属于__（67）__。

（67）A．监理实施类文档　　B．总控类文档
　　C．监理回复（批复）类文件　　D．监理内部文件

试题（67）分析

监理实施类文档（工程作业记录）主要包括：项目变更文档、进度监理文档、质量监理文档、质量回归监理文档、监理月报、监理日报、专题监理报告、验收报告、总结报告等。

参考答案

（67）A

试题（68）

监理机构应审核承建单位实施计划的合理性，审核后签署监理审核意见。实施计划无问题时，监理机构应在实施计划报审表签认。否则，监理机构应签发__（68）__，责令承建单位整改。

（68）A．监理日志　　B．监理专题报告　　C．监理通知单　　D．备忘录

试题（68）分析

信息化工程监理规范 第一部分 总则（GB/T 19668.1—2005）6.2.1 工程设计阶段的质量控制规定，监理对设计方案内容审核后，签署监理审核意见。工程设计方案无问题时，监理机构应在工程设计方案报审表中签认；否则，监理机构应签发监理通知单，责令承建单位整改。

参考答案

（68）C

试题（69）

以下关于监理单位沟通协调方法的叙述中，正确的是__（69）__。

（69）A．监理专题会议由总监理工程师主持，也可由授权的监理工程师主持
　　B．监理专题会议定期召开，由建设方主持，监理单位汇报
　　C．监理例会由总监理工程师主持，会议纪要由建设方签认后分发
　　D．定期的监理月报不属于监理沟通协调的方法

试题（69）分析

在组织协调的监理方法中，关于监理专题会议是为解决专门问题而召开的会议，由总监理工程师或授权的监理工程师主持。

参考答案

（69）A

试题（70）

组织协调工作的目标是使项目各方充分协作，有效地执行承建合同。进行组织协调的监理方法主要有＿（70）＿。

①监理通知　②监理会议　③监理报告　④监理指令

（70）A．①②③④　B．①②　C．②③　D．②④

试题（70）分析

进行组织协调的监理方法主要有监理会议、监理报告和沟通。

参考答案

（70）C

试题（71）

Which of the following description is WRONG about Wi-Fi? ＿（71）＿.

（71）A．Any standard Wi-Fi device will work anywhere in the world with global operative set of standards

B．Now most laptops are built with wireless network adapters inside

C．One can connect Wi-Fi devices in ad-hoc mode for client-to-client connections without a router

D．Communications between two devices need the involvement of an access point with Wi-Fi

试题（71）分析

关于 Wi-Fi 的描述，错误的是：

A．任何标准 Wi-Fi 设备都可以在世界任何地方工作，采用全球通用的操作标准

B．现在大多数笔记本电脑都用无线网络适配器

C．一个可以连接无线设备在特定模式端到端连接路由器

D．两个设备之间的通信需要使用 Wi-Fi 接入点的参与

参考答案

（71）D

试题（72）

Both TCP and UDP belong to ＿（72）＿ layer of the OSI mode.

（72）A．session　B．transport　C．network　D．data link

试题（72）分析

TCP and UDP 都属于 OSI 网络模型中的传输层。因此答案为 B。

参考答案

（72）B

试题（73）

＿（73）＿ is the budgeted amount for the work actually completed on the schedule activity or

WBS component during a given period.

（73）A. Planned value　　B. Actual cost
C. Earned value　　D. Cost variance

试题（73）分析

在一个给定的时期，实际完成所计划的任务活动或 WB 分解的组件，预算的数值额是实际成本。

参考答案

（73）C

试题（74）

What does a CPI of 80% mean? ＿（74）＿.

（74）A. As of now we expect the total project cost of 80% more than planned
B. When the project is completed, we will have spent 80% more
C. Your project is only progressing at 80% of that planned
D. Your project is only getting 80 cents out of every RMB invested

试题（74）分析

80%的成本绩效指标是什么意思？

A. 目前我们预计比原计划多出 80%的项目总成本

B. 当项目完成后,我们会多花费 80%

C. 项目进度是只在 80%的计划进度

D. 项目只 80 分支出每人民币元。

所以答案是 D。

参考答案

（74）D

试题（75）

＿（75）＿ is the application of planned，systematic quality activities to ensure that the project will employ all processes to meet requirements.

（75）A. Quality assurance　　B. Quality planning
C. Quality control　　D. Quality cost

试题（75）分析

质量保证是计划的应用于系统的质量活动，确保该项目将采用所有流程来满足需求。因此正确选项是 A。

参考答案

（75）A

第 6 章　2015 上半年信息系统监理师下午试题分析与解答

试题一（20 分）

阅读下列说明，回答问题 1 至问题 4，将解答填入答题纸的对应栏内。

【说明】

针对电子商务软件开发建设项目，建设单位甲与承建单位乙签订了项目实施合同，与监理单位丙签订了项目监理合同。在项目实施过程中发生了如下事件。

【事件 1】合同生效后，承建单位项目经理在短时间内即完成了项目计划的编制并提交监理工程师进行审核。由于承建单位提交的项目计划非常完善，因此顺利通过了监理工程师的评审，随即依据该计划开始项目实施。

【事件 2】在设计过程中，由于建设单位要求提前完工，工期紧张，承建单位要求采取边做详细设计边进行编码的方式赶工，在征得建设单位同意的情况下，监理同意了承建单位的要求。

【事件 3】在项目执行过程中，由于用户对某个功能操作方式不满意，要求程序员对已进入基线的程序进行少量修改，由于是用户要求的，因此项目经理默许了这项修改，并在修改了需求规格说明书以后通知了系统设计人员和监理工程师。

【事件 4】由于种种原因，项目合同额较少，因此项目实施团队的人力资源有限。在此情况下，承建单位项目经理不可能获得足够的专职测试人员来完成所有的测试工作。

【问题 1】（6 分）

作为监理工程师你认为事件 1 中的做法妥当吗？如果妥当，请说明理由；如果不妥当，请给出正确做法。

【问题 2】（3 分）

针对事件 2，请问监理工程师同意承建单位的赶工方式恰当吗？请说明理由。

【问题 3】（6 分）

针对事件 3，作为监理工程师，请回答：

（1）承建单位项目经理的做法正确吗？请说明理由。

（2）站在监理的角度，针对此类问题进行控制的要点是什么？

【问题 4】（5 分）

针对事件 4，作为监理工程师，你认为承建单位的项目经理应该采取哪些人员安排措施来保证测试工作的质量？

试题一分析

本题考查电子商务企业在项目研发过程中的质量控制的理论和应用。考生应结合案例的背景，综合运用理论知识和实践经验回答问题。

【问题 1】

按照《信息系统监理规范 第 5 部分，软件工程监理规范》（GB/T 19668.5—2007）中关于工程计划制定的监理，监理机构应促使业主单位和承建单位适时对工程计划及其相关文档进行评审，并及时取得各方对工程计划的书面批准和承诺。显然事件 1 中监理方做法是不合适的，不符合规范要求。

【问题 2】

依据软件工程规范，编码的进入条件之一就是软件详细设计说明已通过评审。所以，此做法不恰当。

【问题 3】

第一问，依据软件工程规范，对基线程序的修改要经过正式评估，审核和批准，不应该只是默许程序员的操作，且修改后的程序和文档要经过评审，所以项目经理的做法不正确。

第二问，监理工程师的具体做法应该是：严格控制并敦促承建单位依据需求规格说明书、软件配置文档等书面规程，对所有配置项/单元的更改实施初始准备，并在配置管理过程中完成记录、评审、批准等工作，监理配合项目经理等关键技术人员施以必要跟踪、检查。

【问题 4】

按照《信息系统监理规范总则》（GB/T19668.1）中关于变更控制的要求，监理应要求承建单位依据已经批准变更的书面规程，对变更进行初始准备、记录、评审、批准和跟踪。

参考答案

【问题 1】（6 分）

不妥当（1 分）。监理应确保软件项目计划通过正式的评审（2 分），在评审后得到技术修改（1 分）和批准（2 分，说出批准即可得 2 分），批准后的项目计划才能作为项目实施的依据（说出未经过审核（2 分）和批准（2 分），类似的意思都可以酌情给分）。

【问题 2】（3 分）

不恰当（1 分）。因为编码的进入条件之一就是软件详细设计说明已通过评审（2 分）（说出设计未做好会影响编码质量等类似意思都可以给分）。

【问题 3】（6 分）

（1）不正确（1 分）。理由是作为项目经理不应该默许程序员的操作（1 分），且修改后的程序和文档没有经过评审（1 分）。（如果回答变更不规范，得 1 分）。

（2）监理应控制承建单位依据书面规程（1 分），对所有配置项/单元的更改实施初始准备、记录、评审、批准和跟踪（2 分，说出一项给 1 分，最多得 2 分）。

【问题 4】（5 分）

在人力资源有限的情况下，承建单位项目经理应做如下方面的措施来保证测试工作的质量：

（1）采取程序员交叉测试的方法。（2 分）

（2）若情况允许，可以在程序员自己发现缺陷趋于平稳后，再提交给专门测试人员进行测试。（2 分）

（3）根据项目实际情况，由项目组其他人员（1 分）（说出项目经理、需求设计人员等酌情给分）或客户业务代表（1 分）进行部分测试。（最多得 1 分）

试题二（15 分）

阅读下列说明，回答问题 1 至问题 3，将解答填入答题纸的对应栏内。

【说明】

某政府部门进行电子政务工程建设，与监理单位签订了监理合同。项目拟通过公开招标方式选择承建单位，在项目招标及合同签订过程中发生了如下事件。

【事件 1】招标准备过程中，建设单位提出，项目所需购买的数据采集设备国产产品价格较进口产品的价格贵许多，咨询监理工程师是不是有相关规定针对这种情况可以采购非本国产品，如果有，具体的规定是怎样的。

【事件 2】项目评标完成后，评标委员会向招标人提交了中标候选人名单，排名依次为 A 公司、D 公司和 B 公司。由于资金紧张，A 公司未能在规定的时间内按照招标文件要求提交履约保证金，被取消中标资格，由招标人确定 D 公司中标。

【事件 3】项目实施合同的签订过程中，建设单位要求监理加强监理工作力度。

【问题 1】（5 分）

针对事件 1，请指出：

（1）满足怎样的条件可以申请购买非本国产品？

（2）依据的是哪部法律？

【问题 2】（6 分）

根据事件 2，请回答：

A 公司被取消中标资格并确定由 D 公司中标是否妥当？请说明依据的是哪部法律及该法律是如何规定的？

【问题 3】（4 分）

针对事件 3，请指出监理在合同签订管理过程中协助建设单位的主要工作内容。

试题二分析

本题考查项目招投标采购等相关理论与应用。考生应结合案例的背景，综合运用理论知识和实践经验回答问题。

【问题 1】

第一问，依据《中华人民共和国政府采购法实施条例》本国货物的最低报价高于非本国货物最低报价百分之二十以上的情形，可以购买非本国产品。监理工程师应对《中华人民共和国政府采购法实施条例》严格实施，加以必要的控制。

第二问，依据的是《中华人民共和国政府采购法实施条例》。

【问题 2】

依据《中华人民共和国招标投标法实施条例》第五十五条规定，使用国有资金或者国家融资的依法必须招标项目，招标人应当确定排名第一的中标候选人为中标人。排名第一的中标候选人放弃中标、因不可抗力提出不能履行合同、招标文件规定应当提交履约保证金而在规定的期限内未能提交，或者被有关部门查实存在影响中标结果的违法行为、不具备中标资格等情形的，招标人可确定排名第二的中标候选人为中标人。以此类推，招标人可确定排名第三的中标候选人为中标人。三个中标候选人都存在前述情形的，依法必须招标项目的招标人应当重新招标。

排名在前的中标候选人放弃中标的，其投标保证金不予退还，投标保证金低于放弃中标价与后一中标候选人投标报价或者重新招标中标价之间差价的，应当向招标人赔偿差价与投标保证金之间的差额。导致重新招标的，还应当赔偿重新招标的成本。

所以此做法妥当。

【问题 3】

合同签订过程，涉及分析、谈判、协商、拟定、签署等活动。因此，监理应协助业主在上述环节开展工作。

参考答案

【问题 1】（5 分）

（1）本国货物的最低报价（1 分）高于非本国货物最低报价百分之二十（2 分）以上的情形。

（2）依据的是《中华人民共和国政府采购法实施条例》。（2 分）

【问题 2】（6 分）

妥当。（1 分）

依据是《中华人民共和国招标投标法实施条例》。（2 分）（说出《中华人民共和国招标投标法》的不给分）

该依据规定，排名第一的中标候选人由于法定原因不符合中标条件的，招标人可以按照评标委员会提出的中标候选人名单排序依次确定其他中标候选人为中标人。（3 分）

【问题 3】（4 分）

分析、谈判、协商、拟定、签署。（每个 1 分，最多得 4 分）

试题三（15 分）

阅读下列说明，回答问题 1 至问题 3，将解答填入答题纸的对应栏内。

【说明】

近年来，随着信息化水平不断提高，以电子商务模式提供的网络服务和交易也得到了飞速的发展和应用，网上银行、网络线上支付、手机购物、支付宝和微信红包等得到了普遍的应用，为民众购物、消费提供了极大的便利。

国内某大型民营企业，提出在其主导的某项电子商务项目建设实施过程中实行监理制。建设的主要内容以电子商务平台的建设、信息交互和信息安全为基础，为企业产品交易提供电子商务服务，并为民众提供相应商品采购的网络交易服务。

在该项目建设过程中，发生如下事件。

【事件 1】甲方在项目开始前，准备先行聘请监理单位。在监理招标实施前，召集相关监理单位参与资质预审，除提供相应资质证书外，还要求监理单位陈述电子商务工程的特点，结合特点分析，进一步陈述监理的工作应对措施等。监理单位随即开始做有关准备以便于做好答辩工作。

【事件 2】为了加强对客户信息的保护，也为了保证系统的安全，在实施过程中，甲方要求乙方对 VIP 客户实施强化身份认证管理，通过颁发数字证书系统，强化漏洞扫描系统、防火墙系统和防病毒系统等一系列措施，“加固”系统信息安全体系建设。承建单位提出总体技术方案，甲方要求监理给予审核并提出意见。

【问题 1】（5 分）

在事件 1 中，若监理单位委托你作为代表向甲方陈述意见，你认为电子商务项目的建设特点有哪些？

【问题 2】（6 分）

根据事件 2，请简要分析并论述电子商务系统在信息安全方面可能存在的问题或风险。

【问题 3】（4 分）

针对事件 2，请简要回答在总体技术方案评审过程中，监理针对数字证书系统的设计方案在功能实现方面应该重点考虑哪些内容？

试题三分析

本题重点考查的是电子商务建设项目特点，并有针对性地结合问题提出对应的监理意见或策略。结合具体问题或事件，要分析电子商务系统在建设过程中必须实施的信息安全风险分析、防范策略，以及监理在审核技术方案过程中，针对信息安全策略或产品应用的具体技术实现或技术方案等，提出对应的审核要点，明确提出监理意见。

【问题 1】

在事件 1 中，本问题意在考查监理工程师对电子商务建设项目的建设特点，并能够现场组织语言充分表达意见，言简意赅地表述对电子商务建议项目的了解、掌握和综合表述的语言或文字的归纳能力。

电子商务建设项目的建设特点主要呈现以下几个方面：

（1）安全性要求高。

（2）系统可用性要求高。

（3）技术复杂（数据量大、交易量大、对性能敏感等）。

（4）用户体验要求更高，难度更大。

（5）测试与试运行复杂，工作量大。

（6）需要三方共同参与工程建设的项目管理。

（7）其他合理答案也酌情给分等。

【问题 2】

在事件 2 中，本问题主要考察监理工程师对电子商务信息安全的风险点分析、防范对策和可能的技术影响因素等。并通过必要的表述，言明监理的意见。

电子商务信息安全的风险主要呈现以下几个方面特点：

（1）由于各种原因引起的信息泄露、信息丢失、信息篡改、信息虚假、信息滞后、信息不完善等，以及由此带来的风险。

（2）电子商务交易过程中存在的各种不安全因素，包括交易的确认、产品和服务的提供、产品和服务的质量、价款的支付等方面的安全问题。

（3）由于各种原因造成电子商务参与者面临的财产等经济利益风险，主要表现为财产损失和其他经济损失，例如：客户的银行资金被盗；交易者被冒名；其财产被窃取；以及因信息的泄露、丢失，使企业的信誉受损，经济遭受损失。

（4）遭受网络攻击或故障，企业电子商务系统效率下降甚至瘫痪等。

【问题3】

通常情况下，在对数字证书系统的设计方案的审核过程中，不仅要考虑其功能是否满足电子商务系统的应用要求，同时还要考虑与其他安全系统或产品联合应用的可靠性和工作效率。

本问题主要考查监理工程师对数字证书系统设计方案论述的功能了解程度和审核要点。其要点是：

（1）提供信任服务，进行证书管理。

（2）提供基于统一安全管理的密钥管理。

（3）提供基于统一安全管理的密码服务。

（4）提供资源访问控制和权限管理服务。

（5）提供可信的时间戳服务。

（6）提供证书的查询验证服务。

（7）提供信息安全防护服务。

（8）提供系统故障恢复及容灾备份服务。

（9）提供网络可信接入及网络信任域管理服务。

参考答案

【问题1】（5分）

（1）安全性要求高。

（2）系统可用性要求高。

（3）技术复杂（数据量大、交易量大、对性能敏感等）。

（4）用户体验要求更高，难度更大。

（5）测试与试运行复杂，工作量大。

（6）需要三方共同参与工程建设的项目管理。

（7）其他合理答案也酌情给分。

（每项1分，最多得5分）

【问题2】（6分）

（1）由于各种原因引起的信息泄露、信息丢失、信息篡改、信息虚假、信息滞后、信息不完善等，以及由此带来的风险。（回答任一要点得1分，最多得2分）

（2）电子商务交易过程中存在的各种不安全因素，包括交易的确认、产品和服务的提供、产品和服务的质量、价款的支付等方面的安全问题。（回答任一要点得1分，最多得2分）

（3）由于各种原因造成电子商务参与者面临的财产等经济利益风险，主要表现为财产损失和其他经济损失，例如：客户的银行资金被盗；交易者被冒名；其财产被窃取；以及因信息的泄露、丢失，使企业的信誉受损，经济遭受损失。（回答任一要点得1分，最多得2分）

（4）遭受网络攻击或故障，企业电子商务系统效率下降甚至瘫痪等。（2分）

（本题满分6分，若有其他合理的答案，可酌情给2～4分）

【问题 3】（4 分）

（1）提供信任服务，进行证书管理。

（2）提供基于统一安全管理的密钥管理。

（3）提供基于统一安全管理的密码服务。

（4）提供资源访问控制和权限管理服务。

（5）提供可信的时间戳服务。

（6）提供证书的查询验证服务。

（7）提供信息安全防护服务。

（8）提供系统故障恢复及容灾备份服务。

（9）提供网络可信接入及网络信任域管理服务。

（每项 1 分，最多得 4 分，若有其他合理的答案，可酌情给 1～3 分）

试题四（15 分）

阅读下列说明，回答问题 1 至问题 3，将解答填入答题纸的对应栏内。

【说明】

某企业信息化工程项目建设单位甲与承建单位乙签订了项目实施合同，与监理单位丙签订了项目监理合同。项目实施合同规定项目完成后首先进行各子项内部验收和整体验收，再进行竣工验收，建设过程中发生如下事件。

【事件 1】软件开发完成后，总监理工程师安排软件项目监理工程师张工负责软件开发子项工程的验收工作，张工带领其他两名监理工程师重点对承建单位提交的软件开发子项验收计划和验收方案进行了审查，对验收过程进行了有效的监控，并提出了验收意见。

【事件 2】项目整体完成后，成立了由建设单位、监理单位和外聘专家组成的验收委员会。在验收过程中，总监理工程师安排监理工程师刘工带领其他几名工程师审查承建单位验收申请，由刘工组织监理人员进行验收，由总监理工程师签署验收文件等。

【问题 1】（5 分）

针对事件 1，请回答：

（1）事件 1 所描述的做法正确吗？请说明理由。

（2）监理对验收阶段的质量控制主要是通过哪两个方面的监理来完成的？

【问题 2】（5 分）

针对事件 1，对子项验收计划和验收方案进行审查，主要审查内容包括哪些？

【问题 3】（5 分）

请指出事件 2 中的不当之处。

试题四分析

本试题主要考查监理工程师对项目验收的各个知识点，包括验收目标、验收条件、验收标准、验收组织、各方职责、验收实施、验收流程、验收方式、验收手续和验收结果等。通常情况下，这些内容是通过《验收工作方案》来表述的。

首先要了解通常情况下的项目验收基本概念。

项目验收，也称范围核实或移交。它是核查项目计划规定范围内各项工作或活动是否已经全部完成，可交付成果是否令人满意，并将核查结果记录在验收文件中的一系列活动。

在项目的结束过程中，依据项目的原始章程和合法变更行为，对项目成果和全部之前的活动过程进行审验和接收的行为，叫作项目的验收。

项目验收时，要关注如下三个方面的工作内容，即要明确项目的起点和终点；要明确项目的最后成果；要明确各子项目成果的标志。

【问题 1】

事件 1 所描述的监理工程师的行为是符合监理规范要求的，也是监理工作任务之一。因此事件 1 的做法是正确的。

监理要配合做好项目的验收准备，就要提前审核并确定《验收工作方案》的可实施性。对所要开展验收审查的项目是否验收条件提出明确意见。对提交验收的成果物是否满足合同要求，对所完成的各项验收准备工作是否达到预期，对系统试运行发现问题的改进或完善是否达标等提出监理意见，并形成书面监理意见。

在验收过程中，要参与验收各个环节和重要工作议程，对有关情况予以了解、掌握，并适时提出监理意见或做出答疑等。

综合上述分析，验收阶段的质量控制主要是通过对验收方案的审查和对验收过程的监控两个方面来完成的。

【问题 2】

任何验收都要有工作方案指导为宜。本着这个思路，验收方案重点表述验收目标、各方责任、验收内容、验收标准、验收方式等关键内容。

对于子项验收工作，由于验收工作较为简单，且是为整体项目验收做相关准备，故验收方案仅就子项目验收工作做相应论述，可以适当简略。项目验收方案，在通过监理审查后，报建设单位审核、确认，并酌情予以实施。

另外，作为子项目验收还要为整体项目验收做好协调、配合工作，如有需要也要加以论述为宜，如验收测试的系统联调测试、项目档案管理和验收手续符合整体项目验收要求等。

【问题 3】

本问题主要考查项目验收组织活动中，监理参与其中的工作程序、监理机构各角色职责分工和有关权限等内容。

事件 2 有三处不当。

一是，验收组织不全。既然是项目验收，验收的对象就是承建单位和承建单位提交的验收成果，而承建单位不参与验收活动，显然不妥。至于是否参加到项目验收委员会当中，可以适当酌情处理。

二是，组织监理机构对验收申请的审查是总监理工程师的职责，而不能委托监理工程师承担。

三是，参与项目验收审查活动也是应该由总监理工程师承担的，而不能由监理工程师组织并代行总监理工程师职责。

参考答案

【问题 1】（5 分）

（1）正确（1 分）。理由：这是（专业）监理工程师职责范围内的工作。（2 分）（说出类

似意思就可以给分）

（2）验收阶段的质量控制主要是通过对验收方案的审查（1 分）和对验收过程的监控（1 分）来完成的。

【问题 2】（5 分）

验收目标、各方责任、验收内容、验收标准、验收方式。（每个 1 分，共 5 分）

【问题 3】（5 分）

（1）验收委员会还应该有承建单位参加。

（2）审查承建单位验收申请是总监理工程师的职责。

（3）组织监理人员进行验收是总监理工程师的职责。

（每项 2 分，最多得 5 分）

试题五（10 分）

阅读下列说明，回答问题 1 至问题 2，将解答填入答题纸的对应栏内。

【说明】

某部委信息中心在新大楼建设 IDC 数据中心，机房设计标准为 A 级机房，在项目的建设过程中实施了全过程监理，项目在冬季完成了建设，并顺利通过了第三方环境检测机构和消防局的验收。

【事件 1】为做到心中有数，建设单位向监理单位咨询了数据中心的测试、信息安全评测以及数据中心相关技术要求等方面的问题。

【事件 2】项目基础环境建设完成后，承建单位提请建设单位、监理单位进行环境综合测试，并对测试过程进行了详细记录。

【问题 1】（5 分）

在（1）～（5）中填写恰当内容（从候选答案中选择一个正确选项，将该选项编号填入答题纸对应栏内）。

在事件 1 中，监理认为：信息安全测试检测是一个统称的概念。用来概括信息系统＿（1）＿、＿（2）＿和＿（3）＿涉密三项信息安全方面的测试检测工作。数据中心机房温湿度应严格符合设备运行要求，按照 A 级机房的标准应在夏季开机时对数据中心机房进行检测，合格的检测结果应当是“机房温度为＿（4）＿，机房相对湿度为＿（5）＿”。

（1）～（3）备选答案：

A．风险评估　　B．安全评估　　C．系统测评
D．应用软件安全测评　　E．等级保护测评　　F．涉密评估

（4）、（5）备选答案：

A．（20±2）℃　　B．（23±2）℃　　C．45%～65%　　D．35%～65%

【问题 2】（5 分）

事件 2 中，产生了如下测试数据，请判断以下测试结果项是否符合机房验收标准（填写在答题纸的对应栏内，符合的选项填写“√”，不符合的选项填写“×”）：

（1）两相对机柜正面之间的距离为 1.6m。（　）

（2）安全工作接地的接地电阻值为 1.2Ω。（　）

（3）故障照明的照度为 55LUX。（ ）

（4）主机房内磁场干扰环境场强为 900A/m。（ ）

（5）机房电源电压范围为 110～380V。（ ）

试题五分析

按照国家有关规定，计算机机房建设在验收前必须完成几项特定的检测，如涉及机房消防系统的属地消防局检测，涉密机房的属地国家保密局安全检测等。

本题意在考查监理工程师对机房建设的基本检测是否符合有关国家规定要求的熟悉、了解程度，对重要的检测项和关键指标的掌握程度等。

【问题 1】

本问题主要考查考生对信息安全测试检测基础知识和标注内容掌握的熟悉程度，需要考生掌握扎实的基本功。

信息安全测试检测是一个统称的概念。用来概括信息系统风险评估、等级保护测评和涉密系统测评三项信息安全方面的测试检测工作。信息系统风险评估、等级保护测评和涉密系统测评这三种实现信息安全的方法都是当前我国进行信息安全保障工作的重要内容和手段，信息安全测试检测概念的提出对于规范和明确信息安全日常工作具有重要作用。

根据《中华人民共和国国家标准电子计算机机房设计规范》第三章“第 3.1.2 条 电子计算机机房内温、湿度应满足下列要求”。

开机时数据中心及机房内温度、湿度要求			
	A 级	B 级	正常范围
温度	(23±2)℃	(20±2)℃	18℃～25℃
湿度	45%～65%	40%～70%	40%～60%
温度变化率	<5℃/h 并不得结露	<10℃/h 并不得结露	
停机时数据中心及机房内温度、湿度要求			
	A 级	B 级	正常范围
温度	5℃～35℃	5℃～35℃	18℃～25℃
湿度	40%～70%	20%～80%	40%～60%
温度变化率	<5℃/h 并不得结露	<10℃/h 并不得结露	

【问题 2】

本问题意在考查监理工程师对机房建设标准的熟悉和掌握，并通过实际测试案例判断测试结果与标准的符合程度。

根据《电子计算机机房设计规范》，设计案例的有关测试指标规定如下：

（1）第 2.3.4 条 主机房内通道与设备间的距离应符合下列规定：第一，两相对机柜正面之间的距离不应小于 1.5m；第二，机柜侧面距墙不应小于 0.5m，当需要维修测试时，则距墙不应小于 1.2m；第三，走道净宽不应小于 1.2m。

（2）第 6.4.2 条 电子计算机机房应采用下列四种接地方式：第一，交流工作接地，接地电阻不应大于 4Ω；第二，安全工作接地，接地电阻不应大于 4Ω；第三，直流工作接地，接地电阻应按计算机系统具体要求确定；第四，防雷接地，应按现行国家标准《建筑防雷设计规范》执行。

（3）第 6.2.7 条 电子计算机机房内应设置备用照明，其照度宜为一般照明的 1/10。备用照明宜为一般照明的一部分。

（4）第 6.2.8 条电子计算机机房应设置疏散照明和安全出口标志灯，其照度不应低于 0.51X。

（5）第 3.2.3 条 主机房内磁场干扰环境场强不应大于 800A/m。

（6）第 6.1.9 条 电子计算机机房低压配电系统应采用频率 50Hz、电压 220/380VTN-S 或 TN-C-S 系统。电子计算机主机电源系统应按设备的要求确定。

参考答案

【问题 1】（5 分）

（1）A　（2）C　（3）E　（1）～（3）答案可互换

（4）B　（5）C

（每个 1 分，共 5 分）

【问题 2】（5 分）

（1）√　（2）√　（3）×　（4）×　（5）×

（每个 1 分，共 5 分）

第 7 章　2015 下半年信息系统监理师上午试题分析与解答

试题（1）

（1）是反映计算机即时存储信息能力的指标。

（1）A．存取周期　　B．总线位数　　C．主存容量　　D．辅存容量

试题（1）分析

本题考察计算机的基础知识。

主存容量是考察计算机即时存储信息能力的指标，主存容量越大，计算机可以快速存储和计算的数据量越大。

参考答案

（1） C

试题（2）

随着移动互联技术的快速发展，用户对于无线传输速率要求越来越高。采用（2）技术标准，无线传输速率最快。

（2）A．CDMA2000　　B．TD-LTE　　C．FDD-LTE　　D．EDGE

试题（2）分析

CDMA2000 是 CDMA 技术发展过程的一个阶段，它是 3G 标准，一般情况下，无线传输速率在 144kb～10Mb，而 TD-LTE 和 FDD-LTE 是 4G 通信标准。TD-LTE 和 FDD-LTE 都是分时长期演进技术，但是 TD-LTE 是 TDD 版本的长期演进技术，被称为时分双工技术，而 FDD-LTE 也是长期演进技术，不同的是，FDD-LTE 采用的是分频模式。类似网络课程中的时分复用技术和频分复用技术。在速度方面，TD-LTE 的下行速率和上行速率分别为 100Mbps 和 50Mbps，而 FDD-LTE 的下行速率和上行速率分别为 150Mbps 和 40Mbps。但用户对于无线传输速率的要求一般体现在下行速率上，因此 FDD 的无线传输速率相对较快。而 EDGE 是 2015 年 4 月微软公司最新操作系统 Windows10 的浏览器名称。因此此题选择 C。

参考答案

（2）C

试题（3）

信息系统生命周期一般包括系统分析、系统设计、系统实施和（3）等几个阶段。

（3）A．系统研发　　B．系统集成　　C．系统维护　　D．系统测试

试题（3）分析

信息系统生命周期一般包括系统分析、系统设计、系统实施和系统维护等几个阶段，选择 C 选项。ABD 三个选项属于系统实施工作的一部分。

参考答案

（3）C

试题（4）

UTP 双绞线指的是＿（4）＿双绞线。

（4）A．屏蔽　　B．非屏蔽　　C．屏蔽 3 类　　D．非屏蔽 3 类

试题（4）分析

根据有无屏蔽层，双绞线分为屏蔽双绞线（Shielded Twisted Pair，STP）与非屏蔽双绞线（Unshielded Twisted Pair，UTP）。非屏蔽双绞线是一种数据传输线，由 4 对不同颜色的传输线所组成，广泛用于以太网路和电话线中。非屏蔽双绞线电缆具有以下优点：1.无屏蔽外套，直径小，节省所占用的空间，成本低；2.重量轻，易弯曲，易安装；3.将串扰减至最小或加以消除；4.具有阻燃性；5.具有独立性和灵活性，适用于结构化综合布线。而局域网中非屏蔽双绞线分为三类、四类、五类和超五类 4 种。屏蔽双绞线分为三类和五类两种。因此只有答案 B 正确。

参考答案

（4）B

试题（5）

在 OSI 参考模型中，第 N 层与第 N+1 层之间的关系是＿（5）＿。

（5）A．第 N 层是第 N+1 层的服务提供者

B．第 N+1 层从第 N 层接收报文并添加报头

C．第 N 层使用第 N+1 层提供的服务

D．第 N 层与第 N+1 层没有直接关系

试题（5）分析

网络体系结构指的是网络各层、层中协议和层间接口的集合。OSI 网络体系结构中共定义了 7 层，从高到低分别是：①应用层；②表示层；③会话层；④传输层；⑤网络层；⑥数据链路层；⑦物理层。

（N）层实体向（N+1）层实体提供服务，（N+1）层实体向（N）层实体请求服务。

参考答案

（5）A

试题（6）

“互联网+”是互联网思维的进一步实践成果，它代表一种先进的生产力，推动经济形态不断发生演变。以下叙述中，＿（6）＿是不正确的。

（6）A．工业 4.0 是由中国提出的互联网+工业模式

B．在线理财、P2P、电商小贷都属于互联网+金融模式

C．互联网+交通催生了“嘀嘀打车”“快的打车”等新型产品

D．互联网+模式催生新的经济形态，为大众创业、万众创新提供环境

试题（6）分析

工业 4.0 是德国政府提出的一个高科技战略计划。该项目由德国联邦教育局及研究部和联邦经济技术部联合资助，投资预计达 2 亿欧元。旨在提升制造业的智能化水平，建立具有适应性、资源效率及人因工程学的智慧工厂，在商业流程及价值流程中整合客户及商业伙伴。

其技术基础是网络实体系统及物联网。BCD 三个选项都是建立于互联网上的新型商业模式，描述的内容均正确。

参考答案

（6）A

试题（7）

以太网中，不同网络设备是根据__（7）__地址来区分的。

（7）A．LLC　　B．MAC　　C．IP　　D．IPX

试题（7）分析

由于只有 MAC 地址是永远不变的，所以在以太网中，不同的网络设备是根据 MAC 地址来区分的。LLC 是逻辑链路控制子层。IP 地址是被自动或者人工分配的。IPX：互联网数据包交换协议（IPX：Internetwork Packet Exchange protocol），是一个专用的协议簇，它主要由 Novell NetWare 操作系统使用。IPX 是 IPX 协议簇中的第三层协议。

参考答案

（7）B

试题（8）

__（8）__是国际电工电子工程学会（IEEE）为无线局域网络制定的标准。

（8）A．IEEE 802.9　　B．IEEE 802.1　　C．IEEE 802.8　　D．IEEE 802.11

试题（8）分析

802.11 协议簇是国际电工电子工程学会（IEEE）为无线局域网络制定的标准。此题属于概念题。

参考答案

（8）D

试题（9）

__（9）__是路由选择协议。

（9）A．TCP/IP　　B．RIP　　C．IPX/SPX　　D．AppleTalk

试题（9）分析

（1）TCP：Transmission Control Protocol/Internet Protocol 的简写，中译名为传输控制协议/因特网互联协议。（2）RIP：RIP 是一种分布式的基于距离矢量的路由选择协议，是因特网的标准协议，其最大优点就是实现简单，开销较小。（3）IPX/SPX：InternetIPX/SPX(Internetwork Packet Exchange/Sequences Packet Exchange 分组交换/顺序分组交换)是 Novell 公司的通信协议集。（4）Appletalk：Appletalk (AT)是由 Apple 公司创建的一组网络协议的名字，它用于 Apple 系列的个人计算机。协议栈中的各种协议用来提供通信服务，例如文件服务、打印、电子邮件和其他一些网络服务。

参考答案

（9）B

试题（10）

在 Internet 上浏览时，浏览器和 WWW 服务器之间传输网页使用的协议是__（10）__。

（10）A．IP　　B．HTTP　　C．FTP　　D．Telnet

试题（10）分析

HTTP（HyperText Transport Protocol）是超文本传输协议的缩写，它用于传送 WWW 方式的数据，关于 HTTP 协议的详细内容请参考 RFC2616。HTTP 协议采用了请求/响应模型。客户端向服务器发送一个请求，请求头包含请求的方法、URL、协议版本，以及包含请求修饰符、客户信息和内容的类似于 MIME 的消息结构。服务器以一个状态行作为响应，响应的内容包括消息协议的版本，成功或者错误编码加上包含服务器信息、实体元信息以及可能的实体内容。

参考答案

（10）B

试题（11）

Web 服务器为互联网提供了广泛的服务内容。以下关于 Web 服务器主要功能的叙述中，__（11）__是不正确的。

（11）A．支持 HTML 和 VRML 标准
B．不具备网络安全功能
C．提供网络服务，例如电子邮件、FTP、Telnet
D．具有编辑和文件管理功能

试题（11）分析

Web 服务器为互联网提供了广泛的服务内容。Web 服务器功能如下：

（1）支持 HTML 和 VRML 标准；

（2）响应浏览器的请求；

（3）跟踪用户的活动；

（4）具有 SNMP 代理和远程管理功能；

（5）具有编辑和文件管理功能；

（6）具有网络安全功能；

（7）提供网络服务。

因此，B 选项描述错误。

参考答案

（11）B

试题（12）

以下不属于网络安全技术的是__（12）__。

（12）A．防火墙技术
B．物理隔离技术，如隔离网闸
C．数据加密技术，例如 DES、RSA 加密算法
D．网络性能检测技术

试题（12）分析

防火墙指的是一个由软件和硬件设备组合而成、在内部网和外部网之间、专用网与公共网之间的界面上构造的保护屏障。防火墙是一种保护计算机网络安全的技术性措施。物理隔

离技术也是为了网络安全，数据加密技术就是为了防范数据泄露而采取的必要的防范手段。而网络性能检测与网络安全无关，因此选 D。

参考答案

（12）D

试题（13）

UDP 协议和 TCP 协议分别提供的是__（13）__。

（13）A．可靠的、面向连接的服务，可靠的、面向连接的服务

B．可靠的、面向连接的服务，不可靠的、面向无连接的服务

C．不可靠的、面向无连接的服务，可靠的、面向连接的服务

D．不可靠的、面向无连接的服务，不可靠的、面向无连接的服务

试题（13）分析

UDP 协议：UDP 是 User Datagram Protocol 的简称，中文名是“用户数据报协议”，是 OSI（Open System Interconnection，开放式系统互联）参考模型中一种无连接的传输层协议，提供面向事务的简单不可靠信息传送服务。

TCP 协议：TCP（Transmission Control Protocol 传输控制协议）是一种面向连接的、可靠的、基于字节流的传输层通信协议。

参考答案

（13）C

试题（14）

以下关于网络测试的叙述中，__（14）__是不正确的。

（14）A．网络测试主要包括电缆测试、传输信道测试和网络测试等

B．万用表是简单的电缆测试仪器

C．电缆测试主要包括验证测试和认证测试

D．传输信道测试包括误码率、丢包率、传输速率和频谱带宽等

试题（14）分析

传输信道测试主要是测试传输信息的频谱带宽、传输速率、误码率等参数，不包括丢包率测试。丢包率测试一般用 ping 命令或丢包测试软件进行。

参考答案

（14）D

试题（15）

网络延迟会给用户带来很大的不便。以下可以查看网络延迟的命令是__（15）__。

（15）A．ipconfig /all　　B．ping　　C．route print　　D．winmsd

试题（15）分析

ipconfig 可用于显示当前的 TCP/IP 配置的设置值。这些信息一般用来检验人工配置的 TCP/IP 设置是否正确。了解计算机当前的 IP 地址、子网掩码和缺省网关。

ping 只是一个通信协议，利用它可以检查网络是否能够连通，用好它可以很好地帮助我们分析判定网络故障。利用 ping-n：发送 count 指定的 ECHO 数据包数，通过这个命令可以

自己定义发送的个数，对衡量网络速度很有帮助。它能够测试发送数据包的返回平均时间，及时间的快慢程度。

route print 命令用于显示路由表中的当前项目。

Msinfo32.exe 是在 Windows 2000 以后推出的，替代以前 Windows NT 的 Winmsd.exe 命令。msinfo32.exe：显示计算机中的有关系统信息，可用其诊断、解决计算机问题并查看远程系统所生成的系统报告。winmsd 可查看系统信息，这个是系统的基本信息，而 msinfo32.exe 是对系统的事件的记录。

参考答案

（15）B

试题（16）

在计算机系统停机条件下，主操作员位置测量的主机房内噪声应小于__（16）__dB。

（16）A．50　　B．68　　C．126　　D．168

试题（16）分析

教程 p362,16.5.1-6 节已说明，在计算机系统停机条件下，主操作员位置测量的主机房内噪声应小于 68dB。

参考答案

（16）B

试题（17）

在综合布线系统中，独立的需要安装终端设备的区域称为__（17）__。

（17）A．设备间　　B．工作区　　C．配线间　　D．进线间

试题（17）分析

在综合布线系统中，独立的需要安装终端设备的区域称为工作区，通常拥有一台计算机和一部电话机，工作区子系统由终端设备连接到信息插座的跳线组成。

参考答案

（17）B

试题（18）

监理人员在进行隐蔽工程验收时若发现了__（18）__的情况，应要求承建单位进行整改。

（18）A．同一线槽内包括绝缘在内的导线截面积总和为内部截面积的 40%

B．管道明敷时，进行了弹线，管路横平竖直

C．穿在管内绝缘导线的额定电压为 500V

D．活动地板作为通风系统的风道，高度为 30mm

试题（18）分析

活动底板的铺设高度不应低于 300mm，故 D 选项错误。

参考答案

（18）D

试题（19）

综合布线系统中水平子系统线缆的长度限制为__（19）__米。

（19）A．150　　B．120　　C．90　　D．60

试题（19）分析

教材第365页，16.5.2.1中规定，线缆长度不应超过90米。

参考答案

（19）C

试题（20）

入侵检测系统提供的基本服务功能包括 (20) 。

（20）A．异常检测、入侵检测和包过滤　　B．入侵检测和攻击告警
C．异常检测和攻击告警　　D．异常检测、入侵检测和攻击告警

试题（20）分析

入侵行为主要是指对系统资源的非授权使用，可以造成系统数据的丢失和破坏、系统拒绝服务等危害。

入侵检测通过对计算机网络或计算机系统中的若干关键点收集信息并进行分析，从中发现网络或系统中是否有违反安全策略的行为和被攻击的迹象。进行入侵检测的软件与硬件的组合就是入侵检测系统。

入侵检测系统执行的主要任务包括：

（1）监视、分析用户及系统活动，审计系统构造和弱点；

（2）识别、反映已知进攻的活动模式，向相关人士报警；

（3）统计分析异常行为模式；

（4）评估重要系统和数据文件的完整性；

（5）审计、跟踪管理操作系统，识别用户违反安全策略的行为。

因此答案为D。

参考答案

（20）D

试题（21）

网闸，即安全隔离与信息交换系统。以下关于网闸的叙述中， (21) 是正确的。

（21）A．网闸具有超强的隔离功能，可以取代防火墙
B．安全隔离网闸通常布置在安全级别相同的两个网络之间
C．安全隔离网闸支持交互式访问
D．安全隔离网闸能够实现两个网络间的自动的安全适度的信息交换

试题（21）分析

网闸，即安全隔离与信息交换系统，是新一代高安全度的企业级信息安全防护设备，它依托安全隔离技术为信息网络提供了更高层次的安全防护能力，不仅使得信息网络的抗攻击能力大大增强，而且有效地防范了信息外泄事件的发生。

安全网闸适用于政府、军队、公安、银行、工商、航空、电力和电子商务等有高安全级别需求的网络，在电子政务中的典型应用是安装在政务外网和 Internet 之间或者是在政务内网划分不同的安全域，或者是安装在政务内网和其他不与 Internet 相连的网络之间。当然网

闸也可用来隔离保护主机服务器或专门隔离保护数据库服务器。

隔离系统被认为是安全性最高的安全设备。它是在保证安全的情况下，尽可能支持信息交换，如果不安全就断开隔离。隔离技术被广泛地应用于专网和公网之间、内网和外网之间，在用户要求进行物理隔离，同时又需要实时地交换数据，解决物理隔离和信息交流的问题时，采用中网 X-GAP 系列产品则可以实现两网之间必要的“摆渡”，又保证不会有相互入侵的安全问题。

参考答案

（21）D

试题（22）

监理人员在从事信息系统工程项目监理工作时，__（22）__。

（22）A．应根据项目工程合同独立开展监理业务

B．既要保守承建单位的技术秘密，也要保守承建单位的商业秘密

C．可以用注册监理师的身份以个人的名义承接监理任务

D．可以同时从事与被监理项目相关的技术活动

试题（22）分析

监理人员的权利和义务：

（1）根据监理合同独立执行工程监理业务。

（2）保守承建单位的技术秘密和商业秘密。

（3）不得同时从事与被监理项目相关的技术和业务活动。

参考答案

（22）B

试题（23）

在信息系统工程监理过程中，专家发挥了重要的作用和价值。以下__（23）__不属于专家的职责。

（23）A．对本工程监理工作提供参考意见

B．为相关监理组的监理工作提供技术指导

C．审核签认竣工结算

D．接受专业监理工程师的咨询

试题（23）分析

根据《信息化工程监理规范》（GB 19668.1-2005）2.7 角色定义：

专家的职责。

（1）对本工程监理工作提供参考意见；

（2）为相关监理组的监理工作提供技术指导；

（3）参与对工程的重大方案的评审；

（4）接受专业监理工程师的咨询。

C 不是专家的职责，故选 C。

参考答案

（23）C

试题（24）

从事信息化工程监理活动应有一套健全的管理制度和先进的管理方法，这是工程监理__（24）__的体现。

（24）A．客观性　　B．独立性　　C．科学性　　D．公正性

试题（24）分析

监理工作制度是使监理工作规范性、科学性、严密性和系统性的重要保证。建立完善的监理工作制度包括建立标准化的监理委托合同文本、标准化的监理大纲文件、标准化的监理工作程序、标准化的监理目标控制体系、标准化的工作计划体系、标准化的信息系统工程建设监理信息管理系统，以及信息系统工程建设监理中常用的技术方法、试验检验手段等标准化的信息系统工程建设监理技术方法体系。

参考答案

（24）C

试题（25）

监理单位不得与被监理项目的__（25）__存在隶属关系和利益关系，不得作为其投资者或合伙经营者。

（25）A．建设单位　　B．承建单位　　C．投资单位　　D．咨询单位

试题（25）分析

在信息产业部正式颁布的《信息系统工程监理暂行规定》中，第18条详细规定了监理单位的权利与义务：

（1）应按照“守法、公平、公正、独立”的原则，开展信息系统工程监理工作，维护建设单位与承建单位的合法权益；

（2）按照监理合同取得监理收入；

（3）不承建信息系统工程；

（4）不得与被监理项目的承建单位存在隶属关系和利益关系，不得作为其投资者或合伙经营者；

（5）不得以任何形式侵害建设单位和承建单位的知识产权；

（6）在监理过程中因违犯国家法律、法规，造成重大质量、安全事故的，应承担相应的经济责任和法律责任。

参考答案

（25）B

试题（26）

以下关于软件需求的叙述中，__（26）__是正确的。

（26）A．软件需求阶段研究的对象是软件项目的设计约束

B．软件需求包括业务需求、用户需求、功能需求和非功能需求等

C．功能需求反映了组织机构或客户对系统、产品高层次的目标要求

D．需求分析需要描述软件功能和性能的技术实现方法

试题（26）分析

需求分析的目标是深入描述软件的功能和性能，确定软件设计的约束和软件同其他系统元素的接口细节，定义软件的其他有效性需求。

需求分析阶段研究的对象是软件项目的用户要求。一方面，必须全面理解用户的各项要求，但又不能全盘接受所有的要求；另一方面，要准确地表达被接受的用户要求。

只有经过确切描述的软件需求才能成为软件设计的基础。通常软件开发项目是要实现目标系统的物理模型。作为目标系统的参考，需求分析的任务就是借助于当前系统的逻辑模型导出目标系统的逻辑模型，解决目标系统的“做什么”的问题。

软件产品或软件服务的开发始于业主单位的需要、期望和限制条件，需求开发过程识别这些需要、期望和条件，在特定的限制条件下把这些需要和期望转换成产品需求的集合，对这个产品需求集合进行分析，产生一个高层次概念的解决方案，进一步分解直到确定特定产品的构件为止。

需求开发的产品将成为软件设计的基础，需求开发的过程不仅涉及所有的业主单位的需要和期望（除了业主单位的需要和期望外），还可能从所选择的解决方案中派生产品和产品构件的需求。

需求开发的功能分析不同于软件开发中的结构化分析，不是假定面向功能的软件设计。功能分析的功能定义和逻辑分组，合并在一起成为功能体系结构。需求开发涉及对产品基本功能体系结构的进一步演变，这种基本功能体系结构把业主单位的需要和期望赋予到各个功能实体上。

对功能体系结构的细节层次可能需要不断地进行递归分析，直到细化程度足以推进产品的详细设计、采办和测试为止。

从软件产品支持、维护和使用的分析，还能派生出更多的功能需求和界面需求，在分析这些需求时需要予以注意的内容包括：限制条件、技术制约、成本制约、时间限制、软件风险、业主单位未明确（隐含）的问题，以及由开发者业务经验和能力引出的需求。这些分析对需求加以精练，进行派生，形成一个完备的逻辑实体。持续进行这些活动，可以确保需求始终得到恰当的定义。

因此，从软件工程活动的需求过程重要性角度理解，选择 B 是最为恰当的。

参考答案

（26）B

试题（27）

在应用软件建设项目的质量管理过程中，__（27）__是进行项目质量管理的主要依据。

（27）A．用户需求　　B．项目合同　　C．设计说明书　　D．业务需求

试题（27）分析

从项目作为一次性的活动来看，项目质量体现在由 WBS（工作分解结构）反映出的项目范围内所有的阶段、子项目、项目工作单元的质量所构成，也即项目的工作质量。

从项目作为一项最终产品来看，项目质量体现在其性能或者使用价值上，也即项目的产

品质量。

项目是应业主的要求进行的，不同的业主有着不同的质量要求，其意图已反映在项目合同中。因此，项目合同是进行项目质量管理的主要依据。

因此，选择 B 是正确的。

参考答案

（27）B

试题（28）

有效的测试是指__（28）__。

（28）A．证明了被测试程序正确无误　　B．说明了被测试程序符合相应的要求
　　C．未发现被测程序的错误　　D．发现了至今为止尚未发现的错误

试题（28）分析

Glenford J.Myers 曾对软件测试的目的提出过以下观点：

（1）测试是为了发现程序中的错误而执行程序的过程。

（2）好的测试方案是极可能发现迄今为止尚未发现的错误的测试方案。

（3）成功的测试是发现了至今为止尚未发现的错误的测试。

（4）测试并不仅仅是为了找出错误。通过分析错误产生的原因和错误的发生趋势，可以帮助项目管理者发现当前软件开发过程中的缺陷，以便及时改进。

（5）这种分析也能帮助测试人员设计出有针对性的测试方法，改善测试的效率和有效性。

（6）没有发现错误的测试也是有价值的，完整的测试是评定软件质量的一种方法。

（7）另外，根据测试目的的不同，还有回归测试、压力测试、性能测试等，分别为了检验修改或优化过程是否引发新的问题、软件所能达到的处理能力和是否达到预期的处理能力等。

作为一个软件测试的有效与否的评判标准就是是否能够发现至今为止尚未发现的错误，所以选择 D 正确。

参考答案

（28）D

试题（29）

软件配置发布的版本有__（29）__、中间版本、修订版本。

（29）A．基线版本　　B．标识版本　　C．控制版本　　D．发布版本

试题（29）分析

软件配置管理监理的主要活动：

（1）确保应用软件系统建设承建单位的配置管理组织和环境按照软件项目计划的要求成立并配备。

（2）控制承建单位依据书面规程，为应用软件系统建设项目制定软件配置管理计划。

（3）监督承建单位使用审批通过的、文档化的软件配置管理计划作为实施软件配置管理活动的基础，该计划包括：要执行的活动、活动的进度安排、指定的职责和所需的资源；监督承建单位标识将置于配置管理下的软件工作产品，工作产品包括与过程相关的计划、标准或规程、软件需求、软件设计、软件代码单元、软件测试规程、为软件测试活动建立的软件

系统、软件系统产品和编译程序。

（4）控制承建单位依据书面规程，对所有配置项/单元的更改请求和问题报告实施初始准备、记录、评审、批准和跟踪。

（5）监督承建单位依据书面规程，控制对基线的更改。监督承建单位依据书面规程，由软件基线库生成软件产品并对其发布进行控制。监督承建单位依据书面规程，记录配置项/单元的状态。

（6）控制承建单位编制软件配置管理报告，证明软件配置管理活动和软件基线库的内容，并提供给业主。

（7）监督承建单位依据书面规程，进行软件基线库审核。进行软件配置管理活动状态的跟踪和记录。

（8）定期审查软件配置管理活动和软件配置管理基线，以验证它们与文档定义的一致性。

（9）审核软件配置管理活动及其工作产品，并给出软件配置管理监理报告。

因此，选择 A 是正确的。

参考答案

（29）A

试题（30）

在软件生存周期内，__（30）__不属于构成软件配置管理项的内容。

（30）A．管理文档和技术文档　　B．接口、环境
　　C．源代码列表和可执行代码　　D．运行所需的各种数据

试题（30）分析

在软件生存周期内所产生的各种管理文档和技术文档、源代码列表和可执行代码，以及运行所需的各种数据，构成软件配置管理项。

参考答案

（30）B

试题（31）

以下关于软件开发过程中组织软件测试的叙述，__（31）__是正确的。

（31）A．软件单元测试由监理单位与承建单位联合组织
　　B．软件确认测试由建设单位自行组织
　　C．软件集成测试由承建单位自行组织
　　D．系统测试应由承建单位和建设单位联合组织

试题（31）分析

软件测试应由独立于软件设计开发的人员进行，根据软件项目的规模等级和安全性关键等级，软件测试可由不同机构组织实施。

（1）软件单元测试由承建单位自行组织，一般由软件开发组实施测试。

（2）软件集成测试由承建单位自行组织，软件开发组和软件测试组联合实施测试。

（3）软件确认测试由承建单位自行组织，软件测试组实施测试。

（4）系统测试应由业主单位组织，成立联合测试组（一般由专家组、业主单位、软件评

测单位、承建单位等联合组成测试组）实施测试。

参考答案

（31）C

试题（32）

E-R模型中包括 （32） 基本成分。

（32）A．数据、对象、实体　　B．控制、联系、对象

C．实体、联系、属性　　D．实体、属性、操作

试题（32）分析

E-R模型的构成成分是实体集、属性和联系集。

其表示方法如下：

（1）实体集用矩形框表示，矩形框内写上实体名。

（2）实体的属性用椭圆框表示，框内写上属性名，并用无向边与其实体集相连。

（3）实体间的联系用菱形框表示，联系以适当的含义命名，名字写在菱形框中，用无向连线将参加联系的实体矩形框分别与菱形框相连，并在连线上标明联系的类型，即1—1、1—N或M—N。

因此，E-R模型也称为E-R图。

参考答案

（32）C

试题（33）、（34）

在面向对象的软件开发方法中，每个对象由 （33） 组成， （34） 把它们结合在一起，构成一个独立的对象，其内部信息对外界是隐蔽的。

（33）A．名称和属性　B．属性和行为　C．属性和消息　D．名称和行为

（34）A．封装　B．继承　C．多态性　D．消息

试题（33）、（34）分析

面向对象方法的基本思路是用对象作为描写客观信息的基本单元，它包括封装在一起的对象属性（数据）和对象行为（方法、运算）。与此相关的还有一些概念：如对象类、类的实例。对象类的继承、父类、子类、多重继承、方法的重载、限制以及接口等。

参考答案

（33）B　（34）A

试题（35）

项目质量管理的主要目的是确保项目满足建设单位的应用需求和期望，项目质量管理由质量计划、质量控制和 （35） 三方面构成。

（35）A．质量体系　B．质量方针　C．质量措施　D．质量保证

试题（35）分析

质量管理概念与内涵：

1）质量概念

质量是对于标准或合同等要求的符合性和适用性。

这里主要讲了标准或合同，也可延伸为某种规范、规定、条件或其他要求，但一般都应以书面形式出现，并且具有权威性，至少是一定程度的权威性。

2）项目质量管理概念

项目质量管理的主要目的是确保项目满足建设单位的应用需求和期望。当然，项目承建单位首先要全力以赴地使信息系统满足在合同或相关标准中的、明确表达了的建设单位需求和期望，还应站在使用者的角度仔细揣摩未写在书面说明中的隐含需求。

3）项目质量概念与档次、级别等概念的区别

建筑质量与建筑档次、级别是不同的概念——简单地说，豪华别墅有质量高低问题，经济适用住房也有质量高低问题；类似地，信息系统工程项目中也要注意两者的区别与联系。

4）项目质量管理的构成

项目质量管理由质量计划编制、质量保证和质量控制三方面构成。

参考答案

（35）D

试题（36）、（37）

__（36）__是指从最高管理者到实际工作人员的等级层次的数量。__（37）__是指一名上级管理人员所直接管理的下级人数。

（36）A．管理层次　　B．管理跨度　　C．管理部门　　D．管理职责

（37）A．管理层次　　B．管理跨度　　C．管理部门　　D．管理职责

试题（36）、（37）分析

管理跨度就是一个上级直接指挥的下级数目，在组织结构的每一个层次上，根据任务的特点、性质以及授权情况，决定出相应的管理跨度。管理层次是指管理权限的纵向结构，管理跨度是指管理权限的横向结构。

管理层次就是在职权等级链上所设置的管理职位的级数，一个管理者可以直接管理每一位作业人员的管理层次活动，这时组织就只存在一个管理层次。而当规模的扩大导致管理工作量超出了一个人所能承担的范围时，为了保证组织的正常运转，管理者就必须委托他人来分担自己的一部分管理工作，这使管理层次增加到两个层次。随着组织规模的进一步扩大，受托者又不得不进而委托其他的人来分担自己的工作，依此类推，而形成了组织的等级制或层次性管理结构。

二者之间的关系是：成反比例关系，即管理层次越多，管理跨度越小；管理层次越少，管理跨度越大。基本管理层次和管理跨度对集权与分权的影响为：管理层次越多，表明权力分散在各级管理层级中，组织越倾向于分权；管理跨度越大，表明管理层次越少，权力分散得也越少，意即权力集中得越厉害，表明组织越倾向于集权。

参考答案

（36）A　（37）B

试题（38）

在信息系统工程项目建设中，建设单位、监理单位和承建单位都要开展相应的项目管理工作，监理单位的项目管理可以说是对承建单位项目管理的再管理。那么，监理单位与建设

单位的关系是__(38)__。

(38) A. 代理与被代理　　B. 服务与协商
C. 委托与被委托　　D. 监理与被监理

试题(38)分析

信息系统工程监理是指在政府工商管理部门注册的且具有信息系统工程监理资质的单位，受建设单位委托，依据国家有关法律法规、技术标准和信息系统工程监理合同，对信息系统工程项目实施的监督管理。由此可以看出，监理单位与建设单位的关系是委托与被委托的关系。

参考答案

(38) C

试题(39)

协助建设单位改善信息工程项目目标控制的工作流程是监理单位对信息工程目标控制采取的__(39)__措施。

(39) A. 合同　　B. 技术　　C. 经济　　D. 组织

试题(39)分析

改善工作流程，势必通过适当的组织、机构和责任范围等设置或变化进行，而这些工作的进行或实施，必须通过组织认定，通过机构变化，通过责任调整来进行。这本身就是组织措施，而不是通过合同措施、经济措施，更不是技术措施来完成的。

正确答案应该选择组织。

参考答案

(39) D

试题(40)

相对于建筑工程监理，信息系统工程监理可视性差，而且相对而言在__(40)__方面难度较高。

(40) A. 评审　　B. 设计　　C. 分析　　D. 实施

试题(40)分析

相对而言，建筑工程项目可视性、可检查性强。信息系统工程项目可视性差，体现在其建设过程中，在度量和检查方面难度较高，需要特定的技术手段和方法。信息系统的质量控制主要从质量体系控制、实施过程控制以及单元控制入手，通过阶段性评审、评估，以及实时测试等手段尽早地发现质量问题，找出解决问题的方法，最终达到工程的质量目标。因此，需要通过特定的分析手段，采取适宜的技术方法，有针对性地提出审查或评审意见。

正确答案应该选择分析。

参考答案

(40) C

试题(41)

信息系统工程监理工作中，合同管理是监理最主要的任务之一。合同管理的工作内容不包括__(41)__。

（41）A．协助建设单位拟定信息系统工程合同条款，参与建设单位与承建单位的合同谈判
　　B．及时分析合同的执行情况，并进行跟踪管理
　　C．裁定合同纠纷
　　D．拟定合同管理制度

试题（41）分析

合同管理，是指对依法签订的项目合同进行管理的一种活动与制度。信息系统工程监理工作的合同管理就是指对工程的设计、实施、开发有关的各类合同，从合同条件的拟定、协商、签署，到执行情况的检查和分析等环节进行组织管理的工作，以达到通过双方签署的合同实现信息系统工程的目标和任务，同时也维护建设单位与承建单位及其他关联方的正当权益。

在信息系统工程监理工作中，合同管理是监理最主要的任务之一。合同管理的工作内容包括：

①拟定信息系统工程的合同管理制度，其中应包括合同草案的拟定、会签、协商、修改、审批、签署、保管等工作制度及流程；

②协助建设单位拟定信息系统工程合同的各类条款，参与建设单位和承建单位的谈判活动；

③及时分析合同的执行情况，并进行跟踪管理；

④协调建设单位与承建单位的有关索赔及合同纠纷事宜。

归纳起来，监理工作在合同管理中的主要内容由三部分组成，即合同的签定管理、合同的档案管理和合同的履行管理。

从以上分析来看，裁定合同纠纷显然不在监理工作范围内。

正确答案应该是裁定合同纠纷。

参考答案

（41）C

试题（42）

以下＿（42）＿是编制监理大纲的依据。

①项目概况

②项目监理任务的招标文件

③项目监理合同

④建设单位所要达到的监理目标和要求

⑤承建单位的《系统建设实施方案》或《应用系统需求（设计）说明书》等文件

（42）A．①②④　　B．①②③④　　C．①②③④⑤　　D．①④

试题（42）分析

监理大纲是在建设单位选择合适的监理单位时，监理单位为了获得监理任务，在项目监理招标阶段编制的项目监理单位案性文件。它是监理单位参与投标时，投标书内容的重要组成部分。编制监理大纲的目的是，要使建设单位信服，采用本监理单位制定的监理单位案，能够圆满实现建设单位的投资目标和建设意图，进而赢得竞争投标的胜利。由此可见，监理

大纲，是为监理单位的经营目标服务的文件，起着承接监理任务的作用。

而在这一阶段，监理合同未签定，监理机构未进场，无法得到承建单位的任何技术文件，故③、⑤应该不在编制监理大纲的依据性文件范围内。

正确答案应该选择①②④组合。

参考答案

（42）A

试题（43）

承建单位编制施工进度计划的依据之一是__（43）__。

（43）A．实施人员需求计划　B．实施资源需要计划
C．实施任务委托合同　D．项目监理规划

试题（43）分析

承建单位编制施工进度计划，就是说明并指导施工队伍完成实施任务的施工组织计划或方案的一部分，而施工任务是通过委托合同来定义的。如果说，实施人员需求和实施资源需要可以作为编制进度计划的主要依据性文件，相对而言没有合同约定得全面，可参考价值相对较低。

而项目监理规划却是监理组织机构的文件，应该不在承建单位编制文件的依据范围内。

正确答案应该为实施任务委托合同。

参考答案

（43）C

试题（44）

监理大纲是为监理单位的__（44）__服务的，起着承接监理任务的作用。

（44）A．经营目标　B．考核目标　C．管理任务　D．审计任务

试题（44）分析

监理大纲是在建设单位选择合适的监理单位时，监理单位为了获得监理任务，在项目监理招标阶段编制的项目监理单位案性文件。它是监理单位参与投标时，投标书内容的重要组成部分。编制监理大纲的目的是，要使建设单位信服，采用本监理单位制定的监理单位案，能够圆满实现建设单位的投资目标和建设意图，进而赢得竞争投标的胜利。由此可见，监理大纲，是为监理单位的经营目标服务的文件，起着承接监理任务的作用。

正确答案应为经营目标。

参考答案

（44）A

试题（45）

在实施项目需求规格说明书的外部评审时，监理工程师应__（45）__。

（45）A．组织评审　B．参与评审　C．组织预评审　D．参与预评审

试题（45）分析

软件评审是为了使软件开发按软件工程提出的过程循序进行，在各研制阶段结束时，检查该阶段的工作是否完成，所提交的软件阶段产品是否达到了规定的质量和技术要求，决定

是否可以转入下一阶段研制工作。评审分为内部评审和外部评审。

通常情况下，内部评审由承建单位组织并实施。评审人员由软件开发组、质量管理和配置管理人员组成，可邀请业主单位参加。外部评审由业主单位主持，承建单位组织，监理参与，并成立评审委员会完成评审活动。对规模等级大和安全性关键等级高的软件，外部评审是一项必须进行的活动。而预审则是为了完成评审活动而开展的前期审查准备活动之一。

任何一项评审活动，监理只有敦促、协助和参与的责任，而没有组织活动的任务。

正确答案应该是参与评审。

参考答案

（45）B

试题（46）

监理实施细则是监理工作实施的指导性文件之一。在编制过程中，要尽可能地 （46） 专业技术指标，使其更具有可操作性。

（46）A．量化、细化　B．具体化、简单化　C．规范、量化　D．规范、标准化

试题（46）分析

编写监理实施细则的目的是指导项目实施过程中的各项活动，并对各专业的实施活动进行监督和对结果进行评价。因此，监理工程师必须尽可能地依据技术指标来进行检验评定。在监理实施细则的编写中，要明确国家标准、规范、规程中的技术指标及要求。只有这样，才能使监理实施细则更具有针对性、可操作性。

正确答案应该是量化、细化。

参考答案

（46）A

试题（47）

监理规划是监理企业接受承建单位委托并签订建设工程委托监理合同后，由 （47） 主持编写的。

（47）A．监理单位技术总监　　B．项目总监理工程师
C．专业监理工程师　　D．监理单位主管副总经理

试题（47）分析

编制监理规划的目的，是将监理委托合同规定的责任和任务具体化，并在此基础上制定实现监理任务的措施。信息系统工程监理规划是对工程项目实施监理的工作计划，也是监理单位派出机构，即监理机构为完成工程建设管理全过程的监理工作任务所编制的一种指导性文件。而监理机构的负责人就是总监理工程师。在信息系统工程监理规划中，应该明确规定监理的指导思想、计划目标、计划实施进度、计划实施的保证措施（包括组织措施、技术措施和管理措施等）等一系列需要统筹规划的问题。因此，监理单位编制监理规划的目的就是把信息工程项目监理活动的实施过程纳入规范化、系统化、标准化的科学管理范畴，以确保监理任务完成和监理目标的最终实现。监理单位应该高度重视项目监理规划的编制工作。一份完善的、有效的、高质量的项目监理规划可以充分地显示出监理单位的组织管理能力，很好地体现出监理单位的业务素质，同时也为以后监理任务的顺利完成打下了一个良好的基

础。监理规划是整个项目开展监理工作的依据和基础。

信息系统工程监理规划在总监理工程师主持下编制，并由建设单位认可，总监理工程师签署后执行。

正确答案应该是项目总监理工程师。

参考答案

（47）B

试题（48）

在信息系统工程设计阶段对总体设计方案审查的过程中，除了要确保方案满足建设单位的总体需求、工程目标等，方案中的质量保证措施方面要着重关注其＿（48）＿。

（48）A．经济性和规范性　　B．合理性和经济性
C．经济性和可行性　　D．规范性和可行性

试题（48）分析

监理在开展审查承建单位提交的总体设计方案活动时，主要审查以下内容：

①确保总体方案中已包括了建设单位的所有需求；

②要满足建设单位所提出的质量、工期和造价等工程目标；

③总体方案要符合有关规范和标准；

④质量保证措施的合理性、可行性；

⑤方案要合理可行，不仅要有明确的实施目标，还要有可操作的实施步骤；

⑥对整个系统的体系结构、开发平台和开发工具的选择、网络安全方案等要进行充分论证；

（7）对总体设计方案中有关材料和设备进行比较，在价格合理基础上确认其符合预算控制和使用要求。

从方案的质量角度，更着重于方案的规范性和可行性。

正确答案是规范性、可行性。

参考答案

（48）D

试题（49）

综合布线工程实施过程中，每道工序承建单位自检合格后，＿（49）＿。

（49）A．即可进行下道工序实施
B．下道工序实施人员认可后即可进行下道工序实施
C．报监理工程师检查合格后方可进行下道工序实施
D．报承建单位质检人员检查合格后即可进行下道工序实施

试题（49）分析

弱电工程的主要项目工作各阶段（包括布线中的隐蔽作业）需按有关验收规定经现场监理人员检查、签署验收。如综合布线系统的各项材料，包括插座、屏蔽线及 RJ45 插头等，应经现场监理检查、测试，未经测试不得往下进行安装。又如在综合布线系统完成后，未经监理工程师测试、检查，不得与整个计算机网络系统相连通电等。对于重要的工程阶段，专业质量监理工程师还要亲自进行测试或技术复核。

坚持项目各阶段实施验收合格后，才准进行下阶段工程实施的原则，由实施、开发单位进行检测或评审后，并认为合格后才通知监理工程师或其代表到现场或机房、实验室会同检验。合格后由现场监理工程师或其代表签署认可后，方能进行下一阶段的工作。

正确答案应该报监理工程师检查合格后方可进行下道工序实施。

参考答案

（49）C

试题（50）

在信息系统工程建设实施过程中，对项目阶段性实施结果的质量控制的基本步骤包括测试与评审、判断，以及＿（50）＿。

（50）A．见证、旁站　　B．审核、确认　　C．审查、通过　　D．认可、纠偏

试题（50）分析

项目阶段性实施结果的质量控制主要反映在阶段性产品的质量特征和特性指标方面。对项目阶段性实施结果的质量控制就是控制阶段性产品的质量特征和特性指标是否达到技术要求和实施验收标准。项目阶段性实施结果的质量控制一般属于事后质量控制，其控制的基本步骤包括：

①测试或评审。测试或评审指测定阶段性实施结果的有关质量特征和特性的指标值。

②判断。判断阶段性实施效果是否达到设计质量和项目需求所规定的质量标准要求。

③认可或纠偏。若阶段性实施结果的质量特征和特性指标达到有关标准的要求，对该过程实施质量进行认可，并验收签证，才允许工程下一流程或阶段开工；否则，对该阶段实施结果进行必要的纠正。经纠偏后，应重新检查，达到质量标准要求才予以认可。

正确答案应该是认可、纠偏。

参考答案

（50）D

试题（51）

计算双代号网络计划的时间参数中，工作的最早开始时间应为其所有紧前工作＿（51）＿。

（51）A．最早完成时间的最小值　　B．最早完成时间的最大值
　　　C．最迟完成时间的最小值　　D．最迟完成时间的最大值

试题（51）分析

双代号网络是一种用箭线表示工作、节点表示工作相互关系的网络图方法，在我国这种方法应用较多。双代号网络计划一般仅使用结束到开始的关系表示方法，下图是双代号网络图的示例。

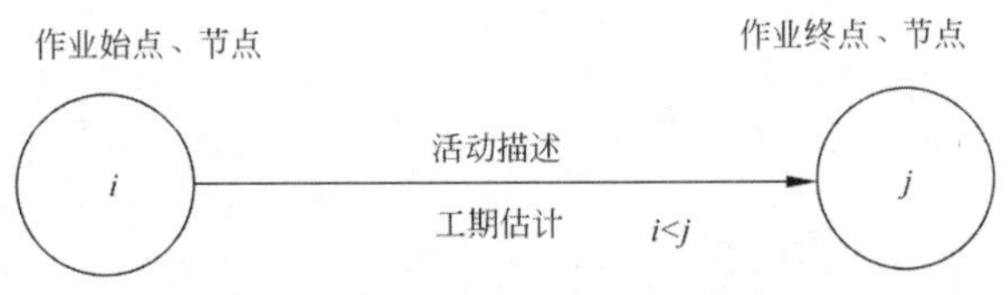

双代号网络示意图

如上图所示，为了实施节点j的工作任务，就要将节点j之前所有的工作任务全部完成，完成所有的任务必须消耗相应的时间。每项任务消耗时间有长、有短，但是编制计划就要考虑消耗时间最长，且要将所有消耗时间全部计算在内，并且是花费了最多的累计时间消耗值。因此，节点j最早开始时间应为其所有紧前工作最早完成时间的最大值。

正确答案应该是最早完成时间的最大值。

参考答案

（51）B

试题（52）

根据某信息化建设工程网络计划，A工作的自由时差为5天，总时差为7天。监理工程师在检查实施进度时发现只有该工作实际进度拖延，且影响总工期3天，则该工作实际进度比计划进度拖延<u>（52）</u>天。

（52）A. 3　　B. 5　　C. 8　　D. 10

试题（52）分析

本命题是网络计划计算题，只有了解、掌握了基本知识，才能通过计算求得正确答案。

网络图中的关键路径、自由时差、总时差等相关的知识作为进度管理中非常重要的一个内容，是历年软考中必考的一个知识点，要求大家一定要掌握，关键路径是怎么计算的，最早开始，最早结束，最迟开始，最迟结束是怎么得来的，总时差的计算、自由时差的计算。

总时差是指在不延误项目完成日期或违反进度因素的前提下，某活动可以推迟的时间。

总时差=LS–ES=LF–EF

自由时差是指在不影响紧后活动最早开始的情况下，当前活动可以推迟的时间。

自由时差=（后一活动）ES-（前一活动的）EF

可以通过前推法来计算最早时间：

某一活动的最早开始时间（ES）=指向它的所有紧前活动的最早结束时间的最大值。

某一活动的最早结束时间（EF）=ES+T（作业时间）

也可以通过逆推法来计算最迟时间：

某一活动的最迟结束时间（LF）=指向它的所有紧后活动的最迟开始时间的最小值。

某一活动的最迟开始时间（LS）=LF−T（作业时间）

所以总时差影响总工期，自由时差影响紧后活动。

既然命题提出了自由时差是7天，即开展此项工作已经有了7天的延迟，加之已经影响了的总工期3天，那么该工作实际进度比计划进度拖延7+3=10天。

参考答案

（52）D

试题（53）

在设计阶段，监理有协调各部门，保证设计工作顺利进行的任务。以下说法中，<u>（53）</u>是不正确的。

（53）A. 协调承建单位及时提交设计阶段工作计划，依据合同对项目进展情况进行评审，审核意见提交建设单位

B. 评审承建单位的项目计划，包括工作内容的可行性及其进度的合理性

C. 审核是否有工作成果的判定依据及其可操作性，评审结果应记录并由建设方确认，对于不合理的内容，监督承建单位进行整改

D. 根据承建单位项目计划确定阶段性进度监督、控制的措施及方法

试题（53）分析

信息系统工程设计阶段的主要任务是使工程设计的各项工作能够在预定的投资、进度、质量目标内予以完成。

在信息系统工程设计阶段涉及的主要工作有用户需求调研分析、总体方案设计、概要设计、详细设计、阶段性测试验收计划等，这些工作内容比较复杂且制约因素多，因此对承建单位提供的各类设计实施方案进行审查，并采取监理措施，是本阶段质量控制的重点，主要包括：

①了解建设单位建设需求和对信息系统安全性的要求，协助建设单位制订项目质量目标规划和安全目标规划。

②对各种设计文件，提出设计质量标准。

③进行设计过程跟踪，及时发现质量问题，并及时与承建单位协调解决。

④审查阶段性设计成果，并提出监理意见。

⑤审查承建单位提交的总体设计方案，主要审查以下内容：

- 确保总体方案中已包括了建设单位的所有需求；
- 要满足建设单位所提出的质量、工期和造价等工程目标；
- 总体方案要符合有关规范和标准；
- 质量保证措施的合理性、可行性；
- 方案要合理可行，不仅要有明确的实施目标，还要有可操作的实施步骤；
- 对整个系统的体系结构、开发平台和开发工具的选择、网络安全方案等要进行充分论证；
- 对总体设计方案中有关材料和设备进行比较，在价格合理基础上确认其符合要求。

⑥审查承建单位对关键部位的测试方案，如主机网络系统软硬件测试方案、应用软件开发的模块功能测试方法等。

⑦协助承建单位建立、完善针对该信息工程建设的质量保证体系，包括完善计量及质量检测技术和手段。

⑧协助总承建单位完善现场质量管理制度，包括现场会议制度、现场质量检验制度、质量统计报表制度和质量事故报告及处理制度等。

⑨组织设计文件及设计方案交底会，熟悉项目设计、实施及开发过程，根据有关设计规范，实施验收及软件工程验收等规范、规程或标准，对有的工程部门下达质量要求标准。

方案经监理工程师审定后，由总监理工程师审定签发；上述方案未经批准，建设单位的工程不得部署实施。

相对而言，C 的说法是不妥当的。

参考答案

（53）C

试题（54）

监理工程师利用一定的检查或检测手段在承包单位自检的基础上，按照一定的比例独立进行检查或检测的活动称为＿（54）＿。

（54）A．旁站　　B．巡视　　C．平行检验　　D．验收检验

试题（54）分析

旁站监理是指监理人员在施工现场对某些关键部位或关键工序的实施全过程现场跟班的监督活动。

巡视是指对正在施工作业的工序、施工作业活动等，由总监理工程师或接受委托的监理工程师对施工现场开展的一种巡查、核查和检查活动。

平行检验是指在工程监理活动中，在承包单位对自己负责施工的工程项目进行检查验收的同时，监理机构在施工单位自检的基础上，按照一定的比例，对工程项目进行独立检查和验收。即对同一被检验项目的功能、性能在规定的时间里双方分别进行的两次检查验收活动。

验收检验是指达到合同规定的某种验收条件时所开展的一项或一系列检查活动。

正确答案是平行检验。

参考答案

（54）C

试题（55）

在成本控制过程中，对项目方案进行技术经济分析，只有采用综合评价而优选的项目方案才能算是最佳方案。对最佳方案的要求是技术上最佳、经济上＿（55）＿。

（55）A．建设投资最少　　B．最合理而不一定最少
C．指标满足投资预算　　D．建设投入不超预算

试题（55）分析

项目成本控制工作是在项目实施过程中，通过项目成本管理尽量使项目实际发生的成本控制在预算范围之内的一项监理工作。项目成本控制涉及对于各种能够引起项目成本变化因素的控制（事前控制）、项目实施过程的成本控制（事中控制）和项目实际成本变动的控制（事后控制）三个方面。

成本控制不能脱离技术管理和进度管理独立存在，相反要在成本、技术、进度三者之间做综合平衡。成本控制就是保证各项工作既要在它们各自的预算范围内进行，也要考虑综合因素的最合理、最优化实现。

从项目管理和工程管理的整体角度考虑，力求技术方案最优，可能项目成本会较高；追求项目质量最好，可能消耗时间较长、项目成本较高；而最经济的技术方案，可能却不是最合理、最能完整表现设计思路的方案。最佳方案的要求是技术上最佳、经济上最合理而不一定最少，并力争项目投资不超设计预算或在合理可控制的范围内，这应该是项目管理的工作目标。

正确答案是最合理而不一定最少。

参考答案

（55）B

试题（56）

挣值法是对工程项目成本/进度进行综合控制的一种分析方法。以下关于挣值法的叙述中，__（56）__是正确的。

（56）A．通过比较已完工程预算成本与拟完工程预算成本之间的差值，可以分析由于进度偏差而引起的累计成本偏差

B．通过比较已完工程预算成本与已完工程实际成本之间的差值，可以分析由于进度偏差而引起的累计成本偏差

C．通过比较已完工程实际成本与拟完工程预算成本之间的差值，可以分析由于实际价格的变化而引起的累计成本偏差

D．通过比较已完工程预算成本与拟完工程预算成本之间的差值，可以分析由于实际价格的变化而引起的累计成本偏差

试题（56）分析

挣值法的正确概念是：通过测量和已完成的工作的预算费用与已完成工作的实际费用和计划工作的预算费用，得到有关计划实施的进度和费用偏差，而达到判断项目预算和进度计划执行情况的目的。

挣值法实际上是一种分析目标实施与目标期望之间差异的方法，故又常称为偏差分析法。

正确答案是 A。

参考答案

（56）A

试题（57）

承建单位使用的实施设备不能满足合同进度计划和质量要求时，监理有权要求承建单位增加或更换实施设备。增加的费用和工期延误由__（57）__负责。

（57）A．建设单位　　B．承建单位　　C．监理单位　　D．投资单位

试题（57）分析

作为监理单位，在完成监理工作的合同管理实践过程中，有责任、有权利、也有义务确保业主利益得到保障。当发现合同规定采购的设备或软件不符合合同要求，或者没有达到业主单位建设要求时，可以提醒业主关注，并敦促合同乙方（承建单位）按照合同或建设要求，及时得到改进，完成退换货、补充货物或配件、对软件作升级完善或适应性改进完善等工作。如果承建单位不能按照业主和监理的合理工作要求履行合同，可以视为其合同不履约或违约。

由于合同规定了乙方责任，并在合同中也规定了违约责任和有关合同罚则，当出现上述合同不履约或合同违约的现象时，监理单位可以责令承建单位承担工作不尽责所造成的业主损失，或补充货物、或软件改进、或工期延误等造成的费用增加。

这项费用既不是业主单位承担，也不是投资单位承担（投资单位与业主单位非同一人

时），更不能由监理单位承担，只能是承建单位承担。

正确的答案是承建单位。

参考答案

（57）B

试题（58）

信息系统工程项目变更是指在项目的实施过程中，由于项目环境或者其他原因而对项目的部分或者全部功能、性能、架构、技术、指标、集成方法、项目进度等作出的改变。项目变更在整个项目建设过程中必须得到有效的控制。以下关于变更控制的叙述中，<u>（58）</u>是不正确的。

（58）A．对变更申请应当快速反应

B．建设单位、承建单位都具有变更申请的权利

C．应明确界定项目变更的目标

D．需求变更只需要得到建设方确认即可

试题（58）分析

变更控制应遵循原则，其中一个原则是任何变更都要得到三方确认。任何变更都要得到三方（承建方、监理方、业主方）书面的确认，并且要在接到变更通知单之后才能进行，严禁擅自变更，在任何一方或者两方同意下做出变更而造成的损失应该由变更方承担。

参考答案

（58）D

试题（59）

项目经理原计划于 4 月 30 日提交某软件开发项目完整的需求规格说明书初稿，6 月 25 日前完成需求规格说明书的内部评审并提交进行专家评审。实施中由于建设单位业务人员出差无法进行调研，导致某项业务的需求推到 5 月初完成。针对上述问题，以下叙述中，<u>（59）</u>是正确的。

（59）A．由于已经延误，需要进行变更处理

B．由于不是承建单位而是建设单位造成的延误，因此不需要进行变更处理

C．由于延误时间不长，因此没必要进行变更处理

D．如果延误时间不影响后续的正常工作，可以不进行变更处理

试题（59）分析

依据变更初审的程序，根据收集的变更信息判断变更的合理性和必要性，对于完全无必要的变更，可以驳回此申请，并给出监理意见，对于有必要的变更，可以进一步进行变更分析。由于非承建单位的原因延误时间，且经过评估后对后续工作没有影响，没有必要进行变更处理。

参考答案

（59）D

试题（60）

在监理实施过程中，当承建单位要求变更项目合同时，应当首先向<u>（60）</u>用书面的形

式提出。

（60）A．建设单位　　B．监理工程师　　C．总监理工程师　　D．监理单位

试题（60）分析

合同变更应遵循的工作程序，其中之一是当事人一方要求变更项目合同时，应当首先向另一方用书面的形式提出。由于承建单位要求变更合同，所以应首先向另一方即建设单位用书面形式提出。

参考答案

（60）A

试题（61）

按信息系统工程范围划分，可以把合同分为三大类，其中不包括（61）。

（61）A．单项项目承包合同　　B．补充协议
C．分包合同　　D．总承包合同

试题（61）分析

从信息系统工程的不同范围和数量进行划分，可以分为信息系统工程总承建合同、信息系统工程承建合同、分包合同。业主将该信息系统工程项目的全过程发包给一个承建方的合同即为项目总承建合同。业主将该信息系统工程的设计、实施等的每一项分别发包给一个承建方的合同即为项目承建合同。经合同约定和业主认可，从承建方的项目中承建部分项目而订立的合同即为项目分包合同。

参考答案

（61）B

试题（62）

监理处理合同争议解决方式的顺序是（62）。

（62）A．调解—协商—仲裁　　B．协商—调解—仲裁
C．仲裁—调解—协商　　D．调解—仲裁—协商

试题（62）分析

监理处理合同争议调解程序：按照合同要求，无论是承建方还是业主方，都应以书面的形式向监理方提出争议事宜，并呈一副本给对方。监理方接到合同争议的调解要求后应进行以下工作：

- 及时了解合同争议的全部情况，包括进行调查和取证；
- 及时与合同争议的双方进行磋商；
- 在项目监理机构提出调解方案后，由总监理工程师进行争议调解；
- 当调解未能达成一致时，总监理工程师应在实施合同规定的期限内提出处理该合同争议的意见；同时对争议做出决定，并将决定书面通知业主方和承建方。如果监理工程师发出通知后，业主或承建方未在规定的期限内要求仲裁，其决定则为最终决定；
- 争议事宜处理完毕，只要合同未被放弃或终止，监理工程师应要求承建方继续精心组织实施。当调解不成时，双方可以在合同专用条款内约定以下一种方式解决争议：

第一种解决方式：双方达成仲裁协议，向约定的仲裁委员会申请仲裁；第二种解决方式：向有管辖权的人民法院起诉；

- 发生争议后，除非出现下列情况的，双方都应继续履行合同，保证实施连接，保护好已完成的项目现状：单方违约导致合同确已无法履行，双方协议停止实施；调解要求停止实施，且为双方接受；仲裁机构要求停止实施；法院要求停止实施。

所以依据上述程序，监理应先进行协商，再进行调解，如果调解不行，才进入仲裁程序。

参考答案

（62）B

试题（63）

知识产权管理也是合同管理的重要组成部分。以下关于知识产权管理的监理措施的叙述中，__（63）__是正确的。

（63）A．指定专人负责项目的知识产权工作
B．监理单位只负责建设单位的知识产权保护
C．合同签订后，对于该领域的知识产权动态没必要关注
D．实施知识产权保护的监理措施包括政策措施、经济措施

试题（63）分析

监理单位进行知识产权管理的政策措施，明确要求指定专人负责项目的知识产权工作。实施知识产权保护的监理措施包括政策措施、技术措施；监理单位应负责建设单位和承建单位的知识产权不受侵犯；监理单位应规定项目承建单位随时跟踪该领域的知识产权动态。

参考答案

（63）A

试题（64）

信息安全领域内最关键和最薄弱的环节或因素是__（64）__。

（64）A．技术　B．策略　C．管理制度　D．人

试题（64）分析

在信息系统安全定义中，人是指信息系统应用的主体，信息安全管理应注重对人的管理和教育。

参考答案

（64）D

试题（65）

信息网络的物理安全要从__（65）__两个角度来考虑。

（65）A．环境安全和人员安全　B．系统安全和电磁安全
C．环境安全和设备安全　D．系统安全和环境安全

试题（65）分析

信息网络的物理安全因素包括环境、设备。其他各项不属于物理安全。

参考答案

（65）C

试题（66）

建设项目监理工作中，各有关部门之间、同一层次的各有关人员之间的相互信息交流属于__（66）__。

（66）A．自上而下流动的信息　　B．自下而上流动的信息
　　　C．横向流动的信息　　D．建设项目内部与外部环境之间流动的信息

试题（66）分析

各有关部门之间、同一层次的各有关人员之间的相互信息交流，不属于上下级之间的沟通，属于内部之间的横向信息流动。

参考答案

（66）C

试题（67）

以下关于监理文档管理的叙述中，__（67）__是不正确的。

（67）A．文档的格式应统一
　　　B．监理单位在项目开发前应确定何时产生何种文档
　　　C．文档策略是监理单位主持制订的
　　　D．工程监理档案只能按时间顺序归档

试题（67）分析

工程监理档案应与工程形象进度同步建立，按类别及时整理归档。所以 D 项不正确。

参考答案

（67）D

试题（68）

__（68）__属于监理回复（批复）类文件。

（68）A．监理日志　　B．监理规划
　　　C．专题监理意见　　D．备忘录

试题（68）分析

监理回复类文件是指监理单位在收到承建单位或者业主单位的工程文档时，由监理单位负责回复或批复意见的文件。

监理的主要回复文件可分为：总体监理意见、专题监理意见、其他监理意见、提交资料回复单等。

参考答案

（68）C

试题（69）

以下关于监理机构信息沟通的叙述中，__（69）__是不正确的。

（69）A．是实施总监理工程师领导的基本条件
　　　B．是统一下属意志不可缺少的领导艺术

C．基本要素有信息传播者、信息接收者、信息内容、信息传播媒介和方式

D．是监理机构人员之间传达、反馈项目情况及相关信息的过程

试题（69）分析

监理机构信息沟通，是统一工作思路不可缺少的领导艺术。

参考答案

（69）B

试题（70）

《监理通知回复单》属于由__（70）__提交的文档。

（70）A．承建单位　　B．建设单位　　C．监理单位　　D．分包单位

试题（70）分析

监理回复类文件是指监理单位在收到承建单位或者业主单位的工程文档时，由监理单位负责回复或批复意见的文件。

监理的主要回复文件可分为：总体监理意见、专题监理意见、其他监理意见、提交资料回复单等。

参考答案

（70）C

试题（71）

A Database Management System(DBMS) consists of a collection of interrelated data and a collection of __（71）__ to access to that data.

（71）A．programs　　B．memory　　C．space　　D．password

试题（71）分析

数据库管理系统包括彼此关联的数据集合和访问数据的______集合。

A．程序　　B．内存　　C．空间　　D．密码

参考答案

（71）A

试题（72）

The basic units of a computer system are as follows:__（72）__.

（72）A．CPU,memory and disk　　B．CPU,input and output

C．CPU,memory and ALU　　D．CPU,memory and I/O system

试题（72）分析

计算机系统的基本组成单元包括 CPU、存储、输入和输出系统。

参考答案

（72）D

试题（73）

If IP address is 202.130.191.33 and subnet mask is 255.255.255.0,then subnet prefix is __（73）__.

（73）A．202.130.0.0　　B．202.0.0.0

C．202.130.191.33　　D．202.130.191.0

试题（73）分析

如果 IP 地址是 202.130.191.33，子网掩码是 255.255.255.0，那么子网前缀是什么？

根据子网前缀的计算方法，202.130.191.0 是正确答案。

参考答案

（73）D

试题（74）

During planning you sit down and estimate the time needed for each task and total them to come up with the project estimate. This duration is what you commit to complete the project.What is wrong with the scenario? （74）.

（74）A．The team did not create the estimate and estimating takes too long using that method

B．The team did not create the estimate and a network diagram was not used

C．The estimate is too long and should be created by management

D．The project estimate should be the same as the customer's required completion date

试题（74）分析

在规划期间你坐下来，估计每个任务所需的时间并合计形成项目估计时间。这段时间是你承诺要完成这项工程的时间。什么是错误的场景？

A．团队并没有创造估计和估算的时间太长，使用该方法

B．团队没有创建估计和未使用网络图

C．估计时间太长，应由管理进行

D．项目估计应与客户的要求的完成日期相同

参考答案

（74）B

试题（75）

A software requirements specification is that （75）.

（75）A．a rough list of things that the proposed software ought to do

B．a precise list of things that the proposed software ought to do

C．a formal list of things that the proposed software must do

D．an estimate of the resources (time, money, personnel, etc.) which will be required to construct the proposed software

试题（75）分析

软件的需求规格说明书是？

A．对软件应该做的事情做一个粗略的列举

B．软件应该做的事情的精确的清单

C．软件必须做的事情正式清单

D．估计的资源（时间、金钱、人员等），用于构建软件

参考答案

（75）C

第 8 章　2015 下半年信息系统监理师下午试题分析与解答

试题一（20 分）

阅读下列说明，回答问题 1 至问题 4，将解答填入答题纸的对应栏内。

【说明】

某企业为了抓住“中国制造 2025”带来的战略机遇，不断对经营业务进行调整和组合，并通过信息化为企业的变革提供强有力的支撑。在信息化项目招标中，信息中心根据以往项目管理经验和人员情况，在招标文件中提出承建单位在软件开发中宜采用瀑布模型的要求。承建单位在投标中胜出，建设单位与承建单位签订了项目开发合同，并选择监理单位承担项目的全过程监理工作。在项目建设中，发生了如下事件：

【事件 1】针对项目的实际情况，监理工程师认为开发中采用瀑布模型不合适，建议承建单位变更为其他更适合本项目实际情况的开发模型，承建单位认为采用瀑布模型是招标文件要求的，也是投标文件承诺的，且项目团队更熟悉该模型，因此未接受监理的建议。

【事件 2】为保证项目需求质量，项目经理特意请来了做过企业信息化项目需求调研的分析人员王工担任该项目的需求调研负责人。在王工的帮助下，很快完成了需求调研和分析工作并提交了需求规格说明书。由于建设单位的业务非常繁忙，其业务代表和各相关部门的信息化业务接口人没有足够的时间投入到项目中，确认需求的工作一拖再拖。项目经理认为，双方已经建立了密切的合作关系，王工对该企业的业务和信息化需求比较熟悉，因此定义的需求是清晰的。故项目经理并没有催促建设单位业务代表在需求说明书中签字，并决定进入设计阶段，监理工程师对此提出异议。

【事件 3】由于建设单位的业务发生变化，需要对系统的部分功能需求进行变更，承建单位项目经理向现场监理工程师提交了变更申请单，包括对需要变更部分的描述、所增加的成本以及可交付成果可能的变更等 3 个部分，现场监理工程师随即对变更申请单进行了审批，并提交给总监理工程师签认。

【事件 4】由于担心项目进度拖延，监理要求承建单位项目经理在进度控制中重点做好 4 项工作：合理安排进度计划、对后续工程进度进行预测、确定应采取的纠偏措施、比较实际进度与计划进度。承建单位项目经理认为利用“香蕉”曲线比较法就可以进行这样的工作。

【问题 1】（6 分）

针对事件 1，作为监理工程师：

（1）请问监理工程师的建议合理吗？说明理由。

（2）请指出瀑布模型的缺点。

【问题 2】（5 分）

作为监理工程师，请指出承建单位项目经理在事件 2 中的不妥之处。

【问题 3】（6 分）

针对事件 3，作为监理工程师，请回答：

（1）变更申请单还应包含哪些重点内容？

（2）现场监理工程师的做法正确吗？请说明理由。

【问题 4】（3 分）

针对事件 4，承建单位项目经理的说法正确吗？请说明理由。

试题一分析

本题综合考察监理工程师的理论和应用。考生应结合案例的背景，综合运用理论知识和实践经验回答问题。

【问题 1】

在题目的说明中，此企业不断对经营业务进行调整和组合，会导致项目需求的频繁变动，而瀑布模型适合于需求相对稳定的情况。所以监理工程师的建议是合理的。

瀑布模型的缺点包括：

各个阶段的划分完全固定，阶段之间产生大量的文档，工作量增大；由于开发模型是线性的，用户只有等到整个过程的末期才能见到开发成果，从而增加了开发的风险，要等到开发后期的测试阶段才能发现早期的错误，进而带来严重的后果。

【问题 2】

作为承建单位的项目经理，在需求分析阶段，应继续承担组织管理的职能。应督促建设单位在需求说明书中签字和评审，从而形成阶段里程碑，并开始下一阶段的设计工作。

【问题 3】

第一问：变更应考虑到某一方面的变更可能会引起其他因素的变更，所以申请单还应包括在计划、流程、进度方面可能引起的变更。

第二问：根据监理人员的职责，在准备审批变更申请单前，监理工程师必须与总监理工程师商议所有提出的变更。所以此做法不对。

【问题 4】

“香蕉”曲线比较法的作用包括：

（1）利用“香蕉”型曲线进行进度的合理安排；

（2）进行施工实际进度与计划进度比较；

（3）确定在检查状态下，后期工程的 ES 曲线和 LS 曲线的发展趋势。

确定应采取的纠偏措施，“香蕉”曲线法无法完成。

试题一参考答案

【问题 1】（6 分）

（1）合理（1 分）。理由：由于建设单位的业务处在频繁变动期，会导致项目需求的频繁变动，而瀑布模型适合于需求相对稳定的情况（2 分，说出类似意思就可以得分）。

（2）各个阶段的划分完全固定，阶段之间产生大量的文档（1 分），极大地增加了工作量（1 分，说出文档多或者工作量大等都可以给分）；由于开发模型是线性的，用户只有等到整个过程的末期才能见到开发成果（1 分），从而增加了开发的风险（1 分，说出开发风险大就给1分）；早期的错误可能要等到开发后期的测试阶段才能发现，进而带来严重的后果（1分）。（本小问最多得3分，如果有合理的答案也可以酌情给分）

【问题2】（5分）

未督促建设单位业务代表在需求说明书中签字（2分），致使需求（需求规格说明书）无法进行评审（1分），且前一阶段工作未完成就进入下一阶段工作（2分）。

【问题3】（6分）

（1）该项变更在计划（1分）、流程（1分）、进度（1分）上可能引起的变更。

（2）不正确（1分）。理由：在准备审批变更申请单前，监理工程师必须与总监理工程师商议所有提出的变更（2分）。

【问题4】（3分）

不正确（1分）。理由："香蕉"曲线比较法无法完成"确定应采取的纠偏措施"的工作（2分）。

试题二（15分）

阅读下列说明，回答问题1至问题3，将解答填入答题纸的对应栏内。

【说明】

随着综合业务的不断增长，某单位信息系统的数据安全性要求和可靠性要求逐年提高，为实现数据的良好备份，准备在异地建立灾备中心。经政府采购选择了灾备中心数据备份和恢复系统项目的全过程监理，在项目建设的招投标和设计阶段发生了如下事件：

【事件1】项目招标阶段，在一次专题会议上，业主单位的负责人要求监理单位根据目前的实际情况，针对采用何种方式选择项目的承建单位提出咨询意见。

【事件2】评标过程中，评审小组由业主单位3人和随机抽取的专家3人组成，最后由评标委员会直接宣布了中标单位。

【事件3】项目设计阶段，对承建单位提交的数据备份和恢复系统设计方案，监理单位进行了详细评审，并出具了专题报告。

【问题1】（4分）

事件1中，总监理工程师介绍了政府采购选取承建单位的几种方式，请根据《中华人民共和国政府采购法》的规定简要说明。

【问题2】（6分）

根据事件2，请指出评标过程中的不妥之处，并简要说明理由。

【问题3】（5分）

在事件3中，作为监理方，在对数据备份和恢复系统方案审核时，应重点审核哪些要点？

试题二分析

本试题重在考查各位考生对《中华人民共和国政府采购法》《中华人民共和国招投标法》等法律、法规文件在项目采购过程中适用条件和有关法律规定要求的理解、掌握和运用的熟练程度，以及在实际应用过程中如何灵活响应建设单位要求的处理过程，确保采购过程的合法性、合规性。

另外，问题3是考查考生对数据备份和恢复系统建设在审核过程中的关键审核要点的理解、掌握和实际应用的熟悉程度。

考生应结合案例的场景，综合运用法律知识、理论知识和实践经验回答各项问题。

【问题 1】（4 分）

按照《中华人民共和国政府采购法》第二十六条规定，政府采购有以下六种方式，即：（一）公开招标；（二）邀请招标；（三）竞争性谈判\竞争性磋商；（四）单一来源采购；（五）询价；（六）国务院政府采购监督管理部门认定的其他采购方式。公开招标应作为政府采购的主要采购方式。

以试题背景为例，作为参加考试并希望获得通过成为监理工程师的考生，这一点法律知识应作为常识并熟记在心，并在未来的实践过程中随时应对问题，做出及时答复。

采分点：每答对一个采购方式得 1 分，最多得 4 分。

【问题 2】（6 分）

按照相关法律规定，本案例确有多项不妥。试题分析及采分点如下：

一是评审小组成员组成不妥（1 分）。

按照《中华人民共和国招投标法》第三十七条规定：依法必须进行招标的项目，其评标委员会由招标人的代表和有关技术、经济等方面的专家组成，成员人数为五人以上单数（1 分），其中技术、经济等方面的专家不得少于成员总数的三分之二（1 分）。

二是评审小组直接宣布中标单位不妥（1 分）。

按照《中华人民共和国招投标法》第四十条规定：评标委员会应当按照招标文件确定的评标标准和方法，对投标文件进行评审和比较；设有标底的，应当参考标底。评标委员会完成评标后，应当向招标人提出书面评标报告，并推荐合格的中标候选人。

招标人根据评标委员会提出的书面评标报告和推荐的中标候选人确定中标人（1 分）。招标人也可以授权评标委员会直接确定中标人（1 分）。

考生可结合所掌握的法律常识，提出个人分析和判断意见，说明理由。

【问题 3】（5 分）

结合案例场景介绍的灾备中心项目设计阶段工作，监理单位应组织有关人员对承建单位提交的数据备份和恢复系统设计方案进行详细必要的评审，并结合实际情况提出监理评审意见，出具专题报告。监理在对数据备份和恢复系统方案审核时，应充分考虑灾备中心的应用特点，充分考虑数据备份的及时性、安全性和可靠性，充分考虑数据恢复的完整性和准确性，充分考虑系统建设的相关技术要求和特点，充分考虑系统配置和备份软件的主要功能和策略等，在实践过程中要重点掌握并运用以下审核要点，开展评审工作并提出针对性意见。

（1）对重要数据的即时备份能力。

（2）备份数据加密功能。

（3）设置的灵活性。

（4）灾难恢复。

（5）并行处理能力。

（6）数据可靠性。

（7）系统的跨平台兼容性。

（8）使用和操作的简便性。

（9）支持 LUN 屏蔽功能。

（10）数据备份和恢复的效率。

（11）备份管理软件应具备以下功能：显示备份网络拓扑结构图、识别并显示磁带库驱动器、监控作业任务的执行情况（备份进度、资源利用率等）、监控进程的状态。

（12）备份策略的合理性。包括设置备份对象、数据保存时间、备份时间段等。

（13）可以选择灵活的备份策略，支持数据库全备份、数据库增量备份、文件全备份、文件增量备份、系统全量备份、系统增量备份、跟踪备份等多种备份方式。

采分点：每答对 1 项要点得 1 分，最多得 5 分；如有合理答案可酌情给分，但不能得满分。

试题二参考答案（15 分）

【问题 1】（4 分）

根据《中华人民共和国政府采购法》规定：

政府采购采用以下方式：（一）公开招标；（二）邀请招标；（三）竞争性谈判\竞争性磋商；（四）单一来源采购；（五）询价；（六）国务院政府采购监督管理部门认定的其他采购方式。（每个 1 分，最多得 4 分）

【问题 2】（6 分）

（1）评审小组成员组成不妥（1 分）。评审小组应为 5 人以上单数（1 分）；技术、经济等方面的专家不得少于成员总数的三分之二（或答招标人不得多于三分之一）（1 分）。

（2）应由招标人根据评标委员会提出的书面评标报告和推荐的中标候选人确定中标人（1 分）。评标委员会直接宣布不妥（1 分），招标人授权后也可由评标委员会确定中标人（1 分）。

【问题 3】（5 分）

（1）对重要数据的即时备份能力。

（2）备份数据加密功能。

（3）设置的灵活性。

（4）灾难恢复。

（5）并行处理能力。

（6）数据可靠性。

（7）系统的跨平台兼容性。

（8）使用和操作的简便性。

（9）支持 LUN 屏蔽功能。

（10）数据备份和恢复的效率。

（11）备份管理软件应具备以下功能：显示备份网络拓扑结构图、识别并显示磁带库驱动器、监控作业任务的执行情况（备份进度、资源利用率等）、监控进程的状态。

（12）备份策略的合理性。包括设置备份对象、数据保存时间、备份时间段等。

（13）可以选择灵活的备份策略，支持数据库全备份、数据库增量备份、文件全备份、文件增量备份、系统全量备份、系统增量备份、跟踪备份等多种备份方式。

（每项 1 分，最多得 5 分，如有合理答案可酌情给分，但不能得满分）

试题三（15 分）

阅读下列说明，回答问题 1 至问题 3，将解答填入答题纸的对应栏内。

【说明】

某部委进行机房改建工程（包括与之配套的综合布线工程），通过公开招标选择了承建单位和监理单位分别承担项目的建设工作和监理工作，并选择了一家具备相应资质的第三方安全测评机构承担机房的安全评测工作。在项目建设过程中，发生如下事件：

【事件 1】在项目建设过程中，监理采取设置阶段性质量控制点，实施跟踪控制来有效控制工程质量。

【事件 2】在综合布线的实施中，综合布线系统的各项材料到货经过现场监理工程师检查、测试和签认，承建单位进行安装、调适、检测合格后，与计算机网络系统相连通电进行联调。

【事件 3】在机房改建过程中，第三方测评机构向承建单位推荐一款信息安全产品，希望承建单位购买、使用，以达到最佳安全水平。承建单位认为第三方测评机构的做法极为不妥，并向建设单位投诉该事情。为此，建设单位就第三方测评机构不能从事的活动等问题咨询监理。

【问题 1】（6 分）

针对事件 1，作为监理工程师，请你列举出应该针对哪些过程、部位和实施对象设置质量控制点？

【问题 2】（4 分）

根据事件 2，请问承建单位的做法有不正确的地方吗？请说明理由。

【问题 3】（5 分）

针对事件 3，判断第三方测评机构是否可以从事下列活动(填写在答题纸的对应栏内，能从事的活动的选项填写“√”，不能从事的活动的选项填写“×”)：

（1）向被测评单位推荐购买、使用指定的信息安全产品，以达到最佳安全水平。（　）

（2）与客户进行沟通后实施隐蔽测评并发现了某些安全问题。（　）

（3）影响被测评信息系统正常运行。（　）

（4）要求承担本项目的信息系统安全集成。（　）

（5）按规定格式出具等级测评报告。（　）

试题三分析

本题重点考察的是机房建设和综合布线的监理工作重点，这些重点包括技术性的，如质量检查点，还包括流程性的，如监理的过程检查、检测，也包括管理和制度方面的知识，如问题 3 各类活动合规性的判断。结合具体问题或事件，要分析在机房和综合布线实施阶段的监理工作中，一名合格的监理工程师应遵守哪些原则，掌握哪些重要的工作方法。

试题三参考答案

【问题 1】（6 分）

（1）实施过程中的关键过程或环节。

（2）隐蔽工程。

（3）实施中的薄弱环节或质量变异大的工序。

（4）对后续工程实施或后续阶段质量和安全有重大影响的工序。

（5）采用新技术或新设备应用的部位或环节。

（6）实施中无足够把握的、实施条件困难或技术难度大的过程或环节。

（7）其他合理答案也酌情给分。

（每项1分，最多得6分）

【问题2】（4分）

有不正确的地方（1 分）。理由：综合布线完成后，未经监理工程师测试、检查（2分），不得与整个计算机网络系统相连通电（1分）。解析：在计算机网络系统通电之前，各个网络设备、线缆是否能够正常工作是必须要事先测试通过的，否则一旦通电后发现存在问题，则难以判断问题出现的具体部位，仍需对全部网络设备和线缆进行重新检查。监理工程师的测试和检查是对实施单位工作的复核认定，也是侧面督促了实施单位测试的全面性和认真度。

【问题3】（5分）

（1）√ 监理单位在项目实施过程中，可以推荐和建议合适的方案或设备以使系统更加优化。需要注意的是建议而不是要求。

（2）√ 监理单位有权利在用户许可的前提下对综合布线、机房施工的工作中进行任何隐蔽工程的检测。

（3）×显然监理单位不能够也不应该影响系统正常运行。

（4）×在《信息系统监理暂行规定》中明确规定了监理单位不得从事与本工程建设有关的其他工作。

（5）√ 无论监理合同是否约定，监理单位都有权利对系统安全等级进行测试并出具报告，但如果合同没有约定的情况下，监理单位也可以不进行该项工作。

（每个1分，共5分）

试题四（15分）

阅读下列说明，回答问题1至问题3，将解答填入答题纸的对应栏内。

【说明】

某企业将信息化工程项目分包为A、B、C三个工程包进行建设，其中A包是应用软件开发工程；B包是网络设备、主机、存储及系统软件建设工程；C包是机房建设工程。建设单位选择了承建单位和监理单位分别承担项目的建设工作和全过程监理工作。在项目建设过程中发生了如下事件：

【事件1】软件开发完成后，为了加强验收阶段的质量控制，总监理工程师安排监理工程师张工负责软件开发子项工程A包的验收工作。张工带领其他两名监理工程师重点对承建单位提交的软件开发子项验收计划和验收方案进行了审查并给出监理意见，对验收过程进行了有效的监控。

【事件2】B包建设完工后，承建单位认为已经满足所有的验收前提条件，监理经过梳理后，认为还缺少3项重要的前提条件。已经满足的前提条件是：

（1）所有建设项目按照批准设计方案要求全部建成，并满足使用要求；

（2）各个分项工程全部初验合格；

（3）系统软件等符合知识产权要求；

（4）各种设备经加电试运行，状态正常。

【事件 3】C 包建设完成后，进行机房的验收工作，参加验收的单位有建设单位、承建单位和监理单位，并由建设单位牵头组成了由 5 位专家组成的专家组。

【问题 1】（4 分）

作为监理工程师请回答：事件 1 所描述的做法妥当吗？请说明理由。

【问题 2】（6 分）

针对事件 2，请列出所缺的 3 项前提条件。

【问题 3】（5 分）

针对事件 3，作为监理工程师请指出：除了事件 3 中描述的参加单位外，还需要邀请别的有关单位参加验收吗？如果需要，请指出还需要邀请哪些单位；如果不需要，请说明理由。

试题四分析

本试题主要考察监理工程师对项目验收的各个知识点，包括验收目标、验收条件、验收标准、验收组织、各方职责、验收实施、验收流程、验收方式、验收手续和验收结果等的理解掌握。

首先要了解通常情况下的项目验收基本概念。

项目验收，也称范围核实或移交。它是核查项目计划规定范围内各项工作或活动是否已经全部完成，可交付成果是否令人满意，并将核查结果记录在验收文件中的一系列活动。

在项目的结束过程中，依据项目的原始章程和合法变更行为，对项目成果和全部之前的活动过程进行审验和接收的行为，叫作项目的验收。

项目验收时，要关注如下 3 个方面的工作内容，即要明确项目的起点和终点；要明确项目的最后成果；要明确各子项目成果的标志。

【问题 1】

事件 1 所描述的验收阶段的质量控制是信息化监理工作必要的组成部分，其中验收阶段的质量控制主要是通过对验收方案的审查和对验收过程的监控来完成的。因此事件 1 的做法是妥当的。

验收阶段的质量控制主要包括：

1. 验收阶段质量控制流程
2. 验收计划、方案的审查
3. 验收资料的审查
4. 对验收中出现的质量问题进行处理
5. 验收结论处理

在验收过程中，要参与验收各个环节和重要工作议程，对有关情况予以了解、掌握，并适时提出监理意见或做出答疑等。

综合上述分析，验收阶段的质量控制主要是通过对验收方案的审查和对验收过程的监控两个方面来完成的。

【问题 2】

工程验收是信息网络系统建设的收尾工作。通过系统的测试验收可以检验工程是否实现了设计目标要求，从而确认工程是否完工，并进入试运行。因此，作为信息网络系统建设的监理工程师，应该了解本阶段监理的基本要求，掌握完成本阶段监理工作的技能。

工程验收必须要符合下列要求：

（1）所有建设项目按照批准设计方案要求全部建成，并满足使用要求；

（2）各个分项工程全部初验合格；

（3）各种技术文档和验收资料完备，符合集成合同的内容；

（4）系统建设和数据处理符合信息安全的要求；

（5）外购的操作系统、数据库、中间件、应用软件和开发工具符合知识产权相关政策法规的要求；

（6）各种设备经加电试运行，状态正常；

（7）经过用户同意。

因此，所缺的验收条件为：建设单位同意、满足信息安全要求、各种技术文档和验收资料完备。

【问题 3】

在机房工程验收过程中，每一工程具体的检验项目内容与要求均以机房工程空调、UPS 电源、接地、照明、消防设计的工艺要求、系统工程设计文件与订购合同技术文件为依据确定，如有变更，须提供相应的说明文件。

同时机房工程中的消防工程承建方需要具备消防专业施工资质，因此机房系统的验收组织还需要邀请消防单位和设计单位参加。

试题四参考答案（15 分）

【问题 1】（4 分）

妥当（2 分）。理由：验收阶段的质量控制主要是通过对验收方案的审查（1 分）和对验收过程的监控（1 分）来完成的。

【问题 2】（6 分）

建设单位同意、满足信息安全要求、各种技术文档和验收资料完备（每项 2 分，共 6 分）。

【问题 3】（5 分）

需要（1 分）。还需要邀请消防单位（2 分）和设计单位（2 分）参加。

试题五（10 分）

阅读下列说明，回答问题 1 至问题 2，将解答填入答题纸的对应栏内。

【说明】

针对省级电子政务信息系统建设项目，信息化主管部门启动了业务系统综合管理平台建设工作。建设任务涉及应用系统开发和系统集成工作，平台主要是对现有核心业务系统实施监控、审计、分析、决策、财务管控和信息化管控等。建设单位通过公开招标引入了承建单位，并且引入监理单位负责做好全过程的监理工作。在建设过程中，发生如下事件：

【事件 1】在监理单位全程跟踪下，承建单位完成了系统概要设计和详细设计。建设单位要求监理单位组织专家进行评审，并指出，监理单位作为项目参建单位，应组织得力人员，认真评审，提出合理化建议，如后续仍存在设计缺陷，监理单位也要承担相应责任。

【事件 2】软件测试是监理单位进行质量控制的重要手段。本项目监理团队严格审查了软件测试计划、测试说明，并监督承建单位配合第三方测试单位进行了软件测试。

【问题 1】（5 分）

在（1）～（5）中填写恰当内容（从候选答案中选择一个正确选项，将该选项编号填入答题纸对应栏内）。

针对事件 1 的描述，监理单位__（1）__。

（1）供选择的答案：

A．应该组织专家评审，但不应该对设计缺陷负责

B．应该组织专家评审，也应该对设计缺陷承担相应责任

C．不应该组织专家评审，但应该对设计缺陷承担相应责任

D．不应该组织专家评审，也不应该对设计缺陷负责

针对事件 1，为保证系统设计质量，监理单位可建议建设单位邀请外部专家组进行评审，评审专家组的人员组成包括__（2）__、__（3）__、__（4）__、__（5）__。

（2）～（5）供选择的答案：

A．建设单位代表　　B．承建单位代表　　C．监理单位代表

D．行业专家　　E．第三方测试机构代表

F．信息化领域专家　　G．用户单位代表

【问题 2】（5 分）

在（1）～（5）中填写恰当内容（从候选答案中选择一个正确选项，将该选项编号填入答题纸对应栏内）。

针对事件 2，第三方测试单位首先执行了黑盒测试。黑盒测试是根据__（1）__设计测试用例，较少关心程序内部实现过程，侧重于__（2）__。

（1）～（2）供选择的答案：

A．系统设计文件　　B．需求规格说明

C．程序执行结果　　D．程序执行效率

在事件 2 中，第三方测试单位完成测试后，监理单位应要求其提交测试报告和__（3）__。

（3）供选择的答案：

A．测试计划　　B．测试方案

C．测试问题单　　D．测试用例

在事件 2 中，监理单位的监理内容包括审查测试方案、测试工具、测试环境、__（4）__、测试问题报告、__（5）__和测试报告。

（4）～（5）供选择的答案：

A．测试计划　　B．测试用例　　C．测试过程

D．回归测试　　E．测试方法

试题五分析

本题重点考察监理实际工作处理经验和对软件工程的掌握程度。

【问题1】

监理方进行质量控制，应对需求分析说明书、设计文档、实施计划（方案）、测试计划和方案等进行评审，对于各环节的质量缺陷承担监理责任。监理单位组织的评审，评审专家一般包括本单位的监理工程师、外部的专家和建设单位的代表。设计文档涉及应满足需求的一致性，所以用户代表也应参加。

【问题2】

黑盒测试是一种从软件需求出发，根据软件需求规格说明设计测试用例，并按照测试用例的要求运行被测试程序的测试方法。它较少关心程序内部的实现过程，侧重于程序执行结果。

监理对测试质量控制，监理内容包括：测试方案、测试工具、测试环境、测试过程、测试问题报告、回归测试和测试报告。

试题五参考答案（10分）

【问题1】（5分）

（1）B

（2）A （3）D （4）F （5）G （2）～（5）答案可互换

（每个1分，共5分）

【问题2】（5分）

（1）B （2）C （3）C

（4）C （5）D （4）～（5）答案可互换

（每个1分，共5分）

第 9 章　2016 上半年信息系统监理师上午试题分析与解答

试题（1）

大数据具有“volume”“variety”“value”“velocity”等特点，其中“volume”是指__（1）__。

（1）A．数据体量巨大　　B．数据类型繁多

C．价值密度低　　D．数据相关性高

试题（1）分析

大数据的 4 个“V”，或者说特点有四个层面：第一，数据体量巨大。从 TB 级别，跃升到 PB 级别；第二，数据类型繁多。前文提到的网络日志、视频、图片、地理位置信息等等。第三，价值密度低。以视频为例，连续不间断监控过程中，可能有用的数据仅仅有一两秒。第四，处理速度快。1 秒定律。最后这一点也是和传统的数据挖掘技术有着本质的不同。业界将其归纳为 4 个“V”——Volume，Variety，Value，Velocity。其中“volume”就是指数据体量巨大的意思。

参考答案

（1）A

试题（2）

“位置服务”是智能手机的一个重要应用。基于 GPS 定位系统的智能手机利用__（2）__提供的相关数据计算出手机的地理位置。

（2）A．WiFi　　B．移动通信网络　　C．卫星　　D．无线广播基站

试题（2）分析

GPS（Global Positioning System）即全球定位系统，是由美国建立的一个卫星导航定位系统，利用该系统，用户可以在全球范围内实现全天候、连续、实时的三维导航定位和测速；另外，利用该系统，用户还能够进行高精度的时间传递和高精度的精密定位。故选 C。

参考答案

（2）C

试题（3）

软件生存周期一般划分为六个阶段，包括软件项目计划、需求分析、软件设计、程序编码、软件测试以及__（3）__。

（3）A．软件验收　　B．计划验证　　C．运行维护　　D．风险分析和定义

试题（3）分析

本题是基础概念题，使考生能够更加重视信息系统运行维护工作。而新信息系统监理国标即将发布，运维监理是其中一项重要组成部分。软件生存周期的六个阶段：软件项目计划、软件需求分析和定义、软件设计、程序编码、软件测试以及运行维护。本题 A 作为干扰项，作为软件建设项目角度，软件测试后是软件验收，但是从软件自身生命周期角度将，测试后

即进入运行维护阶段，直至软件生命结束。

参考答案

（3）C

试题（4）

以下关于移动互联网的叙述中，不正确的是：__（4）__。

（4）A．移动互联网的基础是移动通信和互联网的结合

B．移动终端通过 WiFi 接入互联网，是移动互联网的主要特征

C．4G 是目前实现移动互联网的关键技术之一

D．终端的移动性是移动联网的特点之一

试题（4）分析

移动互联网，就是将移动通信和互联网二者结合起来，成为一体。是指互联网的技术、平台、商业模式和应用与移动通信技术结合并实践的活动的总称。4G 时代的开启以及移动终端设备的凸显必将为移动互联网的发展。很明显备选项 B 中“通过 WiFi 接入互联网”并不符合移动互联网的定义。

参考答案

（4）B

试题（5）

在 OSI 参考模型中，物理层的功能是__（5）__。

（5）A．建立和释放连接　　B．透明地传输原始比特流

C．在物理实体间传送数据帧　　D．发送和接受用户数据

试题（5）分析

OSI（Open System Interconnect），即开放式系统互联。 一般都叫 OSI 参考模型，是 ISO（国际标准化组织）组织在 1985 年研究的网络互联模型。该体系结构标准定义了网络互连的七层框架（物理层、数据链路层、网络层、传输层、会话层、表示层和应用层），即 ISO 开放系统互连参考模型。在这一框架下进一步详细规定了每一层的功能，以实现开放系统环境中的互连性、互操作性和应用的可移植性。本体中 A 选项建立和释放连接属于网络层；B 选项属于物理层；C 选项属于传输层；D 选项数据表示层。

参考答案

（5）B

试题（6）

以下关于“互联网+”的叙述中，正确的是：__（6）__。

（6）A．中国制造 2025 的核心就是“互联网+”

B．“互联网+”就是“互联网+各个传统行业”

C．“互联网+”就是互联网与物流业的融合

D．“互联网+”就是“两化深度融合”的另外一种提法

试题（6）分析

李克强在政府工作报告中提出，“制定‘互联网+’行动计划，推动移动互联网、云计算、

大数据、物联网等与现代制造业结合，促进电子商务、工业互联网和互联网金融健康发展，引导互联网企业拓展国际市场。”

那么，什么是“互联网+”？

“互联网+”就是利用互联网的平台，利用信息通信技术，把互联网和包括传统行业在内的各行各业结合起来，在新的领域创造一种新的生态。

简单地说就是“互联网+XX 传统行业=互联网 XX 行业”。

参考答案

（6）B

试题（7）

采用 CSMA / CD 介质访问控制方法的局域网标准是＿（7）＿。

（7）A.IEEE802.1|B.IEEE802.2|C.IEEE802.3|D.IEEE802.4

试题（7）分析

IEEE 是英文 Institute of Electrical and Electronics Engineers 的简称，其中文译名是电气和电子工程师协会。该协会的总部设在美国，主要开发数据通信标准及其他标准。IEEE802 委员会负责起草局域网草案，并送交美国国家标准协会（ANSI）批准和在美国国内标准化。IEEE 还把草案送交国际标准化组织（ISO）。ISO 把这个 802 规范称为 ISO 802 标准，因此，许多 IEEE 标准也是 ISO 标准。例如，IEEE802.3 标准就是 ISO 802.3 标准。

IEEE802 是一个局域网标准系列

IEEE802.1A——局域网体系结构

IEEE802.1d——生成树协议 Spanning Tree

IEEE802.1p——General Registration Protocol

IEEE802.1q——虚拟局域网 Virtual LANs：VLan

IEEE802.1w——快速生成树协议 RSTP

IEEE802.1s——多生成树协议 MSTP

IEEE802.1x——基于端口的访问控制 Port Based Network Access Control

IEEE802.1g——Remote MAC Bridging

IEEE802.1v——VLAN Classification by Protocol and Port[1]

IEEE802.1B——寻址、网络互连与网络管理

IEEE802.2——逻辑链路控制(LLC)

IEEE802.3——CSMA/CD 访问控制方法与物理层规范。

参考答案

（7）C

试题（8）

以下关于 DNS 的叙述中，不正确的是：＿（8）＿。

（8）A．DNS 的主要功能是将计算机名翻译为 IP 地址

B．通过 DNS 可以反查到用户 IP 地址

C．DNS 可以将 IP 地址翻译成 MAC 地址

D．DNS 全名是 Domain Name System

试题（8）分析

在一个 TCP/IP 架构的网络（例如 Internet）环境中，DNS 是一个非常重要而且常用的系统。主要的功能就是将人易于记忆的 Domain Name 与人不容易记忆的 IP Address 作转换。而上面执行 DNS 服务的这台网络主机，就可以称之为 DNS Server。基本上，通常我们都认为 DNS 只是将 Domain Name 转换成 IP Address，然后再使用所查到的 IP Address 去连接（俗称“正向解析”）。事实上，将 IP Address 转换成 Domain Name 的功能也是相当常使用到的，当 login 到一台 Unix 工作站时，工作站就会去做反查，找出你是从哪个地方连线进来的（俗称“逆向解析”）。所以 DNS 不具备将 IP 地址翻译成 MAC 地址的能力。

参考答案

（8）C

试题（9）

第二代计算机网络由通信子网和资源子网组成，通信子网包括＿（9）＿。

（9）A．物理层、数据链路层、传输层　　B．物理层、数据链路层、网络层

C．数据链路层、网络层、应用层　　D．数据链路层、会话层、网络层

试题（9）分析

通信子网（communication subnet，或简称子网）是指网络中实现网络通信功能的设备及其软件的集合，通信设备、网络通信协议、通信控制软件等属于通信子网，是网络的内层，负责信息的传输。主要为用户提供数据的传输、转接、加工、变换等。通信子网的任务是在端结点之间传送报文，主要由转结点和通信链路组成。因此它不包括传输层、网络层和应用层的工作任务。

参考答案

（9）B

试题（10）

＿（10）＿一般不作为核心网络骨干交换机选型的主要原则。

（10）A．高性能、高速率　　B．良好的可管理性

C．便于升级、扩展　　D．配置简单、节能环保

试题（10）分析

核心网络骨干交换机是宽带网的核心，需要具备以下要求：

①高性能和高效率；

②定位准确便于升级和扩展；

③高可靠性；

④强大的网络控制能力；

⑤良好的可管理性。

由上可以看出 D 选项不作为选型主要原则。

参考答案

（10）D

试题（11）

电子邮件地址 stu@zjschool.com 中的 zjschool.com 代表＿（11）＿。

（11）A．用户名　B．学校名称　C．学生姓名　D．邮件服务器名称

试题（11）分析

电子邮件地址的格式是由三部分组成。第一部分“USER”代表用户信箱的账号，支持字母和数字和下划线组成的组合，对于同一个邮件接收服务器来说，这个账号必须是唯一的；第二部分“@”是分隔符；第三部分是用户信箱的邮件接收服务器域名，用以标志其所在的位置。

参考答案

（11）D

试题（12）

＿（12）＿不属于网络接入技术。

（12）A．Cable Modem　B．ADSL　C．VDSL　D．VPN

试题（12）分析

电缆调制解调器又名线缆调制解调器，英文名称 CableModem，它是近几年随着网络应用的扩大而发展起来的，主要用于有线电视网进行数据传输。

ADSL 和 VDSL 都属于 DSL 技术的一种，是一种新的数据传输方式。

VPN 属于远程访问技术，简单地说就是利用公用网络架设专用网络，因此它并不是网络接入技术。

参考答案

（12）D

试题（13）

网络设备到货加电测试的主要目的是＿（13）＿。

（13）A．测试网络的连通性　B．测试网络的安全性
C．验证网络设计方案　D．检测网络设备是否正常

试题（13）分析

网络连通性通过设备到货加电测试无法证明，因为故障可能在传输线路上。

网络安全性测试需要功过专门的软件和设备测试，不属于到货测试的内容。

验证网络设计方案需要全部网络设备安装、调试、配置、组网完毕后才能进行，所以也不能在到货加电测试完成。

网络设备到货加电测试只能够监测网络设备是否正常。

参考答案

（13）D

试题（14）

某公司每个工作区须要安装 2 个信息插座，并且要求该公司局域网不仅能够支持语音/数据的应用，而且应支持图像、影像、影视、视频会议等。该公司宜选择＿（14）＿。

（14）A．基本型综合布线系统　B．增强型综合布线系统

C．综合型综合布线系统　　D．电视电话布线系统

试题（14）分析

A 选项基本型综合布线系统仅支持数据、语音，不包括视频传输。

C 选项综合型布线系统适用于综合布线系统中配置标准较高的场合，使用光缆和铜芯双绞线组网。综合型综合布线系统应在基本型和增强型综合布线系统的基础上增设光缆系统。综合型布线系统的主要特点是引入光缆，能适用于规模较大的智能大厦，其余与基本型或增强型相同。对于公司来说并不合适。

D 选项显然不能满足图像、视频会议等要求。

B 增强型综合布线系统是每个工作区有两个或以上信息插座；每个工作区的配线电缆为 2 条 4 对双绞线电缆；采用直接式或插接交接硬件；每个工作区的干线电缆至少有 3 对双绞线。增强型综合布线系统不仅具有增强功能，而且还可提供发展余地。它支持话音和数据应用，并可按需要利用端子板进行管理。增强型综合布线系统具有以下特点：

①每个工作区有两个信息插座，不仅机动灵活，而且功能齐全任何一个信息插座都可提供话音和高速数据应用；

②可统一色标，按需要可利用端子板进行管理；

③是一种能为多个数据设备创造部门环境服务的经济有效的综合布线方案；

④采用气体放电管式过压保护和能够自恢复的过流保护。

参考答案

（14）B

试题（15）

在网络安全中，“拒绝服务攻击”是指__（15）__。

（15）A．用超出被攻击目标处理能力的海量数据包消耗可用系统、带宽资源等方法的攻击

B．全称是 Distributed Denial Of Service 的病毒传播技术

C．拒绝来自一个服务器所发送回应请求的指令的漏洞

D．入侵控制一个服务器后远程关机的破坏技术

试题（15）分析

拒绝服务攻击即攻击者想办法让目标机器停止提供服务，是黑客常用的攻击手段之一。其实对网络带宽进行的消耗性攻击只是拒绝服务攻击的一小部分，只要能够对目标造成麻烦，使某些服务被暂停甚至主机死机，都属于拒绝服务攻击。拒绝服务攻击问题也一直得不到合理的解决，究其原因是因为这是由于网络协议本身的安全缺陷造成的，从而拒绝服务攻击也成为了攻击者的终极手法。攻击者进行拒绝服务攻击，实际上让服务器实现两种效果：一是迫使服务器的缓冲区满，不接收新的请求；二是使用 IP 欺骗，迫使服务器把非法用户的连接复位，影响合法用户的连接。

参考答案

（15）A

试题（16）

以下关于机房接地系统要求的叙述中，不正确的是：__（16）__。

（16）A．网络及主机设备的电源应有独立的接地系统

B．分支电路的每一条回路都需有独立的接地线，并接至配电箱内与接地总线相连

C．配电箱与接地端应通过单独绝缘导线相连，接地电阻应不大于 4Ω

D．接地线可以使用零线或以铁管代替

试题（16）分析

本题主要考察的知识点是对机房接地系统的施工及验收要求。

机房接地系统的要求：

①网络及主机设备的电源应有独立的接地系统，并应符合相应的技术规定。

②分支电路的每一条回路都需有独立的接地线，并接至配电箱内与接地总线相连。

③配电箱与最端接地端应通过单独绝缘导线相连：其线径至少须与输入端、电源路径相同，接地电阻应小于 4Ω。

④接地线不可使用零线或以铁管代替。

⑤在雷电频繁地区或有架空电缆的地区，必须加装避雷装置。

⑥网络设备的接地系统不可与避雷装置共用，应各自独立，并且其间距应在 10m 以上；与其他接地装置也应有 4m 以上的间距。

⑦在有高架地板的机房内，应有 $16mm^2$ 的铜线地网，此地网应直接接地；若使用铝钢架地板，则可用铝钢架代替接地的地网。

⑧地线与零线之间所测得的交流电压应小于 1V。

选项 A、B、C 是正确的，因此，本题答案为选项 D。

参考答案

（16）D

试题（17）

在计算机机房中，产生尘埃及废物的设备应远离对尘埃敏感的设备，并宜集中布置在靠近机房的 （17） 处。

（17）A．进风口　　B．排风口　　C．回风口　　D．通风口

试题（17）分析

在机房工程设计阶段，监理工程师应对机房设计方案进行审核，本题主要考察的知识点是机房设备布置的监理注意事项。

机房设备布置的要求：

①计算机设备宜采用分区布置，一般可分为主机区、存储器区、数据输入区、数据输出区、通信区和监控制调度区等。具体划分可根据系统配置及管理而定。

②产生尘埃及废物的设备应远离对尘埃敏感的设备，并宜集中布置在靠近机房的回风口处。

③机房内通道与设备间的距离应符合下列规定：两相对机柜正面之间的距离不应小于 1.5m；机柜侧面（或不用面）距墙不应小于 0.5m，当需要维修测试时，机柜距墙不应小于 1.2m；走道净宽不应小于 1.2m。

因此，本题答案为选项 C。

参考答案

（17）C

试题（18）

在对管内穿线施工进行隐蔽工程检查时，不正确的要求是：__（18）__。

（18）A．穿线前，应将管内的积水和杂物清理干净

B．不同系统、不同电压的线路可以穿入同一管内，可节省管材

C．导线穿入钢管前，在导线入口处应装护线套保护导线

D．线管进入箱体，宜采用下进线方式

试题（18）分析

在机房和综合布线工程施工阶段，对隐蔽工程的监理是非常重要的，因为隐蔽工程一旦完成隐蔽，以后如果出现问题就会耗费很大的工作量，同时对已完成的工程造成不良的影响。本题主要考察的知识点是隐蔽工程管内穿线的监理注意事项。

隐蔽工程管内穿线的监理注意事项：

①穿在管内绝缘导线的额定电压不应高于 500V。

②管内穿线宜在建筑物的抹灰、装修及地面工程结束后进行，在穿入导线之前，应将管子中的积水及杂物清除干净。

③不同系统、不同电压、不同电流类别的线路不应穿同一根管内或线槽的同一孔槽内。

④管内导线的总截面积（包括外护层）不应超过管子截面积的 40%。

⑤在弱电系统工程中使用的传输线路宜选择不同颜色的绝缘导线，以区分功能及正负极。同一工程中相同线别的绝缘导线颜色应一致，线端应有各自独立的标号。

⑥导线穿入钢管前，在导线入出口处，应装护线套保护导线；在不进入盒（箱）内的垂直管口，穿导线后，应将管口做密封处理。

⑦线管进入箱体，宜采用下进线或设置防水弯以防箱体进水。

在垂直管路中，为减少管内导线的下垂力，保证导线不因自重而折断，应在下列情况下装设接线盒：电话电缆管路大于 15mm；控制电缆和其他截面（铜芯）在 2.5mm 以下的绝缘线，当管路长度超过 20m 时，导线应在接线盒内固定一次，以减缓导线的自重拉力。

因此，本题答案为选项 B。

参考答案

（18）B

试题（19）

以下关于隐蔽工程检查的叙述中，不正确的是：__（19）__。

（19）A．隐蔽工程必须在通过检查确认后方可进入下一工序

B．对于隐蔽工程，监理工作的主要方式是旁站

C．隐蔽工程检查后一般除检查记录外，还应留存隐蔽前照片、影像等资料

D．综合布线暗敷管路设计应独立于土建设计方案，与土建设计方无关

试题（19）分析

本题考查对隐蔽工程工作内容和流程的理解情况，答案 A、B、C 均为正确

答案。

管槽系统是通信综合布线系统缆线敷设的必要条件，其涉及面较广（包括与房屋建筑和其他管线），虽然技术含量不多但工作费力。暗敷管路系统的具体设计一般是由土建承包房设计统一考虑，但暗敷管路的总体布局和线缆走向、规格要求等是由综合布线系统的总体方案考虑的，因此布线系统商应向土建设计单位提供设计思考和方案，使系统集成商和建筑商能统一步调、统一施工、统一协调。

因此，本题答案为选项 D。

参考答案

（19）D

试题（20）、（21）

入侵检测系统一般由数据收集器、检测器、＿（20）＿构成。＿（21）＿不属于入侵检测系统的功能。

（20）A．分配器和报警器　　B．知识库和控制器
　　　C．数据库和控制器　　D．知识库和分析器

（21）A．异常行为模式的统计分析
　　　B．重要系统和数据文件完整性评估
　　　C．定期或不定期地使用安全性分析软件对整个内部系统进行安全扫描，及时发现系统的安全漏洞
　　　D．检查网络或系统中是否存在违反安全策略的行为

试题（20）、（21）分析

入侵检测系统由数据收集器、检测器、知识库和控制器构成，其作用为：

①监视、分析用户及系统活动；审计系统构造和弱点；

②识别、反映已知进攻的活动模式，向相关人士报警；

③统计分析异常行为模式；

④评估重要系统和数据文件的完整性；

⑤审计、跟踪管理操作系统，识别用户违反安全策略的行为。

漏洞扫描作用为：

①定期或不定期地使用安全性分析软件对整个内部系统进行安全扫描，及时发现系统的安全漏洞、报警并提出补救建议。

②支持与入侵监测系统的联动。

③检测规则应与相应的国际标准漏洞相对应，包括 CVE，BugTrap，WhiteHats 等国际标准漏洞库。

④支持灵活的事件和规则自定义功能，允许用户修改和添加自定义检测事件和规则，支持事件查询。

⑤支持快速检索事件和规则信息的功能，方便用户通过事件名、详细信息、检测规则等关键字对事件进行快速查询。

⑥可以按照风险级别进行事件分级。

⑦控制台应能提供事件分析和事后处理功能，应具有对报警事件的源地址进行地址解析，分析主机名，分析攻击来源的功能。

⑧传感器应提供 TCP 连接的检测报警能力。

⑨提供安全事件统计概要报表，并按照风险等级进行归类。

⑩通过数据库管理工具统计数据库建立时间以及当前记录数目。

⑪支持对 Teardrop,s.cgi 缓冲区溢出攻击的检测。

因此，本题答案为选项 B、C。

参考答案

（20、21）B、C

试题（22）

<u>（22）</u>不属于针对防火墙实施验收的要点。

（22）A．对 HTTP、FTP、SMTP 等服务类型的访问控制功能
B．域名解析和链路自动功能
C．策略备份和恢复功能
D．网络防病毒的实时扫描功能

试题（22）分析

防火墙的功能：

①支持透明和路由两种工作模式。

②集成 VPN 网关功能。

③支持广泛的网络通信协议和应用协议，包括 IPSEC、H.323 等，能够满足网络视频会议、VOD 和 IP 电话等多媒体数据流的传输要求。支持多种协议及控制，满足应用需要及应用控制严格性要求，支持 TCP/IP，IPX，ICMP/ARP/RARP，OSPF，NETBEUI，SNMP，802.1Q，VOIP，DNS 等相关协议及控制。

④支持多种入侵监测类型，包括扫描探测、DoS、Web 攻击、特洛伊木马等。

⑤支持 SSH 远程安全登录。

⑥支持对 HTTP，FTP，SMTP 等服务类型的访问控制。

⑦支持静态、动态和双向的 NAT。

⑧支持域名解析，支持链路自动切换。

⑨支持对日志的统计分析功能，同时日志是否可以存储在本地和网络数据库上。

⑩对防火墙本身或受保护网段的非法攻击系统提供多种告警方式以及多种级别的告警。

⑪提供策略备份和恢复功能。管理员可以灵活地定制和应用不同的策略，可以方便地进行策略的备份和还原，并可用于灾难恢复。

⑫具备检测 DoS 攻击的能力，例如可以检测 SYN Flood，Tear Drop，Ping of Death，IP Spoofing 等攻击，默认数据包拒绝，过滤源路由 IP，动态过滤访问等。

⑬支持对接口和策略的带宽和流量管理。

⑭支持 SCMIADS 客户隧道配置参数自动集中管理。

⑮支持负载均衡。

⑯支持双机热备。

⑰支持 Web 自动页面恢复。

⑱实现与入侵监测系统的联动。

因此，本题答案为选项 D。

参考答案

（22）D

试题（23）

与监理工作者职业道德相悖的是__（23）__。

（23）A．要求业主明确授权　　B．要求承建单位提供具体的施工技术方案
　　C．同时参与两个项目的监理　　D．要求承建单位采用某厂商生产的线缆

试题（23）分析

监理工程师应严格遵守的基本职业道德守则：

①维护国家的荣誉和利益，按照“守法、诚信、公正、科学”的准则执业；

②执行有关工程建设的法律、法规、标准、规范、规程和制度，履行监理合同规定的义务和职责；

③努力学习专业技术和建设监理知识，不断提高业务能力和监理水平；

④不以个人名义承揽监理业务；

⑤不同时在两个或两个以上监理单位注册和从事监理活动，不在政府部门和施工、材料设备的生产供应等单位兼职；

⑥不为所监理项目指定承包商、建筑构配件、设备、材料生产厂家和施工方法；

⑦不收受被监理单位的任何礼金；

⑧不泄露所监理工程各方认为需要保密的事项；

⑨坚持独立自主地开展工作。

因此，本题答案为选项 D。

参考答案

（23）D

试题（24）

监理单位应按照“守法、公正、独立、科学、保密”的原则开展监理工作，维护__（24）__的合法权益。

（24）A．建设单位　　B．承建单位
　　C．建设单位和承建单位　　D．所有项目建设相关方

试题（24）分析

监理单位的权利和义务：

①应按照“守法、公平、公正、独立”的原则，开展信息系统工程监理工作，维护建设单位与承建单位的合法权益。

②按照监理合同取得监理收入。

③不得承包信息系统工程。

④不得与被监理项目的承建单位存在隶属关系和利益关系。

⑤不得以任何形式侵害建设单位和承建单位的知识产权。

⑥在监理过程中因违犯国家法律、法规，造成重大质量、安全事故的，应承担相应的经济责任和法律责任。

另外，干扰选项D所有项目建设相关方中，除了建设单位和承建单位外，监理单位同其他单位既没有合同约束也没有建设关系，所以没有维护其合法权益的依据。

因此，本题答案为选项C。

参考答案

（24）C

试题（25）

现场监理项目部实行__（25）__负责制。

（25）A．总监理工程师代表　　B．集体负责
　　C．监理员　　D．总监理工程师

试题（25）分析

监理项目部实行总监理工程师负责制。总监理工程师是监理单位派驻项目的全权负责人，对外向建设单位负责，对内向监理单位负责，代表监理单位全面履行监理委托合同，承担与建设单位所签订监理合同中规定的义务和责任，行使监理合同和有关法律、法规所赋予的有限权限，保障信息系统工程建设顺利地进行，实现工程建设的投资、质量、进度、变更控制目标，提高投资效益。总监理工程师代表监理单位从事监理工作，其监理行为的后果由监理单位承担。

因此，本题答案为选项D。

参考答案

（25）D

试题（26）

需求分析说明书不能作为__（26）__。

（26）A．可行性研究的依据　　B．用户和开发人员之间的约定
　　C．系统概要设计的依据　　D．软件验收测试的依据

试题（26）分析

可行性研究报告是业主单位在理想阶段根据实际需求编制，确定系统设计目标和项目范围、功能、运行环境、投资预算和竣工时间等项目要素。目的是说明项目的实现在技术、经济和社会条件方面的可行性；评述为了合理地达到开发目标而可能选择的各种方案；说明并论证所选定的方案。而需求说明书是为了使用户和软件开发者双方对该软件的初始规定有一个共同的理解而编制成的说明书，需求说明书是整个开发工作的基础。

因此，本题答案为选项A。

参考答案

（26）A

试题（27）

数据流程图（Data Flow Diagram，DFD/Data Flow Chart）是描述系统数据流程的工具。它将数据独立抽象出来，通过图形方式描述信息的来龙去脉和实际流程。在数据流程图中用＿（27）＿表示处理过程。

（27）A．长方形　　B．带圆角的长方形　　C．正方形　　D．圆或椭圆

试题（27）分析

数据流程图是描述系统数据流程的工具，它将数据独立抽象出来，通过图形方式描述信息的来龙去脉和实际流程。在数据流程图中，用带圆角的长方形表示处理过程；用正方形表示外部实体；用右开口的长条形表示数据存储；用水平或垂直箭头表示数据流向，箭头指向即数据流向。

因此，本题答案为选项 B。

参考答案

（27）B

试题（28）

在软件工程中，高质量的文档应具有完整性、一致性和＿（28）＿。

（28）A．统一性　　B．安全性　　C．无二义性　　D．组合性

试题（28）分析

在软件工程中，高质量的文档应具有完整性、一致性和无二义性。

因此，本题答案为选项 C。

参考答案

（28）C

试题（29）

软件配置管理涵盖了软件生命周期并影响所有数据和过程。软件配置管理项必须保持正确性、完备性和＿（29）＿。

（29）A．科学性　　B．可溯性　　C．可控性　　D．可见性

试题（29）分析

软件配置管理涵盖了软件生命周期并影响所有数据和过程。软件配置管理项必须保持正确性、完备性和可溯性。任何软件配置管理项都必须做到“文实相符、文文一致”，以满足“有效性”“可见性”和“可控性”要求。

因此，本题答案为选项 B。

参考答案

（29）B

试题（30）

软件静态测试可以分为静态分析和代码走查，其中静态分析主要对程序进行控制流分析、＿（30）＿、接口分析和表达式分析等。

（30）A．配置项分析　　B．业务流分析　　C．数据流分析　　D．结构化分析

试题（30）分析

静态分析主要对程序进行控制流分析、数据流分析、接口分析和表达式分析等。静态分析一般由计算机辅助完成。静态分析的对象是计算机程序，程序设计语言不同，相应的静态分析工具也就不同。目前具备静态分析功能的软件测试工具有很多，如 Purify，Macabe 等。

因此，本题答案为选项 C。

参考答案

（30）C

试题（31）

在软件配置任务的变更控制中，“检出”和“登入”处理实现了两个重要的变更控制要素，即<u>（31）</u>和同步控制。

（31）A．存取控制　　B．审查　　C．版本控制　　D．注册

试题（31）分析

软件配置管理(SCM)是指在开发过程中各阶段，管理计算机程序演变的学科，它作为软件工程的关键元素。已经成为软件开发和维护的重要组成部分。SCM 提供了结构化的、有序化的、产品化的管理软件工程的方法。它涵盖了软件生命周期的所有领域并影响所有数据和过程。

参考答案

（31）A

试题（32）

<u>（32）</u>不属于面向对象技术的基本特征。

（32）A．封装性　　B．模块性　　C．多态性　　D．继承性

试题（32）分析

面向对象技术是目前流行的系统设计开发技术，它包括面向对象分析和面向对象程序设计。面向对象程序设计技术的提出，主要是为了解决传统程序设计方法——结构化程序设计所不能解决的代码重用问题。

面向对象的编程方法具有四个基本特征：

1. 抽象

抽象就是忽略一个主题中与当前目标无关的那些方面，以便更充分地注意与当前目标有关的方面。抽象并不打算了解全部问题，而只是选择其中的一部分，暂时不用部分细节。抽象包括两个方面，一是过程抽象，二是数据抽象。过程抽象是指任何一个明确定义功能的操作都可被使用者看作单个的实体看待，尽管这个操作实际上可能由一系列更低级的操作来完成。数据抽象定义了数据类型和施加于该类型对象上的操作，并限定了对象的值只能通过使用这些操作修改和观察。

2. 继承

继承是一种联结类的层次模型，并且允许和鼓励类的重用，它提供了一种明确表述共性的方法。对象的一个新类可以从现有的类中派生，这个过程称为类继承。新类继承了原始类的特性，新类称为原始类的派生类（子类），而原始类称为新类的基类（父类）。派生类可以

从它的基类那里继承方法和实例变量，并且类可以修改或增加新的方法使之更适合特殊的需要。这也体现了大自然中一般与特殊的关系。继承性很好地解决了软件的可重用性问题。比如说，所有的 Windows 应用程序都有一个窗口，它们可以看作都是从一个窗口类派生出来的。但是有的应用程序用于文字处理，有的应用程序用于绘图，这是由于派生出了不同的子类，各个子类添加了不同的特性。

3. 封装

封装是面向对象的特征之一，是对象和类概念的主要特性。封装是把过程和数据包围起来，对数据的访问只能通过已定义的界面。面向对象计算始于这个基本概念，即现实世界可以被描绘成一系列完全自治、封装的对象，这些对象通过一个受保护的接口访问其他对象。一旦定义了一个对象的特性，则有必要决定这些特性的可见性，即哪些特性对外部世界是可见的，哪些特性用于表示内部状态。在这个阶段定义对象的接口。通常，应禁止直接访问一个对象的实际表示，而应通过操作接口访问对象，这称为信息隐藏。事实上，信息隐藏是用户对封装性的认识，封装则为信息隐藏提供支持。封装保证了模块具有较好的独立性，使得程序维护修改较为容易。对应用程序的修改仅限于类的内部，因而可以将应用程序修改带来的影响减少到最低限度。

4. 多态性

多态性是指允许不同类的对象对同一消息作出响应。多态性包括参数化多态性和包含多态性。多态性语言具有灵活、抽象、行为共享、代码共享的优势，很好地解决了应用程序函数同名问题。

参考答案

（32）B

试题（33）

<u>（33）</u>是表达系统中的类及其相互联系的图示，它是面向对象设计的核心，建立状态图、协作图和其他图的基础。

（33）A. 对象图　　B. 组件图　　C. 类图　　D. 配置图

试题（33）分析

对象图是类图的示例，类图表示类和类与类之间的关系，对象图则表示在某一时刻这些类的具体实例以及这些实例之间的具体连接关系，可以帮助人们理解比较复杂的类图。对象图也可以用于显示类图中的对象在某一点的连接关系。对象图常用于用例视图和逻辑视图中。

组件图用来反映代码的物理结构。组件可以是源代码、二进制文件或可执行文件，包含逻辑类的实现信息。实现视图由组件图构成。

类图用来表示系统中的类以及类与类之间的关系，描述系统的静态结构，用于逻辑视图中。类是对象的抽象描述。所谓对象就是可以控制和操作的实体，类是具有共同的结构、行为、关系、语义的一组对象的抽象。类的行为和结构特征分别通过操作和属性表示。

类与类之间有多种关系，如关联、依赖、通用化、聚合等。关系提供了对象之间的通信方式。关联关系用于描述类与类之间的连接，通常是双向的。通用化又称继承，是通用元素和具体元素之间的一种分类关系，具体元素完全拥有通用元素的信息，并且还可以附加其他信息。聚合关系具有较强的耦合性，描述整体与部分的关系。依赖关系描述两个模型元素之间语义上的连接关系，其中一个元素是独立的，另一个元素依赖于独立的模型元素，独立元素的变化将影响到依赖元素。

配置图用来显示系统中软件和硬件的物理架构。图中通常显示实际的计算机和设备及它们之间的关系。配置图用来构成配置视图，描述系统的实际物理结构。

参考答案

（33）C

试题（34）

面向对象分析设计中，多态机制的作用是__（34）__。

（34）A．信息隐藏　　B．实现“一种接口，多种方法”
C．数据抽象　　D．实现“多种接口，一种方法”

试题（34）分析

多态（Polymorphism）按字面的意思就是“多种状态”。在面向对象语言中，接口的多种不同的实现方式即为多态。引用 Charlie Calverts 对多态的描述——多态性是允许你将父对象设置成为一个或更多的他的子对象相等的技术，赋值之后，父对象就可以根据当前赋值给它的子对象的特性以不同的方式运作。

参考答案

（34）B

试题（35）

在项目质量管理中，通过“排除故障”或采取“纠正行动”使过程恢复到前一正常状态，这样的行动是__（35）__。

（35）A．质量策划　　B．质量保证　　C．质量控制　　D．质量改进

试题（35）分析

质量控制要贯穿在项目建设从可行性研究、设计、建设准备、开发、实施、竣工、启用及用后维护的全过程。主要包括组织设计方案评比，进行设计方案磋商及图纸审核，控制设计变更，在实施前通过审查承建单位资质等；在实施中通过多种控制手段检查监督标准、规范的贯彻，以及通过阶段验收和竣工验收把好质量关等。

参考答案

（35）C

试题（36）

事关项目未来成败的重要决策，要由项目建设单位决定。为了帮助建设单位决策，监理应该__（36）__。

（36）A．隐蔽可能对项目干系人或高层管理不利的信息
B．充分与承建单位进行协调
C．使用仅表明本周信息的进度图表
D．定期规范地提供准确完整及时的数据资料

试题（36）分析

信息系统工程信息是对参与各方主体（如建设单位、承建单位、监理单位和供货厂商、招标公司、分包公司等其他主体）从事信息系统工程项目管理（或监理）提供决策支持的一种载体，如项目建议书、可行性研究报告、设计说明书、售后服务协议及实施标准等。

在信息系统工程建设中，能及时、准确、完善地掌握与信息系统工程有关的大量信息，处理和管理好各类工程建设信息，是信息系统工程项目管理的重要工作内容，也是监理单位监督管理的重要内容。

信息工程项目监理决策的正确与否，将直接影响信息系统工程项目建设总目标的实现，而影响决策正确与否的主要因素之一就是信息。如果没有可靠、正确的信息作依据，监理工程师就不能做出正确的决策。如实施阶段对工程进度款的支付，监理工程师只有在掌握有关合同规定及实际实施状况等信息后，才能决定是否支付或支付多少等。因此，信息是项目正确决策的依据。同样，定期规范地向项目建设单位提供准确完整及时的数据资料也能帮助建设单位作出正确的决策。

参考答案

（36）D

试题（37）

标记甲方、乙方、丙方分别为某项目的建设方、承建方和监理方，乙方将此项目的非关键部分分包给了丁方。以下做法中，正确的是＿（37）＿。

（37）A．丙方要认真听取甲方的意见，对于甲方的意见在监理工作中要认真执行

B．乙方可以合同的方式委托丙方帮助其梳理软件配置流程，培训相关人员

C．丙方应对丁方的分包项目进行全方位管理和协调，以确保整个项目的工程质量和工程进度

D．分包前，丙方要对丁方的资质等进行审查，并签署监理意见

试题（37）分析

通过招投标方式签定合同的项目，承建单位可按照合同约定或者经业主同意，将中标项目的部分非主体、非关键性工作分包给他人完成。分承建单位应当具备相应的资格条件，并不得再次分包。承建单位应当就分包项目向业主负责，分承建单位承担连带责任。

软件分包合同管理包括选择分承建单位，建立同分承建单位的约定，并跟踪、评审分承建单位的执行情况和结果。当进行分包时，制定包括技术和非技术需求（如交付日期）的书面协议，并依此管理分包合同。分承建单位要完成的工作及其计划要成文归档。分承建单位遵循的标准要与主承建单位的标准一致。

由分承建单位完成分包工作的软件计划、跟踪和监督活动。主承建单位确保这些计划、跟踪和监督活动能恰当地完成，并且分承建单位交付的软件产品能满足其验收标准。主承建单位和分承建单位共同管理其产品和过程界面。

参考答案

（37）D

试题（38）

以下信息系统工程建设中的问题，属于质量控制方面的是＿（38）＿。

①系统测试不过关，bug 过多，测试范围覆盖不全面

②项目实施业务需求调研不充分，不全面

③项目资金使用不合理，超出预算

④项目实施范围变更

⑤项目实施过程中业务需求不确定

（38）A. ①④　　B. ②④　　C. ②⑤　　D. ①②⑤

试题（38）分析

信息化建设普遍存在的主要问题：

①系统质量不能满足应用的基本需求；

②工程进度拖后延期；

③项目资金使用不合理或严重超出预算；

④项目文档不全甚至严重缺失；

⑤在项目实施过程中系统业务需求一变再变；

⑥在项目实施过程中经常出现扯皮、推诿现象；

⑦系统存在着安全漏洞和隐患；

⑧重硬件轻软件，重开发轻维护，重建设轻使用。

质量控制主要是从质量体系控制、实施过程控制以及单元控制入手，通过阶段性评审、评估，以及实时测试等手段尽早地发现质量问题，找出解决问题的方法，最终达到工程的质量目标。

参考答案

（38）D

试题（39）

在信息化工程监理活动中，总承包单位对分包单位的监督管理，＿（39）＿视为工程监理活动。

（39）A. 也能　　B. 不能　　C. 可以　　D. 不完全

试题（39）分析

通过招投标方式签订合同的项目，承建单位可按照合同约定或者经业主同意，将中标项目的部分非主体、非关键性工作分包给他人完成。分承建单位应当具备相应的资格条件，并不得再次分包。承建单位应当就分包项目向业主负责，分承建单位承担连带责任。

软件分包合同管理包括选择分承建单位，建立同分承建单位的约定，并跟踪、评审分承建单位的执行情况和结果。当进行分包时，制定包括技术和非技术需求（如交付日期）的书面协议，并依此管理分包合同。分承建单位要完成的工作及其计划要成文归档。分承建单位遵循的标准要与主承建单位的标准一致。

由分承建单位完成分包工作的软件计划、跟踪和监督活动。主承建单位确保这些计划、跟踪和监督活动能恰当地完成，并且分承建单位交付的软件产品能满足其验收标准。主承建

单位和分承建单位共同管理其产品和过程界面。

承建单位的软件分包管理涉及的活动包括：识别所要采办的产品；选择分承建单位；与分承建单位签订协定并予以管理和维护；监督分承建单位的过程能力：验收分承建单位的产品；对所采办的产品安排支持和维护。

承建单位根据需要制定了软件分包合同，同时该分包合同的格式规范，有专人进行负责、管理和维护，软件分包合同的要求与业主单位的合同要求没有冲突，进度、质量和软件过程标准与承建单位的项目计划一致。

参考答案

（39）B

试题（40）

根据质量管理的基本原理，PDCA 循环中的“D”是指__（40）__。

（40）A．计划　　B．实施　　C．检查　　D．处理

试题（40）分析

进度控制可以分成四个步骤：计划(Plan)、执行(Do)、检查(Check)和行动(Action)，简称 PDCA。由于计划不变是相对的，变化则是绝对的；平衡也是暂时的、相对的，不平衡是永久的绝对的，因此，工程进度不仅要有计划，而且要随时预见变化、掌握变化，及时采取对策，调整进度计划，对计划实行动态管理，这样才能真正有效地控制进度。

进度控制过程必然是一个周期性的循环过程。一个完整的进度控制过程大致可以范围四个阶段，先后顺序是：编制进度计划、实施进度计划、检查与调整进度计划、分析与总结进度计划。

参考答案

（40）B

试题（41）

某工程项目招标，集成商的投标总价为 3000 万元。按招标人要求，集成商提交的投标保证金额度应不超过__（41）__万元。

（41）A．60　　B．80　　C．90　　D．150

试题（41）分析

《中华人民共和国招标投标法实施条例》第二十六条规定招标人在招标文件中要求投标人提交投标保证金的，投标保证金不得超过招标项目估算价的 2%。投标保证金有效期应当与投标有效期一致。

参考答案

（41）A

试题（42）

__（42）__不属于监理合同内容。

（42）A．监理业务内容

B．违约责任及争议的解决方法

C．建设单位、监理单位、承建单位三方的权利和义务

D．监理费用的计取和支付方式

试题（42）分析

建设单位与监理单位应当签订监理合同，合同内容主要包括：

（1）监理业务内容；

（2）双方的权利和义务；

（3）监理费用的计取和支付方式；

（4）违约责任及争议的解决方法；

（5）双方约定的其他事项。

参考答案

（42）C

试题（43）

信息化工程中，监理规划应在签订委托监理合同后及__（43）__进行编制。

（43）A．实施组织设计批准后　　B．初步设计文件批准后

C．收到实施设计文件后　　D．工程实施开始前

试题（43）分析

监理单位在接受监理任务，开展监理投标和监理委托合同谈判时，应该根据建设单位对信息系统工程监理招标的要求和意图，向建设单位提供监理大纲，使建设单位通过监理大纲了解监理单位对该项目监理的行动纲要，增强建设单位对监理单位从事项目监理的信任感和认同感，促成双方合同洽谈和合同签约的成功。在合同签订后，监理单位应根据合同规定和要求，对监理大纲进一步细化，并向建设单位提交监理规划，作为监理单位对监理项目的行动指南，也可以作为建设单位考核监理单位对监理委托合同实际执行情况的重要依据。因此，监理规划在监理单位经营管理活动中有着重大的现实意义。

编制监理规划的依据：

（1）与信息系统工程建设有关的法律、法规及项目审批文件等；

（2）与信息系统工程监理有关的法律、法规及管理办法等；

（3）与本工程项目有关的标准、设计文件、技术资料等，其中标准应包含公认应该遵循的相关国际标准、国家或地方标准；

（4）监理大纲、监理合同文件以及与本项目建设有关的合同文件。

参考答案

（43）C

试题（44）

编制监理大纲的主要负责人为__（44）__。

（44）A．公司项目总监　　B．专业监理工程师

C．总监理工程师　　D．公司技术总监

试题（44）分析

监理大纲、监理规划和监理实施细则三者比较的主要区别见表 5-1。

表 5-1　监理大纲、监理规划和监理实施细则的主要区别

名称	编制对象	负责人	编制时间	编制目的	编制作用	编制内容		
						为什么	做什么	如何做
监理大纲	项目整体	公司总监	监理招标阶段	供建设单位审查监理能力	增强监理任务中标的可能性	重点	一般	无
监理规划	项目整体	项目总监	监理委托合同签订后	项目监理的工作纲领	对监理自身工作的指导、考核	一般	重点	重点
监理实施细则	某项专业监理工作	专业监理工程师	监理项目部建立、责任明确后	专业监理实施的操作指南	规定专业监理程序、方法、标准，使监理工作规范化	无	一般	重点

参考答案

（44）D

试题（45）

以下关于监理规划的叙述中，正确的是：__（45）__。

（45）A．编制监理规划的目的，是将监理委托合同规定的责任和任务具体化，并在此基础上制定实现监理任务的措施

B．监理规划在公司总监主持下编制，并由建设单位认可，公司总监签署后执行

C．监理规划只是指导监理项目开展工作的纲领性文件，不具有合同效力

D．监理规划是在监理大纲的基础上，根据项目实际情况对各项监理工作的具体实施和操作要求的具体化、详细化，用以指导项目监理部全面开展监理业务

试题（45）分析

监理规划则是在监理委托合同签订后，由监理单位制定的指导监理工作开展的纲领性文件。它起着指导监理单位规划自身的业务工作，并协调与建设单位在开展监理活动中的统一认识、统一步调、统一行动的作用。由于监理规划是在委托合同签订后编制的，监理委托关系和监理授权范围都已经很明确，工程项目特点及建设条件等资料也都比较翔实。因此，监理规划在内容和深度等方面比监理委托合同更加具体化，更加具有指导监理工作的实际价值。

参考答案

（45）A

试题（46）

以下关于监理大纲、监理规划和监理实施细则的叙述中，不正确的是：__（46）__。

（46）A．监理单位编制监理大纲目的之一是为今后开展监理工作制定基本的方案

B．监理大纲的编制时间早于监理合同的签订

C．监理实施细则的作用是指导本专业或本子项目具体监理业务的开展

D．监理大纲、监理规划、监理实施细则互相独立，没有关联，缺一不可

试题（46）分析

监理大纲是在建设单位选择合适的监理单位时，监理单位为了获得监理任务，在项目监理招标阶段编制的项目监理单位案性文件。它是监理单位参与投标时，投标书内容的重要组成部分。编制监理大纲的目的是，要使建设单位信服，采用本监理单位制定的监理单位案，能够圆满实现建设单位的投资目标和建设意图，进而赢得竞争投标的胜利。由此可见，监理大纲的作用，是为监理单位的经营目标服务的，起着承接监理任务的作用。所以A、B 项正确。

监理实施细则则是在监理规划指导下，监理项目部已经建立，各项专业监理工作责任制已经落实，配备的专业监理工程师已经上岗，再由专业监理工程师根据专业项目特点及本专业技术要求所编制的、具有实施性和可操作性的业务性文件。监理实施细则由各专业监理工程师负责主持编制，并报送项目总监理工程师认可批准执行。是具体指导项目中各专业开展监理工作的技术性文件。所以 C 项正确。

监理大纲、监理规划和监理实施细则三者之间有一定的联系性，都是由监理单位对特定的监理项目而编制的监理工作计划性文件，且编制的依据具有一定的共同性，编制的文件格式也具有一定的相似性。但是，由于监理大纲、监理规划和监理实施细则三者的作用不同、编制对象不同、编制负责人不同、编制时间不同、编制的目的不同等，在编制内容侧重点、深度、广度和细度诸方面上，都有着显著区别。所以 D 项错误。

参考答案

（46）D

试题（47）

以下建立项目监理机构的工作的排列顺序中，正确的是__（47）__。

①确定各项监理工作，并分类、归并形成部门

②明确监理总目标并确定各项监理任务

③制定监理工作流程

④建立监理组织结构图

⑤制定监理部门和人员的任务、工作、职能分工

（47）A. ①②③④⑤　B. ④①③②⑤　C. ②①④⑤③　D. ④②⑤①③

试题（47）分析

监理单位在组建项目监理机构时，一般按以下步骤进行：

1. 确定项目监理机构目标

项目监理机构建立应根据委托监理合同中确定的监理目标，制定总目标并明确划分监理机构的分解目标。

2. 确定监理工作内容

根据监理目标和委托监理合同中规定的监理任务，明确列出监理工作内容，并进行分类归并及组合。监理工作的归并及组合应便于监理目标控制，并综合考虑监理工程的组织管理模式、工程结构特点、合同工期要求、工程复杂程度、工程管理及技术特点；还应考虑监理单位自身组织管理水平、监理人员数量、技术业务特点等。

3. 项目监理机构的组织结构设计和人员分工

选择组织结构形式，合理确定管理层次与管理跨，项目监理机构部门划分，制定岗位职责及考核标准，制定监理部门和人员的任务、工作、职能分工。选派监理人员。

4. 制定工作流程和信息流程

为使监理工作科学、有序进行，应按监理工作的客观规律制定工作流程和信息流程，规范化地开展监理工作。

参考答案

（47）C

试题（48）

以下关于质量控制点意义的叙述中，不正确的是：＿（48）＿。

（48）A．质量控制点的设置有利于计算分项控制目标值与实际值的偏差

B．通过对下层级质量控制点分项目标的实现，有利于上层级质量控制点的实现

C．质量控制点有利于将复杂的工程质量目标进行分解

D．质量控制点目标单一，不利于监理工程师的控制和管理

试题（48）分析

在信息系统工程建设过程中设置不同阶段的质量控制点，有下列几方面的重要意义：

①通过质量控制点设置，便于对工程质量总目标的分解，可以将复杂的工程质量总目标分化为一系列简单分项的目标控制；所以 C 项正确。

②设置质量控制点，有利于监理工程师和承建单位的控制管理人员及时分析和掌握控制点所处的环境因素，易于分析各种干扰条件对有关分项目标产生的影响及其影响程度的测定。

③设置质量控制点，有利于监理工程师和承建单位的控制管理人员监测分项控制目标，计算分项控制目标值与实际标值的偏差；所以 A 项正确。

④由于质量控制点目标单一，且干扰因素便于测定，有利于监理工程师和承建单位的控制管理人员制定、实施纠偏措施和控制对策；所以 D 项不正确。

⑤通过对下层级质量控制点分项目标的实现，对上层级质量控制点分项目标提供保证，从而可以保证上层级质量控制点分项控制目标的实现，直到工程质量总目标的最终实现。所以 B 项正确。

参考答案

（48）D

试题（49）

综合布线工程实施过程中发生了严重的质量事故，此时总监理工程师首先应进行的工作是签发《工程暂停令》，并要求施工单位采取＿（49）＿的措施。

（49）A．抓紧整改，早日复工　　B．防止事故扩大并保护好现场

C．防止事故信息不正常披露　　D．对事故责任人加强监督

试题（49）分析

监理机构应要求承建单位在事故发生后立即采取措施，尽可能控制其影响范围，并及时签发停工令，报业主单位。

参考答案

（49）B

试题（50）

信息工程的质量控制基本原则是__（50）__。

（50）A．以人为核心　　B．加强主动控制
C．把控重点环节　　D．质量控制要实施全面控制

试题（50）分析

质量控制把握有如下原则

①质量控制要与建设单位对工程质量监督紧密结合

②质量控制是一种系统过程的控制

③质量控制要实施全面控制

故 D 正确。

参考答案

（50）D

试题（51）

双代号网络图又称箭线式网络图，它以箭线表示__（51）__。

（51）A．工作的开始　B．工作的结束　C．工作　D．逻辑关系

试题（51）分析

双代号网络图又称箭线式网络图，它以箭线表示工作，以节点表示工作的开始或结束状及工作之间的连接点，以工作两端节点的编号代表一项工作。故 C 正确。

参考答案

（51）C

试题（52）

在信息化工程进度计划的执行过程中，缩短某些工作的持续时间是调整建设工程进度计划的有效方法之一。这些被压缩的工作应该是关键线路和超过计划工期的非关键线路上__（52）__的工作。

（52）A．持续时间较长　　B．直接费用率最小
C．所需资源有限　　D．自由时差为零

试题（52）分析

选定最先压缩持续时间的关键工作，选择时应考虑的因素有：缩短持续时间后，对项目质量的影响不大；有充足的备用资源；缩短持续时间所需增加的费用相对较少。故 B 正确。

参考答案

（52）B

试题（53）

监理方协助建设单位分析项目的内容及项目周期，并提出安排工程进度的合理建议，属于__（53）__阶段的主要任务。

（53）A．实施　B．验收　C．设计　D．准备

试题（53）分析

工程准备阶段的监理任务包括：

①参与建设单位招标前的准备工作，协助编制本项目的工作计划，内容包含项目主要内容、组织管理、项目实施阶段划分和项目实施进程等。

②协助建设单位分析项目的内容及项目周期，并提出安排工程进度的合理建议。

③对建设合同中所涉及产品和服务的供应周期等做出详细说明，并建议建设单位做出合理的安排。

④监理应对招标书中的工程实施计划（包括人员、时间、阶段性工作任务等）及其保障措施提出建议，并在招标书中明确规定。

⑤在协助评标时，应对投标文件中的项目进度安排及进度控制措施等进行审查，提出审核意见。

故 D 正确。

参考答案

（53）D

试题（54）

旁站监理是指监理人员在施工现场对__（54）__的实施全过程现场跟班的监督活动。

（54）A．关键线路上的工作　　B．某些关键部位或关键工序
C．全部关键部位或关键工序　　D．隐蔽工程和地下工程

试题（54）分析

在项目实施现场进行旁站监理工作是监理在信息系统工程质量控制方面的重要手段之一。旁站监理是指监理人员在施工现场对某些关键部位或关键工序的实施全过程现场跟班的监督活动。旁站监理在总监理工程师的指导下，由现场监理人员负责具体实施。旁站监理时间可根据施工进度计划事先做好安排，待关键工序实施后再做具体安排。旁站的目的在于保证施工过程中的项目标准的符合性，尽可能保证施工过程符合国家或国际的相关标准。

故 B 正确。

参考答案

（54）B

试题（55）

在信息化工程项目中，为工程项目成本预算评估所发生的费用属于__（55）__。

（55）A．咨询设计费　　B．工程前期费用
C．工程费用　　D．甲方项目管理费用

试题（55）分析

工程前期费是指建设单位请专业公司在编制工程方案设计、项目可行性分析、造价是否合理评估，以及项目招、投标等方面所需要的费用。

故 B 正确。

参考答案

（55）B

试题（56）

挣值法是对工程项目成本/进度进行综合控制的一种分析方法。以下挣值法的公式中，正确的是：__（56）__。

（56）A．进度偏差SV=BCWP−BCWS　　B．进度偏差SV=BCWS−BCWP
　　C．费用偏差CV=ACWP−BCWP　　D．费用偏差CV=BCWS−BCWP

试题（56）分析

项目成本偏差CV=BCWP−ACWP

项目进度偏差SV=BCWP−BCWS

故A正确。

参考答案

（56）A

试题（57）

在工程__（57）__阶段，监理工程师应协助建设单位正确编制工程结算。

（57）A．启动　　B．实施　　C．设计　　D．验收

试题（57）分析

当信息系统工程竣工经验收之后，监理工程师应协助建设单位正确编制工程结算。项目的竣工结算既是应该做的，也是国家要求做的工作。国家规定，项目在验收后一个月内，应向主管部门和财政部门提交结算。故D正确。

参考答案

（57）D

试题（58）

以下关于工程变更的叙述中，不正确的是：__（58）__。

（58）A．变更对项目质量、进度、成本都会产生影响
　　B．工程各方都有权提出变更
　　C．变更的产生对工程建设是不利的
　　D．技术手段更新往往会产生变更

试题（58）分析

承建单位和建设单位是变更的主要申请方，但是监理单位也可以根据项目实施的情况，提出变更。故B项正确。

一般情况下，造成信息系统工程变更的原因有以下几个方面：

- 项目外部环境发生变化，例如政府政策的变化。
- 项目总体设计，项目需求分析不够周密详细，有一定的错误或者遗漏。
- 新技术的出现、设计人员提出了新的设计方案或者新的实现手段，故D项正确。
- 建设单位由于机构重组等原因造成业务流程的变化。

信息系统工程本身的特点决定了信息系统工程的变更是经常发生的，有些变更是积极的，有些变更是消极的，故C项不正确。

参考答案

（58）C

试题（59）

某信息化项目原计划于 6 月 21 日开始部署应用软件系统，预计需要 8 天时间，另外预留两天时间以备部署过程中出现意想不到的问题，以确保按计划于 7 月 1 日上线运行。由于硬件系统的安装调试工作到 6 月 22 日才完成，因此项目经理就进度工期延误提出延期变更申请。监理工程师的以下做法中，正确的是：＿（59）＿。

（59）A．驳回申请

B．要求承建单位拿出新的工期计划

C．根据变更会给监理带来怎样的影响后确定如何应对

D．要求承建单位向硬件系统的承建商索赔

试题（59）分析

项目延期事件必须发生在被批准的进度计划的关键路径上，本项目原本预留两天时间以备部署过程中出现意想不到的问题，硬件安装调试延期两天，并未超出原本预留的时间，故应驳回延期申请，A 项正确。

参考答案

（59）A

试题（60）

监理工程师的检查检验原则上不应影响施工正常进行，如果实际影响了施工的正常进行，检查检验合格时，＿（60）＿。

（60）A．追加合同价款和工期损失全部由建设单位承担

B．追加合同价款和工期损失全部由承建单位承担

C．追加合同价款由承建单位承担，工期给予顺延

D．工期不予顺延，但追加合同价款由承建单位给予补偿

试题（60）分析

检查检验原则上不应影响施工正常进行。如果实际影响了施工的正常进行，其后果责任由检验结果的质量是否合格来区分合同责任。检查检验不合格时，影响正常施工的费用由承包人承担。除此之外，影响正常施工的追加合同价款由发包人承担，相应顺延工期。

参考答案

（60）A

试题（61）

以下关于信息系统工程合同的叙述中，正确的是：＿（61）＿。

（61）A．从信息系统工程的不同范围和数量进行划分，可以分为信息系统工程总承建合同、信息系统工程承建合同、监理合同

B．建设单位将该信息系统工程的设计、实施等的每一项分别发包给一个承建单位的合同即为项目分包合同

C．总承包合同既可以用一个总合同的形式，也可以用若干合同的形式来签订，例

如建设单位分别与同一个承包人签订项目咨询、论证、硬件、网络和软件建设合同等

D. 按照付款方式的不同划分，信息系统工程合同分为总价合同、单价合同和利润加酬金合同

试题（61）分析

合同法第二百七十二条规定："发包人可以与总承包人订立建设工程合同也可以分别与勘察人设计人施工人订立勘察设计施工承包合同发包人不得将应当由一个承包人完成的建设工程肢解成若干部分发包给几个承包人。"这就说是，总承包合同既可以是一个总合同，也可以是若干合同的和。信息系统工程合同按信息系统范围划分为总承包合同、单项项目承包合同、分包合同；按项目付款方式划分为总价合同、单价合同、成本加酬金合同；总承建单位将其承包的某一部分或某几部分项目，再发包给子承建单位，称为项目分包合同。

参考答案

（61）C

试题（62）

解决合同纠纷的方式中，__(62)__是不以双方自愿为前提的。

（62）A. 协商　　B. 调解　　C. 仲裁　　D. 诉讼

试题（62）分析

合同法第一百二十条规定，"当事人可以通过和解或者调解解决合同争议。当事人不愿和解、调解或者和解、调解不成的，可以根据仲裁协议向仲裁机构申请仲裁。涉外合同的当事人可以根据仲裁协议向中国仲裁机构或者其他仲裁机构申请仲裁。当事人没有订立仲裁协议或者仲裁协议无效的，可以向人民法院起诉。当事人应当履行发生法律效力的判决、仲裁裁决、调解书；拒不履行的，对方可以请求人民法院执行。"这就是说，无论和解、调解还是仲裁，其最终解决方式都建立在双方自愿接受的基础上。当无仲裁或仲裁无效时，通过诉讼方式解决问题，判决结果并非双方自愿达成。

参考答案

（62）D

试题（63）

监理单位在处理双方违约过程中，应当本着__(63)__的原则，积极协助、配合双方解决违约纠纷。

（63）A. 公正、公平与合理　　B. 保护承建单位利益
C. 公正、保密与快速　　D. 保护建设单位利益

试题（63）分析

国家有关文件和行业标准要求信息化工程监理单位必须按照"公正、独立、自主"原则开展监理工作。在监理活动中体现公平、公正、独立的原则，就是在解决建设单位与承建单位可能发生的意见不统一或纠纷时，绝不能因为监理单位是受建设单位的委托而故意偏袒建设单位，一定要坚持"一碗水端平"，该是谁的责任就由谁来承担；该维护哪方的权益，就维护那方的权益。这样做既会得到建设单位的理解和支持，也会得到承建单位的拥护和欢迎。

本题应选 A。

参考答案

（63）A

试题（64）

计算机网络的安全主要是指＿（64）＿。

（64）A．网络设施环境的安全　　B．网络中信息的安全
　　　C．网络中使用者的安全　　D．网络中财产的安全

试题（64）分析

信息化工程监理规范 第六部分信息化工程安全监理规范《GB/T 19668.6—2007》3.1 信息安全指保持信息的保密性、完整性和可用性；另外也可包括诸如真实性、可核查性、不可否认性和可靠性等。

参考答案

（64）B

试题（65）

对通常情况下，信息系统实施安全管理的有关制度包括＿（65）＿。

①计算机信息网络系统各工作岗位的工作职责、操作规程

②计算机信息网络系统升级、维护制度

③计算机信息网络系统工作人员人事管理制度

④计算机信息网络系统工作人员循环任职、强制休假制度

（65）A．①②　　B．①②③　　C．①②④　　D．①②③④

试题（65）分析

安全管理制度包括物理安全管理、人员安全管理、应用系统安全管理等。各工作岗位的工作职责、操作规程属于人员安全管理中的岗位安全考核与培训；系统升级、维护制度属于应用系统安全管理；工作人员人事管理制度属于人员安全管理中的安全组织；工作人员循环任职、强制休假制度属于人员安全管理中的岗位安全考核与培训及离岗人员安全管理。

参考答案

（65）D

试题（66）

监理资料的管理应由＿（66）＿负责，并指定专人具体实施。

（66）A．监理单位的质量部人员　　B．监理工程师
　　　C．总监理工程师　　D．总监理工程师代表

试题（66）分析

根据《信息化工程监理规范》《GB 19668.1—2005》2.7 角色定义和 4.4.2.1 款规定，总监理工程师有履行主持整理工程项目的监理资料的职责。

参考答案

（66）C

试题（67）

___（67）___属于项目设计阶段的监理文档。

（67）A．监理日志　　B．工程进度计划

C．专题监理意见　　D．监理大纲工程

试题（67）分析

项目设计阶段的监理文档主要为工程计划、设计方案等。

参考答案

（67）B

试题（68）

以下关于工程实施进度计划编制的做法中，正确的是：___（68）___。

（68）A．工程实施进度计划应由承建单位负责编制，由监理单位进行审核

B．工程实施进度计划应由承建单位负责编制，由建设单位进行审核

C．工程实施进度计划应由监理单位负责编制，由承建单位确认

D．工程实施进度计划应由监理单位负责编制，由建设单位确认

试题（68）分析

信息化工程监理规范 第一部分 总则《GB/T 19668.1—2005》6.3.2 工程实施阶段的进度控制规定，监理应审核承建单位工程实施计划的合理性，审核后签署监理审核意见。实施计划无问题时，监理机构应在实施计划报审表中签认；否则，监理机构应签发监理通知单，责令承建单位整改。

参考答案

（68）A

试题（69）

监理工程师对核心问题有预先控制措施上的认识，凡事要有证据，处理业务一定要有可靠的依据和凭证，判断问题时尽量用数据说服建设单位或承建单位，这体现了组织协调中的___（69）___原则。

（69）A．公正　　B．科学　　C．诚信　　D．独立

试题（69）分析

所谓科学的原则，就是在监理实践中，要依据科学的方案（如监理规划），运用科学的手段（如测试设备或测试工具软件），采取科学的办法（如收集数据），并在项目结束后，进行科学的总结（如信息归纳整理）。监理要用科学的思维、科学的方法对核心问题有预先控制措施上的认识，凡事要有证据，处理业务一定要有可靠的依据和凭证，判断问题时尽量用数据说服建设单位或承建单位，必要时，一定以书面材料（如专题监理报告）说明立场和观点。

参考答案

（69）B

试题（70）

以下关于监理专题会议的叙述中，不正确是：___（70）___。

（70）A．专题会议是为解决专门问题而召开的会议，由总监理工程师或授权的监理工程师主持

B．监理单位通常依据现场进度情况，定期或不定期召开不同层级的现场协调会议，解决工作过程中的相互配合问题

C．监理专题会议的会议纪要由承建单位的项目经理记录、整理和签认后发给项目有关方面

D．监理专题会议包括技术讨论会、紧急事件协调会等

试题（70）分析

监理专题会议属于进行组织协调的监理方法，由监理方发起、主持、记录。

参考答案

（70）C

试题（71）

Most operating systems have a standard set of __（71）__ to handle the processing of all input and output instructions.

（71）A．spreadsheet　　B．control instructions

C．I/O operation　　D．data table

试题（71）分析

大多数操作系统都有一套标准来处理所有输入输出指令。

A．电子表格　　B．控制指令　　C．I/O 操作　　D．数据表

参考答案

（71）B

试题（72）

Cloud computing provides on-demand service to users by using distributed computing and __（72）__ resource management.

（72）A．network　　B．virtual　　C．centralized　　D．specialized

试题（72）分析

云计算通过分布式计算和资源管理来为用户提供按需服务。

A．网络　　B．虚拟　　C．集中　　D．专业

虚拟化技术是云计算平台的基础，本题选 B。

参考答案

（72）B

试题（73）

The cost performance index(CPI) is the ratio of earned value to __（73）__ And can be used to estimate the projected cost of completing the project.

（73）A．cost variance　　B．planned cost

C．schedule variance　　D．actual cost

试题（73）分析

费用绩效指数是挣值与之比，它可以用来估计完成项目的预计成本。

A．成本差额　　B．计划成本　　C．进度偏差　　D．实际成本

CPI = EV/AC。本题选 D。

参考答案

（73）D

试题（74）

The document management of information system engineering supervision is an important work, among them, the __（74）__ is a general class file.

（74）A．supervision summary report　　B．weekly report
C．meeting summary　　D．daily log

试题（74）分析

信息系统工程监理的文档管理是一项重要的工作，其中，哪一项是通用类文档。

A．监理总结报告　　B．周报　　C．会议纪要　　D．日志

本题选 A。

参考答案

（74）A

试题（75）

When a process is in control, what do you want to do with the process? __（75）__.

（75）A．The process should not be adjusted
B．The process may be adjusted for continuous improvement
C．The process should be always adjusted for continuous quality
D．The process should be regularly adjusted

试题（75）分析

当一个过程处于控制之中，你想对这个过程做什么？

A．不应该调整该过程

B．可以调整该过程达到连续改进

C．为了连续改进质量应该不断调整该过程

D．应该定期调整该过程

当过程在控制之中时，不应该对其进行调整。本题选 A。

参考答案

（75）A

第10章　2016上半年信息系统监理师下午试题分析与解答

试题一（20分）

阅读下列说明，回答问题1至问题4，将解答填入答题纸的对应栏内。

【说明】

经项目预算管理部门批准，某省人力资源和社会保障厅启动了社会保障核心平台及社会保障卡系统建设项目。建设任务涉及应用系统开发（含卡管理系统开发）、系统集成、卡片制作等工作，主要是对现有核心业务系统提供监控、审计、分析、整合、统一管理、统一发卡、统一结算和信息化管控等内容。建设单位通过公开招标首先引入了监理单位，负责协助建设单位从招标开始做好全过程的监理工作。在项目建设过程中，发生如下事件：

【事件1】 项目招标中，有关于测试部分的分包，恰好监理单位的上级主管公司具备投标资格，也想参与测试分包的投标。

【事件2】 在系统设计阶段，建设单位要求监理工程师对承建单位提交的系统设计方案进行评审。

【事件3】 社会保障卡制卡工作预计花费6000万元，工期12个月。在工作进行到8个月的时候，根据财务部门提供的资料：成本预算为3000万元，实际支出成本为2500万元，挣值为2000万元。

【事件4】 项目竣工验收并投入使用1年后，建设单位要求监理单位进行项目后评价工作。

【问题1】（5分）

针对事件1的描述，该监理单位的上级主管公司是否可以参与测试分包的投标？请分别说明理由和依据。

【问题2】（5分）

针对事件2的描述，监理单位在对设计方案进行评审时应把握哪些原则？

【问题3】（4分）

针对事件3的描述，请计算项目成本偏差（CV）、进度偏差（SV）、成本绩效指数（CPI）和进度绩效指数（SPI）。

【问题4】（6分）

针对【事件4】的描述，建设单位的要求是否合适？请分别说明依据和理由。

试题一分析

本题考察监理工程师在执行监理工作中，对监理工作的规定、执行工作的标准、对项目进度的把控等方面的综合能力。

问题1　考察考生对《信息系统工程监理暂行规定》的掌握程度。

问题2　考察考生对评审关键点的理解程度。

问题3　考察考生在进度管理中，利用挣值法分析工程进展情况的能力。

问题4　考察考生对国家电子政务相关制度、标准和规范的掌握能力。

【问题1】（5分）

不能。（2分）

原因：监理单位不得与被监理项目的承建单位存在隶属关系和利益关系。项目测试工作也属于项目建设范围，也包含在监理工作范围内，如果上级单位中标，则违反了此条规定。（2分）

依据为《信息系统工程监理暂行规定》。（1分）

【问题2】（5分）

（1）标准化原则。

（2）先进性和实用性原则。

（3）可靠性和稳定性原则。

（4）可扩展性原则。

（5）安全性原则。

（6）可管理性原则。

（7）对原有设备、资源合理整合的原则。

（8）经济和效益性原则。

（每项1分，最多得5分）

【问题3】（4分）

EV=2000万元 AC=2500万元 PV=3000万元

CV=EV−AC=2000−2500=−500万元　（1分）

SV=EV−PV=2000−3000=−1000万元　（1分）

CPI=EV/AC=0.8　（1分）

SPI=EV/PV=0.67　（1分）

【问题4】（6分）

不合适。（2分）

依据：国家发改委55号令《国家电子政务工程建设项目管理暂行办法》，项目审批部门根据电子政务项目验收后的运行情况，可适时组织专家或委托相关机构对建设项目的系统运行效率、使用效果等情况进行后评价。（1分，答出文号或名称即得分）

原因：在本项目中，不应该由建设单位去邀请评审单位（1分），应该由项目审批部门去委托（1分）；其次监理单位作为项目建设参与单位，也不适合在后期为项目做评价（1分）。

试题二（15分）

阅读下列说明，回答问题1至问题3，将解答填入答题纸的对应栏内。

【说明】

某单位信息化建设项目，主要包括综合布线、硬件系统集成和应用软件系统开发。建设单位通过公开招标选择了承建单位和监理单位。在项目建设过程中，发生了如下事件：

【事件1】 综合布线系统施工中，承建单位在未经监理认可的情况下购进了一批线缆，监理工程师对进场的电缆检查时发现：线缆标识不清，表面粗糙，外观不良。承建单位也未提供产品合格证、检测报告、生产许可证、质量保证书等相关资料。

【事件 2】接到针对线缆问题的监理通知单后，承建单位提交了这批线缆的产品合格证、检测报告、生产许可证、质量保证书等相关资料，要求监理审核并同意将这批线缆用于布线施工中。

【事件 3】 软件开发实施中，项目需求分析报告已经通过内部和外部专家评审。在承建单位的需求规格说明书通过内审后，由监理协助建设单位聘请外部专家对需求规格说明书进行专家评审。在讨论评审结论过程中，建设单位希望在评审结论中有“经过专家评审认为需求规格说明书所描述的需求满足用户业务对本项目软件应用系统建设的要求”这样的表述，专家认为仅通过这次专家会无法做出这样的认定，因此不同意在评审结论中写明建设单位所期望的表述。

【问题 1】（6 分）

针对【事件 1】，监理应如何处理进场线缆存在的问题？

【问题 2】（5 分）

针对【事件 2】，监理工程师应该同意承建单位的要求吗？如果同意，监理需要做什么？如果不同意，监理应该如何处理？

【问题 3】（4 分）

针对【事件 3】，作为监理工程师，请指出专家的意见是否正确？为什么？

试题二分析

【事件 1】

工程所用缆线器材型式、规格、数量、质量在施工前应进行检查，无出厂检验证明材料或与设计不符者不得在工程中使用。工程使用的对绞电缆和光缆型式、规格应符合设计的规定和合同要求。电缆所附标志、标签内容应齐全、清晰。护套完整无损，电缆应附有出厂质量检验合格证。对于不合格线缆，监理工程师应马上下发监理通知给承建单位，要求未检验合格线缆不能使用在工程上。同时将监理通知抄送建设单位，要求承建单位补充提供产品合格证、检测报告、生产许可证、质量保证书等相关资料。

【事件 2】

尽管资料已补充提供，线缆标识不清，表面粗糙，外观不良的问题依然存在，此批材料的质量依然存疑，因此监理方不应该同意承建单位的要求，监理方对于工程中的关键性技术指标，以及有争议的质量问题，监理机构应利用测试手段对线缆进行检验或要求承建单位出具第三方测试机构的测试报告。第三方测试机构应经建设单位和监理机构同意。

【事件 3】

按照软件工程开定义，需求规格说明书描述的是项目所涉及的功能和性能的充分的分析与描述，对项目相关的主要的业务流程进行分析和论述，并对需要进行处理的信息量进行预测。而需求规格说明书描述的需求是否满足用户的业务需求需要用户方进行自行确认，应该是内审进行确认的部分，而不能仅仅通过一次专评审会让外部评审的专家认定需求满足用户业务对本项目软件应用系统建设的要求。因此，专家不同意在评审结论中写明建设单位所期望的表述做法是正确的。

试题二参考答案

【问题1】（6分）

监理工程师应马上下发监理通知给承建单位（2分），要求这条线缆不能使用在工程上（1分，说出要求承建单位整改等相近意思均可以给分）。同时将监理通知抄送建设单位（1分），要求承建单位提供产品合格证、检测报告、生产许可证、质量保证书等相关资料（2分，说出这层意思即可给分，不要求列全这些资料的名称）。

【问题2】（5分）

不同意（1分）。监理应当利用测试手段对线缆进行检验（2分）或者要求承建单位见证取样送相关权威机构进行检验（2分）。

【问题3】（4分）

专家的说法正确。（2分）

因为通过一次会议专家不可能确认需求规格说明书描述的需求满足用户的业务需求（1分）。评审结论只能对需求规格说明书的合规性给出结论（1分，说出类似意思皆可以给分，例如说出就需求规格说明书的编写格式、内容等是否符合要求做出结论）。

试题三（15分）

阅读下列说明，回答问题1至问题3，将解答填入答题纸的对应栏内。

【说明】

监理单位丙承担了某信息化工程项目的全程监理工作，建设单位甲以公开招标方式选择承建单位乙。在项目招标和建设过程中，发生了如下事件：

【事件1】 在招标工作中，甲就发布招标公告的内容向丙进行咨询。

【事件2】 通过招标选择乙为中标候选人并发出了中标通知书，但是在签订实施合同的时候，甲乙双方就机房建设分包事宜产生分歧，乙认为在投标书中提出了机房分包计划，中标后就可以将机房建设分包出去，但是甲坚持只同意乙将机房装修工程进行分包。

【事件3】 为进一步加强软件开发过程质量控制，主持现场监理工作的总监理工程师代表指派专业监理工程师对原监理实施细则中的有关软件代码编写、测试过程的监理措施进行修改，修改后的监理实施细则经总监理工程师代表审查批准后实施。

【问题1】（5分）

针对【事件1】，作为监理工程师，请回答：招标公告的主要内容应包括哪些方面？

【问题2】（5分）

针对【事件2】，作为监理工程师你认为甲不同意乙机房工程分包的做法正确吗？请说明理由。

【问题3】（5分）

针对【事件3】，作为监理工程师请指出总监理工程师代表做得正确的地方和不正确的地方，并分别说明理由。

试题三分析

本题考查招投标及合同签订阶段，相关规范要求，以及总监理工程师、总监理工程师代表、专业监理工程师相关工作职责的在实际监理项目的应用。考生应结合案例的背景，综合运用理论知识和实践经验回答问题。

【问题 1】

按照招投标法以及相关管理办法的要求，招标公告一般包括：招标人的名称和地址；招标货物的名称、数量、技术规格、资金来源；交货的地点和时间；获取招标文件或者资格预审文件的地点和时间；对招标文件或者资格预审文件收取的费用；提交资格预审申请书或者投标文件的地点和截止日期；对投标人的资格要求。

【问题 2】

依据招投标法中第三十条规定投标人根据招标文件载明的项目实际情况拟在中标后将中标项目的部分非主体非关键性工作进行分包的应当在投标文件中载明。中标是建设单位决定中标单位并授予中标通知书、签订合同的行为。决定中标单位是业主单位的单独行为，在监理单位的协助下，由评标委员会做出结论。甲方既然已确定中标单位为乙方，就表示认可了乙方投标文件中关于机房装修的分包的方案，签定合同就必须按照中标的投标文件要约，签订实施合同。

【问题 3】

1. 总监理工程师的职责

（1）对信息工程监理合同的实施负全面责任；

（2）负责管理监理项目部的日常工作，并定期向监理单位报告；

（3）确定监理项目部人员的分工；

（4）检查和监督监理人员的工作，根据工程项目的进展情况可进行人员的调配，对不称职的人员进行调换；

（5）主持编写工程项目监理规划及审批监理实施方案；

（6）主持编写并签发监理月报、监理工作阶段报告、专题报告和项目监理工作总结，主持编写工程质量评估报告；

（7）组织整理工程项目的监理资料；

（8）主持监理工作会议，签发监理项目部重要文件和指令；

（9）审定承建单位的开工报告、系统实施方案、系统测试方案和进度计划；

（10）审查承建单位竣工申请，组织监理人员进行竣工预验收，参与工程项目的竣工验收，签署竣工验收文件；

（11）审核签认系统工程和单元工程的质量验收记录；

（12）主持审查和处理工程变更；

（13）审批承建单位的重要申请和签署工程费用支付证书；

（14）参与工程质量事故的调查；

（15）调解建设单位和承建单位的合同争议，处理索赔，审批工程延期；

（16）负责指定专人记录工程项目监理日志。

2. 总监理工程师代表的职责

（1）总监理工程师代表由总监理工程师授权，负责总监理工程师指定或交办的监理工作；

（2）负责本项目的日常监理工作和一般性监理文件的签发；

（3）总监理工程师不得将下列工作委托总监理工程师代表：

- 根据工程项目的进展情况进行监理人员的调配，调换不称职的监理人员；
- 主持编写工程项目监理规划及审批监理实施方案；
- 签发工程开工/复工报审表、工程暂停令、工程款支付证书、工程项目的竣工验收文件；
- 审核签认竣工结算；
- 调解建设单位和承建单位的合同争议，处理索赔，审批工程延期。

试题三参考答案

【问题1】（5分）

主要内容包括：招标工程概况、资金来源、招标单位、购买资格预审文件的时间、地点、价格、招标范围介绍、工程地点等。（每个1分，最多得5分，其他合理的答案也可给分）

【问题2】（5分）

不正确（1分）。理由：投标书是邀约（1分），中标通知书是承诺（1分），应当按照投标书和中标通知书签订合同（2分，说出这层意思即可得2分）。

【问题3】（5分）

（1）指派专业监理工程师修改监理实施细则做法正确（1分）。理由：总监理工程师代表可以行使总监理工程师的这一职责（1分，如果回答“这样做可以加强质量控制效果”也可以给分）。

（2）审批监理实施细则的做法不妥（1分）。理由：应由总监理工程师审批（2分）。

试题四（15分）

阅读下列说明，回答问题1至问题4，将解答填入答题纸的对应栏内。

【说明】

某事业单位需要在新建办公楼内建设办公网络系统，内容主要包括综合布线系统、网络机房建设等。建设方通过公开招标与承建单位签定合同。同时为了规范管理，建设方聘请了监理单位参与项目管理工作。

【事件1】 监理方协助开展了项目准备工作，审核了承建方提交的开工报审文档。

【事件2】 建设过程中，第一批施工材料及网络设备即将进场。监理方要求承建方做好到货验收准备。

【事件3】 项目施工过程中，监理方重点对综合布线系统施工工艺和质量进行把控，进行了隐蔽工程检查。为保证项目验收顺利进行，施工完成后，监理方要求进行网络布线测试工作。

【问题1】（4分）

请将下面（1）～（4）处的答案填写在答题纸的对应栏内。

事件1中，监理方在开工前所审核的文档主要是＿（1）＿、＿（2）＿、＿（3）＿、＿（4）＿。

【问题2】（5分）

在（1）～（2）中填写恰当内容（从候选答案中选择一个正确选项，将该选项编号填入答题纸对应栏内）。

事件2中，监理方对设备到货验收提出要求，其中不合理的是＿（1）＿。到货验收时，监理方应检查设备与<u>（2）</u>中规定的清单是否相符。

（1）供选择的答案：

A．要求承建方提前三天通知建设方和监理方设备到达时间和地点，并提交交货清单

B．设备验收时，对设备的规格、数量进行核实，无误后，设备到货验收通过

C．发现设备、物资数量短缺，要求承建方补发

D．发现施工材料质量不合格，要求该批次材料退场处理

（2）供选择的答案：

A．招标文件　　B．投标文件　　C．合同　　D．承建方提供的采购清单

【问题 3】（2 分）

从候选答案中选择 1 个正确选项，将选项编号填入答题纸对应栏内。

在事件 3 中，现场监理工程师要求对线槽内的布线工作进行隐蔽工程检查，并提出了检查要点，其中检查项描述错误的是________。

供选择的答案：

A．线缆布放平直，不应受到外力的挤压和损伤

B．线缆布放时应有冗余

C．垂直线槽布放线缆应在上端和每隔 1.5 米处绑扎固定在缆线支架上，水平线槽布线不需要绑扎固定

D．线缆布放前两段均应贴有标签

【问题 4】（4 分）

请简要回答在事件 3 中，办公网络施工完毕后，针对网络布线的主要测试内容包括哪些？

试题四分析

本题主要考察的知识点是信息网络系统建设实施阶段的监理工作内容。

【问题 1】（4 分）

开工前的监理内容：

（1）审核实施方案。开工前，由监理方组织实施方案的审核，内容包括设计交底，了解工程需求、质量要求，依据设计招标文件，审核总体设计方案和有关的技术合同附件，以降低因设计失误造成工程实施的风险，审核安全施工措施。

（2）审核实施组织计划。对实施单位的实施准备情况进行监督。

（3）审核实施进度计划。对实施单位的实施进度计划进行评估和评审。

（4）审核工程实施人员、承建方资质。

【问题 2】（5 分）

设备采购监理的主要职责：

（1）审核承建方的设备采购计划和设备采购清单；

（2）工程材料、硬件设备、系统软件的质量、到货时间的审核；

（3）订货、进货确认；

（4）组织到货验收；

（5）设备移交审核；

（6）网络系统工程实施阶段的质量、进度监理和验收；

（7）针对项目特点和承建方专业分工实施专业监理，包括外购硬件和软件、承建方开发的软件、布线和网络系统集成等；重点控制开发软件和系统集成；

（8）外购硬件和软件监理的主要工作：外购硬件包括主机、PC 机、网络和通信设备等检查；外购软件包括数据库、操作系统、开发工具、防火墙等软件检查；外购材料、配件包括线缆、信息插座、桥架等检查。

设备采购监理的重点：

（1）设备是否与工程量清单所规定的设备（系统）规格相符；

（2）设备是否与合同所规定的设备（系统）清单相符；

（3）设备合格证明、规格、供应商保证等证明文件是否齐全；

（4）设备系统要按照合同规定准时到货；

（5）配套软件包（系统）是否是成熟的、满足规范的。

设备采购监理的流程：

（1）承建商提前三天通知业主和监理方设备到达时间和地点，并提交交货清单。

（2）监理方协助业主做好设备到货验收准备。

（3）监理方协助业主进行设备验收，并做好记录，包括对规格、数量、质量进行核实，以及检查合格证、出厂证、供应商保证书及规定需要的各种证明文件是否齐全，在必要时利用测试工具进行评估和测试，评估上述设备能否满足信息网络建设的需求。

（4）发现短缺或破损，要求设备提供商补发或免费更换。

（5）提交设备到货验收监理报告。

【问题 3】（2 分）

综合布线的监理工作内容主要包括以下两方面：

（1）按照国家关于综合布线的相关施工标准的规定审查承建方人员施工是否规范；

（2）到场的设备、缆线等设备的数量、型号、规格是否与合同中的设备清单一致，产品的合格证、检验报告是否齐全。

布放线缆的施工环节就是现场监理的监督要点。

1. 布放电缆

（1）暗管、暗槽内穿放电缆。工作内容包括：检验、抽测电缆、清理管（暗槽）、制作穿线端头（钩）、穿放引线、穿放电缆、做标记、封堵出口等。

（2）桥架、线槽、网络地板内明布电缆。工作内容包括：检验、抽测电缆、清理槍道、布放、绑扎电缆、做标记、封堵出口等。

2. 布线光缆、光缆外护套、光纤束

（1）暗道、暗槽内穿放光缆。工作内容包括：检验、测试光缆、清理管（暗槽）、制作穿线端头（钩）、穿放引线、穿放光缆、出口衬垫、做标记、封堵出口等。

（2）桥架、线槽、网络地板内明敷光缆。工作内容包括：检验、测试光缆、清理槽道、布放、绑扎光缆、加垫套、做标记、封堵出口等。

（3）布放光缆护套。工作内容包括：清理槽道、布放、绑扎光缆护套、加垫套、做标记、封堵出口等。

（4）气流法布放光纤束。工作内容包括：检验、测试光纤、检查护套、气吹布放光纤束、做标记、封堵出口等。

【问题 4】（4 分）

布线系统测试内容主要包括：

（1）工作间到设备间的连通状况；

（2）主干线连通状况；

（3）跳线测试；

（4）信息传输速率、衰减、距离、接线图、近端串扰等。

试题四参考答案（15 分）

【问题 1】（4 分）

（1）实施方案　　（2）组织计划　　（3）进度计划　　（4）施工人员资格

（1）～（4）答案可互换（每个 1 分，共 4 分）

【问题 2】（5 分）

（1）B　（3 分）

（2）C　（2 分）

【问题 3】（2 分）

C

【问题 4】（4 分）

工作间到设备间的连通状况、主干线的连通状况、跳线测试、信息传输速率、衰减等。（每个 1 分，最多得 4 分）

试题五（10 分）

阅读下列说明，回答问题 1 至问题 2，将解答填入答题纸的对应栏内。

【说明】

某单位大型应用系统建设项目，在项目的建设过程中实施了全过程监理。在项目实施过程中，发生了如下事件：

为了保证软件系统的质量，建设单位要求监理对各阶段的软件质量进行严格把关，并且要视外部专家评审结果界定阶段工作是否达到所需的质量要求。在承建单位的概要设计工作完成后，由 7 位外部专家组成专家组进行外部评审。

【问题 1】（4 分）

在（1）～（2）中填写恰当内容（从候选答案中选择一个正确选项，将该选项编号填入答题纸对应栏内）。

针对事件的描述，外部评审应该由（1）主持。外部评审专家组中软件专家应该不少于（2）人。

（1）供选择的答案：

A．建设单位　　B．承建单位　　C．监理单位　　D．外部专家

（2）供选择的答案：

A．3　　B．4　　C．5　　D．6

【问题 2】（6 分）

此项目的软件开发模型采用瀑布模型。为了做好质量控制，监理工程师应掌握测试工作进程。在软件生存周期各阶段，测试工作有所不同。请将下面左侧的软件测试活动与右侧对应的软件生存周期阶段用线连接。

完成确认测试计划	软件需求分析阶段
完成软件集成测试计划	软件概要设计阶段
执行集成测试	软件详细设计阶段
完成软件单元测试计划	软件编码阶段
完成系统测试计划	软件测试阶段
执行白盒测试	

试题 5 分析

本题意在考察监理工程师对软件工程监理各阶段的熟悉和掌握，涉及的主要标准有：GBT 8566—2007 信息技术软件生存周期过程及 GBT 19668.5—2007 信息化工程监理规范 第 5 部分 软件工程监理规范。

【问题 1】

对规模等级大和安全性关键等级高的软件必须进行外部评审。外部评审由业主单位主持，承建单位组织，成立评审委员会。评审委员会由业主单位、承建单位和一定数量（占评审委员会总人数的 50%以上）的软件专家组成员组成，人数七人以上（单数），设主任一人、副主任若干人。评审委员会与软件专家组共同进行评审。评审分专家组审查和评委会评审两步完成。软件专家组进行审查，评审委员会进行评审。

【问题 2】

瀑布模型规定了各项软件工程活动，包括：制定开发计划，进行需求分析和说明，软件设计，程序编码。测试及运行维护，并且规定了它们自上而下，相互衔接的固定次序，如同瀑布流水，逐级下落，如图所示。

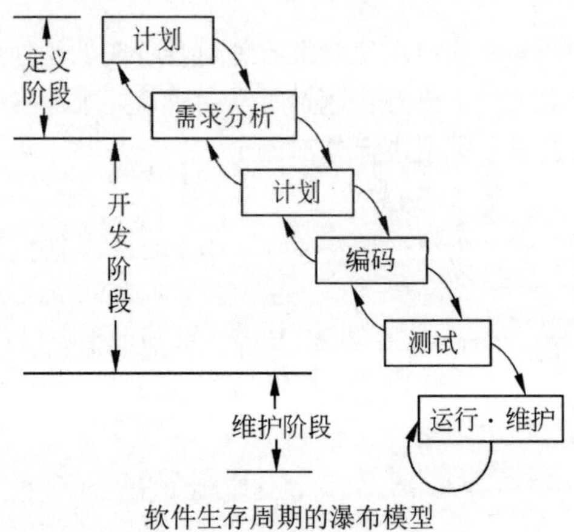

软件生存周期的瀑布模型

然而软件开发的实践表明，上述各项活动之间并非完全是自上而下，呈线性图式。实际情况是，每项开发活动均处于一个质量环（输入—处理—输出—评审）中。只有当其工作得到确认，才能继续进行下一项活动，在图中用向下的箭头表示；否则返工，在图中由向上的箭头表示。

瀑布模型的开发策略是要求软件开发组织在进行软件开发时，要严格划分开发过程的每一个阶段，并根据工程化的有关规定，在“软件开发计划”及“软件质量保证计划”中反映每个阶段的活动。对每阶段的工作要进行认真的评审。只有在某个阶段的目标确实达到后，才能进入下一阶段的工作。

试题五参考答案

【问题 1】（4 分）

（1）A　（2）B

（每个 2 分，共 4 分）

【问题 2】（6 分）

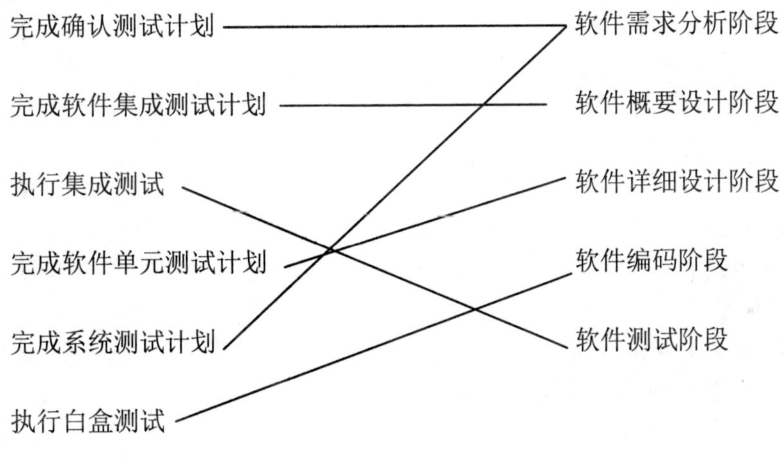

（每条连线 1 分，共 6 分）

第 11 章　2016 下半年信息系统监理师上午试题分析与解答

试题（1）

信息系统工程是指信息化过程中的信息网络系统、__（1）__、信息应用系统的新建、升级、改造和运行维护。

（1）A．信息存储系统　　B．信息处理系统
　　C．信息分发系统　　D．信息资源系统

试题（1）分析

本题考点是对信息系统工程过程的理解，信息系统工程是指信息化工程建设中的信息网络系统、信息资源系统、信息应用系统的新建、升级、改造工程。

参考答案

（1）D

试题（2）

与 SaaS 不同，__（2）__这种“云”计算形式把开发环境或者运行平台也作为一种服务提供给用户。

（2）A．软件即服务　　B．基于平台服务
　　C．基于 Web 服务　　D．基于管理服务

试题（2）分析

本题考点是对云计算几种形式的掌握。云计算通常可以分为三类：将基础设施作为服务（IaaS）、将平台作为服务（PaaS）和将软件作为服务（SaaS）。

IaaS：将硬件设备等基础资源封装成服务供用户使用。在 IaaS 环境中，用户相当于在使用裸机和磁盘，既可以让它运行 Windows，也可以让它运行 Linux。IaaS 最大优势在于它允许用户动态申请或释放节点，按使用量计费。而 IaaS 是由公众共享的，因而具有更高的资源使用效率。

PaaS：提供用户应用程序的运行环境，典型的如 Google App Engine。PaaS 自身负责资源的动态扩展和容错管理，用户应用程序不必过多考虑节点间的配合问题。但与此同时，用户的自主权降低，必须使用特定的编程环境并遵照特定的编程模型，只适用于解决某些特定的计算问题。

SaaS：针对性更强，它将某些特定应用软件功能封装成服务。SaaS 既不像 PaaS 一样提供计算或存储资源类型的服务，也不像 IaaS 一样提供运行用户自定义应用程序的环境，它只提供某些专门用途的服务供应用调用。

参考答案

（2）B

试题（3）

运行维护服务内容是指供方根据需方需求和服务级别协议承诺，向需方提供的例行操作、响应支持、优化改善、＿（3）＿等服务。

（3）A．绩效考核　　B．咨询评估　　C．系统升级　　D．应急响应

试题（3）分析

考点是信息系统运维维护的主要内容。ITSS（信息技术服务标准）中规定运行维护服务内容是指供方根据需方需求和服务级别协议承诺，向需方提供的例行操作、响应支持、优化改善、咨询评估等服务。绩效考核是指对供方的运维服务情况进行的考核；安全保障是运维服务的要求，它分别涵盖在例行操作、响应支持、优化改善、咨询评估等服务过程中；应急响应是响应支持的重要组成部分；咨询评估是指在信息系统运行维护过程中，对运行维护管理、技术、标准等的咨询服务，对系统运行状态、运维工作效果进行的评估。

参考答案

（3）B

试题（4）

随着电信和信息技术的发展，出现了所谓“三网融合”的趋势。＿（4）＿不属于三网的内容。

（4）A．传统电信网　　B．计算机网（主要指互联网）
　　C．有线电视网　　D．卫星通信网

试题（4）分析

三网融合是指电信网、广播电视网、互联网在向宽带通信网、数字电视网、下一代互联网演进过程中，三大网络通过技术改造，其技术功能趋于一致，业务范围趋于相同，网络互联互通、资源共享，能为用户提供语音、数据和广播电视等多种服务。

参考答案

（4）D

试题（5）

TCP/IP 体系结构中的 TCP 和 IP 所提供的服务分别为＿（5）＿。

（5）A．链路层服务和网络层服务　　B．网络层服务和传输层服务
　　C．传输层服务和应用层服务　　D．传输层服务和网络层服务

试题（5）分析

Transmission Control Protocol/Internet Protocol 的简写，中译名为传输控制协议/因特网互联协议，又名网络通信协议，是 Internet 最基本的协议、Internet 国际互联网络的基础，由网络层的 IP 协议和传输层的 TCP 协议组成。

参考答案

（5）D

试题（6）

中国制造 2025 行动纲领中提到的“四基”指的是＿（6）＿。

（6）A．核心理论基础、先进基础工艺、关键基础设备和产业技术基础

B．核心理论基础、先进基础工艺、关键基础材料和产业基础环境

C．核心基础零部件（元器件）、先进基础工艺、关键基础材料和产业技术基础

D．核心基础零部件（元器件）、先进基础工艺、关键基础设备和产业基础环境

试题（6）分析

中国制造 2025 行动纲领中提到的“四基”指的是核心基础零部件（元器件）、先进基础工艺、关键基础材料和产业技术基础。

参考答案

（6）C

试题（7）

USB 接口已发展至 2.0 和 3.0 阶段。__（7）__不是 USB 接口的特点。

（7）A．即插即用，使用方便

B．能够采用总线供电

C．安全性高，便于保存重要文件

D．速度快，在 USB2.0 以上至少支持 480Mbps

试题（7）分析

USB 接口的特点包括：

1. 使用方便、即插即用；
2. 速度快。USB1.0 可以达到 12Mbps，USB2.0 以上可以达到 480Mbps；
3. 连接灵活，易扩展，最多可支持 127 个 USB 设备；
4. 能够采用总线供电，大部分 USB 设备不需要单独的供电系统。

C 选项不属于 USB 接口的特点。

参考答案

（7）C

试题（8）

以下对信息系统的理解中，不正确的是：__（8）__。

（8）A．信息系统也是系统，具有整体性、脆弱性等特点

B．信息或者信息资源是信息系统处理和管理的主要内容，软件和硬件资源也是

C．信息系统一般由网络系统、主机系统、数据库系统等部分组成，某一部分出现故障，就会影响整个系统的性能

D．信息系统主要包括硬件、软件和数据，不包括规章制度

试题（8）分析

本题考点是对信息系统概念的理解。信息系统不仅包括可视化的硬件、软件、数据，也包括其不可视的流程、制度，因此 D 选项错误。

参考答案

（8）D

试题（9）

路由选择功能由对应于 OSI 模型的__（9）__负责完成。

（9）A．物理层　　B．数据链路层　　C．网络层　　D．传输层

试题（9）分析

OSI（Open System Interconnect），即开放式系统互联。一般都叫 OSI 参考模型，是 ISO（国际标准化组织）组织在 1985 年研究的网络互联模型。该体系结构标准定义了网络互连的七层框架（物理层、数据链路层、网络层、传输层、会话层、表示层和应用层），即 ISO 开放系统互连参考模型。其中第 3 层网络层通过寻址来建立两个节点之间的连接，为源端的运输层送来的分组，选择合适的路由和交换节点，正确无误地按照地址传送给目的端的运输层。

参考答案

（9）C

试题（10）

以下关于 DNS 服务的叙述中，正确的是：__（10）__。

（10）A．DNS 主要提供主机名与 IP 地址的映射服务

B．没有 DNS 服务，用户将不能访问任何互联网资源

C．DNS 服务解决了网络地址不足的问题

D．DNS 服务只能由路由器等网络设备提供

试题（10）分析

DNS（Domain Name System，域名系统），因特网上作为域名和 IP 地址相互映射的一个分布式数据库，能够使用户更方便地访问互联网，而不用去记住能够被机器直接读取的 IP 数串。通过主机名，最终得到该主机名对应的 IP 地址的过程叫作域名解析（或主机名解析），也就是主机名与 IP 地址的映射。B 选项错误在，即使没有 DNS 服务，用户仍可以通过输入 IP 地址进行访问；C 选项错误在 DNS 并没有提供更多的 IP 地址；D 选项错误在 DNS 服务可以安装在计算机、路由器等多种可安装服务的设备上。

参考答案

（10）A

试题（11）

在信息安全中，数据完整性指的是__（11）__。

（11）A．保护网络中各系统之间交换的数据，防止因数据被截获而造成泄密

B．提供连接实体身份的鉴别

C．防止非法实体对用户的主动攻击，保证数据接受方收到的信息与发送方发送的信息完全一致

D．确保数据是由合法实体发出的

试题（11）分析

保密性是信息不被泄露给非授权的用户、实体或过程，信息只为授权用户使用的特性。

完整性定义为保护信息及其处理方法的准确性和完整性。信息完整性一方面是指信息在利用、传输、存储等过程中不被删除、修改、伪造、乱序、重放、插入等，另一方面是指信息处理的方法的正确性。不适当的操作，如误删除文件，有可能造成重要文件的丢失。

完整性与保密性不同，保密性要求信息不被泄露给未授权的人，而完整性则要求信息不

致受到各种原因的破坏。本题 A、B、D 均是保密性，不属于完整性。

参考答案

（11）C

试题（12）

ADSL 属于__（12）__技术。

（12）A. 网络传输 B. 网络交换 C. 网络接入 D. 光纤传输

试题（12）分析

网络接入技术按其功能可以划分为长途网、中继网和接入网，通常将中继网和长途网统称为核心网（Core Network）。目前，常用的接入技术主要有：电话线调制解调器（Modem）、电缆调制解调器（Cable Modem）、高速数字用户环路（HDSL），非对称数字用户环路（ADSL）、超高速数字用户环路（VDSL）和无线接入等。

参考答案

（12）C

试题（13）

以下关于局域网的理解中，正确的是：__（13）__。

（13）A. 地理分布范围大 B. 数据传输率低
C. 误码率高 D. 不包含 OSI 参考模型的所有层

试题（13）分析

局域网相对于广域网缺失地理分布很小，但其采用的技术和设备会不断更新，重点解决了数据传输率低、误码率高的问题。局域网可分为共享式局域网和交换式局域网，共享式局域网通常是共享高速传输介质，例如以太网（包括快速以太网和千兆以太网等）、令牌环网（Token Ring）和光纤分布式数据网（FDDI）等。交换式局域网是指以数据链路层的帧或更小的数据单元（称为信元）为数据交换单位，以硬件交换电路构成的交换设备。由于交换式网络具有良好的扩展性和很高的信息转发速度，因此能适应不断增长的网络应用的需要。随着计算机网络技术的高速发展，人们对信息量的需求越来越大，共享式局域网已无法满足信息传输与交换的需求。随着多媒体通信和视频通信的广泛应用，对网络带宽的要求越来越高，由此加速了交换式局域网的迅猛发展。典型的交换式局域网有：以太网交换机、快速以太网交换机、千兆位以太网交换机、ATM 局域网交换机等。

而局域网的工作只涉及 OSI 参考模型中的低三层，即物理层、数据链路层和网络层，故 D 选项正确。

参考答案

（13）D

试题（14）

__（14）__不是度量网络性能的指标。

（14）A. 响应时间 B. 传输内容 C. 网络利用率 D. 网络吞吐量

试题（14）分析

网络设备和 TCP/IP 网络的检测主要考虑的技术指标包括：

吞吐量：吞吐量测试可以确定被测试设备（DUT）或被测试系统（SUT）在不丢弃包的情况下所能支持的吞吐速率。

包丢失：测试通过测量由于缺少资源而未转发的包的比例来显示高负载状态下系统的性能。

延时：延时测试测量系统在有负载条件下转发数据包所需的时间。在规定时间内生成100%的负载（或者按测试设置中规定的比例）。在测试过程中，测量每对端口上的每一个包的延时。

背靠背性能：背靠背性能测试通过以最大帧速率发送突发传输流，并测量无包丢失时的最大突发（burst）长度（总包数量）来测试缓冲区容量。

参考答案

（14）B

试题（15）

整个网络产品的生命周期中，应该按＿（15）＿顺序执行测试。

（15）A．性能测试、一致性测试、功能测试
　　B．功能测试、性能测试、一致性测试
　　C．一致性测试、功能测试、性能测试
　　D．一致性测试、性能测试、功能测试

试题（15）分析

按使用的测试技术不同可以将测试分为静态测试和动态测试，进一步地可以将静态测试分成静态分析和代码审查，将动态测试分成白盒测试和黑盒测试。

代码审查（包括代码评审和走查）主要依靠有经验的程序设计人员根据软件设计文档，通过阅读程序，发现软件错误和缺陷。代码审查一般按代码审查单阅读程序，查找错误。代码审查的内容包括：检查代码和设计的一致性；检查代码的标准性、可读性；检查代码逻辑表达的正确性和完整性；检查代码结构的合理性等。

具体的测试内容通常可以包括：安装（或升级）、启动与关机、功能测试（如正例、重要算法、边界、时序、反例、错误处理）、性能测试（如正常的负载、容量变化）、压力测试（如临界的负载、容量变化）、配置测试、平台测试、安全性测试、恢复测试（如在出现掉电、硬件故障或切换、网络故障等情况时，系统是否能够正常运行）、可靠性测试等。

性能测试和压力测试一般情况下是在一起进行，通常还需要辅助工具的支持。在进行性能测试和压力测试时，测试范围必须限定在那些使用频度高的和时间要求苛刻的软件功能子集中。

首先进行代码和设计的一致性检查，其次对系统功能进行验证，最后进行性能和压力测试。

参考答案

（15）C

试题（16）

＿（16）＿不属于机房工程验收的主要内容。

（16）A．UPS 电源及接地系统　　B．门禁系统及消防系统
　　C．空调系统　　D．网络系统

试题（16）分析

由于机房工程验收以各分部系统和设备的功能及性能测试验证为主，因此在以下部分将重点介绍主要系统的测试内容和测试要素，包括 UPS 电源系统、接地系统、门禁系统、消防系统等。

参考答案

（16）D

试题（17）

根据用户的需要和复杂程度，一般可将建筑物的综合布线系统分为三种不同的系统设计等级，它们分别是__（17）__。

（17）A．基本型、增强型和综合型　　B．星型、总线型和环型
　　　C．星型、总线型和树型　　D．简单型、综合型和复杂型

试题（17）分析

既然提出是设计等级，那么 B 和 C 两个选项错误，因为其属于设计类型。而实际上综合布线系统的设计等级分别是基本型、增强型和综合型。

参考答案

（17）A

试题（18）

在线槽安装过程中，同一线槽内包括绝缘在内的导线截面积总和应该不超过线槽内部截面积的__（18）__。

（18）A．20%　　B．40%　　C．60%　　D．80%

试题（18）分析

管内导线的总截面积（包括外护层）不应超过管子截面积的 40%。

参考答案

（18）B

试题（19）

综合布线工程一般不包括__（19）__。

（19）A．综合布线设备安装　　B．布放线缆
　　　C．线缆端接　　D．连接终端设备

试题（19）分析

综合布线工程包括综合布线设备安装、布放线缆、缆线端接三个环节，虽然实际工作中，实施单位也附带替用户安装了一部分终端设备，但这并不是综合布线工程的服务内容，因此 D 选项错误。

参考答案

（19）D

试题（20）

拒绝服务攻击__（20）__。

（20）A．用超出被攻击目标处理能力的海量数据包消耗可用系统、带宽资源等方法的攻击

B．全称是 Distributed Denial of Service

C．拒绝来自一个服务器所发送回应请求的指令

D．入侵控制一个服务器后远程关机

试题（20）分析

拒绝服务攻击（DOS）攻击行为表现在使服务器充斥大量要求响应的信息，消耗网络带宽或系统资源，导致网络或系统不胜负荷，以至于瘫痪而停止提供正常的网络服务，是目前最为常见的网络攻击方法。

参考答案

（20）A

试题（21）

___（21）___不是网络防火墙的作用。

（21）A．防止内部信息外泄

B．防止系统感染病毒与非法访问

C．防止黑客访问

D．建立内部信息和功能与外部信息和功能之间的屏障

试题（21）分析

防火墙技术，防止网络外部“敌人”的侵犯。目前，常用的防火墙技术有分组过滤、代理服务器和应用网关。网络防病毒系统的功能和性能要素主要包括：

①支持多种平台的病毒防范。

②支持对服务器的病毒防治。

③支持对电子邮件附件的病毒防治。

④提供对病毒特征信息和检测引擎的定期在线更新服务。

⑤实现远程管理。

⑥实现集中管理、分布式杀毒。

⑦防病毒范围广泛，包括 UNIX 系列、Windows 系列、Linux 系列等操作系统。

故选项 B 防止系统感染病毒是网络防病毒系统的功能，不是网络防火墙的作用。

参考答案

（21）B

试题（22）

以下关于隐蔽工程及其验收、检验的叙述中，不正确的是：___（22）___。

（22）A．监理工程师未能按规定时间提出延期要求，又未按时参加验收，承建单位可自行组织验收，该检验应视为监理工程师在场情况下进行的验收

B．监理工程师没有参加验收，当其对某部分的工程质量有怀疑，不能要求承建单位对已经隐蔽的工程进行重新检验

C．无论监理工程师是否参加了验收，当其对某部分的工程质量有怀疑，均可要求承建单位对已经隐蔽的工程进行重新检验

D．重新检验表明质量不合格，承建单位承担由此发生的费用和工期损失

试题（22）分析

项目工作各阶段（包括布线中的隐蔽作业）需按有关验收规定经现场监理人员检查、签署验收。如综合布线系统的各项材料，包括插座、屏蔽线及 RJ45 插头等等，应经现场监理检查、测试，未经测试不得往下进行安装。又如在综合布线系统完成后，未经监理工程师测试、检查，不得与整个计算机网络系统相连通电等。对于重要的工程阶段，专业质量监理工程师还要亲自进行测试或技术复核。

坚持项目各阶段实施验收合格后，才准进行下阶段工程实施的原则，由实施、开发单位进行检测或评审后，并认为合格后才通知监理工程师或其代表到现场或机房、实验室会同检验。合格后由现场监理工程师或其代表签署认可后，方能进行下一阶段的工作。

因此，即使监理工程师没有参加验收，当其对某部分的工程质量有怀疑，也可以要求承建单位对已经隐蔽的工程进行重新检验。

参考答案

（22）B

试题（23）

总监理工程师不得将＿（23）＿工作委托给总监理工程师代表。

（23）A．审核签认竣工结算　　B．审查工程变更
　　C．审定开工报告　　D．处理工程变更

试题（23）分析

总监理工程师不得将下列工作委托总监理工程师代表：

根据工程项目的进展情况进行监理人员的调配，调换不称职的监理人员；

主持编写工程项目监理规划及审批监理实施方案；

签发工程开工/复工报审表、工程暂停令、工程款支付证书、工程项目的竣工验收文件；

审核签认竣工结算；

调解建设单位和承建单位的合同争议，处理索赔，审批工程延期。

参考答案

（23）A

试题（24）

对不同等级信息化工程监理企业的技术负责人的共同要求是＿（24）＿。

（24）A．具有 10 年以上从事信息化工程建设工作的经历
　　B．具有 10 年以上从事信息化工程监理工作的经历
　　C．取得监理工程师资格证书
　　D．取得监理工程师认证证书

试题（24）分析

从事信息系统工程监理业务的人员称为信息系统工程监理人员。信息系统工程监理资格证书是信息系统工程监理从业的必要条件，而拥有相应数量的、持有信息系统工程监理资格证书的从业人员又是一个企业单位取得信息系统工程监理资质的必要条件。

参考答案

（24）C

试题（25）

监理应按照“守法、公平、公正、独立”的原则，开展信息系统工程监理工作，维护＿（25）＿。

（25）A．建设单位的利益　　B．承建单位的利益
C．建设单位与承建单位的利益平衡　　D．建设单位与承建单位的合法权益

试题（25）分析

监理单位的权利和义务：

①应按照“守法、公平、公正、独立”的原则，开展信息系统工程监理工作，维护建设单位与承建单位的合法权益。

②按照监理合同取得监理收入。

③不得承包信息系统工程。

④不得与被监理项目的承建单位存在隶属关系和利益关系。

⑤不得以任何形式侵害建设单位和承建单位的知识产权。

⑥在监理过程中因违犯国家法律、法规，造成重大质量、安全事故的，应承担相应的经济责任和法律责任。

参考答案

（25）D

试题（26）

＿（26）＿不属于软件需求分析阶段的成果物。

（26）A．项目开发计划　　B．用户使用说明书初稿
C．软件配置管理计划　　D．软件测试方案

试题（26）分析

软件需求分析阶段成果有：

①项目开发计划；

②软件需求说明书；

③软件质量保证计划；

④软件配置管理计划；

⑤软件（初步）确认测试计划；

⑥用户使用说明书初稿。

参考答案

（26）D

试题（27）

＿（27）＿不属于软件质量保证的监理目标。

（27）A．监督承建单位做到有计划地实施软件质量保证活动
B．客观地验证软件产品及其活动是否遵守应用的标准、规程和需求
C．促进由各方及时处理软件项目开发过程中的不一致性问题

D．参与软件质量保证计划的执行

试题（27）分析

软件质量保证监理的目标：

①监督承建单位对软件质量保证活动做到有计划；

②客观地验证软件产品及其活动是否遵守应用的标准、规程和需求；

③促进由各方及时处理软件项目开发过程中的不一致性问题。

关于软件质量保证计划的执行，监理人员应是监督和检查，而并不是参与。

参考答案

（27）D

试题（28）

在软件质量保证过程中，监理单位主要采用的方法是__（28）__。

（28）A．监督和检查　B．旁站和抽查　C．测试和走查　D．评审和抽查

试题（28）分析

在实际中，监理单位的作用主要是协助业主单位促使承建单位完成开发合同中的质量要求和进度要求，监理单位对质量保证的工作主要采用监督和检查的方法，由监理单位替代承建单位的质量保证队伍也是不适当的。

参考答案

（28）A

试题（29）

__（29）__不是编写测试计划的目的。

（29）A．使测试工作顺利进行　B．使项目参与人员沟通更顺畅

C．使测试工作更加系统化　D．满足软件过程管理和ISO 9000的要求

试题（29）分析

在测试前先要制定软件测试计划。测试计划可分写成：测试计划、测试设计说明、测试规程、测试用例。测试人员按照测试计划进行测试工作，项目参与人员依据测试计划检查测试工作执行情况及测试结果。按照“软件测试计划”和“软件测试说明”对软件进行测试。在测试过程中，应填写“软件测试记录”。如果发现软件问题，应填写“软件问题报告单”。测试记录包括测试的时间、地点、操作人、参加入、测试输入数据、期望测试结果、实际测试结果及测试规程等。

参考答案

（29）D

试题（30）

以下关于软件配置管理监理目标的叙述中，不正确的是：__（30）__。

（30）A．确保软件配置管理活动是有计划的

B．确保所选择的软件工作产品是经过标识、受到控制并具有可用性的

C．监督所标识的软件工作产品的更改是受控的

D．控制软件基线的状态和内容

试题（30）分析

软件配置管理监理的目标：

①确保软件配置管理活动是有计划的；

②确保所选择的软件工作产品是经过标识、受到控制并具有可用性的；

③监督所标识的软件工作产品的更改是受控的；

④及时了解软件基线的状态和内容。

控制软件基线的状态和内容属于开发单位的工作，并不是监理单位的工作。

参考答案

（30）D

试题（31）

单元测试的测试用例主要根据＿（31）＿的内容来设计。

（31）A．需求分析　　B．软件编程　　C．概要设计　　D．详细设计

试题（31）分析

在信息应用系统建设的实施阶段，承建单位主要进行编码/单元测试、集成测试等项工作。单元测试的工作在开发组内部进行，以详细设计说明书为依据，以自测为主互测为辅，需要对测试的情况进行记录并进行错误的修改与回归测试。

参考答案

（31）D

试题（32）

＿（32）＿不属于适应性维护。

（32）A．由于硬件配置的变化，而对软件进行的维护升级

B．因为数据格式或文件结构的改变，导致对软件进行维护升级

C．由于市场操作系统普遍升级，而对软件进行升级维护，以满足操作系统要求

D．由于用户提出部分功能扩充和增强，而进行的软件维护

试题（32）分析

为适应软件运行环境改变而作的修改。环境改变的主要内容包括：

①影响系统的规则或规律的变化；

②硬件配置的变化，如机型、终端、外部设备的改变等；

③数据格式或文件结构的改变；

④软件支持环境的改变，如操作系统、编译器或实用程序的变化等。

用户提出部分功能扩充和增强属于新需求开发。

参考答案

（32）D

试题（33）

＿（33）＿是从用户使用系统的角度描述系统功能的图形表达方法。

（33）A．类图　　B．对象图　　C．序列图　　D．用例图

试题（33）分析

用例图描述系统的功能，由系统、用例和角色（Actor）三种元素组成。图中显示若干角色以及这些角色和系统提供的用例之间的连接关系。用例是系统对外提供的功能的描述，是角色和系统在一次交互过程中执行的相关事务的序列。角色是与系统、子系统或类交互的外部人员、进程或事物。

参考答案

（33）D

试题（34）

<u>（34）</u>是实现“一种接口多种方法”的机制。

（34）A．抽象　　B．封装　　C．多态　　D．继承

试题（34）分析

多态指同一个实体同时具有多种形式。它是面向对象程序设计（OOP）的一个重要特征。同一操作作用于不同的对象，可以有不同的解释，产生不同的执行结果。在运行时，可以通过指向基类的指针，来调用实现派生类中的方法。

参考答案

（34）C

试题（35）

UML 提供了九种不同的图，分为静态图和动态图两大类。以下<u>（35）</u>不属于动态图。

（35）A．配置图　　B．状态图　　C．协作图　　D．序列图

试题（35）分析

UML 提供了九种不同的图，分为静态图和动态图两大类。静态图包括用例图、类图、对象图、组件图和配置图，动态图包括序列图、状态图、协作图和活动图。

参考答案

（35）（A）

试题（36）

监理单位在信息系统工程项目中重点涉及的项目管理要素有<u>（36）</u>。

①立项管理　　②质量管理　　③风险管理

④沟通与协调管理　　⑤安全管理

（36）A．①②③④　　B．①②④⑤　　C．②③④⑤　　D．①②③④⑤

试题（36）分析

监理单位在信息系统工程主项目中重点涉及的项目管理要素有进度、成本、质量、变更与风险（这四项构成了“四控”）；合同、安全、文档（这三项构成了“三管”）；“沟通与协调”（此形成了“一协调”）和评估与验收（可融入四控、三管、一协调中）。监理单位还直接或间接涉及“项目组织与人员管理”“计划与执行管理”“执行与知识产权管理”等要素。

参考答案

（36）C

试题（37）

监理单位在信息系统工程中的“四控三管一协调”不包括 （37） 。

（37）A．计划与执行管理　　B．投资控制
　　C．合同管理　　D．文档管理

试题（37）分析

进度、成本、质量、变更与风险（这四项构成了“四控”）；合同、安全、文档（这三项构成了“三管”）；“沟通与协调”（此形成了“一协调”）和评估与验收（可融入四控、三管、一协调中）。因此不包括计划与执行管理。

参考答案

（37）A

试题（38）

由于承建单位的原因使监理单位增加了监理服务时间，此项工作应属于 （38） 。

（38）A．正常工作　　B．附加工作　　C．额外工作　　D．意外工作

试题（38）分析

首先非监理主管原因导致的监理服务时间增加就不属于正常工作；其次监理工作内容仍属于项目内容，所以也不是额外工作；第三项目出现监理服务时间增加是正常现象，所以也不属于意外工作。因此有外方原因导致的监理服务时间增加属于监理的附加工作。

参考答案

（38）B

试题（39）

某监理单位拟招聘三名监理工程师。在应聘的人员中，甲有信息工程设计管理方面的经验，乙有信息工程设备生产方面的实践经验，丙有信息工程市场管理方面的经验，丁有信息工程验收评估方面的实践经验。该监理单位择优选择 （39） 。

（39）A．甲、乙、丙　　B．乙、丙、丁
　　C．甲、丙、丁　　D．甲、乙、丁

试题（39）分析

信息系统工程监理强调对信息系统工程的设计阶段、实施阶段和验收阶段实施全过程监理，因此设计管理，设备（实施）和验收评估都是信息系统工程监理涉及的内容，所以选项 D 是正确的。

参考答案

（39）D

试题（40）

当承建单位提交的进场综合布线材料出厂合格证及检验、试验报告不足以说明进场材料符合要求时，监理工程师可 （40） 。

（40）A．要求承建单位将该材料运出现场　　B．再组织复验或见证取样试验
　　C．亲自对该材料进行抽样检验　　D．向承建单位下达停工指令

试题（40）分析

监理方协助业主进行设备验收，并做好记录，包括对规格、数量、质量进行核实，以及检查合格证、出厂证、供应商保证书及规定需要的各种证明文件是否齐全，在必要时利用测试工具进行评估和测试，评估上述设备能否满足信息网络建设的需求。

参考答案

（40）B

试题（41）

对监理规划的审核内容主要是：__（41）__。

（41）A．依据监理合同审核监理目标是否符合合同要求和建设单位建设意图

B．审核监理组织机构、建设工程组织管理模式等是否合理

C．审核监理方案中投资、进度、质量控制点与控制方法是否适应施工组织设计中的施工方案

D．审查监理制度是否与工程建设参与各方的制度协调一致

试题（41）分析

监理单位如何履行信息系统工程监理委托合同，如何落实建设单位委托监理单位所承担的各项监理服务工作，作为监理的委托方，建设单位需要而且有权了解和掌握这些情况。而监理规划正是建设单位加以了解和掌握这些问题的第一手资料，也是建设单位确认监理单位是否履行监理委托合同内容的主要说明性文件。因此选项A是正确的。

参考答案

（41）A

试题（42）

信息系统工程项目监理合同主要内容包括__（42）__。

①监理业务内容

②承建单位的权利和义务

③监理费用的计取和支付方式

④违约责任及争议的解决方法

⑤三方约定的其他事项

（42）A．①②③④　　B．①③④　　C．①③④⑤　　D．①②③④⑤

试题（42）分析

建设单位与监理单位应当签定监理合同，合同内容主要包括：

（1）监理业务内容；

（2）双方的权利和义务；

（3）监理费用的计取和支付方式；

（4）违约责任及争议的解决方法；

（5）双方约定的其他事项。

因此选项B是正确的。

参考答案

（42）B

试题（43）

以下关于信息系统工程合同的叙述中，正确的是：（43）。

（43）A．总承建单位签订分包合同时，子承建单位的资质要求可相应降低一级

B．项目较大时，子承建单位经建设单位批准后也可以进行再次分包

C．信息系统工程主体工程的实施必须由承建单位自行完成，不得向他人分包

D．根据付款方式的不同，信息系统工程合同分为总价合同、单价合同和成本加利润合同

试题（43）分析

分包合同管理时也有相应的禁止性规定，这些禁止性规定包括：

禁止转包。所谓转包是指承建单位将其承包的全部信息系统工程建设倒手转让给第三人，使该第三人实际上成为该建设项目新的承建单位的行为。承建单位也不得将其承包的全部建设项目肢解以后以分包的名义分别转包给第三人。

禁止将项目分包给不具备相应资质条件的单位。所谓相应的资质条件是指：一是有符合国家规定的注册资本；二是有相应的专业技术人员；三是有相应的技术装备；四是符合法律、法规规定的其他条件。

禁止再分包。承建单位只能在其承包项目的范围内分包一次，分包人不得再次向他人分包。

禁止分包主体结构。信息系统工程主体结构的实施必须由承建单位自行完成，不得向他人分包，否则签订的合同属于无效合同。

虽然监理单位并非信息系统工程合同中的当事人，但作为介入信息系统工程项目的第三方机构，监理工程师都应当对整个项目合同有一个全面的了解，了解一些信息系统工程中有关合同知识，因为这些合同对信息系统工程项目的监理工作有着直接的影响。按项目付款方式划分，以付款方式的不同，信息系统工程合同分为总价合同、单价合同和成本加酬金合同。因此选项 C 是正确的。

参考答案

（43）C

试题（44）

综合布线工程实施过程中，质量控制点是指为保证作业过程质量而确定的（44）。

①重点控制对象　②施工工艺　③施工方案　④关键部位　⑤薄弱环节

（44）A．①②③　B．①②③④　C．①④⑤　D．①②③④⑤

试题（44）分析

质量控制点应放置在工程项目建设活动中的关键时刻和关键部位，有利于控制影响工程质量目标的关键因素。因此选项 C 是正确的。

参考答案

（44）C

试题（45）

以下关于监理大纲、监理规划和监理实施细则的叙述中，正确的是：__（45）__。

（45）A．监理单位参与投标时，投标书中需附带监理规划

B．监理大纲是由监理单位制定的指导监理工作开展的纲领性文件

C．监理大纲明确规定了监理的指导思想、目标、流程、项目计划实施的保证措施

D．监理实施细则的主要内容包括工程专业的特点、监理流程、监理的控制要点及目标、监理方法和措施

试题（45）分析

监理产生的计划性文件主要包括监理大纲、监理规划和监理实施细则，这些将成为监理工程师实施具体工作的重要指导文件。

监理大纲是在建设单位选择合适的监理单位时，监理单位为了获得监理任务，在项目监理招标阶段编制的项目监理单位案性文件。它是监理单位参与投标时，投标书内容的重要组成部分。编制监理大纲的目的是，要使建设单位信服，采用本监理单位制定的监理单位案，能够圆满实现建设单位的投资目标和建设意图，进而赢得竞争投标的胜利。由此可见，监理大纲的作用，是为监理单位的经营目标服务的，起着承接监理任务的作用。

监理规划则是在监理委托合同签订后，由监理单位制定的指导监理工作开展的纲领性文件。它起着指导监理单位规划自身的业务工作，并协调与建设单位在开展监理活动中的统一认识、统一步调、统一行动的作用。由于监理规划是在委托合同签订后编制的，监理委托关系和监理授权范围都已经很明确，工程项目特点及建设条件等资料也都比较翔实。因此，监理规划在内容和深度等方面比监理委托合同更加具体化，更加具有指导监理工作的实际价值。

监理实施细则则是在监理规划指导下，监理项目部已经建立，各项专业监理工作责任制已经落实，配备的专业监理工程师已经上岗，再由专业监理工程师根据专业项目特点及本专业技术要求所编制的、具有实施性和可操作性的业务性文件。监理实施细则由各专业监理工程师负责主持编制，并报送项目总监理工程师认可批准执行。

监理实施细则的主要内容包括工程专业的特点、监理流程、监理的控制要点及目标、监理单位法及措施。

因此选项 D 是正确的。

参考答案

（45）D

试题（46）

从监理大纲、监理规划和监理实施细则内容的关联性来看，监理规划的作用是：__（46）__。

（46）A．指导监理企业全面开展监理工作

B．指导项目监理机构全面开展监理工作

C．作为承建监理单位履行合同的依据

D．作为监理单位内部考核的依据

试题（46）分析

监理规划是整个项目开展监理工作的依据和基础。监理规划相当于一个监理项目的“初

步设计”，而监理实施细则相当于具体的“实施图设计”。

监理单位在接受监理任务，开展监理投标和监理委托合同谈判时，应该根据建设单位对信息系统工程监理招标的要求和意图，向建设单位提供监理大纲，使建设单位通过监理大纲了解监理单位对该项目监理的行动纲要，增强建设单位对监理单位从事项目监理的信任感和认同感，促成双方合同洽谈和合同签约的成功。在合同签订后，监理单位应根据合同规定和要求，对监理大纲进一步细化，并向建设单位提交监理规划，作为监理单位对监理项目的行动指南，也可以作为建设单位考核监理单位对监理委托合同实际执行情况的重要依据。因此，监理规划在监理单位经营管理活动中有着重大的现实意义。

因此选项 B 是正确的。

参考答案

（46）B

试题（47）

以下关于协同质量控制的叙述中，不正确的是：__（47）__。

（47）A．建设单位、承建单位和监理单位需建立各自的质量保证体系

B．工程项目的质量保证计划是以建设单位的质量保证计划为主体的

C．承建单位要满足建设单位的使用功能要求，并符合质量标准、技术规范及现行法规

D．质量保证体系要满足建设单位和承建单位的要求

试题（47）分析

信息系统工程项目是由建设单位、承建单位和监理单位共同完成的，三方的最终目标是一致的，那就是高质量地完成项目，因此，质量控制任务也应该由建设单位、承建单位和监理单位共同完成，三方都应该建立各自的质量保证体系，而整个项目的质量控制过程也就包括建设单位的质量控制过程、承建单位的质量控制过程和监理的质量控制过程。

因此，选择选项 B。

参考答案

（47）B

试题（48）

以下关于监理工程师审查承建单位提交的总体设计方案的叙述中，不正确的是：__（48）__。

（48）A．方案需经监理工程师签字确认才可部署实施

B．对方案的合理性进行审查

C．需要同时审查承建单位对关键部位的测试方案

D．对方案的可行性及价格进行审查

试题（48）分析

对承建单位提供的各类设计实施方案进行审查，并采取监理措施，是本阶段质量控制的重点，主要包括：

（1）了解建设单位建设需求和对信息系统安全性的要求，协助建设单位制定项目质量目标规划和安全目标规划。

（2）对各种设计文件，提出设计质量标准。

（3）进行设计过程跟踪，及时发现质量问题，并及时与承建单位协调解决。

（4）审查阶段性设计成果，并提出监理意见。

（5）审查承建单位提交的总体设计方案，主要审查以下内容：

确保总体方案中已包括了建设单位的所有需求；

要满足建设单位所提出质量、工期和造价等工程目标；

总体方案要符合有关规范和标准；

质量保证措施的合理性、可行性；

方案要合理可行，不仅要有明确的实施目标，还要有可操作的实施步骤；

对整个系统的体系结构、开发平台和开发工具的选择、网络安全方案等要进行充分论证。当前信息技术发展迅速，许多技术还没有达到成熟阶段：就被更先进的技术所替代，而且所花费的成本可能还更低。但是，需要注意的是，在信息系统工程中采用最新的、最先进的技术，会给质量控制带来技术风险；

对总体设计方案中有关材料和设备进行比较，在价格合理基础上确认其符合要求。

（6）审查承建单位对关键部位的测试方案，如主机网络系统软硬件测试方案、应用软件开发的模块功能测试方法等。

（7）协助承建单位建立、完善针对该信息工程建设的质量保证体系，包括完善计量及质量检测技术和手段。

（8）协助总承建单位完善现场质量管理制度，包括现场会议制度、现场质量检验制度、质量统计报表制度和质量事故报告及处理制度等。

（9）组织设计文件及设计方案交底会，熟悉项目设计、实施及开发过程，根据有关设计规范，实施验收及软件工程验收等规范、规程或标准，对有的工程部位下达质量要求标准。

方案经监理工程师审定后，由总监理工程师审定签发；若方案未经批准，建设单位的工程不得部署实施。

因此选择选项 A。

参考答案

（48）A

试题（49）

监理工程师实施进度控制工作细则中所包括的内容有__（49）__。

（49）A．明确划分施工段的要求

B．工程进度款支付的时间与方式

C．进度检查的周期与进度报表的格式

D．主机设备进场的时间与检验方式

试题（49）分析

明确划分施工段的要求是投资控制方面的内容，工程进度款支付的时间与方式是投资控制方面的内容，进度检查的周期与进度报表的格式是进度控制方面的内容，主机设备进场的时间与检验方式是质量控制方面的内容。

参考答案

（49）C

试题（50）

针对信息系统工程质量控制相关工作，以下理解中，正确的是：__（50）__。

（50）A．要控制质量，首先要控制人，监理机构对承建单位的人员控制是人事权的控制
B．测试对于信息系统工程质量控制来说不是必须的
C．监理要科学评估信息系统工程变更的风险，并严格执行变更处理程序
D．承建单位是质量控制最关键的因素，为确保公正，监理单位不宜过早介入工程的招投标

试题（50）分析

监理单位对承建单位的人员控制并不是人事权的控制，而主要通过审查项目主要负责人是否具有信息产业部（现工业和信息化部）颁发的项目经理证书，以保证项目经理的素质；审查承建单位的项目过程质量控制体系，以保证项目能够在有序的状态下进行，最大可能减少个人的随意性；督促承建单位建立有效的版本控制体系和文档管理体系，最大可能减小人员流动所带来的损失。

信息系统工程的可视性差，质量缺陷比较掩蔽，无法直接通过人的感官系统直观地判断一个信息系统质量的优劣，质量问题往往在特定的条件下才会出现，因此在质量控制时要进行大量的、不断的实时测试。测试对于信息系统工程质量控制来说是必需的。

变更是信息系统特别是应用系统比较大的一个特点。在需求获取过程中必然会存在需求不完整、不清晰的情况，而对于软件系统来说，随意改动也将引发大量的质量缺陷及隐患，因此，对于信息系统的变更，监理要科学评估变更的风险，并严格执行变更处理程序。

能否选择优秀的系统承建单位是质量控制最关键的因素。因为信息系统工程完成的主体是承建单位，因此在招投标阶段对集成商的选择非常重要，如果监理单位能较早介入工程，那么在集成商资质的审核方面会严格把关。

因此选项 C 是正确的。

参考答案

（50）C

试题（51）

当采用横道图比较法比较工作的实际进度与计划进度时，如果表示实际进度的横道线右端点落在检查日期的右侧，则该横道线右端点与检查日期的差距表示该工作实际__（51）__。

（51）A．超额完成的任务量　　B．拖欠的任务量
C．超额的时间　　D．少花费的时间

试题（51）分析

甘特图横轴表示时间，纵轴表示活动（项目），线条表示在整个期间上计划和实际的活动完成情况。因此选项 B 是正确的。

参考答案

（51）B

试题（52）

以下关于进度控制的基本程序和主要措施的叙述中，不正确的是：__（52）__。

（52）A．从工程准备阶段开始直至竣工验收的全过程中，无法对施工进度进行主动预控，因此需要监理工程师对承建单位实际进度情况进行跟踪监督并及时回馈

B．发现工程进度严重偏离计划时，监理工程师启动工程进度计划调整过程对进度计划实施调整，并提供阶段性进度报告、进度月报等进度报告

C．实施进度控制的基本措施包括组织措施、技术措施、合同措施、信息管理措施等，应根据实际执行情况采取相应的措施

D．监理工程师可以采用实际值与计划值进行比较的方法对进度进行检查和评价，运用行政方法、经济手段以及管理技术对工程进度加以影响和制约

试题（52）分析

在实施进度控制时，监理工程师在从工程准备阶段开始直至竣工验收的全过程中，都应坚持采用动态管理和主动预控的方法进行控制。因此选择选项 A。

参考答案

（52）A

试题（53）

某项目进度计划双代号网络图经监理审核批准后实施，在实施中承建单位要求项目提前完工，为此，通过对网络图进行分析后发现，压缩关键工作 B、G、H 任何一个工作的工作时间都能达到压缩工期的要求，在这三个关键工作的赶工费用和其他相关条件都相同的情况下，应该优先选择压缩__（53）__关键工作。

（53）A．B　　B．G　　C．H　　D．B、G、H 中的任一个

试题（53）分析

选定最先压缩持续时间的关键工作，选择时应考虑的因素有：缩短持续时间后，对项目质量的影响不大；有充足的备用资源；缩短持续时间所需增加的费用相对较少。三项工作费用和其他相关条件都相同的情况下，最前工作 B 还有充足的备用资源即后续工作，因此选项 A 是正确的。

参考答案

（53）A

试题（54）

在项目实施阶段，监理工程师对项目设计方案的审核侧重于__（54）__。

（54）A．技术方案的比较、分析

B．功能实现及质量要求达成是否是最经济的

C．各功能设计是否符合预定的质量标准和要求

D．所采用的技术是否是最先进的

试题（54）分析

审查承建单位提交的总体设计方案，主要审查以下内容：

- 确保总体方案中已包括了建设单位的所有需求；

- 要满足建设单位所提出质量、工期和造价等工程目标；
- 总体方案要符合有关规范和标准；
- 质量保证措施的合理性、可行性；
- 方案要合理可行，不仅要有明确的实施目标，还要有可操作的实施步骤；
- 对整个系统的体系结构、开发平台和开发工具的选择、网络安全方案等要进行充分论证。

因此选项 C 是正确的。

参考答案

（54）C

试题（55）

项目成本控制的基本措施不包括__（55）__。

（55）A．组织措施　　B．技术措施　　C．经济措施　　D．验收措施

试题（55）分析

控制项目成本的措施归纳起来有四大方面：组织措施、经济措施、技术措施和合同措施。因此选择选项 D。

参考答案

（55）D

试题（56）

挣值法是对工程项目成本/进度进行综合控制的一种分析方法。用挣值法计算进度偏差 SV，正确的公式是：__（56）__。

（56）A．SV=BCWP-BCWS　　B．SV=BCWS-BCWP
C．SV=ACWP-BCWP　　D．SV=BCWP-ACWP

试题（56）分析

BCWS 是指项目实施过程中某阶段计划要求完成的工作量所需的预算费用。计算公式为：BCWS=计划工作量×预算定额。BCWS 主要是反映进度计划应当完成的工作量（用费用表示）。已完成工作量的实际费用（ACWP），即（Actual Cost for Work Performed）。ACWP 是指项目实施过程中某阶段实际完成的工作量所消耗的费用。ACWP 主要是反映项目执行的实际消耗指标。已完工作量的预算成本（BCWP），即（Budgeted Cost for Work Performed）。或称挣值、盈值和挣得值。

BCWP 是指项目实施过程中某阶段按实际完成工作量及按预算定额计算出来的费用，即挣得值（Earned Value）。BCWP 的计算公式为：BCWP=已完工作量×预算定额。

费用偏差（Cost Variance，CV）：CV 是指检查期间 BCWP 与 ACWP 之间的差异，计算公式为 CV=BCWP-ACWP。当 CV 为负值时表示执行效果不佳，即实际消费费用超过预算值即超支。反之当 CV 为正值时表示实际消耗费用低于预算值，表示有节余或效率高。若 CV=0，表示项目按计划执行。

进度偏差（Schedule Variance，SV）：SV 是指检查日期 BCWP 与 BCWS 之间的差异。其计算公式为 SV=BCWP-BCWS。当 SV 为正值时表示进度提前，SV 为负值表示进度延误。

若 SV=0，表明进度按计划执行。

费用执行指标（Cost Performed Index，CPI）：CPI 是指挣得值与实际费用值之比。CPI=BCWP/ACWP，当 CPI>1 表示低于预算，CPI<1 表示超出预算，CPI=1 表示实际费用与预算费用吻合。若 CPI=1，表明项目费用按计划进行。

进度执行指标（Schedule Performed Index，SPI）：SPI 是指项目挣得值与计划值之比，即 SPI=BCWP/BCWS，当 SPI>1 表示进度提前，SPI<1 表示进度延误，SPI=1 表示实际进度等于计划进度。所以 SV=BCWP−BCWS。

参考答案

（56）A

试题（57）

某工程采用固定总价合同，合同执行过程中，在发生 （57） 的情况下，发包方可对合同总价做相应的调整。

（57）A．承建单位漏算工程量　　B．工料机价格上涨
C．工程范围调整　　D．出现恶劣气候

试题（57）分析

总价合同适用于项目工作量不大且能精确计算、工期较短、技术不太复杂、风险不大的项目。因而采用这种合同类型要求建设单位必须准备详细而全面的设计方案（一般要求实施详图）和各项说明，使承建单位能准确计算项目工作量。因此范围调整的情况下，发包方可对合同总价做相应的调整。

参考答案

（57）C

试题（58）

（58） 不是信息系统工程竣工结算的目的。

（58）A．可正确分析建设成效
B．可分析工程建设计划和设计预算实际执行情况
C．可分析总结项目成本使用中的经验和教训
D．为修订定额提供依据资料

试题（58）分析

信息系统工程竣工结算的意义：

（1）可正确分析成本效果；

（2）可分析工程建设计划和设计预算实际执行情况；

（3）可分析总结项目成本使用中的经验和教训；

（4）为修订预界定额提供依据资料。

参考答案

（58）A

试题（59）

变更的初审环节，监理机构应了解实际情况，收集与项目变更有关的资料，然后应

首先__（59）__。

（59）A．明确界定项目变更的目标　　B．判断变更的合理性和必要性
C．进行变更分析　　D．确定变更的方法

试题（59）分析

变更的初审，应先明确目标，再判断变更合理与否，然后再进行分析、确定变更的方法。

参考答案

（59）A

试题（60）

招标文件要求工程的实施期限不得超过 20 个月，承建单位在投标书内承诺 18 个月竣工。施工过程中，监理工程师因变更批准顺延工期 1 个月；综合布线工程露天场地施工中遇到尚未达到合同约定的不可预见外界条件等级的连续降雨，监理工程师为了保证工程质量，指示该部分的施工停工 0.5 个月。则判定承建单位提前或延误竣工标准的合同工期应为__（60）__。

（60）A．18　　B．19　　C．19.5　　D．20

试题（60）分析

首先工期以投标书的 18 个月为准，因变更导致的顺延 1 个月，即工期调整为 19 个月。而因现场其他因素导致的停止施工，不计入标准合同工期。故 B 选项正确。

参考答案

（60）B

试题（61）

在订购 80 箱五类双绞线合同的执行过程中，供货方在合同约定的时间交付了 60 箱五类双绞线并就剩余 20 箱五类双绞线向采购方发出了继续发货通知，但在合同约定期限内采购方对此发货通知未给予任何答复，则针对这 20 箱五类双绞线，__（61）__。

（61）A．供货方不应再继续发运
B．供货方发运后，采购方有权拒收
C．供货方发运后，采购方应接收并及时支付合同约定的货款
D．供货方发运后，采购方应接收并及时支付扣除违约金后的货款

试题（61）分析

首先，供货方给出了继续发货通知，采购方在没有回复的前提下不能拒收，故 A、B 选项错误。其次，因后交付的货物超出合同约定的期限，所以采购方有权扣除相应违约金。故 D 选项正确。

参考答案

（61）D

试题（62）

由于建设单位原因，监理工程师下令工程暂停，导致承建单位工期延误和费用增加，则停工期间承建单位可索赔__（62）__。

（62）A．工期、成本和利润　　B．工期、成本，不能索赔利润
C．工期，不能索赔成本和利润　　D．成本，不能索赔工期和利润

试题（62）分析

建设方的原因导致工程暂停，那么暂停期间的工期应顺延，对承建单位的意外成本应承担责任，以上属于合理索赔内容。因此 B 选项正确。

参考答案

（62）B

试题（63）

对合同违约理解正确的是__（63）__。

（63）A．不适当履行合同义务不属于违约

B．违约不必承担赔偿责任

C．违约责任方只能是合同当事人一方

D．违约责任方可以是合同当事人一方或双方

试题（63）分析

违约是指信息系统工程合同当事人乙方或双方不履行或不适当履行合同义务，应承担因此给对方造成经济损失的赔偿责任。因此 D 选项正确。

参考答案

（63）D

试题（64）

知识产权是一个法律概念，它的严格定义很难明确，但大多数国家的法律对知识产权界定为至少以下四个方面：商标及其相关标记、专利权、著作权和__（64）__。

（64）A．命名权　　B．项目文档　　C．商业秘密　　D．计算机程序和文档

试题（64）分析

知识产权在大多数国家被界定为四个方面：商标及其相关标记、专利权和外观设计、著作权和商业秘密。选项 A 不属于知识产权保护范围、B 项目文档、D 计算机程序和文档属于混淆项，属于著作权中的一类。因此 C 选项正确。

参考答案

（64）C

试题（65）

信息系统安全管理技术体系包括物理安全技术和系统安全技术，其中系统安全技术包括平台安全、数据安全、通信安全、应用安全和__（65）__。

（65）A．账户安全　　B．人员安全　　C．运行安全　　D．设备安全

试题（65）分析

信息系统安全管理技术体系包括物理安全技术和系统安全技术，其中系统安全技术包括平台安全、数据安全、通信安全、应用安全和运行安全。其中账户安全与其他选项不在一个层级；人员安全不属于技术体系、设备安全属于物理安全技术。故选 C 选项。

参考答案

（65）C

试题（66）

项目验收阶段监理工作的主要内容不包括__（66）__。

（66）A．受理承建单位项目验收报告
B．根据承建单位的验收报告，提出工程质量检验报告
C．组织工程项目预验收
D．组织项目验收

试题（66）分析

项目验收是项目最重要的工作，应有建设单位组织完成，监理单位起到配合与辅助的作用，上述选项中 A、B 是监理的工作内容，C 组织预验收也可以由监理来执行，目的是为最终验收做好预研和准备，因此 D 选项不属于监理工作。

参考答案

（66）D

试题（67）

__（67）__不属于工程监理总结报告的主要内容。

（67）A．监理工作统计　　B．承建单位工作统计
C．管理协调综述　　D．监理总评价

试题（67）分析

显然，承建单位的工作统计应由承建单位完成，因此监理总结报告的主要内容不应涵盖。

参考答案

（67）B

试题（68）

项目验收文件是指__（68）__。

（68）A．信息化建设工程项目验收活动中形成的文件
B．信息化建设工程项目实施中最终形成结果的文件
C．信息化建设工程项目实施中真实反映实施结果的文件
D．信息化建设工程项目竣工图表、汇总表、报告等

试题（68）分析

项目验收文件是指信息化建设工程项目验收活动中形成的文件。BCD 三个选项属于实施过程文件，属于被验收对象。

参考答案

（68）A

试题（69）

以下关于监理专题会议的叙述中，正确的是：__（69）__。

（69）A．监理专题会议不能由授权监理工程师主持
B．监理工程师要认真做好会议记录，会议纪要由参会各方签认
C．按照会议结果的落实原则，必须在会后 24 小时内公布会议成果
D．监理专题会议通常包括技术讨论会、紧急事件协调会、技术评审会等

试题（69）分析

监理专题会议可以由授权监理工程师主持；监理工程师不一定必须做会议纪要；会议结果也不能一定要 24 小时内完成，应根据实际情况确定公布时间。故 ABC 三个选项均错误。

参考答案

（69）D

试题（70）

在信息化工程项目监理工作过程中，应主要由 （70） 负责与信息化建设工程有关的外部关系的组织协调工作。

（70）A．监理单位　　B．承建单位
C．建设单位　　D．建设单位与监理单位共同

试题（70）分析

因监理单位、承建单位均不一定具备与外部关系协调的几种重要能力，包括外部关系范围、职责、与项目的关系等，因此只能由建设单位负责组织和协调，具体工作可由监理单位、承建单位协助共同处理。

参考答案

（70）C

试题（71）

Which layer-function is mostly implemented in a network adapter? （71） .

（71）A．Physical layer and link layer
B．Network layer and transport layer
C．Physical layer and network layer
D．Transport layer and application layer

试题（71）分析

题目是在网络适配器中主要实现哪一层协议。网络适配器主要是实现物理层和链路层协议。

参考答案

（71）A

试题（72）

Software Engineering is best described as （72） .

（72）A．the practice of designing, building, and maintaining off-the-shelf software from prefabricated parts
B．the practice of designing, building, and maintaining ad-hoc software without the use of formal methods
C．the practice of designing, building, and maintaining reliable and cost-effective software using standard techniques
D．the practice of designing, building, and maintaining fast and flexible software specifically for engineering applications

试题（72）分析

对软件工程的最准确描述是使用标准技术设计、建造和维护可靠和具有成本效益的软件的实践。

参考答案

（72）C

试题（73）

A requirements specification is __（73）__.

（73）A．a rough list of things that the proposed software ought to do
B．a precise list of things that the proposed software ought to do
C．a formal list of things that the proposed software must do
D．an estimate of the resources (time, money, personnel, etc.) which will be required to construct the proposed software

试题（73）分析

需求规格说明是软件开发必须做的一项重要工作。

参考答案

（73）C

试题（74）

A critical path for a project is the series of activities that determine __（74）__ by which the project can be completed.

（74）A．the earliest time　　B．the latest time
C．the total time　　D．the free time

试题（74）分析

题目是问项目关键路径是项目一系列活动中的哪一步，事实上，确定项目关键路径应在项目最早期开始，故选 A。

参考答案

（74）A

试题（75）

In project time management processes, __（75）__ involves identifying and documenting the relationships between project activities.

（75）A．activity definition　　B．activity sequencing
C．schedule control　　D．schedule development

试题（75）分析

在进度管理的过程中，活动排序是要明确项目活动的关系，答案 B 正确。

参考答案

（75）B

第 12 章　2016 下半年信息系统监理师下午试题分析与解答

试题一（20 分）

阅读下列说明，回答问题 1 至问题 4，将解答填入答题纸的对应栏内。

【说明】

某单位信息化工程主要包括综合布线、软件开发等方面的建设内容。建设单位通过公开招标选择了承建单位和监理单位。为了高质量地做好监理工作，提高客户的满意度，监理方承诺提供咨询式监理，并充分利用监理方测试能力强的优势，在软件开发实施中，将测试作为质量控制的重要手段之一。在项目实施过程中发生了如下事件：

【事件 1】工程开工的第一次会议上，建设单位宣布了对监理单位的授权，并要求监理保证进场材料、设备的质量，要求承建单位接受监理的监督检查。

【事件 2】布线工程施工中，监理工程师检查了承建单位的管材并签证了合格可以使用，事后发现承建单位在施工中使用的管材不是送检的管材，重新检验后不合格，马上向承建单位下达停工令，随后下达了监理通知书，指令承建单位返工，把不合格的管材立即撤出工地，按第一次检验样品进货，并报监理工程师重新检验合格后才可用于工程。为此停工 2 天，承建单位损失 5 万元。承建单位就此事提出工期和费用索赔申请；建设单位代表认为监理工程师对工程质量监理不力，提出要扣监理费 10 000 元。

【事件 3】虽然软件需求已经由用户签字确认，但在后续的实施中，由于市场环境的变化及应对竞争的原因，用户总是对需求提出较大的变更，要求承建单位优先满足。

【事件 4】软件开发进入尾声，承建单位提出要进行用户方测试，建设单位领导经与监理单位领导协调后确定由监理单位承担测试方案和测试用例的编制工作，建设单位实施测试。在测试用例的编写过程中，编写人员由于对该项目所涉及的业务流程了解不深，请求建设单位帮助解决，但建设单位的技术负责人认为该问题是由于监理单位的相关人员能力不足所致，应由监理单位自行解决。

【问题 1】（4 分）

针对事件 1，作为监理工程师请回答，如何保证进场材料、设备的质量？

【问题 2】（4 分）

针对事件 2，作为监理工程师请回答：

（1）承建单位提出工期、费用索赔合理吗？请说明理由。

（2）建设单位要扣监理费的做法妥当吗？请说明理由。

【问题 3】（6 分）

针对事件 3，作为监理工程师请回答：

（1）需求确定后，用户还可以提出变更要求吗？需求确认意味着什么？

（2）监理应当同意这样的需求变更吗？是否应当给予承建单位适当的补偿？

【问题 4】（6 分）

针对事件 4，作为监理工程师请回答：

（1）建设单位要求监理承担用户方测试方案和测试用例的编制工作是否合理？请说明理由。

（2）建设单位技术负责人认为测试用例编制人员业务流程了解不深是能力不足的看法适当吗？应当怎样处理这件事情？

试题一分析

本题是考查考生在信息化项目执行过程中，对设备、软件开发、测试等监理工作内容掌握的熟悉程度。

【问题 1】

监理应当对进场材料的相关信息进行核查，并对其进行抽检来完成质量校验。

（1）通过审查进场材料、设备的出厂合格证、材质化验单、试验报告等文件、报表、报告进行控制。

（2）通过抽测检验方式进行质量控制。

【问题 2】

本题目的在于分析监理工作在项目中应承担何种责任。

（1）承建单位提出索赔的要求不合理。理由：无论监理的做法是什么，不合格的原因都在于承建单位。

（2）建设单位扣监理费不对。理由：监理工程师纠正了错误，没有给建设单位造成直接经济损失，不应赔偿。

【问题 3】

本题考察考生对应用系统开发过程监理工作的能力。已经签字确认的需求是开发工作的重要条件，对其内容的更改增减即意味着变更，而重大变更或超出服务范围时，承建单位可以提出合理补偿。

（1）可以提出。需求确认意味着双方对需求说明文档所描述的需求达成一致（2 分），并不意味着不能变更。

（2）应当同意。应当给予补偿。

【问题 4】

本题考查考生对监理工作范围的理解。

（1）不合理。理由：用户方测试不是监理工作范围内的工作。

（2）不合适。应当提供帮助，帮助测试用例编写人员深入熟悉业务流程。

试题二（15 分）

阅读下列说明，回答问题 1 至问题 3，将解答填入答题纸的对应栏内。

【说明】

某省农村信用合作社启动了面向农村市场的电子商务系统建设项目。建设任务涉及系统设备采购、集成、移动终端购置；机房装修；电子商务应用系统定制开发；终端取货点设备配置。该农信社作为建设单位通过公开招标首先引入了监理单位，负责协助建设单位从招标开始做好全过程的监理工作。在项目建设过程中，发生如下事件：

【事件 1】在电子商务应用系统招标开始前，建设单位对系统造价预算发生质疑，要求监理单位进行重新核定应用系统开发费预算。

【事件 2】在系统开发启动阶段，应用系统开发商提出采用快速迭代的敏捷开发方法，并要求监理单位提出项目所需要的文档最小集。

【事件 3】应用系统开发合同中，并没有约定应用系统开发成果的著作权归属。在项目验收后，建设单位和应用系统开发商在应用系统的著作权所属上发生了争议。

【问题 1】（5 分）

针对事件 1 的描述，监理单位是否应该承担对应用系统造价预算的审核工作？应该如何处理？

【问题 2】（5 分）

针对事件 2 的描述，监理单位应提出哪些必须的项目文档？

【问题 3】（5 分）

针对事件 3 的描述，该应用系统知识产权应归属哪方？在本项目中监理单位的工作存在哪些问题？

试题二分析

本题是考察考生对电子商务项目招标过程、执行过程可能产生的具体问题的分析能力。

【问题 1】

信息工程项目的投资控制主要是在批准的预算条件下确保项目保质按期完成。即指在项目投资的形成过程中，对项目所消耗的人力资源、物质资源和费用开支，进行指导、监督、调节和限制，及时纠正即将发生和已经发生的偏差，把各项项目费用控制在计划投资的范围之内，保证投资目标的实现。信息工程项目投资控制的目的，在于降低项目成本，提高经济效益。

监理单位的投资控制是确保在批准的预算条件下按期保质完成项目建设。是需要在项目执行过程中把项目费用控制在投资范围之内，没有责任对投资预算进行评估和核定。

对系统造价、预算等的调整工作应由原设计单位、概算编制单位或专业信息化预算编制单位承担。

【问题 2】

GB 8567—1988《计算机软件产品开发文件编制指南》中规定，在软件的开发过程中，一般地说，应该产生 14 种文件。这 14 种文件是：

（1）可行性研究报告；

（2）项目开发计划；

（3）软件需求说明书；

（4）数据要求说明书；

（5）概要设计说明书；

（6）详细设计说明书；

（7）数据库设计说明书；

（8）用户手册；

（9）操作手册；

（10）模块开发卷宗；

（11）测试计划；

（12）测试分析报告；

（13）开发进度月报；

（14）项目开发总结报告。

【问题 3】

根据 2013 年 3 月 1 日起施行的《国务院关于修改〈计算机软件保护条例〉的决定》第十一条 接受他人委托开发的软件，其著作权的归属由委托人与受托人签订书面合同约定；无书面合同或者合同未作明确约定的，其著作权由受托人享有。因此，本项目应用系统的著作权应归承建单位所有。

监理单位应在项目全过程中做好知识产权管理，本项目关于应用系统的著作权应在签署开发合同时即行明确，避免后期存在争议。

试题三（15 分）

阅读下列说明，回答问题 1 至问题 3，将解答填入答题纸的对应栏内。

【说明】

国家某部委针对宏观经济大数据决策支持系统建设项目，通过公开招标选择某监理公司对项目实施全过程监理。在项目招标过程中发生了如下事件：

【事件 1】由于是部委级项目，根据监理单位的建议，要求参加投标单位的资质最低不得低于计算机系统集成二级资质。拟参加此次投标的六家单位中，A、B、D 具有二级资质，C 具有三级资质，E、F 具有一级资质，而 C 在宏观经济决策支持系统的监测预警功能技术上业界领先。为使项目建设更加完美，建设单位极力建议让 C 与 A 联合承建项目，并明确向 A 暗示，如果不接受这个投标方式，则 A 中标的可能性非常小。

【事件 2】开标后发现：

（1）B 投标人的投标报价为 3200 万元，为最低投标价。

（2）D 投标人在开标后又提交了一份补充说明，提出可以降价 5%。

（3）E 投标人投标文件的投标盖有企业及企业法定代表人的印章，但没有加盖项目负责人的印章。

（4）F 投标人的投标报价最高，故 F 投标人在开标后第二天撤回了其投标文件。

【事件 3】招标代理机构提出，评标委员会由 7 人组成，包括建设单位纪委书记、工会主席，当地招标投标管理办公室主任，以及从评标专家库中随机抽取的 4 位技术、经济专家。

【问题 1】（6 分）

针对事件 1，作为监理工程师请回答：

（1）在事件 1 所述招标过程中，作为该项目的建设单位其行为是否合法？为什么？

（2）从事件 1 所述背景资料来看，A 和 C 组成的投标联合体是否有效？为什么？

【问题2】（5分）

针对事件2，作为监理工程师请分析B、D、E、F投标人的投标文件是否有效？

【问题3】（4分）

针对事件3，作为监理工程师请指出评标委员会人员组成的不正确之处，并说明理由。

试题三分析

本题重点考查考生在电子政务项目上招投标过程即法律法规的理解和应用。应以《政府采购法》及其相关解释为基础。

【问题1】

（1）不合法。因为违反了招标投标法中关于不得强制投标人组成联合体共同投标。

（2）A和C组成的投标联合体无效。因为根据招标投标法规定，由同一专业的单位组成的联合体，按照资质等级较低的单位确定资质等级，所以联合体不符合对投标单位主体资格条件的要求。

【问题2】

政府采购法规定公开招标时，投标报价仅以投标文件中的报价为准。因此B的报价有效；D的报价有效，但补充说明无效。E和F的报价均有效。

【问题3】

不正确的是：评标委员会人员组成中包括当地招标投标管理办公室主任。

理由：评标委员会应当由招标人代表和有关技术、经济方面的专家组成。

试题四（15分）

阅读下列说明，回答问题1至问题3，将解答填入答题纸的对应栏内。

【说明】

某政府部门为了满足业务发展和领导科学决策需求，于2012年启动了以业务应用系统建设为主的信息化工程建设，该工程属于国家重点业务信息系统建设项目。A单位负责监理工作。历经3年建设，项目进入验收阶段。在验收阶段，A单位的总监理工程师在协助建设单位准备验收工作时，认为要遵守《国家电子政务工程建设项目管理暂行办法》的有关规定。后续有如下三项事件：

【事件1】监理单位在审核验收条件时，认为验收条件应满足6项基本规定。

【事件2】承建单位认为验收依据是项目的合同文件、施工图、设备和软件技术说明书，但监理认为应当按照《国家电子政务工程建设项目管理暂行办法》中验收大纲的规定进行验收。

【事件3】在项目通过竣工验收后，监理方督促和检查承建单位的系统移交工作。

【问题1】（6分）

作为监理工程师，请给出事件1所描述的验收条件应满足的6项基本规定。

【问题2】（5分）

针对事件2，按照《国家电子政务工程建设项目管理暂行办法》中验收大纲的规定，验收依据有哪些？

【问题 3】（4 分）

针对事件 3，针对系统移交工作的监理措施有哪些？

试题四分析

本题考察考生对项目验收过程中，监理工作的主要内容，工作程序和工作质量的理解与掌握。

【问题 1】

验收条件应满足 6 项基本规定：

（一）建设项目确定的网络、应用、安全等主体工程和辅助设施，已按照设计建成，能满足系统运行的需要。

（二）建设项目确定的网络、应用、安全等主体工程和配套设施，经测试和试运行合格。

（三）建设项目涉及的系统运行环境的保护、安全、消防等设施已按照设计与主体工程同时建成并经试运行合格。

（四）建设项目投入使用的各项准备工作已经完成，能适应项目正常运行的需要。

（五）完成预算执行情况报告和初步的财务决算。

（六）档案文件整理齐全。

【问题 2】

按照《国家电子政务工程建设项目管理暂行办法》中验收大纲的规定，验收依据有 5 条：

（一）国家有关法律、法规，以及国家关于信息系统和电子政务建设项目的相关标准。

（二）经批准的建设项目项目建议书报告及批复文件。

（三）经批准的建设项目可行性研究报告及批复文件。

（四）经批准的建设项目初步设计和投资概算报告及批复文件。

（五）项目的合同文件、施工图、设备和软件技术说明书。

因此业主单位认为验收依据是项目的合同文件、施工图、设备和软件技术说明书并不完整。

【问题 3】

系统移交的监理措施包括：

（1）审查承建单位的项目资料清单；

（2）协助业主和承建单位交接项目资料；

（3）确保软件文档和软件的一致性；

（4）开发软件做好备份，保管在安全地方，文件材料归档。

试题五（10 分）

阅读下列说明，回答问题 1 至问题 2，将解答填入答题纸的对应栏内。

【说明】

某区域大数据中心建设项目，在项目的建设过程中实施了全过程监理。在项目实施过程中，发生了如下事件：

【事件 1】为了保证大数据中心的性能，建设单位向监理咨询有关集群性能测试方面的问题，监理建议按照 TPC（Transaction Processing Performance Council，事务处理性能委员会）的相关标准进行测试。

【事件 2】建设单位要求制定严谨、规范、可执行的机房管理规范，并要求监理严格把控机房管理规范的质量。

【问题 1】（2 分）

在（1）～（2）中填写恰当内容（从候选答案中选择一个正确选项，将该选项编号填入答题纸对应栏内）。

针对事件 1，要进行数据仓库复杂查询的基准评测，应该选用__（1）__基础测试标准。

（1）供选择的答案：

A．TPC A　B．TPC E　C．TPC H　D．TPC M

针对事件 1，要更关注大数据规模下，关系型数据库的性能表现，应该选用__（2）__基础测试标准进行测试。

（2）供选择的答案：

A．TPC AS　B．TPC DS　C．TPC HS　D．TPC MS

【问题 2】（8 分）

在（1）～（4）中填写恰当内容（从候选答案中选择一个正确选项，将该选项编号填入答题纸对应栏内）。

针对事件 2，作为监理工程师请回答，机房管理的内涵构架上至少应包括“__（1）__、__（2）__、__（3）__、__（4）__、管理”五个方面。

（1）～（4）供选择的答案：

A．温度　B．湿度　C．环境　D．人　E．物

F．接地　G．机　H．网络　I．电

试题五分析

本题考查 TPC 和机房的理论和应用。考生应结合案例的背景，综合运用理论知识和实践经验回答问题。

【问题 1】

第一问，TPC-H 基准测试是由 TPC-D（由 TPC 组织于 1994 年指定的标准，用于决策支持系统方面的测试基准）发展而来的。TPC-H 用 3NF 实现了一个数据仓库，共包含 8 个基本关系，其数据量可以设定 1G～3T 不等。TPC-H 基准测试包括 22 个查询（Q1～Q22），其主要评价指标是各个查询的响应时间，即从提交查询到结果返回所需时间。TPC-H 基准测试的度量单位是每小时执行的查询数（QphH@size），其中 H 表示每小时系统执行复杂查询的平均次数，size 表示数据库规模的大小，它能够反映出系统在处理查询时的能力。TPC-H 是根据真实的生产运行环境来建模的，这使得它可以评估一些其他测试所不能评估的关键性能参数。因此 C 选项正确。

第二问，TPC-DS 采用星型、雪花型等多维数据模式。它包含 7 张事实表，17 张纬度表平均每张表含有 18 列。其工作负载包含 99 个 SQL 查询，覆盖 SQL99 和 2003 的核心部分以及 OLAP。这个测试集包含对大数据集的统计、报表生成、联机查询、数据挖掘等复杂应用，测试用的数据和值是有倾斜的，与真实数据一致。可以说 TPC-DS 是与真实场景非常接近的一个测试集，也是难度较大的一个测试集。TPC-DS 的这个特点跟大数据的分析挖掘应用非

常类似。Hadoop 等大数据分析技术也是对海量数据进行大规模的数据分析和深度挖掘，也包含交互式联机查询和统计报表类应用，同时大数据的数据质量也较低，数据分布是真实而不均匀的。因此 TPC-DS 成为客观衡量多个不同 Hadoop 版本以及 SQL on Hadoop 技术的最佳测试集。因此 B 选项正确。

【问题 2】

“机房管理”工作是技术性、实践性很强的工作，对于从事机房管理的工作人员，不仅要学会管理物，也得学会管理人。因此，机房管理的内涵构架上至少应包括环境、人、机、网络和管理等 5 个方面。因此 CDGH 四个选项正确。

第 13 章　2017 上半年信息系统监理师上午试题分析与解答

试题（1）

信息系统工程是指信息化工程建设中的信息网络系统、信息资源系统、__（1）__的新建、升级、改造工程。

（1）A．信息存储系统　　B．信息应用系统
　　C．信息通信系统　　D．信息管理系统

试题（1）分析

信息系统工程是指信息化工程建设中的信息网络系统、信息资源系统、信息应用系统的新建、升级、改造工程。

参考答案

（1）B

试题（2）

制造业__（2）__化是“互联网+制造”的重要方向。

（2）A．服务　　B．产业　　C．自动　　D．信息

试题（2）分析

2015 年国务院印发我国实施制造强国战略第一个十年的行动纲领《中国制造 2025》指出我国制造业发展的方向是智能化、绿色化和服务化，在第三部分战略任务和重点里，提出“深化互联网在制造领域的应用”。

2016 年，《中国制造 2025》由文件编制进入全面实施新阶段。5 大工程实施指南以及服务型制造、装备制造业质量品牌提升、医药产业发展等 3 个行动或规划指南发布实施，信息产业、新材料、制造业人才等 3 个规划指南即将发布，“1+X”规划体系编制完成。

互联网+制造业服务化将是《中国制造 2025》发展研究的重要方向之一。

参考答案

（2）A

试题（3）、（4）

移动互联网主要由便携式终端、不断创新的商业模式、移动通信网接入、__（3）__等四部分构成。移动互联网技术体系主要涵盖六大技术产业领域：关键应用服务平台技术、网络平台技术、移动智能终端软件平台技术、移动智能终端硬件平台技术、移动智能终端原材料元器件技术、__（4）__。

（3）A．公众互联网内容　　B．公众互联网安全
　　C．公众互联网技术　　D．公众互联网架构

（4）A．移动云计算技术　　B．综合业务技术
　　C．安全控制技术　　D．操作系统技术

试题（3）、（4）分析

移动互联网的技术体系，移动互联网作为当前空旷的融合发展领域，与广泛的技术和产业相关联，纵览当前互联网业务和技术的发展，主要涵盖六个技术领域：

- 移动互联网关键应用服务平台技术；
- 面向移动互联网的网络平台技术；
- 移动智能终端软件平台技术；
- 移动智能终端硬件平台技术；
- 移动智能终端原材料元器件技术；
- 移动互联网安全控制技术。

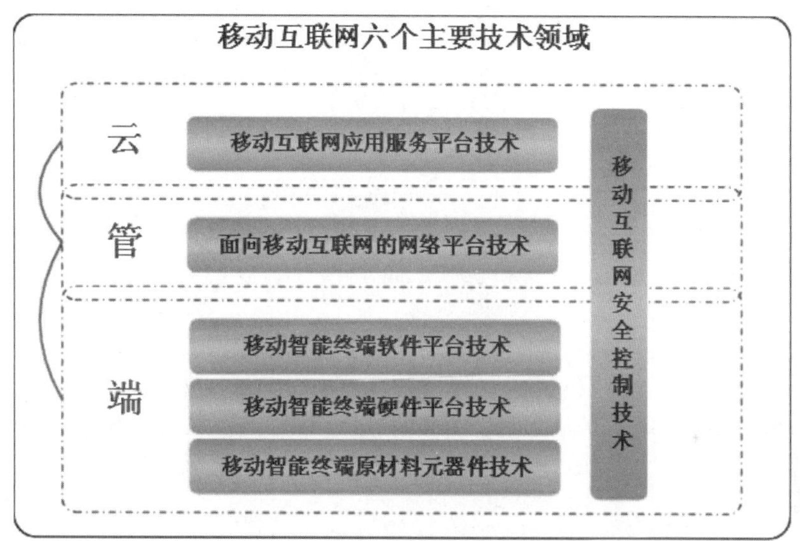

参考答案

（3）A　（4）C

试题（5）

在整个信息系统中，网络系统作为信息和应用的载体，为各种复杂的计算机应用提供可靠、安全、高效、可控制、可扩展的底层支撑平台。网络系统集成的一般体系框架包括网络基础平台、网络服务平台、网络安全平台、__（5）__、环境平台。

（5）A．网络管理平台　　B．网络控制平台
C．网络架构平台　　D．网络应用平台

试题（5）分析

网络系统集成的一般体系框架包括网络基础平台、网络服务平台、网络安全平台、网络管理平台、环境平台。

参考答案

（5）A

试题（6）

以下关于光纤特性的叙述中，正确的是：__（6）__。

（6）A．光纤传输信号无衰减

B．光纤传输速率无限制

C．光纤传输的抗干扰能力比较强

D．光纤传输距离无限制

试题（6）分析

光纤通信是指利用光导纤维（简称为光纤）传输光波信号的一种通信方法，相对于以电为媒介的通信方式而言，光纤通信的主要优点有传输频带宽，通信容量大、传输损耗小、抗电磁干扰能力强、线径细、重量轻、资源丰富。

光纤传输的突出优点有频带宽、损耗低、重量轻、抗干扰能力强等。光纤传输是有损耗的，其损耗受本征、弯曲、挤压、杂质等因素影响；光纤传输有损耗就决定了其传输距离是有限的；根据香农定理，信道信息传输速率是有上限的。

参考答案

（6）C

试题（7）

电缆是网络通信的基础，据统计大约50%的网络故障与电缆有关。电缆测试主要包括电缆的验证测试和__（7）__。

（7）A．联通测试　　B．认证测试　　C．质量测试　　D．容错测试

试题（7）分析

电缆测试主要包括电缆的验证测试和认证测试。验证测试主要是测试电缆的安装情况，而认证测试主要是测试已安装完毕的电缆电气参数是否满足有关标准。

参考答案

（7）B

试题（8）

光缆布线系统的测试是工程验收的必要步骤。通常对光缆的测试方法有连通性测试、端-端损耗测试、__（8）__和反射损耗测试四种。

（8）A．功率消耗测试　　B．收发功率测试

C．折射率测试　　D．光波衰减测试

试题（8）分析

通常对光缆的测试方法有连通性测试、端-端损耗测试、收发功率测试和反射损耗测试四种。

参考答案

（8）B

试题（9）

实施电子政务的政务外网必须与互联网__（9）__。

（9）A．物理隔离　　B．逻辑隔离　　C．直接连接　　D．不连接

试题（9）分析

电子政务外网（政务外网）是政府的业务专网，主要运行政务部门面向社会的专业性业务和不需要在内网上运行的业务。电子政务外网和互联网需逻辑隔离。

参考答案

（9）B

试题（10）

以下关于光纤的叙述中，正确的是：__（10）__。

（10）A. 单模光纤传输容量大，传输距离近，价格高
B. 多模光纤传输容量大，传输距离近，价格高
C. 多模光纤传输容量大，传输距离远，价格低
D. 单模光纤传输容量大，传输距离远，价格高

试题（10）分析

光纤有单模和多模之分：

单模光纤传输容量大，传输距离远，但价格也高，适用于长途宽带网，例如 SDH;

多模光纤传输容量和传输距离均小于单模光纤，但价格较低，广泛用于建筑物综合布线系统。

参考答案

（10）D

试题（11）

Internet 的核心协议是__（11）__。

（11）A. X.25　　B. TCP/IP　　C. ICMP　　D. UDP

试题（11）分析

TCP/IP 是 Internet 的核心，利用 TCP/IP 协议可以方便地实现多个网络的无缝连接。

X.25 协议是一个广泛使用的协议，它由 ITU-T 提出，是面向计算机的数据通信网，它由传输线路、分组交换机、远程集中器和分组终端等基本设备组成。

TCP/IP 为 Transmission Control Protocol/Internet Protocol 的简写，中译名为传输控制协议/因特网互联协议，又名网络通信协议，是 Internet 最基本的协议、Internet 国际互联网络的基础，由网络层的 IP 协议和传输层的 TCP 协议组成。TCP/IP 定义了电子设备如何连入因特网，以及数据如何在它们之间传输的标准。协议采用了 4 层的层级结构，每一层都呼叫它的下一层所提供的协议来完成自己的需求。通俗而言，TCP 负责发现传输的问题，一有问题就发出信号，要求重新传输，直到所有数据安全正确地传输到目的地。而 IP 是给因特网的每一台联网设备规定一个地址。

ICMP 是（Internet Control Message Protocol）Internet 控制报文协议。它是 TCP/IP 协议族的一个子协议，用于在 IP 主机、路由器之间传递控制消息。控制消息是指网络通不通、主机是否可达、路由是否可用等网络本身的消息。这些控制消息虽然并不传输用户数据，但是对于用户数据的传递起着重要的作用。

UDP 是 User Datagram Protocol 的简称，中文名是用户数据报协议，是 OSI（Open System

Interconnection，开放式系统互联）参考模型中一种无连接的传输层协议，提供面向事务的简单不可靠信息传送服务，IETF RFC 768 是 UDP 的正式规范。UDP 在 IP 报文的协议号是 17。

参考答案

（11）B

试题（12）

MPLS （Multi-Protocol Label Switching，多协议标签交换技术）是新一代广域网传输技术。以下关于 MPLS 特点的叙述中，正确的是：__（12）__。

（12）A．MPLS 不支持大规模层次化的网络拓扑结构，不具备良好的网络扩展性

B．MPLS 的标签合并机制支持不同数据流的分拆传输

C．MPLS 支持流量工程、QoS 和大规模的虚拟专用网

D．MPLS 不支持 ATM 的传输交换方式

试题（12）分析

MPLS 的技术特点包括：

- 充分采用原有的 IP 路由，在此基础上加以改进；保证了 MPLS 的网络路由具有灵活性的特点；
- 采用 ATM 的高效传输交换方式，抛弃了复杂的 ATM 信令，无缝地将 IP 技术的优点融合到 ATM 的高效硬件转发中；
- MPLS 网络的数据传输和路由计算分开，是一种面向连接的传输技术，能够提供有效的 QoS 保证；
- MPLS 不但支持多种网络层技术，而且是一种与链路层无关的技术，它同时支持 X.25、帧中继、ATM、PPP、SDH、DWDM 等，保证了多种网络的互连互通，使得各种不同的网络传输技术统一在同一个 MPLS 平台上；
- MPLS 支持大规模层次化的网络拓扑结构，具有良好的网络扩展性；
- MPLS 的标签合并机制支持不同数据流的合并传输；
- MPLS 支持流量工程、CoS、QoS 和大规模的虚拟专用网。故选项 C 正确。

参考答案

（12）C

试题（13）

测试网络连接状况以及信息包发送和接收状况的命令是__（13）__。

（13）A．ping B．tracert C．netstat D．winipcfg

试题（13）分析

Ping 是 Windows、Unix 和 Linux 系统下的一个命令。ping 也属于一个通信协议，是 TCP/IP 协议的一部分。利用 ping 命令可以检查网络是否连通，可以很好地帮助我们分析和判定网络故障。应用格式：Ping 空格 IP 地址。该命令还可以加许多参数使用，具体是输入 Ping 按回车即可看到详细说明。

Tracert（跟踪路由）是路由跟踪实用程序，用于确定 IP 数据包访问目标所采取的路径。Tracert 命令用 IP 生存时间（TTL）字段和 ICMP 错误消息来确定从一个主机到网络上其他

主机的路由。

在 Internet RFC 标准中，Netstat 的定义是：Netstat 是在内核中访问网络连接状态及其相关信息的程序，它能提供 TCP 连接，TCP 和 UDP 监听，进程内存管理的相关报告。Netstat 是控制台命令，是一个监控 TCP/IP 网络的非常有用的工具，它可以显示路由表、实际的网络连接以及每一个网络接口设备的状态信息。Netstat 用于显示与 IP、TCP、UDP 和 ICMP 协议相关的统计数据，一般用于检验本机各端口的网络连接情况。

Winipcfg 用于显示用户所在主机内部 IP 协议的配置信息。

参考答案

（13）A

试题（14）

电子政务信息安全技术基础设施为电子政务各种应用系统建立通用的安全接口，提供通用的安全服务，主要包括＿（14）＿、授权管理基础设施和密钥管理基础设施。

（14）A．公钥基础设施　　B．私钥基础设施
C．数字签名基础设施　　D．加密解密基础设施

试题（14）分析

电子政务信息安全技术基础设施为电子政务各种应用系统建立通用的安全接口，提供通用的安全服务，主要包括公钥基础设施、授权管理基础设施和密钥管理基础设施。

参考答案

（14）A

试题（15）

＿（15）＿对防范蠕虫入侵无任何作用。

（15）A．及时安装操作系统和应用软件补丁程序
B．将可疑邮件的附件下载至文件夹中，然后再双击打开
C．设置文件夹选项，显示文件名的扩展名
D．不要打开扩展名为 VBS、SHS、PIF 等邮件附件

试题（15）分析

“及时安装操作系统和应用软件补丁程序”首先是提高安全意识，勤打补丁，定时升级杀毒软件和防火墙，对于网络管理员来说，还要对系统定期备份，尤其是多机备份，防止意外情况下的数据丢失，对于局域网用户，可以在因特网入口处安装防火墙，对邮件服务器进行监控，对用户进行安全培训。对于个人用户，上网要尽量选择一些大的门户网站，尽量少上一些小的不知名的网站。

“将可疑邮件的附件下载至文件夹中，然后再双击打开”很显然是错的，通常我们对于来历不明的电子邮件，最好不要打开，尤其是附件。

“设置文件夹选项，显示文件名的扩展名”“不要打开扩展名为 VBS、SHS、PIF 等邮件附件”，一般情况下，这些扩展名的文件几乎不会在正常附件中使用，但它们经常被病毒和蠕虫使用。例如，你看到的邮件附件名称是 wow.jpg，而它的全名实际是 wow.jpg.vbs，打开这个附件意味着运行一个恶意的 VBScript 病毒，而不是你的 JPG 查看器。

参考答案

（15）B

试题（16）

机房是计算机网络系统的中枢，其建设直接影响着整个系统的安全稳定运行。以下关于机房建设的叙述中，正确的是：__（16）__。

（16）A．机房建设中两相对机柜正面之间的距离不应小于 1m

B．机房照明一般采用无眩光多隔栅灯，主机房照度不小于 200Lux

C．机房交流工作接地电阻不应大于 4Ω

D．机房的设备供电和空调供电可共用 1 个独立回路

试题（16）分析

对于机房设备的配置，主机房内通道与设备间的距离应符合两相对机柜正面之间的距离不应小于 1.5m；

关于机房照明，要求采用无眩光多格栅灯，主机房照度不小于 300Lux，辅助间不小于 200Lux，故障照明不小于 60Lux；

对于机房的交流工作接地，接地电阻不应大于 4Ω；

机房的供电系统应采用双回路供电，并选择三相五线制供电，机房的设备供电和空调供电应分为两个独立回路。

参考答案

（16）C

试题（17）

以下关于隐蔽工程监理中注意事项的叙述中，正确的是：__（17）__。

（17）A．支、吊架安装固定支点间距一般不应大于 1～1.5mm

B．在线槽内配线，在同一线槽内包括绝缘在内的导线截面积总和应该不超过内部截面积的 50%

C．缆线布放，在牵引过程中，吊挂缆线的支点相隔间距不应大于 1.5m

D．电源线、信号电缆、光缆及其他弱电系统的缆线应尽量集中布放

试题（17）分析

根据金属线槽安装的支、吊架安装要求，固定支点间距一般不应大于 1.5～2.0mm；

根据线槽内配线要求：在同一线槽内包括绝缘在内的导线截面积总和应该不超过内部截面积的 40%；

线缆布放，在牵引过程中，吊挂缆线的支点相隔间距不应大于 1.5m；

电源线、信号电缆、对绞电缆、光缆及建筑物内其他弱电系统的缆线应分离布放。

参考答案

（17）C

试题（18）

综合布线系统的工作区，如果使用 4 对非屏蔽双绞线电缆作为传输介质，监理人员在进行巡视时发现了__（18）__的情况，应要求承建单位进行整改。

（18）A．信息插座与计算机终端设备的距离为 8 米
B．信息插座与计算机终端设备的距离为 5 米
C．信息插座与计算机终端设备的距离为 3 米
D．信息插座与计算机终端设备的距离为 2 米

试题（18）分析

根据工作区设计要点，信息插座与计算机设备的距离保持在 5m 范围内。

选项 A 中信息插座与计算机终端设备的距离为 8 米时，应要求承建单位进行整改。

参考答案

（18）A

试题（19）

综合布线系统（PDS）应是开放式星状拓扑结构，应能支持电话、数据、图文、图像等多媒体业务的需要。综合布线系统一般包含六部分子系统，其中不包括　（19）　。

（19）A．工作区子系统　　B．垂直干线子系统
C．建筑群子系统　　D．综合管理子系统

试题（19）分析

综合布线系统宜按工作区子系统、水平布线子系统、管理间子系统、垂直干线子系统、设备间子系统、建筑群子系统六个部分进行设计。

参考答案

（19）D

试题（20）

以下关于基于双重宿主主机体系结构的防火墙的叙述中，正确的是：　（20）　。

（20）A．内部网络用户可以直接登录至双重宿主主机成为一个用户来访问外部资源
B．双重宿主主机可以配置为内部网络与外部网络进行数据包转发的路由器
C．内部网络用户不可以通过客户端代理软件以代理方式访问外部资源
D．当访问外部资源时，该主机的资源消耗较小

试题（20）分析

一般来说防火墙主要有以下几种体系结构，防火墙主要包括双重宿主主机体系结构，屏蔽主机体系结构和屏蔽子网体系结构。

双重宿主主机体系结构，双重宿主主机是一种防火墙，这种防火墙主要有 2 个接口，分别连接着内部网络和外部网络，位于内外网络之间，阻止内外网络之间的 IP 通信，禁止一个网络将数据包发往另一个网络。两个网络之间的通信通过应用层数据共享和应用层代理服务的方法来实现，一般情况下都会在上面使用代理服务器，内网计算机想要访问外网的时候，必须先经过代理服务器的验证。这种体系结构是存在漏洞的，比如双重宿主主机是整个网络的屏障，一旦被黑客攻破，那么内部网络就会对攻击者敞开大门，所以一般双重宿主机会要求有强大的身份验证系统来阻止外部非法登录的可能性。

参考答案

（20）A

试题（21）

入侵检测通过对计算机网络或计算机系统中的若干关键点收集信息并进行分析，从中发现网络或系统中是否有违反安全策略的行为和被攻击的迹象。__（21）__不属于入侵检测的主要任务。

（21）A．监视、分析用户及系统活动，审计系统构造和弱点

B．统计分析异常行为模式

C．审计、跟踪管理操作系统，识别用户违反安全策略的行为

D．提供扩展至用户端、服务器及第二至第七层的网络型攻击防护

试题（21）分析

入侵检测系统执行的主要任务包括：

- 监视、分析用户及系统活动，审计系统构造和弱点；
- 识别、反映已知进攻的活动模式，向相关人士报警；
- 统计分析异常行为模式；
- 评估重要系统和数据文件的完整性；
- 审计、跟踪管理操作系统，识别用户违反安全策略的行为。

参考答案

（21）D

试题（22）

防火墙性能的监理评审要素不包括__（22）__。

（22）A．单台设备并发VPN隧道数　　B．网络接口

C．支持与入侵监测系统的联动　　D．防火墙的并发连接数

试题（22）分析

防火墙性能的监理评审要素包括：

单台设备并发VPN隧道数；系统平均无故障时间；网络接口；加密速度；密钥长度；设备连续无故障运行时间；在不产生网络瓶颈、千兆和百兆网络环境下防火墙的吞吐量；防火墙的并发连接数。

参考答案

（22）C

试题（23）

受委托的工程师、监理单位与承建单位不得有隶属关系和其他利害关系，这个要求反映了信息化工程监理的__（23）__。

（23）A．服务性　　B．科学性　　C．独立性　　D．公正性

试题（23）分析

独立是信息系统工程监理有别于其他监理的一个特点，监理单位不能参与除监理以外的与本项目有关的业务，而且，监理单位不得从事任何具体的信息系统工程业务。也就是说，监理单位应该是完全独立于其他双方的第三方机构。

参考答案

（23）C

试题（24）

以下关于监理人员做法或行为的叙述中，不正确的是：__（24）__。

（24）A．根据监理合同独立执行工程监理业务
B．保守承建单位的技术秘密和商业秘密
C．不同时从事与被监理项目相关的技术和业务活动
D．必要时开展超出建设单位委托的工作范围的工作

试题（24）分析

监理人员的权利和义务包括：

- 根据监理合同独立执行工程监理业务；
- 保守承建单位的技术秘密和商业秘密；
- 不得同时从事与被监理项目相关的技术和业务活动。

参考答案

（24）D

试题（25）

数据挖掘是一项以__（25）__为基础的数据分析技术，其主要功能是在大量数据中自动发现潜在有用的知识，这些知识可以被表示为概念、规则、规律、模式等。

（25）A．数据库　B．数据仓库　C．人工智能　D．知识库

试题（25）分析

数据挖掘是一项以数据仓库为基础的数据分析技术，其主要功能是在大量数据中自动发现潜在有用的知识，这些知识可以被表示为概念、规则、规律、模式等。

参考答案

（25）B

试题（26）

软件工程化要求以软件质量保证为核心，紧紧抓住软件生产方法、需求分析、软件设计、软件生产工具、__（26）__、验证与确认、评审和管理等环节。

（26）A．测试　B．软件开发　C．软件上线　D．软件培训

试题（26）分析

软件工程化要求以软件质量保证为核心，紧紧抓住软件生产方法、需求分析、软件设计、软件生产工具、测试、验证与确认、评审和管理八个主要环节。

参考答案

（26）A

试题（27）

软件质量保证监理的目标不包括__（27）__。

（27）A．监督承建单位对软件质量保证活动做到有计划
B．客观地验证软件产品及其活动是否遵守应用的标准、规程和需求

C．促进由相关各方及时处理软件项目开发过程中的不一致性问题

D．及时了解软件基线的状态和内容

试题（27）分析

软件质量保证监理的目标包括：

- 监督承建单位对软件质量保证活动做到有计划；
- 客观地验证软件产品及其活动是否遵守应用的标准、规程和需求；
- 促进由相关各方及时处理软件项目开发过程中的不一致性问题。

参考答案

（27）D

试题（28）

（28）的目的是对最终软件系统进行全面的测试确保最终软件系统产品满足需求。

（28）A．系统测试 B．集成测试

C．单元测试 D．功能测试

试题（28）分析

软件测试的阶段可划分为单元测试、集成测试、确认测试和系统测试。

其中，单元测试适用对象为任一计算机软件单元；集成测试适用对象为由计算机软件单元组装得到的计算机软件部件；确认测试适用对象为完整的软件；系统测试适用对象为整个计算机系统，包括硬件系统和软件系统。

参考答案

（28）A

试题（29）

在软件开发项目监理工作中，如果承建单位 2 个项目成员使用不同版本的设计说明书，这时监理工程师首先应该检查（29）。

（29）A．信息管理系统 B．配置管理系统

C．CPI D．SPI

试题（29）分析

在软件生存周期内所产生的各种管理文档和技术文档、源代码列表和可执行代码，以及运行所需的各种数据，构成软件配置管理项。

任何软件配置管理项都必须做到“文实相符、文文一致”。

参考答案

（29）B

试题（30）

（30）软件过程是软件生存期中的一系列相关软件工程活动的集合，它由软件规格说明、软件设计与开发、软件确认、软件改进等活动组成。

（30）A．软件过程 B．软件工具

C．软件生存周质量保证 D．软件工程

试题（30）分析

软件测试监理的活动包括：

监督承建单位将合适的软件测试工程方法和工具集成到项目定义的软件过程中。

①依据项目定义的软件过程对软件测试任务进行综合。

②选择软件测试可用的方法和工具，并将选择专用工具或方法的理由写成文档。

③选择和使用适合于软件测试的配置管理模型。配置管理模型可能是：

- 入库出库模型；
- 组合模型；
- 事务处理模型；
- 更改处理模型。

④将用于测试软件产品的工具置于配置管理之下。

监督承建单位依据项目定义的软件过程，对软件测试进行开发、维护、建立文档和验证，以满足软件测试计划要求。

软件测试有静态测试、单元测试、集成测试、确认测试和系统测试组成。

可与客户和最终用户一同参与开发和评审测试准则。

使用有效方法测试软件。

基于下列因素确定测试的充分性：

监督承建单位依据项目定义的软件过程、计划和实施软件的确认测试。

参考答案

（30）A

试题（31）

为适应软件运行环境的变化而修改软件的活动称为＿（31）＿。

（31）A．纠错性维护　B．适应性维护　C．改善性维护　D．预防性维护

试题（31）分析

软件维护类型包括：纠错性维护、适应性维护和完善性维护。

其中，适应性维护指为适应软件运行环境改变而作的修改；纠错性维护指纠正在开发阶段产生而在测试和验收过程没有发现的错误；完善性维护指为扩充功能或改善性能而进行的修改。

参考答案

（31）B

试题（32）

提高软件的可维护性可采取很多措施，这些措施不包括＿（32）＿。

（32）A．提供没有错误的程序　　B．建立质量保证制度

C．改进程序文档质量　　D．明确软件质量标准

试题（32）分析

1. 质量计划编制

质量计划编制包括：

①综合合同中或标准中的相关条款，形成本项目的质量标准；

②确认在项目的实施过程中达到项目质量标准的主要方法及组织落实；

③必要时可供采取的纠正措施。

信息系统项目的质量范围主要包括：系统功能和特色、系统界面和输出、系统性能、系统可靠性、系统可维护性等。

2. 信息应用系统建设基础知识——软件工程标准

软件工程的标准化会给软件工作带来许多好处，比如：

- 可提高软件的可靠性、可维护性和可移植性；
- 可提高软件的生产率；
- 可提高软件人员的技术水平；
- 可提高软件人员之间的通信效率，减少差错和误解；
- 有利于软件管理，有利于降低软件产品的成本和运行维护成本；
- 有利于缩短软件开发周期。

3. 分析设计阶段监理工作内容

监理单位主要针对需求的覆盖性及可跟踪性、模块划分的合理性、接口的清晰性、技术适用性、技术清晰度、可维护性、约束与需求的一致性、可测试性、对软件设计的质量特性的评估、对软件设计的风险评估、对比情况、文档格式的规范性等方面进行评审。

4. 概要设计说明书评审——设计评审的内容

评审内容包括：

①可追溯性：即分析该软件的系统结构、子系统结构，确认该软件设计是否覆盖了所有已确定的软件需求，软件每一成分是否可追溯到某一项需求。

②接口：即分析软件各部分之间的联系，确认该软件的内部接口与外部接口是否已经明确定义。模块是否满足高内聚和低耦合的要求。模块作用范围是否在其控制范围之内。

③风险：即确认该软件设计在现有技术条件下和预算范围内是否能按时实现。

④实用性：即确认该软件设计对于需求的解决方案是否实用。

⑤技术清晰度：即确认该软件设计是否以一种易于翻译成代码的形式表达。

⑥可维护性：从软件维护的角度出发，确认该软件设计是否考虑了方便未来的维护。

⑦质量：即确认该软件设计是否表现出良好的质量特征。

⑧各种选择方案：看是否考虑过其他方案，比较各种选择方案的标准是什么。

参考答案

（32）A

试题（33）

软件纠错维护是纠正在开发阶段产生而在测试和验收过程没有发现的错误，其主要内容不包括__（33）__。

（33）A．操作错误　　B．数据错误　　C．设计错误　　D．文档错误

试题（33）分析

纠正在开发阶段产生而在测试和验收过程没有发现的错误。其主要内容包括：设计错误；程序错误；数据错误。

参考答案

（33）A

试题（34）、（35）

__（34）__不是面向对象技术的基本特征。对象实现了数据和操作的结合，使数据和操作__（35）__于对象的统一体中。

（34）A．封装性　　B．模块性　　C．多态性　　D．继承性

（35）A．结合　　B．隐藏　　C．配置　　D．抽象

试题（34）、（35）分析

面向对象的基本概念包括对象、类、抽象、封装、继承、多态、接口、消息、组件、复用和模式等。

①对象：有数据及其操作所构成的封装体，是系统中用来描述客观事物的一个模块，是构成系统的基本单位。用计算机语言来描述，对象是由一组属性和对这组属性进行的操作构成的。

②封装：将相关的概念组成一个单元模块，并通过一个名称来引用它。面向对象封装是将数据和基于数据的操作封装成一个整体对象，对数据的访问或修改只能通过对象对外提供的接口进行。

参考答案

（34）B　（35）B

试题（36）

__（36）__不是在软件开发过程中产生的文档。

（36）A．软件需求说明书　　B．软件测试计划

C．试运行总结报告　　D．用户手册

试题（36）分析

在软件开发过程中，一般地说，应该产生 14 种文件：

①可行性研究报告；

②项目开发计划；

③软件需求说明书；

④数据要求说明书；

⑤概要设计说明书；

⑥详细设计说明书；

⑦数据库设计说明书；

⑧用户手册；

⑨操作手册；

⑩模块开发卷宗；

⑪测试计划；

⑫测试分析报告；

⑬开发进度月报；

⑭项目开发总结报告。

参考答案

（36）C

试题（37）

信息系统项目管理的 14 要素中立项管理和 （37） 是由建设单位重点实施的。

（37）A．人员管理　　B．知识产权管理
C．沟通协调管理　　D．评估与验收管理

试题（37）分析

建设单位重点实施的是第 1 项“立项管理”与第 13 项“评估与验收管理”。

参考答案

（37）D

试题（38）

信息化工程监理是监理单位受项目建设单位的委托， （38） 。

（38）A．代表建设单位对工程项目实施的监督管理
B．对工程建设实施的监督管理
C．对工程项目进行约束和协调
D．对工程项目进行严格的质量管理

试题（38）分析

信息系统工程监理是指在政府工商管理部门注册的且具有信息系统工程监理资质的单位，受建设单位委托，依据国家有关法律法规、技术标准和信息系统工程监理合同，对信息系统工程项目实施的监督管理。

参考答案

（38）B

试题（39）

信息系统工程项目进行投资控制时，应遵守的原则包括 （39） 、动态控制原则。

（39）A．投资最优化原则、全面成本控制原则
B．投资最低化原则、全面成本控制原则
C．投资最优化原则、局部成本控制原则
D．投资最低化原则、局部成本控制原则

试题（39）分析

信息系统工程项目进行投资控制时，应遵循以下基本原则：

①投资最优化原则；

②全面成本控制原则；

③动态控制原则。

参考答案

（39）A

试题（40）

在质量控制中的统计分析中，如果直方图分布比较集中，且位于公差范围之内，平均值

在中间，分布范围两端距公差上、下限较远，这种情况说明＿（40）＿。

（40）A．过程是正常的和稳定的　　B．过程是正常的和稳定的，但不经济
C．过程基本上是稳定的和正常的　　D．过程基本正常，但不稳定

试题（40）分析

规划质量管理的工具与技术中的七种基本质量工具，其中：

直方图。是一种特殊形式的条形图，用于描述集中趋势、分散程度和统计分布形状。与控制图不同，直方图不考虑时间对分布内的变化的影响。

控制图。用来确定一个过程是否稳定，或者是否具有可预测的绩效。根据协议要求而制定的规范上限和下限，反映了可允许的最大值和最小值。超出规范界限就可能受处罚。上下控制界限不同于规范界限。控制图可用于监测各种类型的输出变量。虽然控制图最常用来跟踪批量生产中的重复性活动，但也可用来监测成本与进度偏差、产量、范围变更频率或其他管理工作成果，以便帮助确定项目管理过程是否受控。

参考答案

（40）B

试题（41）

信息系统工程监理工作中，合同管理是监理最主要的任务之一。合同管理的工作内容不包括＿（41）＿。

（41）A．协助建设单位拟定信息系统工程合同条款，参与建设单位与承建单位的合同谈判
B．及时分析合同的执行情况，并进行跟踪管理
C．帮助建设单位处理合同纠纷
D．拟定合同管理制度

试题（41）分析

合同管理的工作内容包括：

①拟定信息系统工程的合同管理制度，其中应包括合同草案的拟定、会签、协商、修改、审批、签署、保管等工作制度及流程；

②协助建设单位拟定信息系统工程合同的各类条款，参与建设单位和承建单位的谈判活动；

③及时分析合同的执行情况，并进行跟踪管理；

④协调建设单位与承建单位的有关索赔及合同纠纷事宜。

参考答案

（41）C

试题（42）

＿（42）＿不是信息系统工程监理规划编制的依据。

（42）A．监理大纲　　B．监理合同文件
C．监理细则　　D．项目建设有关的合同文件

试题（42）分析

编制监理规划的依据主要有：

①与信息系统工程建设有关的法律、法规及项目审批文件等；

②与信息系统工程监理有关的法律、法规及管理办法等；

③与本工程项目有关的标准、设计文件、技术资料等，其中标准应包含公认应该遵循的相关国际标准、国家或地方标准；

④监理大纲、监理合同文件以及本项目建设有关的合同文件。

参考答案

（42）C

试题（43）

工程上使用的原材料、配件、设备，进场前必须有（43），经监理工程师审查并确认其质量合格后方可进场。

①出厂合格证 ②技术说明书 ③生产厂家标志

④检验或试验报告 ⑤生产厂家出厂手续

（43）A．①②③④⑤ B．①②④ C．①③④ D．①②③④

试题（43）分析

实施阶段的质量控制。

对开发、实施材料与设备的检查。

对信息网络系统所使用的软件、硬件设备及其他材料的数量、质量和规格进行认真检查。使用的产品或者材料均应有产品合格证或技术说明书，同时，还应按有关规定进行抽检。硬件设备到场后应进行检查和验收，主要设备还应开箱查验，并按所附技术说明书及装箱清单进行验收。对于从国外引进的硬件设备，应在交货合同规定的期限内开箱逐一查验，软件应检查是否有授权书或许可证号等，并逐一与合同设备清单进行核对。

对工程质量有重大影响的软硬件，应审核承建单位提供的技术性能报告或者权威的第三方测试报告，凡不符合质量要求的设备及配件、系统集成成果、网络接入产品、计算机整机与配件等不能使用。

参考答案

（43）D

试题（44）

监理工程师控制信息化工程进度的组织措施是指（44）。

（44）A．协调合同工期与进度计划之间的关系

B．编制进度控制工作细则

C．及时办理工程进度款支付手续

D．建立工程进度报告制度

试题（44）分析

进度控制方法。

在实施进度控制时，可以采用以下基本措施：

①组织措施。落实监理单位进度控制的人员组成，具体控制任务和管理职责分工。

②技术措施。确定合理定额，进行进度预测分析和进度统计。

③合同措施。合同期与进度协调。

④信息管理措施。实行计算机进度动态比较，提供比较报告。

参考答案

（44）A

试题（45）

以下关于监理大纲的叙述中，不正确的是：__（45）__。

（45）A．监理大纲是在建设单位选择合适的监理单位时，监理单位为了获得监理任务，在项目监理招标阶段编制的文件

B．编制监理大纲的目的是，要使建设单位信服，采用本监理单位制定的监理方案，能够圆满实现建设单位的投资目标和建设意图，进而赢得竞争投标的胜利

C．监理大纲的作用，是为监理单位的经营目标服务的，起着承接监理任务的作用

D．监理大纲的内容包括为什么、做什么以及怎么做

试题（45）分析

监理大纲是在建设单位选择合适的监理单位时，监理单位为了获得监理任务，在项目监理招标阶段编制的文件。

它是监理单位参与投标时，投标书内容的重要组成部分。

编制监理大纲的目的是，要使建设单位信服，采用本监理单位制定的监理方案，能够圆满实现建设单位的投资目标和建设意图，进而赢得竞争投标的胜利。

由此可见，监理大纲的作用，是为监理单位的经营目标服务的，起着承接监理任务的作用。

参考答案

（45）D

试题（46）

监理细则应采取__（46）__方式编制。

（46）A．按工程进度分阶段

B．在监理规划编制完后，一次全部完成

C．按工程进度分阶段、分专业

D．按各不同专业同时进行

试题（46）分析

监理实施细则编制的程序与依据：

①监理实施细则应在相应工程实施开始前编制完成，须经总监理工程师批准；

②监理实施细则应由总监理工程师组织各专业监理工程师编制；

③监理实施细则应符合项目的特点。

参考答案

（46）C

试题（47）

监理单位接受建设单位委托后编制的指导项目监理组织全面开展监理工作的纲领性文件是__（47）__。

（47）A．监理大纲　　B．监理规划　　C．监理细则　　D．监理计划

试题（47）分析

监理规划是在监理委托合同签订后，由监理单位制定的指导监理工作开展的纲领性文件。

参考答案

（47）B

试题（48）

___（48）___不是进行控制点设置时应遵守的一般原则。

（48）A．突出重点　B．灵活性和动态性　C．便于检查　D．易于纠偏

试题（48）分析

进行控制点设置时，应遵守下述的一般原则：

①选择的质量控制点应该突出重点；

②选择的质量控制点应该易于纠偏；

③质量控制点设置要有利于参与工程建设的三方共同从事工程质量的控制活动；

④保持控制点设置的灵活性和动态性。

参考答案

（48）C

试题（49）

对于承建单位提出的工程变更要求，总监理工程师在签发《工程变更单》之前，应就工程变更引起的工期改变和费用增减，___（49）___。

（49）A．进行分析比较，并指令承建单位实施

B．要求承建单位进行分析比较，以供审批

C．要求承建单位与建设单位进行协商

D．分别与建设单位和承建单位进行协商

试题（49）分析

变更控制的工作程序：

1. 了解变化

在项目实施过程中，监理工程师与项目组织者要经常关注与项目有关的主客观因素，就是发现和把握变化，认真分析变化的性质，确定变化的影响，适时地进行变化的描述，监理工程是要对整个项目的执行情况做到心中有数。

2. 接受变更申请

变更申请单位向监理工程师提出变更要求或建议，提交书面工程变更建议书。工程变更建议书主要包括以下内容：变更的原因及依据：变更的内容及范围；变更引起的合同总价增加或减少；变更引起的合同工期提前或缩短；为审查所提交的附件及计算资料等。工程变更建议书应在预计可能变更的时间之前 14 天提出。在特殊情况下，工程变更可不受时间的限制。

3. 变更的初审

项目监理机构应了解实际情况和收集与项目变更有关的资料，首先明确界定项目变更的目标，再根据收集的变更信息判断变更的合理性和必要性。对于完全无必要的变更，可以驳回此申请，并给出监理意见；对于有必要的变更，可以进一步进行变更分析。

评价项目变更合理性应考虑的内容包括：

①变更是否会影响工作范围、成本、工作质量和时间进度；

②是否会对项目准备选用的设备或消耗的材料产生影响，性能是否有保证，投资的变化有多大；

③在信息网络系统或信息应用系统的开发设计过程中，变更是否会影响开发系统的适用性和功能，是否影响系统的整体架构设计；

④变更是否会影响项目的投资回报率和净现值？如果是，那么项目在新的投资回报率和净现值基础上是否可行；

⑤如何证明项目的变更是合理的，是会产生良性效果的，必要时要有论证。

4. 变更分析

把项目变化融入项目计划中是一个新的项目规划过程，只不过这规划过程是以原来的项目计划为框架，在考察项目变化的基础上完成的。通过与新项目计划的对比，监理工程师可以清楚地看到项目变化对项目预算、进度、资源配置的影响与冲击。把握项目变化的影响和冲击是相当重要的，否则就难以做出正确的决策，做出合理的项目变更。

5. 确定变更方法

三方进行协商和讨论，根据变更分析的结果，确定最优变更方案。做出项目变更时，力求在尽可能小的变动幅度内对主要因素进行微调。如果它们发生较大的变动，就意味着项目计划的彻底变更，这会使目前的工作陷入瘫痪状态。

6. 下达变更通知书并进行变更公布

下达变更通知书，并把变更实施方案告知有关实施部门和实施人员，为变更实施做好准备。

7. 监控变更的实施

变更后的内容作为新的计划和方案，可以纳入正常的监理工作范围，但监理工程师对变更部分的内容要密切注意，项目变更控制是一个动态的过程，在这一过程中，要记录这一变化过程，充分掌握信息，及时发现变更引起的超过估计的后果，以便及时控制和处理。

8. 变更效果评估

在变更实施结束后，要对变更效果进行分析和评估。

参考答案

（49）D

试题（50）

监理工程师对实施质量的检查与验收，必须是在承建单位<u>（50）</u>的基础上进行。

（50）A. 自检完成　　B. 自检并上报建设单位

C. 自检并确认合格　　D. 自检合格

试题（50）分析

三方协同的质量控制。

信息系统工程项目是由建设单位、承建单位和监理单位共同完成的，三方的最终目标是一致的，那就是高质量地完成项目，因此，质量控制任务也应该由建设单位、承建单位和监理单位共同完成，三方都应该建立各自的质量保证体系，而整个项目的质量控制过程也就包括建设单位的质量控制过程、承建单位的质量控制过程和监理的质量控制过程。

1. 工程项目的质量管理体系

承建单位是工程建设的实施方，因此承建单位的质量控制体系能否有效运行是整个项目质量保障的关键；建设单位作为工程建设的投资方和用户方，应该建立较完整的工程项目管理体系，这是项目成功的关键因素之一；监理单位是工程项目的监督管理协调方，既要按照自己的质量控制体系从事监理活动，还要对承建单位的质量控制体系以及建设单位的工程管理体系进行监督和指导，使之能够在工程建设过程中得到有效的实施，因此，三方协同的质量控制体系是信息工程项目成功的重要因素。

建设单位的参与人员是建设单位为本项目配备的质量管理人员，承建单位的参与人员是承建单位的质保部门的质量管理人员，监理单位的参与人员主要是质量监理工程师、总监理工程师和专家。

项目质量管理体系运作的主要目的是对工程的包含设计、实施和验收等在内的全过程进行质量管理，向建设单位的决策部门提供质量信息，为他们关于工程的决策提供依据。

虽然建设单位、承建单位各有自己的质量保证体系，但是每一种体系在实际的运行过程中都不是完美无缺的，双方的理解也可能不尽一致，因此通过监理单位的协调控制，可以充分发挥各自质量控制手段和方法的长处，从而达到最优质量控制的效果。信息工程项目只有通过建设单位、承建单位和监理单位既相互独立又紧密结合的共同的质量控制，项目的质量目标才有可能实现。

2. 项目的质量控制体系

项目的质量控制体系以承建单位的质量保证体系为主体，在项目开始实施之前由承建单位建立，监理单位对组织结构、工序管理、质量目标、自测制度等要素进行检查。监理单位监控质量控制体系的日常运行状况，包括设计质量控制、分项工程质量控制、质量控制分析、质量控制点检测等内容；监理单位核定工程的中间质量、监督阶段性验收，并参与竣工验收。

参考答案

（50）C

试题（51）

在工程网络计划执行过程中，如果只发现工作 P 出现进度拖延，且拖延的时间超过其总时差，则<u>（51）</u>。

（51）A．将使工程总工期延长　　B．不会影响其后续工作的原计划安排
C．不会影响其紧后工作的总时差　　D．工作 P 不会变为关键工作

试题（51）分析

网络计划技术在信息应用系统进度监理中的应用。

1. 工作最迟开始时间

工作最迟开始时间是指某项工作为保证其后续工作按时开始，它最迟必须开始的时间。如果本想工作完成晚于此时间开始，就将影响到它以后的工作，使整个工期脱期，这个时间称为本想工作最迟开始时间。

（1）表示方法。

LF（节点号码）　　LF(i)：作业 i—j 箭尾节点最迟结束时间

LF(j)：作业 i—j 箭头节点最迟结束时间

（2）计算规则。

由始点开始，由右至左计算

$$\mathrm{LF}（终点）=\mathrm{ES}（始点）$$

$$\mathrm{LF}(i)=\max_{i<j}[\mathrm{LF}_{(j)}-t_{(i,j)}]$$

2. 时差的计算

时差的计算是指在不影响整个任务完工期的条件下，某项工作从最早开始时间到最迟开始时间，中间可以推迟的最大延迟时间。它表明某项工作可以利用的机动时间，因此也叫松弛时间、宽裕时间。

（1）节点时差。

$$\mathrm{S(i)=LF(i)-ES(i)}$$

（2）作业时差。

总时差：在不影响总工期，即不影响其紧后作业最迟开始时间的前提下，作业可推迟开始的一段时间。

$$\begin{aligned}\mathrm{S}_{(i,j)}&=\mathrm{LS}_{(i,j)}-\mathrm{ES}_{(i,j)}\\&=\mathrm{LF}_{(i,j)}-\mathrm{EF}_{(i,j)}\\&=\mathrm{LF}_{(j)}-\mathrm{ES}_{(i)}-t_{(i,j)}\end{aligned}$$

单时差：在不影响紧后作业最早开始时间的前提下，可推迟的时间。

$$\mathrm{S}_{(i,j)}=\mathrm{ES}_{(j)}-\mathrm{ES}_{(i)}-t_{(i,j)}$$

参考答案

（51）A

试题（52）

为了减少或避免工程延期事件的发生，监理工程师应做好的工作不包括＿（52）＿。

（52）A．及时下达工程开工令　　B．及时支付工程进度款

C．妥善处理工程延期事件　　D．提醒业主履行自己的职责

试题（52）分析

项目延期的管理。

1. 受理

项目监理单位应对合同规定的下列原因造成的项目延期事件给予受理：非承建单位的责任使项目不能按原定工期开工；项目量变化和设计变更；国家和地区有关部门正式发布的不可抗力事件；建设单位同意工期相应顺延的其他情况。

2. 处理

项目延期事件发生后，承建单位在合同约定期限内提交了项目延期意向报告。

承建单位按合同约定提交了有关项目延期的详细资料和证明材料。

项目延期事件终止后，承建单位在合同约定的期限内，提交了“项目延期申请表”。

在项目延期事件发生后，项目总监理工程师应做好以下工作：

- 向建设单位转发承建单位提交的项目延期意向报告；
- 对项目延期事件随时收集资料，并做好详细记录；
- 对项目延期事件进行分析、研究，对减少损失提出建议。

监理工程师审查承建单位提交的“项目延期申请表”：

- 申请表填写齐全，签字、印章手续完备；
- 证明资料真实、齐全；
- 在合同约定的期限内提交。

监理工程师评估延期的原则：

- 项目延期事件属实；
- 项目延期申请依据的合同条款准确；
- 项目延期事件必须发生在被批准的进度计划的关键路径上；
- 最终评估出的延期天数，在与建设单位协商一致后，由总监理工程师签发“项目延期审批表”；
- 监理工程师在处理项目延期的过程中，还要书面通知承建单位采取必要的措施，减少对项目的影响程度。

监理工程师应注意按实施合同中对处理项目延期的各种时限要求处理。

参考答案

（52）B

试题（53）

__（53）__不是进度计划调整的程序。

（53）A．发现工程进度严重偏离计划时，总监理工程师应及时签发《监理通知》，并组织监理工程师分析原因、研究措施
B．召开各方协调会议，研究应采取的措施，保证合同约定目标的实现
C．必须延长工期时，承建单位应填报《工程延期申请表》，报工程监理部审查
D．分析承建单位主要开发人员的能力等方面的配套安排

试题（53）分析

进度计划调整的程序包括：

①发现工程进度严重偏离计划时，总监理工程师应及时签发《监理通知》，并组织监理工程师分析原因、研究措施；

②召开各方协调会议，研究应采取的措施，保证合同约定目标的实现；

③必须延长工期时，承建单位应填报《工程延期申请表》，报工程监理部审查。

参考答案

（53）D

试题（54）

以下关于监理工程师对承建单位实施进度计划的审查或批准的叙述中，不正确的

是：__（54）__。

（54）A．不解除承建单位对实施进度计划的任何责任和义务

B．监理工程师不可以支配实施中所需要的劳动力、设备和材料

C．监理工程师可以提出建设性意见

D．监理工程师可以干预承建单位的进度安排

试题（54）分析

1. 监理的基本内容

1）项目准备和项目招标阶段

①协助业主编写可行性研究报告、项目建议书和招标文件；

②协助业主选择合适的承建方（主要依据：投标单位的经济及技术实力、资质、行业背景等，技术投标文件，商务投标文件，培训和售后服务承诺等）、帮助业主与承建方进行合同的谈判。

2）系统设计阶段

①与业主方工程领导小组共同对承建方提交的设计方案进行审核和确认；

②审核项目实施计划，明确各阶段所要完成的主要任务。项目实施计划是信息网络工程调试、安装、测试和验收各阶段工作的主要依据。必要时，经三方同意，可以对工程计划书的内容、步骤和进度计划进行调整。项目实施计划至少应包括：项目实施进度计划，人力资源的协调和分配，物力资源的协调和分配。

2. 信息网络系统建设实施阶段的监理

工程开工前的监理内容：

①审核实施方案。开工前，由监理方组织实施方案的审核，内容包括设计交底，了解工程需求、质量要求，依据设计招标文件，审核总体设计方案和有关的技术合同附件，以降低因设计失误造成工程实施的风险，审核安全施工措施。

②审核实施组织计划。对实施单位的实施准备情况进行监督。

③审核实施进度计划。对实施单位的实施进度计划进行评估和评审。

④审核工程实施人员、承建方资质。

参考答案

（54）D

试题（55）

监理工程师针对综合布线系统实施质量监控时，应及时发现事故的苗头和潜在的质量隐患，以便及时采取有力的控制措施。对于隐蔽工程一类的施工，采用__（55）__的质量监控手段更为重要。

（55）A．规定质量监控工作程序　　B．巡视　　C．抽查测试　　D．旁站监管

试题（55）分析

1. 实施阶段的质量控制

严格各过程间交接检查。

主要项目工作各阶段（包括布线中的隐蔽作业）需按有关验收规定经现场监理人员检查、

签署验收。如综合布线系统的各项材料，包括插座、屏蔽线及 RJ45 插头等，应经现场监理检查、测试，未经测试不得往下进行安装。又如在综合布线系统完成后，未经监理工程师测试、检查，不得与整个计算机网络系统相联通电等。对于重要的工程阶段，专业质量监理工程师还要亲自进行测试或技术复核。

坚持项目各阶段实施验收合格后，才准进行下阶段工程实施的原则，由实施、开发单位进行检测或评审后，并认为合格后才通知监理工程师或其代表到现场或机房、实验室会同检验。合格后由现场监理工程师或其代表签署认可后，方能进行下一阶段的工作。

2. 旁站

在项目实施现场进行旁站监理工作是监理在信息系统工程质量控制方面的重要手段之一。旁站监理是指监理人员在施工现场对某些关键部位或关键工序的实施全过程现场跟班的监督活动。旁站监理在总监理工程师的指导下，由现场监理人员负责具体实施。旁站监理时间可根据施工进度计划事先做好安排，待关键工序实施后再做具体安排。旁站的目的在于保证施工过程中的项目标准的符合性，尽可能保证施工过程符合国家或国际相关标准。

旁站是监理人员控制工程质量、保证项目目标实现必不可少的重要手段。旁站往往是在那些出现问题后难以处理的关键过程或关键工序。现场旁站比较适合于网络综合布线、设备开箱检验、机房建设等方面的质量控制，也适合其他与现场地域有直接关系的项目质量控制的工作。

现场旁站要求现场监理工程师要具有深厚的专业知识和项目管理知识，能够纵观全局，对项目阶段或者全过程有深刻的理解，对项目的建设具有较高的深入细致的观察能力和总结能力。旁站记录是监理工程师或总监理工程师依法行使有关签字权的重要依据，是对工程质量的签认资料。旁站记录必须做到：

①记录内容要真实、准确、及时。

②对旁站的关键部位或关键工序，应按照时间或工序形成完整的记录。

③记录表内容填写要完整，未经旁站人员和施工单位质检人员签字不得进入下道工序施工。

④记录表内施工过程情况是指所旁站的关键部位和关键工序施工情况。例如，人员上岗情况、材料使用情况、实施技术和操作情况、执行实施方案和强制性标准情况等。

⑤完成的工程量应写清准确的数值，以便为造价控制提供依据。

⑥监理情况主要记录旁站人员、时间、旁站监理内容、对施工质量检查情况、评述意见等。将发现的问题做好记录，并提出处理意见。

⑦质量保证体系运行情况主要记述旁站过程中承建单位质量保证体系的管理人员是否到位，是否按事先的要求对关键部位或关键工序进行检查，是否对不符合操作要求的施工人员进行督促，是否对出现的问题进行纠正。

⑧若工程因意外情况发生停工，应写清停工原因及承建单位所做的处理。

监理人员的旁站记录由专业监理工程师或总监理工程师通过对旁站记录的审阅，可以从中掌握关键过程或关键工序的有关情况，针对出现的问题，分析原因，制定措施，保证关键过程或关键工序质量，同时这也是监理工作的责任要求。

监理人员应对旁站记录进行定期整理，并报建设单位审阅。一份好的旁站记录不仅可以使建设单位掌握工程动态，更重要的是使建设单位了解监理工作，了解监理单位的服务宗旨与服务方向，树立企业的良好形象，同时监理人员也可从中听取建设单位的意见，及时改进监理工作，提高服务质量。

参考答案

（55）D

试题（56）

__（56）__以类似的项目进行类比估计当期项目的费用。

（56）A．自上而下估算法　　B．参数模型法
C．从下向上的估计法　　D．计算工具辅助方法

试题（56）分析

- 自上而下估算法，多在有类似项目已完成的情况下应用；
- 参数模型法是把项目的一些特征作为参数，通过建立一个数学模型预测项目成本；
- 从下向上的估计法通常首先估计各个独立工作的费用，然后再汇总，从下往上估计出整个项目的总费用；
- 计算工具辅助方法指的是有一些项目管理软件被广泛利用于成本控制，这些软件可简化从下向上的估计法和从上往下估计法，便于对许多成本方案的迅速考虑。

参考答案

（56）A

试题（57）

以下关于工程项目竣工结算的叙述中，不正确的是：__（57）__。

（57）A．竣工结算是项目的财务总结。它从经济角度反映了工程建设的成果，只有编好工程项目竣工结算，才有可能正确考核分析项目的成本效果
B．项目在验收后一个月内，应向主管部门和财政部门提交结算
C．竣工财务结算表反映竣工工程项目的全部资金来源和其运用情况，作为考核和分析基建成本效果的依据
D．收尾工程竣工后需另编项目竣工结算

试题（57）分析

信息系统工程竣工结算的意义指出要可正确分析成本效果，即竣工结算是项目的财务总结，它从经济角度反映了工程建设的成果，只有编好工程项目竣工结算，才有可能正确考核分析项目的成本效果。

根据信息系统工程成本结算的国家规定，项目在验收后的一个月内，应向主管部门和财政部门提交结算。

竣工财务结算表反映竣工工程项目的全部资金来源和其运用情况，作为考核和分析基建成本效果的依据。

关于收尾工程，在竣工后不必另编项目竣工结算。

参考答案

（57）D

试题（58）

监理工程师发现机房工程承建单位自行__（58）__时，应下达停工令。

（58）A．调整施工进度计划　　B．更改设计和替换材料

C．改变装修工艺　　D．调换施工设备

试题（58）分析

在必要的情况下，监理单位可按合同行使质量否决权，在下述情况下，总监理工程师有权下达停工令：

实施、开发中出现质量异常情况，经提出后承建单位仍不采取改进措施者；或者采取的改进措施不力，还未使质量状况发生好转趋势者；

隐蔽作业未经现场监理人员查验自行封闭、掩盖者；

对已发生的质量事故未进行处理和提出有效的改进措施就继续进行者；

擅自变更设计及开发方案自行实施、开发者；

使用没有技术合格证的工程材料、没有授权证书的软件，或者擅自替换、变更工程材料及使用盗版软件者；

未经技术资质审查的人员进入现场实施、开发者。

参考答案

（58）B

试题（59）

进度计划的执行过程中，应重点分析该工作的进度__（59）__来判断工作进度，判断对计划工期产生的影响。

（59）A．拖延与相应费用的关系　　B．拖延值是否大于该工作的自由时差

C．拖延与相应质量的关系　　D．拖延值是否大于该工作的总时差

试题（59）分析

网络计划技术在信息应用系统进度监理中的应用。

1. 工作最迟开始时间

工作最迟开始时间是指某项工作为保证其后续工作按时开始，它最迟必须开始的时间。如果本想工作完成晚于此时间开始，就将影响到它以后的工作，使整个工期脱期，这个时间称为本想工作最迟开始时间。

①表示方法

LF（节点号码）　　LF(i)：作业 i－j 箭尾节点最迟结束时间

LF(j)：作业 i－j 箭头节点最迟结束时间

②计算规则

由始点开始，由右至左计算

$$LF（终点）= ES（始点）$$

$$LF(i) = \max_{i<j}[LF_{(j)} - t_{(i,j)}]$$

2. 时差的计算

时差的计算是指在不影响整个任务完工期的条件下，某项工作从最早开始时间到最迟开始时间，中间可以推迟的最大延迟时间。它表明某项工作可以利用的机动时间，因此也叫松弛时间、宽裕时间。

①节点时差

$$S(i)=LF(i)-ES(i)$$

②作业时差

总时差：一在不影响总工期，即不影响其紧后作业最迟开始时一间的前提下，作业可推迟开始的一段时间。

$$\begin{aligned} S_{(i,j)} &= LS_{(i,j)} - ES_{(i,j)} \\ &= LF_{(i,j)} - EF_{(i,j)} \\ &= LF_{(j)} - ES_{(i)} - t_{(i,j)} \end{aligned}$$

单时差：在不影响紧后作业最早开始时间的前提下，可推迟的时间。

$$S_{(i,j)} = ES_{(j)} - ES_{(i)} - t_{(i,j)}$$

参考答案

（59）D

试题（60）

总监理工程师签发＿（60）＿之前，承建单位不得实施项目变更。

（60）A．项目变更通知单　　B．项目部分暂停令

C．监理通知单　　D．复工报审表

试题（60）分析

任何变更都要得到三方（建设单位、监理单位和承建单位）书面的确认，并且要在接到变更通知单之后进行，严禁擅自变更，在任何一方或者两方同意下做出变更而造成的损失应该由变更方承担。

参考答案

（60）A

试题（61）

某信息化工程合同的当事人在合同中未选择协议管辖，实施合同发生纠纷后，承建单位应当向＿（61）＿人民法院提出诉讼申请。

（61）A．承建单位所在地　　B．工程所在地

C．合同签订地　　D．建设单位所在地

试题（61）分析

合同争议调解程序。

按照合同要求，无论是承建单位还是建设单位，都应以书面的形式向监理单位提出争议

事宜，并呈一份副本给对方。监理单位接到合同争议的调解要求后应进行以下工作：

①及时了解合同争议的全部情况，包括进行调查和取证；

②及时与合同争议的双方进行磋商；

③在项目监理机构提出调解方案后，由总监理工程师进行争议调解；

④当调解未能达成一致时，总监理工程师应在实施合同规定的期限内提出处理该合同争议的意见：同时对争议做出监理决定，并将监理决定书面通知建设单位和承建单位；

⑤争议事宜处理完毕，只要合同未被放弃或终止，监理工程师应要求承建单位继续精心组织实施。当调解不成时，双方可以在合同专用条款内约定以下某一种方式解决争议：

- 第一种解决方式根据合同约定向约定的仲裁委员会申请仲裁；
- 第二种解决方式向有管辖权的人民法院起诉。

发生争议后，除非出现下列情况的，双方都应继续履行合同，保证实施连接，保护好已完成的项目现状：单方违约导致合同确已无法履行，双方协议停止实施；调解要求停止实施，且为双方接受；仲裁机构要求停止实施；法院要求停止实施。

参考答案

（61）B

试题（62）

由于种种原因，承建单位向建设单位提出索赔时，承建单位应首先＿（62）＿。

（62）A．向建设单位和监理单位申请停工

B．向建设单位和监理单位发出索赔意向通知

C．向建设单位和监理单位提交支付申请

D．向有关机构申请仲裁

试题（62）分析

索赔的程序为：

①索赔事件发生约定时间内，向建设单位和监理单位发出索赔意向通知；

②发出索赔意向通知后约定时间内，向建设单位和监理单位提出延长工期和（或）补偿经济损失的索赔报告及有关资料；

③监理单位在收到承建单位送交的索赔报告及有关资料后，于约定时间内给予答复，或要求承建单位进一步补充索赔理由和证据；

④监理单位在收到承建单位送交的索赔报告和有关资料后约定时间内未予答复或未对承建单位作进一步要求，视为该项索赔已经认可；

⑤当该索赔事件持续进行时，承建单位应当阶段性向监理单位发出索赔意向，在索赔事件终了约定时间内，向监理单位送交索赔的有关资料和最终索赔报告。

参考答案

（62）B

试题（63）

在信息系统项目知识产权保护工作中，以下有关知识产权监理措施的叙述，不正确的是：＿（63）＿。

（63）A．待开发软件的知识产权保护控制
B．承建单位软件开发原理和算法保护
C．外购软件的知识产权保护
D．项目文档的知识产权保护控制

试题（63）分析

根据北京市地方标准 DB11/T 160-2002《信息系统监理规范》中的要求，在项目监理的整个过程中，必须对建设单位和承建单位有关技术方案、软件文档、源代码及有关技术秘密等涉及知识产权的内容进行检查、监督和保护。具体监理措施包括：

①保护建设单位的知识产权权益；

②项目文档的知识产权保护控制；

③外购软件的知识产权保护控制；

④待开发软件的知识产权保护控制。

参考答案

（63）B

试题（64）

以下关于信息安全等级定级工作的叙述中，不正确的是：__（64）__。

（64）A．确定定级对象过程中，定级对象是指以下内容：起支撑、传输作用的信息网络（包括专网、内网、外网、网管系统）以及用于生产、调度、管理、指挥、作业、控制、办公等目的的各类业务系统
B．确定信息系统安全保护等级仅仅是指确定信息系统属于五个等级中的哪一个
C．在定级工作中同类信息系统的安全保护等级不能随着部、省、市行政级别的降低而降低
D．新建系统在规划设计阶段应确定等级，按照信息系统等级，同步规划、同步设计、同步实施安全保护技术措施和管理措施

试题（64）分析

安全管理。信息系统的安全内容、技术要求和保护等级如下。

1. 信息系统安全的五个层面

按信息系统构成，可将信息系统安全划分为五个层面。它们分别是：物理层面安全、网络层面安全、系统层面安全、应用层面安全和管理层面安全。

2. 信息系统安全技术要求的四个方面

①物理安全：包括设备、设施、环境和介质；

②运行安全：包括风险分析、检测监控、审计、防病毒、备份与故障恢复等；

③信息安全：包括标识与鉴别、标识与访问控制、保密性、完整性和密码支持等；

④安全管理、操作管理与行政管理等。

3. 信息系统安全保护的五个等级

从安全保护的程度和等级的角度，信息系统安全划分为五个等级。

①用户自主保护级；

②系统审计保护级；

③安全标记保护级；

④结构化保护级；

⑤访问验证保护级。

参考答案

（64）A

试题（65）

备份与恢复是一种数据安全策略，通过备份软件把数据备份到光盘或移动硬盘上，在原始数据丢失或遭到破坏的情况下，利用备份数据把原始数据恢复出来，使系统能够正常工作。数据备份的策略主要有全备份、差分备份、增量备份和＿（65）＿。

（65）A．软件备份　　B．人工备份　　C．备份介质轮换　　D．双机容错

试题（65）分析

数据备份的策略包括如下内容。

- 全备份。将系统中所有的数据信息全部备份；
- 差分备份。只备份上次备份后系统中变化过的数据信息；
- 增量备份。只备份上次完全备份后系统中变化过的数据信息；
- 备份介质轮换。避免因备份介质过于频繁地使用，以提高备份介质的寿命。

参考答案

（65）C

试题（66）

工程监理总结报告的内容可以不包括＿（66）＿。

（66）A．监理工作统计　　B．验收测试方案
　　C．工程质量综述　　D．管理协调综述

试题（66）分析

工程监理总结报告应重点包含：工程概况、监理工作统计、工程质量综述、工程进度综述、管理协调综述和监理总评价。

参考答案

（66）B

试题（67）

＿（67）＿属于监理内部文档。

（67）A．监理规划　　B．监理实施细则
　　C．监理工作日志　　D．监理通知单

试题（67）分析

信息系统工程从监理的角度来分类主要有监理总控体文件、监理实施文件、监理回复意见、监理内部文件四种。

选项 A 监理规划与选项 B 监理实施细则属监理总控体文件；

选项 C 监理工作日志属监理内部文件；

选项 D 监理通知单属监理实施文件。

参考答案

（67）C

试题（68）

指令文件是表达＿（68）＿对承建单位提出指示或命令的书面文件。

（68）A．监理单位　B．总工程师　C．监理工程师　D．业主代表

试题（68）分析

1. 对承建单位违约的管理

承建单位的违约是指承建单位未能按照合同规定履行或不完全履行合同约定的义务、人为原因使项目质量达不到合同约定的质量标准；或者无视监理工程师的警告，一贯公然忽视合同规定的责任和义务：未经监理工程师同意，随意分包项目，或将整个项目分包出去，都视为承建单位的违约。

2. 监理工程师应采取的措施

监理工程师确认承建单位严重违约，建设单位已部分或全部终止合同后，应采取如下措施：

①指示承建单位将其为履行合同而签订的任何协议的利益（如软、硬件及各种配套设施的供应服务提供等）转让给建设单位；

②认真调查并充分考虑建设单位因此受到的直接和间接的费用影响后，办理并签发部分或全部中止合同的支付证明。

参考答案

（68）C

试题（69）

《监理通知单》属于发送给＿（69）＿的文档。

（69）A．承建单位　B．建设单位　C．监理单位　D．分包单位

试题（69）分析

对合同变更的控制中关于项目暂停与复工的管理内容如下。

1. 项目暂停的管理

在下列情况发生时，总监理工程师可以签发“项目部分暂停令”：

- 应承建单位的要求，项目需要暂停实施时；
- 由于项目质量问题，必须进行停工处理时；
- 发生必须暂停实施的紧急事件时。

在监理合同有约定或必要时，签发“项目部分暂停令”前，应征求建设单位意见；签发项目暂停指令后，监理工程师应协同有关单位按合同约定，处理好因项目暂停所诱发的各类问题。

2. 项目复工的管理

在项目暂停后，经处理达到可以继续实施，复工办法如下：

①如项目暂停是由于建设单位原因，或非承建单位原因时，监理工程师应在暂停原因消

失，具备复工条件时，及时签发“监理通知单”，指令承建单位复工；

②如项目暂停是由于承建单位原因，承建单位在具备复工条件时，应填写“复工报审表”报项目监理部审批，由总监理工程师签发审批意见；

③承建单位在接到同意复工的指令后，才能继续实施。

参考答案

（69）A

试题（70）

项目协调的监理方法主要包括：__（70）__。

①监理会议　②监理报告　③沟通　④规划

（70）A．①②③④　B．①②③　C．①②④　D．①③④

试题（70）分析

组织协调工作的目标是使项目各方充分协作，有效地执行承建合同。

项目协调的监理方法主要有监理会议、监理报告和沟通。

参考答案

（70）B

试题（71）

Most operating systems have a standard set of __（71）__ to handle the processing of all input and output instructions.

（71）A．spreadsheet　B．control instructions

C．I/O operation　D．data table

试题（71）分析

I/O 操作即输入/输出操作，大多数操作系统都有一组标准的 I/O 操作来处理所有输入和输出指令。故选项 C 正确。

参考答案

（71）C

试题（72）

__（72）__ is used to model aggregates of information and the relationships these aggregates have to each other.

（72）A．Data flow diagram　B．Entity relationship diagram

C．Sequence diagram　D．Structure diagram

试题（72）分析

实体关系图模型用于聚合的信息和这些聚集的关系。

参考答案

（72）B

试题（73）

In software engineering the design phase is divided into __（73）__.

（73）A．system design and detailed design

B．computer design and program design

C．system design and hardware design

D．computer design and detailed design

试题（73）分析

在软件工程中，设计阶段是在需求分析的基础上，给出系统的软件解决方案。包括总体设计和详细设计。

参考答案

（73）A

试题（74）

__（74）__ must be between on-line deployment and final acceptance.

（74）A．Detailed design　　B．Test run

C．Internal testing　　D．Contract signing

试题（74）分析

试运行在系统上线与项目终验之间。

参考答案

（74）B

试题（75）

The difference value between Budgeted Cost for Work Performed and Actual Cost for Work Performed is __（75）__.

（75）A．Cost Variance　　B．Schedule Variance

C．Earned Value　　D．Cost Performed Index

试题（75）分析

挣值法通过测量和已完成的工作的预算费用与已完成工作的实际费用和计划工作的预算费用，得到有关计划实施的进度和费用偏差，而达到判断项目预算和进度计划执行情况的目的。

参考答案

（75）A

第14章　2017上半年信息系统监理师下午试题分析与解答

试题一（20分）

阅读下列说明，回答问题1至问题4，将解答填入答题纸的对应栏内。

【说明】

某单位信息化工程项目主要包括机房建设、综合布线、硬件系统集成和应用软件系统开发。建设单位通过公开招标选择了承建单位和监理单位。在项目建设过程中，发生了如下事件：

【事件1】 建设单位要求承建单位分析项目建设有可能出现的主要质量风险因素并给出对应的监理质量控制措施。承建单位经过充分的分析和论证得出了项目主要的质量控制风险因素，部分质量风险如表1所示：

表1　主要质量风险因素

序号	质量风险因素	对应的监理质量控制措施
1	业务对软件系统功能和性能要求高，造成需求分析及设计满足要求的系统架构的风险高	
2	综合布线的外场施工环境复杂、有较多的关键过程或关键工序，容易发生质量事故	
3	各种材料、设备到货量大（例如笔记本电脑超过500台），到货时间集中，如何保证到货材料、设备的质量	
4	软件开发工作量大，时间紧迫，提交软件成果存在重大缺陷的风险大	

【事件2】 在未向项目监理机构报告的情况下，承建单位按照投标书中机房工程的分包条款，安排了机房工程分包单位进场施工，项目监理机构对此做了相应处理后书面报告了建设单位。建设单位以机房分包单位资质未经其认可就进场施工为由，不再允许承建单位将机房工程分包。

【事件3】 由于建设单位对软件测试的要求很高，承建单位对软件测试也非常重视。在软件编码及单元测试工作完成之后，承建单位项目经理安排软件测试组的工程师编制了详细的软件测试计划和测试用例。

【事件4】 在机房施工过程中，由建设单位负责采购的设备在没有通知承建单位共同清点的情况下就存放在机房施工现场。承建单位安装时发现该设备的部分部件损坏，对此，建设单位要求承建单位承担损坏赔偿责任。

【问题1】（6分）

针对事件1，根据表1列出的质量风险因素，给出对应的监理质量控制措施，将答案填入答题纸相应表中的对应栏内。

【问题 2】（6 分）

针对事件 2，请回答：

（1）建设单位以机房分包单位资质未经其认可就进场施工为由，不再允许承建单位将机房工程分包的做法妥当吗？为什么？

（2）针对承建单位未向项目监理机构报告的情况下，就安排分包单位进场施工，监理应该如何处理？

【问题 3】（4 分）

针对事件 3，请指出承建单位项目经理安排编制详细的软件测试计划、测试用例的不妥当之处，并说明理由。

【问题 4】（4 分）

针对事件 4，指出建设单位做法的不妥之处，并说明理由。

试题一分析

本题重点考核机房建设、综合布线、硬件系统集成和应用软件系统开发过程中监理主要工作内容。

【问题 1】

细节题，需要考生根据表格中的质量风险因素，给出对应的监理常用的评审、旁站、抽查、测试等质量控制措施。

【问题 2】

案例分析题，考察考生针对实际安排的监理过程。

【问题 3】

细节题，考核监理工程师是否了解并掌握测试计划、测试用例编写的时机。

【问题 4】

案例分析题，考察项目施工过程中建设单位、承建单位双方各自的工作职责和工作内容。

参考答案

【问题 1】（6 分）

序号	质量风险因素	对应的监理质量控制措施
1	业务对软件系统功能和性能要求高，造成需求分析及设计满足要求的系统架构的风险高	方案评审（1 分）
2	综合布线的外场施工环境复杂、有较多的关键过程或关键工序，容易发生质量事故	旁站（1 分）
3	各种材料、设备到货量大（例如笔记本电脑超过 500 台），到货时间集中，如何保证到货材料、设备的质量	抽查（2 分）（回答检查得 1 分）
4	软件开发工作量大，时间紧迫，提交软件成果存在重大缺陷的风险大	对承建单位的测试方案、结果等进行确认（1 分）、对关键的功能、性能由监理进行测试确认（1 分）

【问题 2】（6 分）

（1）建设单位的做法不妥。（1 分），

理由：违反了招投标时候的约定（说出违反了合同约定等相关意思均可得分）（1 分）

（2）处理过程是：

①下达《工程暂停令》；

②对分包单位资质进行审查；

③如果分包单位资质合格，签发工程复工令；

④如果分包单位资质不合格，要求承建单位撤换分包单位。

（每项 1 分，共 4 分）

【问题 3】（4 分）

测试计划、用例的编写时机（阶段）不对。（2 分）

理由：集成测试计划和用例应当在概要设计阶段（设计阶段）制定（1 分），确认测试计划和用例应当在需求阶段制定（1 分）。

【问题 4】（4 分）

不妥之处一：由建设单位采购的设备没有通知施工单位共同清点就存放施工现场（1 分）。理由：建设单位应以书面形式通知承建单位派人与其共同清点移交（1 分）。

不妥之处二：建设单位要求承建单位承担设备部分部件损坏的责任（1 分）。理由：建设单位未通知承建单位清点，承建单位不负责设备的保管，设备丢失损坏由建设单位负责（1 分）。

（上述答案无顺序要求）

试题二（15 分）

阅读下列说明，回答问题 1 至问题 3，将解答填入答题纸的对应栏内。

【说明】

某国有企业作为建设方启动 ERP 系统建设，建设主要内容包括系统集成、总部机房建设、应用软件开发、总部与全国各省分支机构的网络系统，总投资约 2 亿元，监理费预算 500 万元。拟选用行业著名监理单位 X 进行全过程监理。在确定软件开发商、系统集成商之前，组织了现场勘察，并就项目建设相关问题与各备选供应商进行了沟通。在招标结束后，确定 A 公司作为系统集成商负责除软件开发外的其他建设工作，B 公司作为软件开发商。请对如下事件进行分析：

【事件 1】 为保证工程进度，该国企拟直接选用监理单位 X 开展监理工作，不需招标。

【事件 2】 在现场勘察期间，各潜在投标单位提出应知晓各子项目标底。

【事件 3】 在建设过程中，系统集成商 A 公司拟将中标的全国网络系统的线路建设部分分包给中国移动公司和中国电信公司，但没有决定是否应该征求建设方的意见。

【问题 1】（5 分）

针对事件 1 的描述，该国企是否可以直接选用监理单位 X？为什么？

【问题 2】（5 分）

针对事件 2 的描述，该国企是否可以向各潜在投标人公布子项目标底？为什么？

【问题 3】（5 分）

针对事件 3 的描述，是否可以分包？是否应该获得建设方同意？为什么？

试题二分析

本题重点考核《中华人民共和国招标投标法》。

【问题 1】

细节题，考察考生对《中华人民共和国招标投标法》中哪些类型的项目必须进行招投标。

【问题 2】

细节题，考察考生对《中华人民共和国招标投标法》中标底是否可以公开内容的理解。

【问题 3】

细节题，考察考生对《中华人民共和国招标投标法》中外包的要求。

参考答案

【问题 1】（5 分）

不可以。（2 分）

理由：根据《中华人民共和国招标投标法》（1 分）规定，“在中华人民共和国境内进行下列工程建设项目包括项目的勘察、设计、施工、监理以及与工程建设有关的重要设备、材料等采购，必须进行招标……全部或者部分使用国有资金投资或者国家融资的项目（1 分）……”。本项目主体为国有企业，因此适用此条，选用监理单位必须采用招标方式（1 分）。

【问题 2】（5 分）

不可以。（2 分）

理由：根据《中华人民共和国招标投标法》（1 分）规定，“招标人设有标底的，标底必须保密”（1 分）”。本项目中，虽然项目总预算 2 亿元为公开信息，但各子项目预算和标底并没有公开，因此不能在勘察时公开给各方（1 分）。

【问题 3】（5 分）

可以分包。（2 分）

必须获得建设方同意（1 分）。理由：根据《中华人民共和国招标投标法》（1 分）规定：“中标人按照合同约定或者经招标人同意，可以将中标项目的部分非主体、非关键性工作分包给他人完成。接受分包的人应当具备相应的资格条件，并不得再次分包”。（1 分）。

试题三（15 分）

阅读下列说明，回答问题 1 至问题 3，将解答填入答题纸的对应栏内。

【说明】

某信息化工程项目，主要涉及机房工程、综合布线及应用软件系统开发，其中，应用软件系统开发项目的计划工期为 40 周，预算成本为 500 万元。建设单位通过公开招标选择了承建单位和监理单位。在项目建设过程中，发生了如下事件：

【事件 1】 项目监理机构审查承建单位报送的分包单位资格报审材料时发现，其《分包单位资格报审表》附件仅附有分包单位的营业执照、安全保密资质和信息系统集成资质证书，随即要求承建单位补充报送分包单位的其他相关资格证明材料。

【事件 2】 在项目的实施过程中，在进度状态报告中监理列出了第 18 周（包含第 18 周）的项目状态数据，详细情况如下：

（1）截至项目状态日期，项目实际已完成的工作量为 50%。

（2）截至项目状态日期，项目已完成工作量的实际成本（AC）为 280 万元。

（3）截至项目状态日期，项目的计划成本（PV）为 260 万元。

【事件 3】 在综合布线工程的外场施工作业中，由于恶劣天气原因被要求停工 5 天，造成施工设备闲置 5 天，损失费用 12000 元；其后在施工中发现地下文物，导致线路改道，造成额外费用 46000 元。为此，针对上述两种情况，承建单位要求建设单位分别给予相应的费用补偿。

【问题 1】（4 分）

针对事件 1，请指出承建单位还应该对分包单位的哪些资质证明材料进行审核？

【问题 2】（5 分）

请计算项目截止到项目状态日期已完成工作量的挣值 EV、进度偏差 SV 和成本偏差 CV，并对项目进度和成本控制方面的状态进行评估。

【问题 3】（6 分）

针对事件 3，承建单位是否可以就费用损失进行补偿？为什么？

试题三分析

本题重点考核成本管理过程和相关的监理内容。

【问题 1】

概念题，考察考生对分包单位资格要求的掌握程度。

【问题 2】

计算题，考察考生对成本管理过程中挣值管理 EV SV CV 概念的理解和计算方法。

【问题 3】

细节题，考察考生对建设过程中发生的补偿内容的掌握程度。

参考答案

【问题 1】（4 分）

同类项目业绩、项目经理资格证书、其他实施人员的技术经历、其他实施人员的项目经历、质量保证体系证书。（每个 1 分，最多得 4 分）

【问题 2】（5 分）

EV=500×50%=250 万元（1 分）

SV=EV−PV=250−260=−10 万元（1 分）

CV=EV−AC=250−280=−30 万元（1 分）

项目进度滞后（1 分）、成本超支（1 分）。

【问题 3】（6 分）

因恶劣天气被要求停工的损失不能给予补偿（2 分）。理由：此不属于不可抗力的范围（1 分）。

因发现地下文物造成的损失应当给予补偿（2 分）。理由：这不是承建单位的原因（1 分）。

试题四（15 分）

阅读下列说明，回答问题 1 至问题 3，将解答填入答题纸的对应栏内。

【说明】

某单位大型应用系统建设项目，项目的建设实施全过程监理。在项目实施过程中，发生了如下事件：

【事件 1】 在总监理工程师主持的项目开工会上，总监理工程师宣布了建设单位对其的授权，并对今后召开例会提出了要求。

【事件 2】 在需求分析完成后，设计的好坏成了影响质量的关键环节，但承建单位项目经理在如何提高设计质量方面却所知甚少。

【事件 3】 为了确保交付的系统不出现严重的软件故障，承建单位项目经理安排给测试组进行测试和软件修改的时间非常充足，测试和软件修改周期占整个软件系统开发周期的 35%，约 15 周。据此承建单位项目经理向监理提出按照此计划进行测试并解决测试出现的软件故障，当每周所发现软件系统故障数量逐步减少、不存在 A、B 类错误且其他相关条件达到要求时，即可认为系统达到了试运行的条件并可进行系统的验收。

【问题 1】（4 分）

针对事件 1，请指出不妥之处，并给出正确做法。

【问题 2】（5 分）

针对事件 2，从监理的角度来看，请列举能够提高设计质量的举措。

【问题 3】（6 分）

针对事件 3，请回答：

（1）“当每周所发现软件系统故障数量逐步减少、不存在 A、B 类错误且其他相关条件达到要求时，即可认为系统达到了试运行的条件”的要求恰当吗？为什么？

（2）在这种情况下，可进行系统的验收吗？为什么？

试题四分析

本题重点考核监理流程和监理内容。

【问题 1】

细节题，考察考生对监理过程中建设方、承建方、监理方工作职责和工作内容的掌握程度。

【问题 2】

案例题，考察在设计阶段，针对设计过程和设计质量，监理的主要内容。

【问题 3】

细节题，考察考生对试运行条件、验收条件知识点的了解和掌握程度。

参考答案

【问题 1】（4 分）

不妥之处一：总监理工程师主持召开项目开工会议（1 分）。正确做法：应由建设单位主持（1分）。

不妥之处二：总监理工程师宣布授权（1分）。正确做法：应由建设单位宣布（1分）。

（上述答案无顺序要求）

【问题2】（5分）

（1）安排熟悉同类项目的高水平设计人员承担设计任务。（2分）

（2）确保需求分析结果无损传递给设计人员（需求和设计人员的紧密配合等等）。（1分）

（3）采用迭代的方法验证设计的正确性，提高设计的质量。（1分）

（4）对设计进行评审。（1分）

（其他合理的答案每个给1分，本问题最多得5分）

【问题3】（6分）

（1）恰当。（1分）

理由：这时软件系统已具备试运行的条件，应当移交建设单位进行试运行。（2分）

（2）不可以。（1分）

理由：在定制软件开发项目中，仅根据测试结果作为软件系统验收的依据是不够的。（2分）

试题五（10分）

阅读下列说明，回答问题1至问题3，将解答填入答题纸的对应栏内。

【说明】

针对省级电子政务信息系统建设项目，信息化主管部门启动了业务系统综合管理平台建设工作。建设任务涉及网络系统建设、应用系统开发和系统集成工作，平台主要是对现有核心业务系统实施监控、审计、分析、决策、财务管控和信息化管控等。建设单位通过公开招标引入了承建单位和监理单位。在建设过程中，发生如下事件：

【事件1】 在监理单位全程跟踪下，承建单位完成了网络系统测试方案。建设单位要求监理单位对测试方案严格审查，找出错误的地方。

【事件2】 信息安全是电子政务信息系统建设的重要内容之一。建设单位要求监理就项目信息安全加强监督管理，委派信息安全专业水平较高的监理工程师承担相关的监理工作。

【问题1】（4分）

针对事件1的描述，监理发现测试方案中没有针对双绞线缆测试的内容。请指出双绞线缆测试主要包括哪些内容？

【问题2】（2分）

在（1）～（2）中填写恰当内容（从候选答案中选择一个正确选项，将该选项编号填入答题纸对应栏内）。

针对事件1，为保证系统应用的安全性，监理建议承建单位在方案中加入业务应用安全测试内容，包括__（1）__、__（2）__、……等等。

（1）～（2）供选择的答案：

A．业务资源的访问控制验证测试　　B．业务应用程序缓冲区溢出检测

C．业务数据的正确性测试　　D．业务数据的可用性测试

【问题 3】(4 分)

针对事件 2，作为监理工程师，请判断以下有关信息安全的描述是否正确（填写在答题纸的对应栏内，正确的选项填写“√”，不正确的选项填写“×”）：

（1）信息安全防护是一个“程序”，而非一个“过程”。（ ）

（2）人员管理不是信息安全工作的核心内容。（ ）

（3）在移动互联网领域，用户和应用的数量快速增长，互联网安全也发展得越来越完善。（ ）

（4）我国电子政务内网必须实施分级保护的信息安全措施。（ ）

试题五分析

本题重点考核测试流程和监理内容。

【问题 1】

细节题，考察考生对双绞线缆测试主要内容的掌握程度。

【问题 2】

细节题，考察业务应用安全测试内容。

【问题 3】

细节题，考察考生对信息安全防护、信息安全等内容的了解和掌握程度。

参考答案

【问题 1】(4 分)

（1）连通性测试。

（2）端-端的损耗测试。

（3）收发功率测试。

（4）损耗/衰减测试。

（每项 1 分，共 4 分）

【问题 2】(2 分)

（1）A　（2）D　（1）～（2）答案可互换

（每个 1 分，共 2 分）

【问题 3】(4 分)

（1）×　（2）×　（3）×　（4）√

（每个 1 分，共 4 分）

第15章　2017下半年信息系统监理师上午试题分析与解答

试题（1）

信息系统工程是指信息化过程中的__（1）__、信息资源系统、信息应用系统的新建、升级、改造和运行维护。

（1）A．信息存储系统　　B．信息网络系统
　　C．信息分发系统　　D．信息安全系统

试题（1）分析

信息系统工程是指信息化工程建设中的信息网络系统、信息资源系统、信息应用系统的新建、升级、改造工程。

参考答案

（1）B

试题（2）

信息系统通过验收，正式移交给用户以后，就进入运维。要保障系统正常运行，系统维护是不可缺少的工作。软件维护一般可分为3种类型：纠错性维护、适应性维护、__（2）__。

（2）A．测试性维护　B．支援性维护　C．完善性维护　D．安全性维护

试题（2）分析

软件维护一般分为纠错性维护、适应性维护和完善性维护。

参考答案

（2）C

试题（3）

软件生存周期一般划分为六个阶段，包括软件项目计划、__（3）__、软件设计、程序编码、软件测试以及运行维护。

（3）A．需求分析　B．招投标　C．风险分析和定义　D．项目绩效评估

试题（3）分析

软件生存周期的六个阶段：软件项目计划、软件需求分析和定义、软件设计、程序编码、软件测试以及运行维护。

参考答案

（3）A

试题（4）

2017年7月8日，《国务院关于印发新一代人工智能发展规划的通知》中提出要建立新一代人工智能关键共性技术体系。新一代人工智能关键共性技术的研发部署要以__（4）__为核心，以数据和硬件为基础，以提升感知识别、知识计算、认知推理、运动执行、人机交互能力为重点，形成开放兼容、稳定成熟的技术体系。

（4）A．智能　　B．算法　　C．知识　　D．安全

试题（4）分析

《国务院关于印发新一代人工智能发展规划的通知》指出：建立新一代人工智能关键共性技术体系。围绕提升我国人工智能国际竞争力的迫切需求，新一代人工智能关键共性技术的研发部署要以算法为核心，以数据和硬件为基础，以提升感知识别、知识计算、认知推理、运动执行、人机交互能力为重点，形成开发兼容、稳定成熟的技术体系。

参考答案

（4）B

试题（5）

___（5）___系统深入研究人类大脑神经系统的机能，模拟人类大脑思维控制的功能，通过多种方式实现对复杂不确定性系统进行控制。

（5）A．自动控制　　B．人工控制　　C．智能控制　　D．模糊控制

试题（5）分析

深入研究人类大脑神经系统的机能，模拟人类大脑思维控制的功能，通过多种方式实现对传统控制难以实现的复杂不确定性系统进行卓有成效的智能控制，是控制理论发展的必然趋势。

参考答案

（5）C

试题（6）

___（6）___是充分利用数据标签引导数据包在开放的通信网络上进行高速、高效传输的广域网传输技术。

（6）A．TCP/IP　　B．QoS　　C．MPLS　　D．RFID

试题（6）分析

MPLS（Multi-Protocol Label Switching，多协议标签交换）技术是充分利用数据标签引导数据包在开放的通信网络上进行高速、高效传输，通过在一个无连接的网络中引入连接模式，减少网络复杂性的广域网技术。

参考答案

（6）C

试题（7）

按照网络覆盖的区域，网络主要分为三种类型，其中不包括___（7）___。

（7）A．局域网　　B．城域网　　C．互联网　　D．广域网

试题（7）分析

通常网络按所覆盖的区域分为局域网、城域网和广域网。由此网络交换也可以分为局域网交换技术、城域网交换技术和广域网交换技术。

参考答案

（7）C

试题（8）

城域网交换技术包括光纤分布式数据接口（FDDI）、分布式队列双总线（DQDB）和多兆位数据交换服务（SMDS）。其中 DQDB 具有很多优点，关于 DQDB 描述不正确的是：（8）。

（8）A．能桥接局域网和广域网

B．网络运行与工作站的数量相关

C．使用光纤传输介质，与 ATM 兼容

D．使用双总线体系结构，每条总线的运行互相独立

试题（8）分析

DQDB 具有以下特点：

①同时提供电路交换和分组交换功能；

②能桥接局域网和广域网；

③使用双总线体系结构，每条总线的运行互相独立；

④使用 802.2LLC，能与 IEEE802 局域网兼容；

⑤使用光纤传输介质；

⑥与 ATM 兼容；

⑦使用双总线拓扑结构，提高其高容错特性；

⑧可支持 2Mb/s 至 300Mb/s 的传输速率；

⑨网络运行与工作站的数量无关；

⑩可支持直径超过 50km 的城域范围。

参考答案

（8）B

试题（9）

网络集成面临互连异质、异构网络等问题，网络互连设备既可用软件实现，也可用硬件实现。以下（9）不属于网络互连设备。

（9）A．交换机　B．网关　C．适配器　D．路由器

试题（9）分析

常用的网络互连设备有路由器、交换机、集线器和网关等。

参考答案

（9）C

试题（10）

WiFi 技术常用的网络传输标准是（10）。

（10）A．IEEE 802.11　B．IEEE 802.7　C．IEEE 802.5　D．IEEE 802.6

试题（10）分析

IEEE 802.11：无线局域网。

IEEE 802.7：宽带局域网。

IEEE 802.5：Token Ring 访问方法及物理层规定等。

IEEE 802.6：城域网的访问方法及物理层规定。

参考答案

（10）A

试题（11）

为加快形成制造业网络化产业生态体系，推动互联网与制造业融合，提升制造业数字化、网络化、智能化水平，需加强产业链协作，发展基于互联网的＿（11）＿新模式。

（11）A．标准制造　　B．协同制造　　C．虚拟制造　　D．绿色制造

试题（11）分析

《国务院关于积极推进“互联网+”行动的指导意见》指出：推动互联网与制造业融合，提升制造业数字化、网络化、智能化水平，加强产业链协作，发展基于互联网的协同制造新模式。在重点领域推进智能制造、大规模个性化定制、网络化协同制造和服务型制造，打造一批网络化协同制造公共服务平台，加快形成制造业网络化产业生态体系。

参考答案

（11）B

试题（12）

以下关于移动互联网的叙述中，不正确的是：＿（12）＿。

（12）A．移动互联网是以移动网络作为接入网络的互联网

B．移动互联网由移动终端和移动网络两部分组成

C．移动终端是移动互联网的前提

D．接入网络是移动互联网的基础

试题（12）分析

中国工业和信息化部电信研究院在《移动互联网白皮书》中指出移动互联网三要素：移动终端、移动网络和应用服务。移动终端是移动互联网的前提，接入网络是移动互联网的基础。

参考答案

（12）B

试题（13）

信息系统安全保障体系涉及信息系统的各个组成部分，考虑到信息安全可持续的特性，我们可以把安全体系分为：实体安全、平台安全、＿（13）＿、通信安全、应用安全、运行安全和管理安全等层次。

（13）A．数据安全　　B．操作安全　　C．机房安全　　D．备份安全

试题（13）分析

根据信息安全工程高级保障体系框架，我们可以把安全体系分为：安全实体安全、平台安全、数据安全、通信安全、应用安全、运行安全和管理安全等层次。

参考答案

（13）A

试题（14）

网络传输需要介质，以下对传输介质描述不正确的是：＿（14）＿。

（14）A．双绞线是目前广泛应用的传输介质

B．同轴电缆和光纤广泛用于有线电视网，无线广泛应用于移动组网

C．传输介质主要包括光纤、双绞线、同轴电缆和无线

D．光纤有单模和多模之分，单模光纤传输容量和传输距离均小于多模光纤

试题（14）分析

①双绞线是应用最为广泛的传输介质；

②光纤有单模和多模之分，单模光纤传输容量大，传输距离远，价格高，适用于长途宽带网；多模光纤传输容量和传输距离均小于单模光纤，但价格较低，广泛用于建筑物综合布线系统；

③传输介质主要包括光纤、双绞线、同轴电缆和无线；

同轴电缆广泛用于有线电视网，无线广泛用于移动组网。

参考答案

（14）D

试题（15）

存储技术是在服务器附属存储 SAS 和直接附属存储 DAS 基础上发展起来的，表现为两大技术 SAN 和 NAS。下面对 SAN 和 NAS 描述不正确的是：__（15）__。

（15）A．SAN 采用光纤通道等高速专用网络，使网络服务器与多种存储设备直接连接

B．NAS 关注的是文件服务而不是实际文件系统的执行情况

C．NAS 适合长距离的小数据块传输，对距离的限制少

D．SAN 将分布、独立的数据整合为大型、集中化管理的数据中心

试题（15）分析

①SAN 采用光纤通道等存储专用协议连接成的高速专用网络，使网络服务器与多种存储设备直接连接；

②NAS 将分布、独立的数据整合为大型、集中化管理的数据中心；

③NAS 适合长距离的小数据块传输，易于部署和管理（见 NAS 关键特性）；

NAS 关注的是文件服务而不是实际文件系统的执行情况。

参考答案

（15）D

试题（16）

机房是计算机网络系统的中枢，其建设直接影响着整个系统的安全稳定运行。以下关于机房建设的叙述中，正确的是：__（16）__。

（16）A．维修测试时，机柜侧面（或不用面）距墙不应小于 1m

B．走道净宽不应小于 1m

C．开机时计算机主机房温度应为 18℃～28℃

D．安全工作接地，接地电阻不应大于 4Ω

试题（16）分析

机房设备布置内容：主机房内机柜侧面（或不用面）的距墙不应小于 0.5m，当需要维

修时，机柜距墙不应小于 1.2m。

机房设备布置内容：走道净宽不应小于 1.2m。

开机时主机房的温湿度应执行 A 级要求，A 级夏季与冬季要求不同。计算机机房内的温度控制：全年 18℃～28℃是 B 级要求。

机房配电及防雷接地系统，机房接地应采用的四种接地方式：

①交流工作接地，接地电阻不应大于 4Ω；

②安全工作接地，接地电阻不应大于 4Ω；

……

参考答案

（16）D

试题（17）

在机房和综合布线工程实施过程中，对隐蔽工程的监理是非常重要的，因为隐蔽工程一旦完成隐蔽，以后如果出现问题就会耗费很大的工作量，同时对已完成的工程造成不良的影响。以下对于隐蔽工程描述不正确的是：__（17）__。

（17）A．支、吊架所用钢材应平直，无显著扭曲，下料后长短偏差应在 5mm 内

B．支、吊架固定支点间距一般不应大于 1.5～2.0mm

C．暗管转变的曲率半径不应小于该管外径的 5 倍

D．穿在管内绝缘导线的额定电压不应高于 500V

试题（17）分析

支、吊架安装要求：

①所用钢材应平直，无显著扭曲。下料后长短偏差应在 5mm 以内。

②支、吊架应安装牢固，保证横平竖直。

③固定支点间距一般不应大于 1.5～2.0mm……

线槽安装要求：

①线槽应平整，无扭曲变形，内壁无毛刺，各种附件齐全。

②线槽接口应平整，接缝处紧密平直，槽盖装上后应平整、无翘脚。

③线槽的所有非导电部分的铁件均应相互跨接。

④线槽安装应符合《高层民用建筑设计防火规范》。

⑤在建筑物中预埋线槽可为不同尺寸，按一层或两层设置，应至少预埋两根以上，线槽截面高度不宜超过 25mm。

……

管内穿线：

①穿在管内绝缘导线的额定电压不应高于 500V。

……

管道安装要求：

①暗管转变的曲率半径不应小于该管外径的 6 倍

……

参考答案

（17）C

试题（18）

关于隐蔽工程的金属线槽的安装，以下线槽内配线要求描述不正确的是：＿（18）＿。

（18）A．线槽配线前应消除槽内的污物和积水
B．在同一线槽内包括绝缘在内的导线截面积总和不应超过内部截面积的 40%
C．缆线布放应平直，不得产生扭绞、打圈等现象，且布放时应有冗余
D．缆线布放，在牵引过程中，吊挂缆线的支点相隔间距不应大于 2.5m

试题（18）分析

线槽内配线要求：

①线槽配线前应消除槽内的污物和积水。

②在同一线槽内包括绝缘在内的导线截面面积总和应该不超过内部截面面积的 40%。

③缆线的布放应平直，不得产生扭绞、打圈等现象，不应受外力的挤压和损伤。

④缆线在布放前两端应贴有标签，以表明起始和终端位置，标签书写应清晰，端正和正确。

⑤电源线、信号电缆、对绞电缆、光缆及建筑物内其他弱电系统的缆线应分离布放。

⑥缆线布放时应有冗余。

⑦缆线布放，在牵引过程中，吊挂缆线的支点相隔间距不应大于 1.5m。

⑧布放缆线的牵引力，应小于缆线允许张力的 80%。

⑨电缆桥架内缆线垂直敷设时，在缆线的上端和每间隔 1.5m 处，应固定在桥架的支架上。

⑩槽内缆线应顺直，尽量不交叉，缆线不应溢出线槽，在缆线进出线槽部位、转弯处应绑扎固定。

参考答案

（18）D

试题（19）

以下说法中，不属于防火墙功能的是：＿（19）＿。

（19）A．支持透明和路由两种工作模式
B．支持广泛的网络通信协议和应用协议
C．支持攻击特征信息的集中式发布
D．支持多种入侵监测类型

试题（19）分析

防火墙功能包括：

①支持透明和路由两种工作模式；

②集成 VPN 网关功能；

③支持广泛的网络通信协议和应用协议；

④支持多种入侵检测类型；

⑤支持 SSH 远程安全登录；

⑥支持对 HTTP、FTP、SMTP 等服务类型的访问控制；

⑦支持静态、动态和双向的 NAT；

⑧支持域名解析，支持链路自动切换；

⑨支持对日志的统计分析功能；

……

参考答案

（19）C

试题（20）

以下关于 VPN 的说法中，不正确的是：__（20）__。

（20）A．VPN 是在公用网络上架设专用网络

B．VPN 作为虚拟专网，不需要进行数据加密

C．VPN 可以实现信息验证和身份认证

D．访问型 VPN 用于安全的连接移动用户和远程通信

试题（20）分析

VPN（虚拟专用网络）的功能是：在公用网络上建立专用网络，进行加密通信。在企业网络中有广泛应用。VPN 网关通过对数据包的加密和数据包目标地址的转换实现远程访问。

参考答案

（20）B

试题（21）

监理工程师对平台安全进行综合检测时，需要检测与修复的内容不包括__（21）__。

（21）A．操作系统　　B．网络基础设施

C．通用基础应用程序　　D．用户业务系统

试题（21）分析

平台安全包括以下内容：

①操作系统漏洞检测与修复。

②网络基础设施漏洞检测与修复。

③通用基础应用程序漏洞检测与修复。

参考答案

（21）D

试题（22）

__（22）__不属于网络管理系统的管理内容。

（22）A．验收管理　　B．网络管理　　C．系统管理　　D．运行维护管理

试题（22）分析

网络管理系统包括：网络管理、系统管理、运行维护管理。

参考答案

（22）A

试题（23）

总监理工程师代表由总监理工程师授权，负责总监理工程师指定或交办的任务，总监理工程师不得委托总监理工程师代表执行的工作是：（23）。

（23）A．主持审查和处理工程变更

B．主持编写工程项目监理规划

C．指定专人记录工程项目监理日志

D．参与工程质量事故的调查

试题（23）分析

总监理工程师不得将下列工作委托总监理工程师代表：

①根据工程项目的进展情况进行监理人员的调配，调换不称职的监理人员；

②主持编写工程项目监理规划及审批监理实施方案；

③签发工程开工/复工报审表、工程暂停令、工程款支付证书、工程项目的竣工验收文件；

④审核签认竣工结算；

⑤调解建设单位和承建单位的合同争议，处理索赔，审批工程延期。

参考答案

（23）B

试题（24）

在监理人员的工作中，复核工程量核定的有关数据并签署原始凭证及文件是（24）的职责。

（24）A．总监理工程师　　B．总监理工程师代表

C．专业监理工程师　　D．监理员

试题（24）分析

复核工程量核定的有关数据并签署原始凭证和文件是监理员的职责。

参考答案

（24）D

试题（25）

下列关于对软件需求分析的描述中，不正确的是：（25）。

（25）A．需求分析的任务是解决目标系统“怎么做”的问题

B．需求分析阶段研究的对象是软件项目的用户要求

C．分析需求应该包括业主单位隐含的需求

D．需求分析包括确定软件设计的约束和软件同其他系统元素的接口

试题（25）分析

需求分析的任务是借助于当前系统的逻辑模型导出目标系统的逻辑模型，解决目标系统“做什么”的问题。“怎么做”是设计阶段的任务。需求分析的目标是深入描述软件的功能和性能，确定软件设计的约束和软件同其他系统元素的接口细节，定义软件的其他有效性需求。需求分析阶段研究的对象是软件项目的用户要求。

在分析需求时需要注意的内容包括：限制条件、技术制约、成本制约、时间限制、软件

风险、业主单位未明确（隐含）的问题等。

参考答案

（25）A

试题（26）

软件的详细设计包含设计处理过程，构造模块的实现算法，给出明确的表达，使之成为编程的依据。＿（26）＿不是描述算法的工具。

（26）A．PAD 图　　B．HIPO 图　　C．PDL 语言　　D．DFD 图

试题（26）分析

描述算法的工具包括：流程图、PAD 图、HIPO 图、PDL 语言。DFD 图是数据流图，是需求分析阶段产生的结果。

参考答案

（26）D

试题（27）

＿（27）＿不属于项目质量控制的方法和技术。

（27）A．测试　　B．帕累托图　　C．过程审计　　D．控制图

试题（27）分析

质量控制的方法和技术包括：帕累托分析、检查、控制图、统计样本、标准差……

过程审计属于质量保证的方法和技术。

参考答案

（27）C

试题（28）

合格的软件体系结构设计应该做到：＿（28）＿。

①功能设计全面准确地反映需求　②与外界的数据接口完全正确并符合需求

③界面设计、维护设计符合需求　④使软件性能达到行业领先水平

（28）A．①②③　　B．①③④　　C．②③④　　D．①②④

试题（28）分析

软件性能应达到什么标准应当在需求阶段明确，设计阶段对需求负责。在设计阶段，业主单位需要对设计文档进行检查，主要在功能设计是否全面准确地反映了需求、输入项是否完全正确并符合需求、输出项是否符合需求、与外界的数据接口是否完全正确并符合需求、各类编码表是否完全正确并符合需求、界面设计是否符合需求、维护设计是否符合需求、各类数据表格式和内容是否符合要求。

参考答案

（28）A

试题（29）

软件配置管理必须保证软件配置管理项的正确性、完备性、＿（29）＿。

（29）A．易用性　　B．多态性　　C．继承性　　D．可追踪性

试题（29）分析

软件配置管理项是软件的真正实质性材料，因此必须保证正确性、完备性、可追踪性。继承性、多态性是对象的特点，配置项不需要考虑易用性问题。

参考答案

（29）D

试题（30）

软件测试的目的是__（30）__。

（30）A．证明软件正确性　　B．验证软件是否满足需求
　　C．评估程序员水平　　D．为软件定价提供依据

试题（30）分析

测试目的是：

①通过测试，发现软件错误。

②验证软件满足需求规格说明、软件设计所规定的功能、性能及其软件质量特性的要求。

③为软件质量的评价提供依据。

参考答案

（30）B

试题（31）

按使用的测试技术不同，将软件测试分为静态测试和动态测试，__（31）__属于静态测试。

（31）A．黑盒测试　　B．代码走查　　C．接口分析　　D．数据流分析

试题（31）分析

静态测试分为静态分析和代码走查；动态测试分为白盒测试和黑盒测试。接口分析和数据流分析属于静态分析。

参考答案

（31）B

试题（32）

软件产品交付使用后，一般需要进行软件维护。当软件支持环境（如操作系统、编译器等）发生变化导致软件无法正常运行时，所需要进行的修改工作属于__（32）__。

（32）A．纠错性维护　　B．适应性维护　　C．完善性维护　　D．预防性维护

试题（32）分析

为适应软件运行环境改变而作的修改，称为适应性修改。环境改变包括软件支持环境的改变，如操作系统、编译器或应用程序的变化等。

参考答案

（32）B

试题（33）

设计模式是面向对象的系统设计过程中反复出现的问题解决方案，其基本要素不包括__（33）__。

（33）A．模式类型　　B．模式问题　　C．解决方案　　D．模式效果

试题（33）分析

一个模式要有四个模式要素：模式名称、模式问题、解决方案、效果。

参考答案

（33）A

试题（34）

下述关于面向对象的软件开发方法（OMT）中，不正确的是__（34）__。

（34）A．OMT 使软件的可维护性大大改善

B．OMT 的基础是软件系统功能的分解

C．OMT 是一种自底向上和自顶向下相结合的方法

D．OMT 的第一步是从问题的陈述入手，构造系统模型

试题（34）分析

OMT 是一种自底向上和自顶向下相结合的方法，OMT 的第一步是从问题的陈述入手，构造系统模型。

OMT 的基础是目标系统的对象模型，而不是功能的分解。正是 OMT 使软件的可维护性有了质的改善。

参考答案

（34）B

试题（35）

按照 J2EE 技术架构组成的应用系统至少分为三层，EJB 包容器属于__（35）__。

（35）A．客户层　　B．数据层　　C．中间层　　D．应用层

试题（35）分析

J2EE 第二层是中间层，即业务逻辑层，其中有两个包容器：Web 包容器和 EJB 包容器。

参考答案

（35）C

试题（36）

在信息系统集成项目中，通过项目管理可以做到：__（36）__。

（36）A．项目需求清晰后再进行实施，杜绝项目变更

B．提高信息系统集成项目实施过程的可视性

C．保证信息系统集成项目按期完成

D．保证信息系统集成项目成本有节余

试题（36）分析

项目管理在工程项目中的重要性是不言而喻的，在信息系统集成项目中，其重要性更为突出，主要原因如下。

①信息系统项目往往大到事关国家生死存亡，小到事关单位兴衰成败。

②信息系统项目需求往往在还没有完全搞清时就付诸实施，并且在实施过程中一再修改。

③信息系统项目往往不能按预定进度执行。

④信息系统项目的投资往往超预算。

⑤信息系统的实施过程可视性差。

⑥信息系统的项目管理，尤其信息系统项目监理，往往不被重视。

参考答案

（36）B

试题（37）

A 公司的项目组人员来自不同职能部门，受职能部门和项目组双重领导。项目组成员参与项目期间，主要受项目经理的领导，同时与所属部门保持联系。A 公司的组织结构属于＿（37）＿。

（37）A．领域型　　B．矩阵型　　C．职能型　　D．直线型

试题（37）分析

单位组织结构的三种类型为职能型、领域型、矩阵型。项目组人员来自不同职能部门，受职能部门和项目组双重领导。这种组织方式通常称为矩阵型。在矩阵型组织方式中，并不要求项目组的每个人都从头至尾参与该项目，而是根据项目需求参与不同的时间段。作为项目组成员参与项目期间，主要受项目经理的领导，同时与所属部门保持联系。

参考答案

（37）B

试题（38）

信息系统项目的实施涉及建设单位、承建单位、监理单位三方，下列说法中正确的是：＿（38）＿。

（38）A．项目由承建单位负责实施，因此只有承建单位需要采用项目管理方法

B．项目管理要素的全部都是由项目建设单位重点实施

C．建设单位重点实施的项目管理要素是“立项管理”和“评估与验收管理”

D．监理单位不涉及项目的“项目组织与人员管理”要素

试题（38）分析

信息系统项目的实施涉及主建方、承建单位、监理单位三方，三方都需要采用项目管理的方法以完成其在项目实施中所肩负的责任。除立项阶段的理想准备、立项申请、立项审批之外，项目管理要素的几乎全部，都是项目承建单位所要重点实施的。建设单位重点实施的是“立项管理”与“评估与验收管理”。监理单位直接或间接涉及“项目组织与人员管理”“计划与执行管理”“执行与知识产权管理”。

参考答案

（38）C

试题（39）

监理人员的权利和义务包括：＿（39）＿。

①根据监理合同独立执行工程监理业务

②按照建设单位要求来维护建设单位权益

③保守承建单位的技术秘密和商业秘密

④不得承担被监理项目中的技术和业务工作

（39）A. ①②③　　B. ①③④　　C. ②③④　　D. ①②③④

试题（39）分析

按照监理合同取得监理收入是监理单位的权利和义务。

监理人员的权利和义务包括：

①根据监理合同独立执行工程监理义务。

②保守承建单位的技术秘密和商业秘密。

③不得同时从事与被监理项目相关的技术和业务活动。

参考答案

（39）B

试题（40）

建设单位选定监理单位后，应当与其签订监理合同，__（40）__不应包括在监理合同中。

（40）A. 监理业务内容

B. 建设单位的权利和义务

C. 承建单位的违约责任

D. 监理费用的计取和支付方式

试题（40）分析

监理合同与承建单位无关。一旦选定监理单位，建设单位与监理单位应签定监理合同，合同内容主要包括如下内容。

①监理业务内容；

②双方的权利和义务；

③监理费用的计取和支付方式；

④违约责任及争议的解决方法；

⑤双方约定的其他事项。

参考答案

（40）C

试题（41）

信息系统工程合同的内容较多，涉及工程设计、产品采购、实施等多方面。下列关于信息系统工程合同内容的表述中，不正确的是：__（41）__。

（41）A. 甲乙双方的权利、义务是合同的基本内容

B. 质量要求条款应准确细致地描述项目的整体质量和各部分质量

C. 合同中应包括监理单位提交各阶段项目成果的期限

D. 合同中应包括建设单位提交有关基础资料的期限

试题（41）分析

信息系统工程合同签定双方是建设单位和承建单位，应包括承建单位提交各阶段项目成果的期限。信息系统工程合同包括：

①甲乙双方的权利、义务是合同的基本内容；

②建设单位提交有关基础资料的期限；

③项目的质量要求；

④承建单位提交各阶段项目成果的期限；

⑤项目费用和项目款的交付方式。

……

参考答案

（41）C

试题（42）

监理单位依据ISO9000标准，遵照一定步骤建立和完善质量保证体系，通过有关机构的审核认证。__（42）__步骤的顺序是正确的。

①编写质量体系文件

②质量体系策划

③对建立和实施质量保证体系进行动员

④管理评审

⑤质量体系试运行

⑥内部质量体系审核

（42）A．③②①⑤⑥④　　B．②③①⑤④⑥

C．③②①⑤④⑥　　D．②③①⑤⑥④

试题（42）分析

易混淆点在于先动员还是先策划，先内审还是先管理评审。内审是管理评审的依据，在先。监理单位可以依据ISO9000标准，遵照下列步骤建立和完善质量保证体系，通过有关机构的审核认证。

①准备大会（召开大会，对建立和实施质量保证体系进行动员）；

②质量体系策划；

③编写质量体系文件；

④培训内部审核员；

⑤质量体系试运行；

⑥内部质量体系审核；

⑦管理评审；

⑧质量体系认证前的准备；

⑨质量体系认证过程；

⑩质量体系的进一步改进与完善。

参考答案

（42）A

试题（43）

监理工程师超出建设单位委托的工作范围，从事了自身职责外的工作，并造成了工作上的损失。这属于监理工作的__（43）__。

（43）A．工作技能风险　　B．技术资源风险

C. 管理风险　　D. 行为责任风险

试题（43）分析

监理工程师行为责任风险来自三方面：

①监理工程师超出建设单位委托的工作范围，从事了自身职责外的工作，并造成了工作上的损失；

②监理工程师未能正确地履行合同中规定的职责，在工作中发生失职行为造成损失；

③监理工程师由于主观上的无意行为未能严格履行职责并造成了损失。

参考答案

（43）D

试题（44）

在建设单位选择合适的监理单位时，监理单位为了获得监理任务，在项目招标阶段编制的项目监理单位方案性文件是__（44）__。

（44）A. 监理大纲　　B. 监理规划

C. 监理实施细则　　D. 投标书

试题（44）分析

监理大纲是在建设单位选择合适的监理单位时，监理单位为了获得监理任务，在项目招标阶段编制的项目监理单位方案性文件。

参考答案

（44）A

试题（45）

下述各项中，__（45）__不是监理规划的内容。

（45）A. 监理的范围、内容与目标

B. 监理工具和设施

C. 监理依据、程序、措施及制度

D. 监理流程

试题（45）分析

监理流程是监理实施细则中的内容。监理规划的内容包括：

①工程项目概况；

②监理的范围、内容与目标；

③监理项目部的组织结构与人员配备；

④监理依据、程序、措施及制度；

⑤监理工具和设施。

参考答案

（45）D

试题（46）

下述各项中，__（46）__是监理实施细则的内容。

（46）A. 监理项目部的组织结构　　B. 监理项目部的人员配备

C．工程项目概况　　　　　　　　　D．监理的控制要点及目标

试题（46）分析

监理项目部的组织结构、监理项目部的人员配备和工程项目概况是监理规划的内容。监理实施细则的内容包括：

①工程专业的特点；

②监理流程；

③监理的控制要点及目标；

④监理单位方法及措施。

参考答案

（46）D

试题（47）

对信息系统工程的特点以及质量影响要素有比较清楚的认识，质量控制才能有针对性。__（47）__不属于信息系统工程的特点。

（47）A．质量纠纷认定难度小　　　　　B．可视性差，质量缺陷比较隐蔽
C．改正错误的代价往往较大　　　D．定位故障比较困难

试题（47）分析

信息系统工程特点及质量影响要素：

①控制质量首先要控制人；

②变更是信息系统特别是应用系统比较大的一个特点；

③定位故障比较困难；

④信息系统工程的可视性差；

⑤改正错误的代价往往比较大；

⑥质量纠纷认定的难度大。

参考答案

（47）A

试题（48）

信息系统工程项目是由建设单位、承建单位和监理单位共同完成的。下列有关质量管理体系中三方关系的说法中，不正确的是：__（48）__。

（48）A．建设单位的参与人员是为本项目配备的质量管理人员，承建单位的参与人员是质保部门的质量管理人员，监理单位的参与人员主要是质量监理工程师、总监理工程师

B．承建单位的质量控制体系能否有效运行是整个项目质量保障的关键

C．建设单位应该建立较完整的工程项目管理体系

D．监理单位应严格按照承建单位质量控制体系从事监理活动

试题（48）分析

承建单位是工程建设的实施方，因此承建单位的质量控制体系能否有效运行是整个项目质量保障的关键。

建设单位的参与人员是建设单位为本项目配备的质量管理人员，承建单位的参与人员是承建单位的质保部门的质量管理人员，监理单位的参与人员主要是质量监理工程师、总监理工程师。

建设单位作为工程建设的投资方和用户方，应该建立较完整的工程项目管理体系，这是项目成功的关键因素之一。

监理单位是工程项目的监督管理协调方，既要按照自己的质量控制体系从事监理活动，还要对承建单位的质量控制体系以及建设单位的工程管理体系进行监督和指导。

参考答案

（48）D

试题（49）

为了加强某信息系统工程项目质量，质量监理工程师邵工根据质量目标及质量方案设置质量控制点，他应遵循__（49）__的原则。

①选择的质量控制点应该突出重点

②选择的质量控制点应该易于纠偏

③质量控制点设置要有利于承建单位从事工程质量的控制活动

④保持其设置的灵活性和动态性

（49）A．①③④　　B．①②③　　C．②③④　　D．①②④

试题（49）分析

进行控制点设置应遵守的原则：

①选择的质量控制点应该突出重点；

②选择的质量控制点应该易于纠偏；

③质量控制点设置要有利于参与工程建设的三方共同从事工程质量的控制活动；

④保持控制点设置的灵活性和动态性。

参考答案

（49）D

试题（50）

下述监理过程中进行质量控制的做法，不正确的是：__（50）__。

（50）A．信息系统隐蔽工程在实施期间线路进行了改变，监理工程师现场检查线路敷设是否合规

B．信息系统工程中，承建单位新采购了一批设备，采购前向监理工程师提交设备采购方案

C．信息系统工程中，承建方在综合布线系统完成后，进行计算机网络相联通电

D．工程实施过程中，监理工程师收到承建单位的到货验收申请后进行相关检查，发现不合格后签发“不合格通知”

试题（50）分析

关键过程质量控制实施要点：主要项目工作各阶段（包括布线中的隐蔽作业）需按有关验收规定经现场监理人员检查、签署验收。综合布线系统完成后，未经监理工程师测试、检

查，不得与整个计算机网络系统相联通电。

参考答案

（50）C

试题（51）

某工程有 10 项工作，其相互关系如下表所示，则该项目工期为__（51）__天。

工作代号	所用时间（天）	紧前作业
A	5	
B	4	A
C	3	A
D	6	B
E	7	C、D
F	7	D
G	5	E
H	5	G
I	10	F、H
J	2	I

（51）A．37　　B．44　　C．34　　D．54

试题（51）分析

项目双代号网络图为：

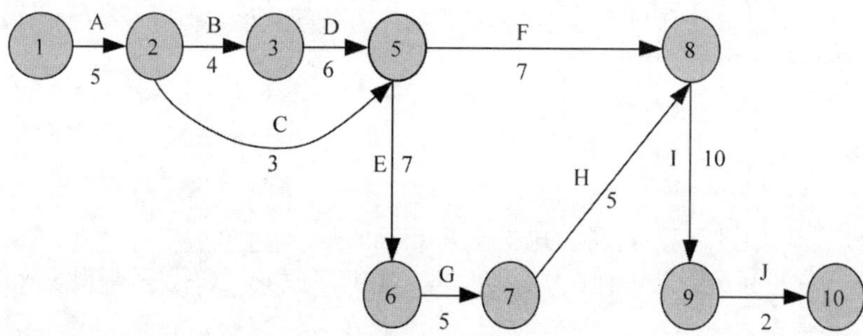

关键路径是：A-B-D-E-G-H-I-J，项目工期为 44 天。

参考答案

（51）B

试题（52）

监理工程师在实施进度控制时，会采取多种措施来进行检查，__（52）__不属于监理工程师采用的基本措施。

（52）A．落实监理单位进度控制的人员组成和职责分工

B．确定最短项目工期，进行进度预测分析和进度统计

C．合同期与进度协调

D．实行进度动态比较，提供比较报告

试题（52）分析

实施进度控制时可以采取以下措施：

①组织措施。落实监理单位进度控制的人员组成，具体控制任务和管理职责分工。

②技术措施。确定合理定额，进行进度预测分析和进度统计。

③合同措施。合同期与进度协调。

④信息管理措施。实行计算机进度动态比较，提供比较报告。

参考答案

（52）B

试题（53）

监理工程师在实施阶段进行进度控制，当发生阶段性工程延期，并造成总工期延迟时，可以＿（53）＿。

（53）A．要求建设单位修改并批准总工期

B．要求承建单位修改并批准总工期

C．要求承建单位修改总工期，并经建设单位批准

D．要求监理单位修改总工期，并由承建单位认可

试题（53）分析

阶段性工期延期造成工程总工期延时，应要求承建单位修改总工期，修改后总工期应经过审核，并报建设单位备案。

参考答案

（53）C

试题（54）

监理工程师对信息系统工程项目进行投资控制时，不宜采用＿（54）＿原则。

（54）A．全面成本控制　　B．投资最优化

C．静态控制　　D．目标管理

试题（54）分析

投资最优化原则，全面成本控制原则，动态控制原则，目标管理原则，责、权、利相结合的原则。

参考答案

（54）C

试题（55）

实施方案设计费用属于信息工程项目投资的＿（55）＿。

（55）A．工程前期费　　B．工程费　　C．直接费　　D．间接费

试题（55）分析

下图是信息系统工程投资构成。

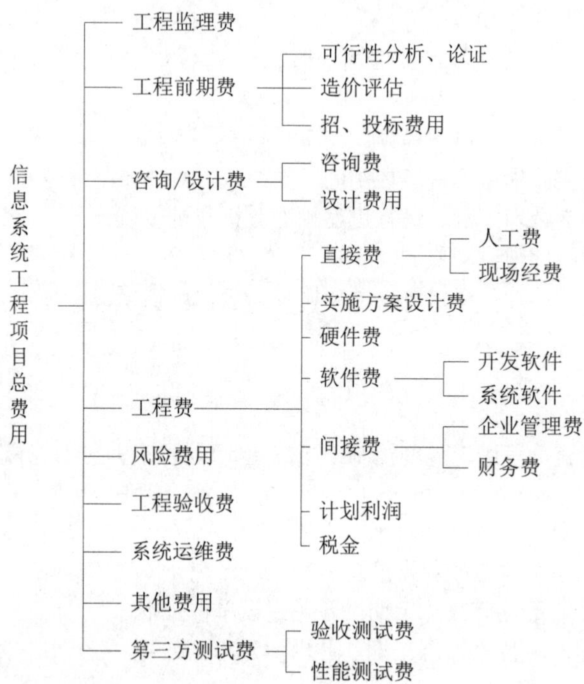

参考答案

（55）B

试题（56）

项目经理利用如下公式进行成本估算，这种估算方法是__（56）__。

总成本=单位面积建造成本×1.25

（56）A．参数建模　　B．类比估计

C．累加估计　　D．自下而上估算

试题（56）分析

参数建模是把项目的一些特征作为参数，通过建立一个数学模型预测项目成本。

参考答案

（56）A

试题（57）

审核分析工程竣工结算是监理工程师对项目成本控制工作的一项重要内容，以下__（57）__是工程竣工结算审核的内容。

①项目成本计划的执行情况　　②报废损失和核销损失的真实性

③各项账目、统计资料是否准确完整　　④项目竣工说明书是否全面系统

⑤项目的各项费用是否超出预算

（57）A．①②③⑤　　B．②③④⑤　　C．①③④⑤　　D．①②③④

试题（57）分析

重点审核以下内容：

①审核项目成本计划的执行情况；

②审核项目的各项费用支出是否合理；

③审核报废损失和核销损失的真实性；

④审核各项账目、统计资料是否准确完整；

⑤审核项目竣工说明书是否全面系统。

参考答案

（57）D

试题（58）

变更在信息系统工程实际的建设过程中是经常发生的，做好变更控制可以更好地为质量控制、进度控制和成本控制服务。以下关于信息系统工程变更的说法，<u>（58）</u>是不正确的。

（58）A．项目实施过程中，变更处理越早，损失越小

B．任何变更都要得到三方（建设单位、监理单位和承建单位）书面确认

C．承建单位和建设单位是变更主要申请方，监理方无权提出变更请求

D．建设单位由于机构重组等原因造成业务流程的变化，可能导致变更

试题（58）分析

在项目实施过程中，变更处理越早，损失越小；变更处理越迟，难度越大，损失也越大。

任何变更都要得到三方（建设单位，监理单位和承建单位）书面的确认，并且要在接到变更通知单之后才能进行。

三方都有权提出变更，一般地说，承建单位和建设单位是变更的主要申请方，但是并不是说监理单位就不可以提出变更，监理单位也可以根据项目实施的情况提出变更。

造成信息系统变更的原因：

①项目总体设计，项目需求分析不够周密详细，有一定的错误或者遗漏；

②建设单位由于机构重组等原因造成业务流程的变化。

参考答案

（58）C

试题（59）

以下关于变更的描述，不正确的是：<u>（59）</u>。

（59）A．变更申请单位向监理工程师提出变更要求，提交书面工程变更建议书

B．工程变更建议书主要包括：变更的原因及依据、变更的内容及范围、变更引起的合同总价和工期增加或减少等

C．工程变更建议书应在预计可能变更的时间之前一周提出

D．监理机构有权根据项目实际情况，驳回变更申请

试题（59）分析

变更申请单位向监理工程师提出变更要求，提交书面工程变更建议书。工程变更建议书主要包括：变更的原因及依据；变更的内容及范围、变更引起的合同总价和工期增加或减少

等。工程变更建议书应在预计可能变更的时间之前 14 天提出。监理对变更进行初审，对于完全无必要的变更，可以驳回申请，并给出监理意见。

参考答案

（59）C

试题（60）

监理人员在进行需求变更管理时需要遵守的规则不包括：__（60）__。

（60）A．每一项变更都需要对变更申请进行评估

B．每一项变更必须用变更申请单提出

C．监理工程师必须与总监理工程师商议所有提出的变更

D．在获得建设方和监理方的书面批准后即可执行

试题（60）分析

要控制需求变更，监理人员必须遵守以下一些规则：

每个项目合同必须包括一个控制系统，通过它对变更申请进行评估；

每一项项目变更必须用变更申请单提出；

变更必须获得项目各方责任人的书面批准；

在准备审批变更申请单前，监理工程师必须与总监理工程师商议所有提出的变更；

变更申请单批准以后，必须修改项目整体计划。

参考答案

（60）D

试题（61）

在 X 综合布线项目中，承建单位出现了进度、质量相关问题，监理单位立即向各方提出了意见和建议，并在必要时告知了建设单位。这体现了监理单位在合同管理中的__（61）__原则。

（61）A．事前预控　　B．实时纠偏　　C．充分协商　　D．公正处理

试题（61）分析

出现问题采取行动属于纠偏行为。充分协商是发生争议时几方协商，力求取得一致统一的结果。实时纠偏原则：监理单位在实施过程中，应及时纠正发现承建单位错误和不当的做法及一些违反信息系统工程合同约定的行为。

参考答案

（61）B

试题（62）

下述关于索赔的描述，正确的是：__（62）__。

（62）A．不可抗力事件可以引起索赔　　B．索赔是由承建单位向建设单位提出的

C．索赔是惩罚性质的　　D．索赔是建设单位利益的体现

试题（62）分析

导致索赔事件的发生，可以是一定行为造成，也可能是不可抗力事件引起。索赔是双向的，建设单位和承建单位都可能提出索赔要求。索赔的性质属于经济补偿行为，而不是惩罚。

索赔是合同双方利益的体现。

参考答案

（62）A

试题（63）

在《与贸易有关的知识产权协议》中，__（63）__不属于知识产权保护的范围。

（63）A．工业品外观设计权　　B．软件著作权
　　C．集成电路布图设计权　　D．个人隐私保护权

试题（63）分析

《与贸易有关的知识产权协议》中作为知识产权保护的范围是：

著作权及其相关权利；

商标权；

地理标记权；

工业品外观设计权；

专利权；

集成电路布图设计权；

对未公开信息的保护权。

参考答案

（63）D

试题（64）

监理工程师应建议建设单位遵循的人员安全管理原则不包括：__（64）__。

（64）A．授权最小化　　B．授权分散化
　　C．授权均衡化　　D．授权规范化

试题（64）分析

在制度建设过程中，监理工程师要建议建设单位遵循以下原则：

授权最小化；

授权分散化；

授权规范化。

参考答案

（64）C

试题（65）

在信息系统工程建设中，应对信息系统的应用环境进行风险分析与安全管理。应用环境控制可降低业务中断的风险，应用环境监控的对象不包括__（65）__。

（65）A．电源　　B．地面　　C．计算机蠕虫　　D．空间状态

试题（65）分析

应用环境控制可降低业务中断的风险，监控的项目包括：电源、地面、空间状态。

参考答案

（65）C

试题（66）

__（66）__不属于工程监理总结报告的内容。

（66）A．监理工作统计　　B．监理月报
　　C．监理总评价　　D．工程进度综述

试题（66）分析

监理总结报告应重点包含以下几个方面的内容：

①工程概况；

②监理工作统计；

③工程质量综述；

④工程进度综述；

⑤管理协调综述；

⑥监理总评价。

监理月报属于监理实施类文档。

参考答案

（66）B

试题（67）

工程质量监理文档是按照工程质量过程控制和测试技术进行工程质量控制的主要手段，如果监理认为存在质量缺陷，则工程质量监理文档必须包括__（67）__。

（67）A．回归情况监理　　B．进度监理
　　C．项目变更文档　　D．测试方案

试题（67）分析

工程质量监理文档主要包括两部分：质量监理、回归情况监理。如果监理意见认为存在质量缺陷，则必须包括回归情况监理。

参考答案

（67）A

试题（68）

综合所有监理资料，对工程进度、工程质量、合同管理及其他事项进行统一的综合分析及总结，并且由总监理工程师组织编写的监理文件是__（68）__。

（68）A．工程监理总结报告　　B．工程监理专题报告
　　C．工程验收监理报告　　D．工程结项报告

试题（68）分析

工程监理总结报告由总监理工程师组织编写，由各相关专业监理工程师参加，综合各工程月报和所有的监理资料，对工程进度、工程质量、合同管理及其他事项进行统一的综合分析，总结出整体建立结论。

参考答案

（68）A

试题（69）

在项目建设单位、承建单位、监理单位三方之间，协调的结果一定是各方形成合力、解决存在的问题、推动项目前进，这体现了沟通与协调的__（69）__原则。

（69）A．携手共进　　B．信息共享
C．要点共识　　D．目标共同

试题（69）分析

携手共进原则—协调的结果一定是各方形成合力、解决存在的问题、推动项目前进。

参考答案

（69）A

试题（70）

在项目实施过程中，通过__（70）__，可以使相关人员及时了解项目组在每个阶段所完成的工作、与项目合同和计划相吻合（或偏离）的情况、遗留问题以及建议等。

（70）A．项目沟通计划　　B．项目绩效报告
C．监理实施细则　　D．监理规划

试题（70）分析

项目进度及绩效报告是沟通的一项主要内容和方法。使相关人员及时了解项目组在一个个阶段所完成的工作，与项目合同和计划相吻合（或偏离）的情况，还存在什么问题以及建议等。

参考答案

（70）B

试题（71）

__（71）__ concerns a cycle of organizational activity: the acquisition of information from one or more sources, the custodianship and the distribution of that information to those who need it, and its ultimate disposition through archiving or deletion.

（71）A．Data management　　B．Information management
C．Content management　　D．Knowledge management

试题（71）分析

信息管理的定义。信息管理包括一系列有组织的活动：从一个或多个信息源获得信息，保管并向需要的人分发信息，最终归档或删除。

参考答案

（71）B

试题（72）

System and application access control is to prevent __（72）__ access to systems and applications. Access to information and application system functions shall be restricted in accordance with the access control policy.

（72）A．physical　　B．special
C．authorized　　D．unauthorized

试题（72）分析

系统和应用访问控制是为了防止对系统和应用的非授权访问。信息和应用系统功能的访问应依照访问控制策略加以限制。

参考答案

（72）D

试题（73）

The project management plan defines how the project is executed, monitored and controlled, and closed. It is progressively elaborated by updates, and controlled and approved through the Perform Integrated ＿（73）＿ process.

（73）A．Cost Control　　B．Schedule Control
　　C．Change Control　　D．Risk Control

试题（73）分析

项目管理计划定义了项目如何执行、监控和控制，并关闭。它通过执行集成变更控制流程逐步地进行详细阐述、控制和批准。

参考答案

（73）C

试题（74）

Change control within information technology (IT) systems is a formal process used to ensure that changes to product or system are introduced in a controlled and coordinated manner.It ＿（74）＿ the possibility that unnecessary changes will be introduced to a system without forethought.

（74）A．adds　　B．removes　　C．produces　　D．reduces

试题（74）分析

IT 系统中的变更控制是一个正式的过程，用来确保产品或系统以受控和协调的方式进行变更。它减少了不必要的变更被非预期地引入到系统中的可能性。

参考答案

（74）D

试题（75）

＿（75）＿ seeks to build confidence that a future output or an unfinished output, also known as work in progress, will be completed in a manner that meets the specified requirements and expectations.

（75）A．Quality assurance　　B．Product assurance
　　C．Service assurance　　D．Output assurance

试题（75）分析

质量保证旨在建立信心，即未来的产出或未完成的产出（也被称为正在进行的工作）将以符合规定要求和期望的方式完成。

参考答案

（75）A

第16章　2017下半年信息系统监理师下午试题分析与解答

试题一（20分）

阅读下列说明，回答问题1至问题4，将解答填入答题纸的对应栏内。

【说明】

X省通信运营商拟开发运营支撑系统应用软件，管理企业的业务流程和基础资源。建设单位通过公开招标方式选择了监理单位，以便协助建设单位做好全过程的监理工作。该项目承建单位采用瀑布模型进行软件开发。在项目开发过程中，发生如下事件：

【事件1】 监理单位根据项目的实际状况，拟将进度控制、变更控制、信息管理、协调作为全部监理内容。

【事件2】 为了赶进度，承建单位编写了系统开发计划、质量保证计划、配置管理计划等项目计划及《软件需求规格说明书》后，认为需求分析阶段的工作已完成，立即开始进行软件设计。

【事件3】 承建单位按照规定日期提交了概要设计说明书、数据库设计说明书、详细设计说明书，监理工程师老姚认为承建单位完成了设计阶段的任务。

【问题1】（4分）

对于事件1，监理单位的监理内容还应包括哪些？

【问题2】（5分）

对于事件2，作为监理工程师，请指出承建单位工作的不足之处。

【问题3】（5分）

（1）针对事件3，监理工程师还应该从哪些方面对设计文档进行审查？

（2）请说明对概要设计说明书应重点审查的内容。

【问题4】（6分）

为了有效地实施监理工作，提高监理质量，监理单位建立了完善的质量控制体系。监理单位的质量控制体系应包括哪些内容？

试题一分析

本题重点考核企业信息化工程监理要求和关键点。

【问题1】

问答题，针对事件1，考核监理工程师的工作内容。

【问题2】

案例分析，针对事件2，考核需求阶段监理控制要点。

【事件2】 为了赶进度，承建单位编写了系统开发计划、质量保证计划、配置管理计划等项目计划及《软件需求规格说明书》后，认为需求分析阶段的工作已完成，立即开始进行软件设计——考生需仔细分析事件 2，核对监理工程师在需求阶段的审查要点是否全部审查到位。

此阶段监理控制要点：

完成所有阶段产品；需求阶段应该完成的成果还应该包含《配置项（初步）确认测试计划》、《用户使用说明书》；

开发计划经批准后生效；

需求规格说明通过评审；

以需求规格说明为核心的配置管理分配基线。

【问题 3】

（1）细节题，针对事件 3，考核软件设计时的监理内容。

【事件 3】 承建单位按照规定日期提交了概要设计说明书、数据库设计说明书、详细设计说明书，监理工程师老姚认为承建单位完成了设计阶段的任务——考生需仔细分析事件 3，核对监理工程师审查设计说明书时是否全部审查到位。

设计阶段主要审查内容：

是否符合国家标准《计算机软件产品开发文件编制指南》中关于设计说明书的编写标准，审查设计说明书是否符合已会签的软件需求说明书及需求补充说明书的有关内容，是否基本满足系统的业务需求。

（2）问答题，考核概要设计说明书重点审查的内容。

【问题 4】

问答题，考核监理单位的质量控制体系内容。

参考答案

试题一（20 分）

【问题 1】（4 分）

（1）质量控制

（2）投资控制

（3）合同管理

（4）安全管理

（每个 1 分，共 4 分）

【问题 2】（5 分）

（1）软件需求分析阶段的成果不完整；（1 分）

还应包括：

（a）软件（初步）系统测试计划

（b）软件使用说明/用户手册初稿

（每条 1 分，满分 1 分）

（2）《软件需求规格说明书》没有通过评审；（1 分）

（3）项目计划编制完成后，没有批准，应批准后才能生效；（1 分）

（4）没有以软件需求规格说明为核心进行配置管理，分配基线。（1 分）

【问题 3】（5 分）

（1）监理工程师除了检查是否提交了设计文件外，还应从以下方面对设计文档进行内容审查。包括：

（a）审查设计说明书是否符合国家标准《计算机软件产品开发文件编制指南》中关于设计说明书的编写标准；（答出编写合规得 1 分）

（b）审查设计说明书是否符合已会签的软件需求说明书、是否基本满足系统的业务需要。（答出与需求一致得 1 分）

（2）概要设计明书应审查的主要内容：

（a）总体设计（包含系统结构设计、系统流程设计）；

（b）接口设计；

（c）运行设计（环境配置）；

（d）系统数据结构设计（数据库设计）；

（e）系统出错处理设计。

（每点 1 分，满分 3 分）

【问题 4】（6 分）

（1）质量管理组织

（2）项目质量控制

（3）设计质量控制程序

（4）开发质量控制程序

（5）测试质量控制程序

（6）系统验收质量控制程序

（每条 1 分，共 6 分）

试题二（15 分）

阅读下列说明，回答问题 1 至问题 3，将解答填入答题纸的对应栏内。

【说明】

北京市 X 区政府拟建设一套综合性政务公开系统，向公众展示各部门政策发布及政务进展。该项目由系统集成公司 A 负责实施，信息系统监理公司 B 负责监理。该系统在整个建设过程中，发生如下事件：

【事件 1】 实施人员在综合布线系统完成后，立即进行网络系统相连通电及调试，致使核心交换机被损坏。公司 A 项目管理人员已承担责任并及时更换了该设备，并希望现场监理不要报告业主，以维护承建单位和监理单位的信誉。监理出于多方考虑，接受了公司 A 的建议。

【事件 2】 项目验收前，建设单位成立了验收委员会，任命区政府办公室主任张工担任验收委员会主任。验收过程中，将验收内容记录在了验收报告中，并由张工在验收报告上代表验收委员会进行了签字，证明验收内容属实，最后将验收报告交由 X 区区长决定是否通过验收。

【事件 3】 验收委员会委托验收测试组依据合同进行验收测试过程中，业主要求临时增加一些测试内容，验收测试组拒绝了业主要求。测试合格后，验收委员会决定召开评审会，进行综合评价。

【问题1】（5分）

对于事件1，针对网络系统安装调试时出现的问题，请分别指出承建方和监理方存在的问题。

【问题2】（3分）

对于事件2，请指出其中的不适当之处。

【问题3】（7分）

（1）对于事件3，针对业主提出的测试内容，验收测试组的做法是否正确？请说明原因。

（2）请说明验收过程的工作步骤。

试题二分析

本题重点考核验收阶段监理工作的技术要点。

【问题1】

案例分析，针对事件1，考核网络系统安装调试时承建方和监理方的工作内容。

【事件1】实施人员在综合布线系统完成后，立即进行网络系统相连通电及调试，致使核心交换机被损坏。公司A项目管理人员已承担责任并及时更换了该设备，并希望现场监理不要报告业主，以维护承建单位和监理单位的信誉。监理出于多方考虑，接受了公司A的建议——考生需仔细分析事件1，核对综合布线完成后承建方和监理方双方各自的工作内容是否合理：

1）立即进行网络系统相连通电及调试，致使核心交换机被损坏——直接网络系统相连通电及调试，是否合理？

2）公司A项目管理人员已承担责任并及时更换了该设备并希望现场监理不要报告业主——是否合理？

3）监理出于多方考虑，接受了公司A的建议——是否合理？

【问题2】

细节题，针对事件2，考核验收阶段的验收结论、验收报告内容。

【事件2】项目验收前，建设单位成立了验收委员会，任命区政府办公室主任张工担任验收委员会主任。验收过程中，将验收内容记录在了验收报告中，并由张工在验收报告上代表验收委员会进行了签字，证明验收内容属实，最后将验收报告交由X区区长决定是否通过验收——考生需仔细分析事件2，核对验收阶段的验收报告、验收结论等内容。

验收报告：

在软件验收评审后，必须填写软件验收报告，详尽记录验收的各项内容、评价和验收结论，验收委员会全体成员应在验收报告上签字。

评委会根据验收准则，给出验收结论

（1）通过：同意通过验收的委员人数超过事先约定人数；

（2）不通过：同意通过验收的委员人数达不到通过的要求。

【问题3】

（1）细节题，针对事件3，考核验收测试内容。

【事件 3】 验收委员会委托验收测试组依据合同进行验收测试过程中，业主要求临时增加一些测试内容，验收测试组拒绝了业主要求。测试合格后，验收委员会决定召开评审会，进行综合评价——考生需仔细分析事件 3，核对验收测试是否符合要求。

验收测试的原则是符合“合同”的要求。

（2）问答题，考核验收过程的工作步骤。

参考答案

【问题 1】（5 分）

承建方问题：

（1）承建方违反操作规程，在综合布线系统完成后，未报监理方检查；

（2）承建方没经过三方同意，私自购买设备，并替换；

（3）承建方要求监理向业主隐瞒。

监理方问题：

（1）监理接受了承建方要求，向业主隐瞒；

（2）监理方没有履行职责，对该过程监理不到位。

（每条 1 分，共 5 分）

【问题 2】（3 分）

（1）验收报告中没有包括验收结论；

（2）验收委员会全体成员均应在验收报告上签字，不能由张工一人代签；

（3）决定系统是否通过验收是验收委员会的权限，X 区区长不属于验收委员会成员，不能决定验收是否通过。

（每点 1 分，共 3 分）

【问题 3】（7 分）

（1）验收测试组做法不对（1 分）

原因：不应该直接拒绝业主要求，应先判断业主要求是否在合同范围内（1 分）

（2）验收过程：

（a）提出验收申请；

（b）制定验收计划；

（c）成立验收委员会；

（d）进行验收测试和配置审计；

（e）进行验收评审；

（f）形成验收报告；

（g）移交产品。

（每点 1 分，满分 5 分）

试题三（15 分）

阅读下列说明，回答问题 1 至问题 3，将解答填入答题纸的对应栏内。

【说明】

X 大学准备建设一栋创新探索实验大楼，其中信息系统工程总投资额约 2000 万元，主要包括网络平台建设和机房建设。该项目涉及计算机设备、网络设备、通信设备的采购和集成。

【事件1】 建设单位拟通过公开招标方式选取网络平台建设的承建单位，建设单位在编写招标文件时列出了网络基础平台搭建应采购的设备及系统，包括：传输设备、布线系统、网络服务器和网络操作系统、数据存储系统。项目要求在网络服务器群的后端采用光纤通道连接成高速网络，实现网络服务器与存储设备之间的多对多连接。

【事件2】 在系统设计阶段，监理工程师与建设单位共同对承建方提交的设计方案及项目实施计划进行审核和确认。建设单位在选择服务器的操作系统时，要求具有受控访问环境（用户权限级别），能够审计特性，跟踪所有的“安全事件”，在电源故障或其他紧急情况可提供自保护和自恢复。

【问题1】（4分）

对于事件1，请从候选答案中选择一个正确选项，将该选项编号填入答题纸对应栏内。

（1）从投资控制的角度，为了最大限度地保护业主的投资，监理工程师把关主要设备的价格时，应力求______。

候选答案：A．与当时最新的市场行情相符　　B．与市场平均价格相符
　　　　　C．不高于当地最高价格　　D．与建设单位预算相符

（2）根据建设单位对信息存储的要求，该实验大楼应采用______网络存储技术。

候选答案：A．SAN　　B．NAS　　C．SSD　　D．SCSI

【问题2】（5分）

请将下面（1）～（5）处的答案填写在答题纸的对应栏内。

事件1中，监理工程师审核标书中的采购清单时，发现网络基础平台的设备清单中尚欠缺的两种设备是：__（1）__、__（2）__。

信息网络系统建设过程中常用的监理控制方法包括评估、网络仿真、__（3）__、__（4）__和__（5）__。

【问题3】（6分）

对于事件2，请从候选答案中选择一个正确选项，将该选项编号填入答题纸对应栏内。

（1）项目实施计划的内容至少包括项目实施进度计划、______、人力资源的协调和分配。

候选答案：A．项目验收标准　　B．质量保证目标
　　　　　C．风险登记册　　D．物力资源的协调和分配

（2）审核系统设计方案时，监理单位应建议建设单位的操作系统至少达到______级别的安全标准。

候选答案：A．A　　B．B1　　C．C2　　D．D

（3）在企业内部网与外部网之间，用来检查网络请求分组是否合法，保护网络资源不被非法使用的技术是______。

候选答案：A．差错控制技术　　B．流量控制技术
　　　　　C．防火墙技术　　D．防病毒技术

试题三分析

【问题 1】

细节题，针对事件 1，考核招标阶段的监理内容。

【事件 1】 建设单位拟通过公开招标方式选取网络平台建设的承建单位，建设单位在编写招标文件时列出了网络基础平台搭建应采购的设备及系统，包括：传输设备、布线系统、网络服务器和网络操作系统、数据存储系统。项目要求在网络服务器群的后端采用光纤通道连接成高速网络，实现网络服务器与存储设备之间的多对多连接——考生需仔细分析事件 1，核对招标阶段的监理内容和 SAN 和 NAS 的特点。

（1）在系统招标阶段，监理应重视如下内容：

总体技术方案的适用性；

主要设备价格应与当时最新的市场行情相符。

（2）存储技术 SAN 和 NAS 的特点对比

【问题 2】

细节题，针对事件 1，考核网络基础平台的构成和信息网络系统建设过程中常用的监理控制方法。

【事件 1】 建设单位拟通过公开招标方式选取网络平台建设的承建单位，建设单位在编写招标文件时列出了网络基础平台搭建应采购的设备及系统，包括：传输设备、布线系统、网络服务器和网络操作系统、数据存储系统。项目要求在网络服务器群的后端采用光纤通道连接成高速网络，实现网络服务器与存储设备之间的多对多连接——考生需仔细分析事件 1，明确网络基础平台的内容和信息网络系统建设过程中常用的监理控制方法。

网络基础平台的组成：由传输设备、交换设备、网络接入设备、布线系统、网络服务器和操作系统、数据存储和系统组成。

信息网络系统建设过程中常用的监理控制方法包括评估、网络仿真、现场旁站、抽查测试和网络性能测试。

【问题 3】

细节题，针对事件 2，考核系统设计阶段的监理内容。

【事件 2】 在系统设计阶段，监理工程师与建设单位共同对承建方提交的设计方案及项目实施计划进行审核和确认。建设单位在选择服务器的操作系统时，要求具有受控访问环境（用户权限级别），能够审计特性，跟踪所有的“安全事件”，在电源故障或其他紧急情况可提供自保护和自恢复——考生需仔细分析事件 2，明确项目实施计划的内容、审核设计方案时的监理要点和网络安全内容：

（1）项目实施计划的内容至少包括：项目实施进度计划，人力资源的协调与分配，物力资源的协调与分配。

（2）审核系统设计方案时，监理单位应建议建设单位的操作系统至少达到 C2 级的安全标准。

（3）在企业内部网与外部网之间，用来检查网络请求分组是否合法，保护网络资源不被非法使用的技术是防火墙技术。

参考答案

【问题 1】（4 分）

（1）A　（2）A

（每个 2 分，共 4 分）

【问题 2】（5 分）

（1）交换设备　（2）网络接入设备

（3）现场旁站（或旁站）

（4）抽查测试（或抽查）

（5）网络性能测试（测试）

（每空 1 分，共 5 分，（1）～（2）无顺序要求，（3）～（5）无顺序要求）

【问题 3】（6 分）

（1）D　（2）C　（3）C

（每个 2 分，共 6 分）

试题四（15 分）

阅读下列说明，回答问题 1 至问题 3，将解答填入答题纸的对应栏内。

【说明】

某电信项目建设单位甲通过公开招标选择单位乙为承建单位，承担某大型信息网络系统工程的实施任务，并委托监理单位丙对项目实施全过程监理。该工程涉及机房建设、系统集成和应用软件开发等内容。在建设过程中，发生了如下事件：

【事件 1】 单位丙制定了监理规划。在监理规划中写明，单位丙的工作任务之一是做好与建设单位、承建单位的协调工作，建立项目监理汇报制度，定期或不定期向甲单位提供监理报告。

【事件 2】 为了检验程序的正确性，监理工程师对单位乙的测试方案、测试用例及测试数据等内容进行了重点监控。

【事件 3】 单位丙监督单位乙严格按照工程设计阶段所制定的进度计划、质量保证计划等进行开发工作。由于工期紧张，开发完成后，单位丙进行了集成和确认测试。

【问题 1】（5 分）

针对事件 1，请说明单位丙向单位甲提供的监理报告的种类有哪些。

【问题 2】（7 分）

（1）针对事件 2，请说明软件测试监理的方法有哪些。

（2）针对事件 2，监理方在软件测试监理过程中主要审核哪些内容？

【问题 3】（3 分）

针对事件 3，监理单位的做法是否正确？为什么？

试题四分析

本题重点考核信息系统实施阶段的监理内容。

【问题 1】

问答题，针对事件 1，考核监理报告的种类。

【问题 2】

问答题，针对事件 2，考核软件测试监理的方法和审查内容。

【问题 3】

细节题，针对事件 3，考核实施阶段监理内容。

【事件 3】 单位丙监督单位乙严格按照工程设计阶段所制定的进度计划、质量保证计划等进行开发工作。由于工期紧张，开发完成后，单位丙进行了集成和确认测试。——考生需仔细分析事件 3，核对软件测试阶段监理的工作是否符合要求。

监理单位在软件测试阶段主要检查承建单位是否按照设计中制定的规范与计划进行测试，切忌由监理单位进行单元、集成或确认测试而取代开发方的内部测试。

参考答案

【问题 1】（5 分）

（1）定期的监理周报、月报；

（2）不定期监理工作报告；

（3）监理通知和回复；

（4）日常的监理文件；

（5）监理作业文件。

（每点 1 分，共 5 分）

【问题 2】（7 分）

（1）软件测试监理的方法有：

（a）定期审查软件测试的工程活动和工作进度；

（b）根据实际需要对软件测试工程活动进行跟踪、审查和评估；

（c）对软件测试工程活动和产品进行评审和审核，并报告结果。

（3 分，每条 1 分）

（2）审核内容：

（a）软件测试工程任务的准备就绪和完成准则得到满足；

（b）软件测试符合规定的标准和需求；

（c）已完成所需的测试；

（d）检测出的问题和缺陷已建立文档，并被跟踪和处理；

（e）通过软件测试，软件产品符合软件需求的要求；

（f）在软件产品提交前，依据软件基线验证了用来管理和维护软件的文档。

（每点 1 分，满分 4 分）

【问题 3】（3 分）

监理单位的做法不正确（1 分）

原因：

（1）监理单位主要检查承建单位是否按照规范和计划进行测试；（1 分）

（2）监理单位不能代替开发方进行内部测试。（1 分）

试题五（10分）

阅读下列说明，回答问题1至问题2，将解答填入答题纸的对应栏内。

【说明】

某单位甲进行企业信息化工程建设，主要包括网络基础平台的建设、综合布线系统的建设、网络安全平台的建设等工作，甲以邀请招标的方式委托了监理公司单位丙承担该工程项目的监理工作。施工前，丙与甲及承建单位乙一起制定了《工程计划书》，详细规定了各阶段完成的主要工作。在建设过程中，为了保证工期按期完成，乙在网络设备加电测试完成后，制定了网络的模拟建网测试方案，甲要求丙对测试方案严格审查，找出错误的地方。

【问题1】（5分）

针对以上案例，请说明监理工程师需要检查模拟测试方案的哪些关键内容。

【问题2】（5分）

作为监理工程师，请判断以下有关网络测试的描述是否正确（填写在答题纸的对应栏内，正确的选项填写“√”，不正确的选项填写“×”）：

（1）加电测试包括：设备自检、缺省配置下的软件运行状况监测。（　）

（2）模拟测试是先安装设备，然后分散配置。（　）

（3）监理方不仅对测试过程进行监控，而且亲自实施测试。（　）

（4）建设方对回归测试的过程、结果进行确认，并决定测试是否完成。（　）

（5）监理方重点评审承建方提交的系统联调方案、系统测试方案，组织完成设备安装、系统初验。（　）

试题五分析

本题重点考核信息系统工程网络测试内容。

【问题1】

问答题，考核模拟测试方案的内容。

【问题2】

细节题，考核实施阶段监理内容。

加电测试包括：设备自检、缺省配置下的软件运行状况检测。

模拟测试环境中，根据已确定参数集中配置网络设备，而不是先安装设备，然后分散配置。

监理方与业主方和承建单位共同实施测试，监理工程师对测试过程进行监控。

监理方对回归测试的过程、结果进行确认，并决定测试是否完成。

监理方将重点评审承建方提交的系统联调方案、系统测试方案、组织完成设备安装、系统初验。

参考答案

【问题1】（5分）

（1）主干交换机之间的连接可靠性、冗余性；

（2）各配线间交换机与主干交换机的连通性；

（3）各楼宇 PC 与中心服务器之间的连通性；

（4）系统软件的更新能力及系统配置信息的存储和回载；

（5）系统软件、支撑软件和应用软件的测试。

（每条 1 分，共 5 分）

【问题 2】（5 分）

（1）√　（2）×　（3）×　（4）×　（5）√

（每个 1 分，共 5 分）

第 17 章　2018 上半年信息系统监理师上午试题分析与解答

试题（1）

信息系统工程是指信息系统的新建、升级、改造工程。其中，__（1）__是用于信息处理、传输、交换和分发的信息化基础设施。

（1）A．信息资源系统　　B．信息网络系统
C．信息应用系统　　D．信息整合系统

试题（1）分析

参考《信息系统监理师教程》1.2.1 小节[1]。

信息网络系统是以信息技术为主要手段进行信息处理、传输、交换和分发的计算机网络系统。信息资源系统是以信息技术为主要手段建立的信息资源采集、存储、处理的资源系统。信息应用系统是指以信息技术为主要手段监理的各类业务管理的应用系统。

参考答案

（1）B

试题（2）

在信息系统生命周期中，__（2）__阶段的任务是确定信息系统必须完成的总目标，确定项目的可行性、导出实现项目目标应该采取的策略及系统必须完成的功能。

（2）A．系统分析　　B．系统设计　　C．系统实施　　D．系统维护

试题（2）分析

主要区分系统分析与系统设计的区别。系统分析时期的任务包括确定信息系统必须完成的总目标，确定工程的可行性，导出实现工程目标应该采取的策略及系统必须完成的功能。系统设计的主要目的就是为下一阶段的系统实施制定蓝图，包括总体设计（提供信息系统的概括的解决方案）和详细设计（把系统总体设计的结果具体化）。

参考答案

（2）A

试题（3）

根据 GB/T 28827.1—2012《信息技术服务运行维护第 1 部分：通用要求》给出的运行维护服务能力模型，运行维护服务能力的四个关键要素不包括__（3）__。

（3）A．过程　　B．资源　　C．技术　　D．环境

试题（3）分析

出自 GB/T 28827.1—2012《信息技术服务运行维护第 1 部分：通用要求》运行维护服务能力的四个关键要素包括：人员、资源、技术、过程。

---

[1] 本章所提的《信息系统监理师教程》，全国计算机技术与软件专业技术资格（水平）考试指定用书，清华大学出版社出版。

参考答案

（3）D

试题（4）

__（4）__不属于人工智能的应用。

（4）A．人工控制　B．机器视觉　C．人脸识别　D．无人驾驶

试题（4）分析

人工控制是由人来掌握对象不使其任意活动或超出范围，或使其按控制者的意愿活动。

参考答案

（4）A

试题（5）

关于物联网的描述，不正确的是：__（5）__。

（5）A．物联网架构中网络层负责物物之间信息传输

B．物联网利用射频自动识别（RFID）等技术，进行信息交换与通信

C．物联网是架构在现有互联网或下一代公网或专网基础上的联网应用

D．智慧物流、智能家居、智能交通等属于物联网的应用

试题（5）分析

物联网从架构上面可以分为感知层、网络层和应用层。

感知层：负责信息采集和物物之间的信息传输。信息采集的技术包括传感器、条码和二维码、RFID 射频技术、音视频等多媒体信息。

物联网不是一种物理上独立存在的完整网络，而是架构在现有互联网或下一代公网或专网基础上的联网应用和通信能力。

当前物联网的应用有：智能微尘、智能电网、智慧物流、智能家居、智慧农业等。

参考答案

（5）A

试题（6）

__（6）__是继 IP 技术之后的广域网传输技术，利用数据标签引导数据包在开放的通信网络上进行高速、高效传输，在一个无连接的网络中引入连接模式，减少了网络复杂性。

（6）A．FTP　B．MPLS　C．TCP/IP　D．ATM

试题（6）分析

参考《信息系统监理师教程》14.1.2 小节。

MPLS 满足题目要求。帧中继是较古老的分组交换技术的改进，ATM 是信元交换，技术，TCP/IP 采用非面向连接的服务方式。

参考答案

（6）B

试题（7）

局域网中，__（7）__具有良好的扩展性和较高的信息转发速度，能适应不断增长的网络应用需要。

（7）A．令牌环网　　B．共享式以太网
C．交换式局域网　　D．光纤分布式数据接口网（FDDI）

试题（7）分析

参考《信息系统监理师教程》14.1.2小节。

局域网可以分为共享式局域网、交换式局域网。共享式局域网通常是共享高速传输介质，如以太网、令牌环网、光纤分布式数据网。随着计算机网络技术的高速发展，人们对信息量的需求越来越大，共享式局域网已经不能满足信息传输与交换的要求。交换式网络具有良好的扩展性和很高的信息转发速度，能够适应不断增长的网络应用的需要。

参考答案

（7）C

试题（8）

__（8）__不属于综合布线设备。

（8）A．新风系统　　B．信息插座　　C．电气保护设备　　D．适配器

试题（8）分析

参考《信息系统监理师教程》14.1.2小节。

综合布线设备包括配线架、电缆、信息插座、适配器、线槽、调解设备、电器保护设备和测试设备。

参考答案

（8）A

试题（9）

网络基础平台是信息系统的载体，是整个信息化体系中最底层的系统，在选择核心路由器时，以下描述不正确的是：__（9）__。

（9）A．有足够的可扩展的槽位和端口　　B．关键部位不支持热插拔
C．支持大容量组播线速转发　　D．首选多协议路由器平台

试题（9）分析

参考《信息系统监理师教程》16.2.2小节。

核心路由器必须是高端多协议路由器平台，应支持RIP、OSPF、BGP、IS-IS等多种路由方式。可扩展的槽位和端口应足够，以保护用户的投资。应支持关键部位的冗余设置和热插拔。

参考答案

（9）B

试题（10）

关于汇聚层交换机的描述，不正确的是：__（10）__。

（10）A．体系结构应采用集中式处理结构，加大处理能力
B．体系结构应采用高密度、二/三层全线速接口
C．出于可靠性设计考虑，电源系统应采用n+1冗余热备份
D．管理系统方面支持RMON、基于Web的管理

试题（10）分析

参考《信息系统监理师教程》16.2.2 小节。

汇聚层设备的体系结构应采用分布式处理结构，采用模块化设计。

参考答案

（10）A

试题（11）

__（11）__不属于网络基础平台的组成部分。

（11）A．布线系统　　B．网络操作系统
C．网络接入　　D．远程计算与事务处理

试题（11）分析

参考《信息系统监理师教程》14.1.2 小节和 14.1.3 小节。

网络基础平台包括：传输、交换、网络接入、网络互连、网络测试、布线系统、网络服务器、网络操作系统。远程计算与事务处理属于网络服务平台的内容。

参考答案

（11）D

试题（12）

云服务中的公共云使得多个客户可共享一个服务提供商的系统资源，他们无须架设任何设备及配备管理人员，便可享有专业的 IT 服务。我们平常使用的网上相册，属于公共云中的__（12）__类别。

（12）A．SaaS　　B．PaaS　　C．IaaS　　D．DaaS

试题（12）分析

考察公共云三大类别的基础概念。SaaS（软件即服务），PaaS（平台即服务），IaaS（基础设施即服务）。网上相册属于 SaaS。

参考答案

（12）A

试题（13）

信息系统安全保障体系应当涉及信息系统的各个组成部分。__（13）__实施需要用到市场上常见的网络安全产品，包括 VPN、防火墙等。

（13）A．设施安全　　B．平台安全　　C．运行安全　　D．管理安全

试题（13）分析

参考《信息系统监理师教程》14.1.4 小节。

平台安全实施需要用到市场上常见的网络安全产品，主要包括 VPN、物理隔离系统、防火墙、入侵检测和漏洞扫描系统等。

参考答案

（13）B

试题（14）

为确保局域网网络传输安全可靠，综合布线工作完成后应进行布线系统测试，其中，

（14）不属于非屏蔽双绞线（电缆）测试内容。

（14）A．收发功率测试　　B．回波损耗　　C．链路长度　　D．近端串扰

试题（14）分析

参考《信息系统监理师教程》17.6.1 小节。

UTP——非屏蔽双绞线（电缆），测试项目包括：接线图、链路长度、衰减、近端串扰 NEXT 损耗、连线长度、衰减量、近端串扰、SRL、远端串扰、回波损耗、特性阻抗、衰减串扰比。收发功率测试是光缆测试内容。

参考答案

（14）A

试题（15）

为应对灾难，X 金融信息云服务提供商的数据存储系统将数据在异地站点保存，与公司的日常办公地点相隔离。这个异地恢复站点可以将服务器、数据、应用程序与主服务器同步运行，这样的恢复站点称为（15）。

（15）A．冷站　　B．温站　　C．热站　　D．基站

试题（15）分析

参考《信息系统监理师教程》14.1.2 小节。

热站：服务器、数据、应用程序与主服务器随时同步运行。冷站：只有用于信息处理的基础物理环境（如电线、空调、地板等），灾难发生时，所有设备必须运送到站点上，从基础开始安装。温站：用于信息处理的网络连接和一些外围设备进行部分配置。基站：与移动电话终端之间进行信息传递的无线电收发信电台。

参考答案

（15）C

试题（16）

机房是计算机网络系统的中枢，机房建设直接影响整个系统的安全稳定运行。主机房内的空气含尘浓度，在表态条件下测试，每升空气中大于或等于 0.5μm 的尘粒数，应少于（16）粒。

（16）A．18000　　B．24000　　C．30000　　D．32000

试题（16）分析

参考《信息系统监理师教程》16.5.1 小节。

主机房内的空气含尘浓度，在表态条件下测试，每升空气中大于或等于 0.5μm 的尘粒数，应少于 18000 粒。

参考答案

（16）A

试题（17）

X 通信运营商为新城建设勘探暗敷管路现场条件时，发现一处露天场地具有腐蚀性，需绝缘隔离，该处周边无电磁干扰。管路设计时，该地段管材应选用（17）。

（17）A．混凝土管（水泥管）　　B．硬聚乙烯塑料管（PVC 管）

C．厚壁钢管　　D．普通碳素钢电线套管

试题（17）分析

参考《信息系统监理师教程》16.5.2.3 小节。

暗敷管路的管材选用时，硬聚乙烯塑料管（PVC 管）在有腐蚀或需绝缘隔离的地段使用较好，不宜在有压力和电磁干扰较大的地方使用。

参考答案

（17）B

试题（18）

X 广播电视中心新建智能转播室，隐蔽工程中机房暗管外径为 60mm，其转弯处的曲率半径不应小于该管外径的<u>（18）</u>。

（18）A．4 倍　　B．6 倍　　C．8 倍　　D．10 倍

试题（18）分析

参考《信息系统监理师教程》17.5.2 小节。

暗管转变的曲率半径不应小于该管外径的 6 倍，如暗管外径大于 50mm 时，不应小于 10 倍。

参考答案

（18）D

试题（19）

访问限制是重要的网络安全防范措施。<u>（19）</u>不属于访问限制的方法。

（19）A．入侵检测　　B．密码　　C．用户口令　　D．访问权限设置

试题（19）分析

参考《信息系统监理师教程》14.1.4 小节。

访问限制的主要方法有用户口令、密码、访问权限设置。

参考答案

（19）A

试题（20）

在网络安全系统中，<u>（20）</u>不属于入侵检测系统的功能。

（20）A．支持攻击特征信息的集中式发布

B．支持攻击取证信息的分布式上载

C．使用安全分析软件对整个内部系统进行安全扫描

D．提供对监视引擎和检测特征的定期更新服务

试题（20）分析

参考《信息系统监理师教程》16.4.2 小节。

ABD 是入侵监测系统的功能。C 是漏洞扫描系统的功能。

参考答案

（20）C

试题（21）

__（21）__不属于专业监理工程师的职责。

（21）A．负责编制监理规划中本专业部分以及本专业监理实施方案
B．负责本专业的测试审核、单元工程验收
C．负责管理监理项目部的日常工作，并定期向监理单位报告
D．负责本专业工程量的核定，审核工程量的数据和原始凭证

试题（21）分析

参考《信息系统监理师教程》5.1.2 小节。

专业监理工程师的职责：

1）负责编制监理规划中本专业部分以及本专业监理实施方案；

2）按专业分工并配合其他专业对工程进行抽检、监理测试或确认见证数据，负责本专业的测试审核、单元工程验收，对本专业的子系统工程验收提出验收意见；

3）负责本专业工程量的核定，审核工程量的数据和原始凭证；

4）……

C 为总监理工程师的职责。

参考答案

（21）C

试题（22）

云服务器提供一种简单高效、安全可靠、处理能力可弹性伸缩的计算服务。__（22）__不属于云服务器关键技术。

（22）A．虚拟化技术　　B．模块化数据中心
C．分布式存储　　D．资源调度

试题（22）分析

参考《云上运维及应用实践教材——基础篇》（高等教育出版社）P21。

云服务器关键技术有三个：虚拟化技术、分布式存储、资源调度。

参考答案

（22）B

试题（23）

关于软件项目需求分析的描述，不正确的是：__（23）__。

（23）A．需求分析阶段研究的对象是软件项目的用户要求
B．需求分析的目标是深入描述软件的功能和性能
C．只有确切描述的软件需求才能成为软件设计的基础
D．需求分析阶段成果包括确认测试计划、集成测试计划等

试题（23）分析

参考《信息系统监理师教程》22.1 节。

需求分析阶段研究的对象是软件项目的用户要求。需求分析的目标是深入描述软件的功能和性能。只有经过确切描述的软件需求才能成为软件设计的基础。需求分析阶段成果有：

项目开发计划、软件需求说明书、软件质量保证计划、软件配置管理计划、软件（初步）确认测试计划、用户使用说明书初稿。集成测试计划为软件设计阶段成果。

参考答案

（23）D

试题（24）

软件评审分为内部评审和外部评审。在成立评审委员会进行外部评审时，其中评审委员会成员不包括__（24）__。

（24）A．质量管理人员　　B．软件技术专家
C．业主单位代表　　D．配置管理人员

试题（24）分析

参考《信息系统监理师教程》19.5.4 小节。

评审委员会成员一般包括：软件专家组成员，质量管理人员，科研计划管理人员，开发组成员，业主单位代表。

参考答案

（24）D

试题（25）

在软件生命周期内所产生的各种管理文档和技术文档源代码列表和可执行代码以及运行所需的各种数据均需要纳入配置管理库进行管理，配置管理库中不包含__（25）__。

（25）A．开发库　　B．受控库　　C．知识库　　D．产品库

试题（25）分析

参考《信息系统监理师教程》19.3.2 小节。

配置管理库包括开发库、受控库、产品库。

参考答案

（25）C

试题（26）

根据软件项目的规模等级和安全性关键等级，软件测试可由不同机构组织实施，由承建单位组织进行的测试不包括__（26）__。

（26）A．单元测试　　B．集成测试　　C．确认测试　　D．验收测试

试题（26）分析

参考《信息系统监理师教程》19.4.4 小节。

系统测试应由业主单位组织、成立联合测试组（一般由专家组、业主单位、软件评测单位、承建单位联合组成测试组）实施测试。

参考答案

（26）D

试题（27）

软件测试方法可分为白盒测试法和黑盒测试法。黑盒测试法可以发现的软件问题不包含__（27）__。

（27）A．代码冗余　　B．系统功能错误
C．界面错误　　D．浏览器兼容性问题

试题（27）分析

参考《信息系统监理师教程》19.4.3 小节。

黑盒测试是一种从软件需求出发，根据软件需求规格说明设计测试用例，并按照测试用的要求运行被测程序的测试方法。它较少关心程序内部的实现过程，侧重于程序的执行结果。黑盒测试着重验证软件功能和性能的正确性。而白盒测试需要运行程序，并能在运行过程中跟踪程序的执行路径。

参考答案

（27）A

试题（28）

软件维护一般分为纠错性维护、适应性维护和完善性维护。__（28）__不属于适应性维护。

（28）A．为提高性能而做的修改　　B．硬件配置的变化
C．数据格式或文件结构的改变　　D．软件支持环境的改变

试题（28）分析

参考《信息系统监理师教程》19.6.1 小节。

适应性维护包括：

1）影响系统的规则或规律的变化；

2）硬件配置的变化；

3）数据格式或文件结构的改变；

4）软件支持环境的改变。

A 为完善性维护的内容。

参考答案

（28）A

试题（29）

__（29）__不属于面向对象软件开发方法的特点。

（29）A．自底向上的归纳　　B．线性模式
C．自顶向下的分解　　D．以对象模型为基础

试题（29）分析

参考《信息系统监理师教程》19.9.2 小节。

面向对象的软件开发方法的特点：

1）自底向上的归纳；

2）自顶向下的分解；

3）基础是对象模型。

参考答案

（29）B

试题（30）

在 UML 视图中描述系统的物理网络布局的是＿（30）＿。

（30）A．用例视图　　B．逻辑视图
　　　C．实现视图　　D．部署视图

试题（30）分析

参考《信息系统监理师教程》19.9.11 小节。

UML 视图：用例视图、逻辑视图、实现视图、过程视图、部署视图。其中描述系统的物理网络布局为部署视图，又叫物理视图。

参考答案

（30）D

试题（31）

为全面加强国家电子政务工程建设项目管理，保证工程建设质量，提高投资效益。国家发改委于 2007 年制定并施行《国家电子政务工程建设项目管理暂行办法》，即中华人民共和国国家发展和改革委员会第＿（31）＿号令。

（31）A．50　　B．55　　C．60　　D．65

试题（31）分析

中华人民共和国国家发展和改革委员会第 55 号令《国家电子政务工程建设项目管理暂行办法(2007 年)》。

参考答案

（31）B

试题（32）

＿（32）＿不属于立项阶段的主要工作内容。

（32）A．立项申请　　B．立项审批
　　　C．招投标及合同签订　　D．资源规划

试题（32）分析

参考《信息系统监理师教程》2.2.1 小节。

立项阶段的主要工作：1）立项准备；2）立项申请；3）立项审批；4）招投标及合同签订。资源规划属于立项后的工作。

参考答案

（32）D

试题（33）

项目管理是信息系统项目建设单位、承建单位、监理单位的共同基础，以下描述不正确的是：＿（33）＿。

（33）A．项目监理单位为保证信息系统工程项目按合同顺利实施而设立
　　　B．工程监理本身也是项目，它伴随信息系统工程项目的存在而存在
　　　C．“四控、三管、一协调”是监理单位重点涉及的项目管理要素
　　　D．监理单位负责立项后的项目监理，不介入到项目的招投标工作中

试题（33）分析

参考《信息系统监理师教程》2.3.2 小节。

项目监理单位与项目管理相关内容。项目监理单位是为保证信息系统工程项目按合同顺利实施而存在和开展活动的。工程监理本身也是项目，它是伴随信息系统工程项目这一主项目的存在而存在的。“四控、三管、一协调”为监理单位在信息系统工程主项目中重点涉及的项目管理要素。如果建设单位与监理单位更早地合作，监理单位也可能与立项有关。这时监理单位很可能是以咨询单位的身份介入信息系统工程项目的招投标等立项活动。

参考答案

（33）D

试题（34）

关于监理工作程序，按照工作顺序划分，不正确的是：__（34）__。

（34）A．选定监理单位，签订监理合同，组建监理项目组，实施监理业务

B．签订监理合同，组建监理项目组，编制监理计划，实施监理业务

C．选择监理单位，三方会议，签订监理合同，组建监理项目组

D．组建监理项目组，实施监理业务，参与工程验收，提交监理文档

试题（34）分析

参考《信息系统监理师教程》1.2.3 小节。

监理工作程序：

1）选择监理单位；

2）签订监理合同；

3）三方会议；

4）组建监理项目组；

5）编制监理计划；

6）实施监理业务；

7）参与工程验收；

8）提交监理文档。

参考答案

（34）C

试题（35）

关于信息系统工程的描述，不正确的是：__（35）__。

（35）A．信息系统工程项目属于技术密集型项目

B．信息系统工程项目可视性差，而且在度量和检查方面难度较高

C．信息系统工程在实施过程中不断面对用户需求变更

D．信息系统工程的设计与实施必须分离，由不同的系统集成商承担

试题（35）分析

参考《信息系统监理师教程》1.4.1 小节。

建筑工程和信息系统工程的区别：

①技术浓度：前者劳动密集，后者技术密集；

② 可视性：前者可视性、可检查性强，后者可视性差，度量和检查难度高；

③ 设计独立性：前者设计由设计单位承担，施工由施工单位按照设计图纸施工。后者设计与实施通常由一个系统集成商（承建单位）承担；

④ 前者一旦施工开始，设计图纸变更较小。后者常常不断面对用户变更问题。

参考答案

（35）D

试题（36）

建设单位选定监理单位后，应当与其签订监理合同，监理合同内容主要包括<u>（36）</u>。

①监理业务内容

②建设单位的权利和义务

③承建单位的违约责任

④监理费用的计取和支付方式

⑤监理单位的违约责任

⑥承建单位的义务

（36）A. ①②③④　　B. ①③④⑥　　C. ①②④⑤　　D. ②③④⑥

试题（36）分析

参考《信息系统监理师教程》1.2.3 小节。

监理合同与承建单位无关。一旦选定监理单位，建设单位与监理单位应签订监理合同，合同内容主要包括：

1）监理业务内容；

2）双方的权利和义务；

3）监理费用的计取和支付方式；

4）违约责任及争议的解决方法；

5）双方约定的其他事项。

参考答案

（36）C

试题（37）

监理体系建设的内容不包括<u>（37）</u>。

（37）A. 业务体系　　B. 质量保证体系

C. 技术体系　　D. 管理体系

试题（37）分析

参考《信息系统监理师教程》4.1 节。

监理体系建设包括：业务体系建设，质量体系建设，管理体系建设。

参考答案

（37）C

试题（38）

监理工作的风险类别中不包含___（38）___风险。

（38）A．技术资源　　B．工作技能　　C．管理　　D．进度

试题（38）分析

参考《信息系统监理师教程》4.2.1 小节。

监理工作的风险类别包括行为责任风险、工作技能风险、技术资源风险、管理风险。

参考答案

（38）D

试题（39）

___（39）___起着承接监理任务的作用。

（39）A．监理规划　　B．监理大纲

C．监理实施细则　　D．经营方针

试题（39）分析

参考《信息系统监理师教程》5.2 节。

监理大纲的作用是为监理单位的经营目标服务，起着承接监理任务的作用。

参考答案

（39）B

试题（40）

监理实施细则的编制需要做到“可行、有效、细致、全面”，真正起到指导监理工程师实际工作的作用。以下关于监理实施细则的描述，不正确的是：___（40）___。

（40）A．监理实施细则是由专业监理工程师进行编写，由总监理工程师审核

B．监理实施细则用于承接监理任务，帮助建设单位审查监理单位的能力

C．制定监理实施细则中的监理流程时，需考虑工程实际情况、切实可行

D．监理实施细则包括工程专业特点、监理流程、监理控制要点及目标等

试题（40）分析

参考《信息系统监理师教程》5.2 节和 5.4.3 小节。

监理实施细则的内容中写道：监理实施细则是由专业监理工程师进行编写，由总监理工程师审核。无论哪种专业，都要包含四个方面的内容：工程专业特点、监理流程、监理的控制要点及目标、监理单位法及措施。监理大纲的目标是为建立单位的经营目标服务，起着承接监理任务的作用，用于建设单位审查监理单位的能力。

参考答案

（40）B

试题（41）

属于监理规划主要内容的是：___（41）___。

①工程项目概况　　②监理的范围、内容与目标

③监理流程　　④监理依据、程序、措施及制度

⑤监理控制要点

（41）A．①②③　　B．②④⑤　　C．①③⑤　　D．①②④

试题（41）分析

参考《信息系统监理师教程》5.3.3 小节。

监理规划的内容包括工程项目概况；监理的范围、内容与目标；监理项目部的组织结构与人员配备；监理依据、程序、措施及制度；监理工具和设施。③和⑤是监理实施细则的内容。监理实施细则的主要内容包括工程专业的特点、监理流程、监理的控制要点及目标、监理单位法及措施。

参考答案

（41）D

试题（42）

关于信息工程项目质量控制的描述，不正确的是：__（42）__。

（42）A．对于不同的工程内容应采取统一的质量控制流程

B．依据验收规范等，督促承建单位实现合同约定的质量目标

C．对项目的系统集成、开发、培训等进行全面质量控制

D．对承建单位的人员、设备、方法等因素进行全面质量监察

试题（42）分析

参考《信息系统监理师教程》6.1.4 小节。

质量控制要实施全面控制：

1）对于不同的工程内容应采取不同的质量控制方法；

2）以信息系统工程建设及验收规范、工程质量验收及评审标准等为依据，督促承建单位全面实现承建合同约定的质量目标；

3）对承建单位的人员、设备、方法、环境等因素进行全面的质量监察，督促承建单位的质量保证体系落实到位；

4）对工程项目的系统集成、应用系统开发、培训等进行全面的质量控制，监督承建单位的质量保证体系落实到位，加强作业程序管理，实现工程建设的过程控制。

参考答案

（42）A

试题（43）

项目的质量控制体系以__（43）__的质量保证体系为主体。

（43）A．建设单位　　B．承建单位　　C．监理单位　　D．三方共同

试题（43）分析

参考《信息系统监理师教程》6.2.2 小节。

项目的质量控制体系以承建单位的质量保证体系为主体，在项目开始实施之前由承建单位建立，监理单位对组织结构、工序管理、质量目标、自测制度等要素进行检查。

参考答案

（43）B

试题（44）

在信息系统工程设计阶段，监理的质量控制重点不包含：（44）。

（44）A．设置阶段性质量控制点，实施跟踪控制

B．进行设计过程跟踪，及时发现质量问题

C．审查承建单位提交的总体设计方案，确保满足建设单位的需求

D．协助建设单位制定项目质量目标规划和安全目标规划

试题（44）分析

参考《信息系统监理师教程》6.3.3 小节。

设计阶段的质量控制：

1）协助建设单位制定项目质量目标规划和安全目标规划；

2）对各种设计文件，提出设计质量标准；

3）进行设计过程跟踪，及时发现质量问题，并及时与承建单位协调解决；

4）审查阶段性设计成果，提出监理意见；

5）审查承建单位提交的总体设计方案，确保总体方案中已包括了建设单位的所有需求。

A 是实施阶段的质量控制要点。

参考答案

（44）A

试题（45）

在项目实施阶段，承建单位对所发生的质量事故未进行处理就继续进行，（45）有权下达停工令。

（45）A．公司总监　　B．总监理工程师

C．监理工程师　　D．质量工程师

试题（45）分析

参考《信息系统监理师教程》6.3.4 小节。

实施阶段的质量控制：协助建设单位对严重质量隐患和质量问题进行处理。在必要的情况下，监理单位可按合同行质量否决权，在下述情况下，总监理工程师有权下达停工令：对已发生的质量事故未进行处理和提出有效的改进措施就继续进行者。

参考答案

（45）B

试题（46）

在某工程网络计划中，工作 E 有两项紧后工作，这两项紧后工作的最早开始时间和最晚开始时间分别为第 15 天和第 18 天，工作 E 的最早开始时间和最迟开始时间分别为第 6 天和第 9 天，如果工作 E 的持续时间为 9 天，则工作 E 的（46）。

（46）A．总时差为 3 天　　B．自由时差为 1 天

C．总时差为 2 天　　D．自由时差为 2 天

试题（46）分析

参考《信息系统监理师教程》7.4.2 小节。

工作的总时差等于工作的两个完成时间之差，或等于工作的两个开始时间之差。

E（总时差）=9–6=3（天）

自由时差是指不延误紧后工作开工的前提下，工作的机动时间，等于该工作的紧后工作的最早开始时间减去该工作最早完成时间所得之差。

E（自由时差）=15–（6+9）=0（天）

参考答案

（46）A

试题（47）

项目经理小王首先审核项目进度计划，确定了合理定额，然后进行进度预测分析和进度统计，小王正在采取__（47）__措施进行进度控制。

（47）A．组织　　B．技术　　C．合同　　D．信息管理

试题（47）分析

参考《信息系统监理师教程》20.4.2 小节。

进度控制的措施如下。

1）组织措施。落实工程进度控制部的人员组成，具体控制任务和管理职责分工；进行项目分解，按项目结构、进度阶段、合同结构多角度划分，并建立编码体系；确立进度协调工作制度；对干扰和风险因素进行分析。

2）技术措施。审核项目进度计划，确定合理定额，进行进度预测分析和进度统计。

3）合同措施。分段发包，合同期与进度协调。

4）经济措施。保证预算内资金供应，控制预算外资金。

5）信息管理措施。实行进度动态比较，提供比较报告。

参考答案

（47）B

试题（48）

等价类划分法属于__（48）__。

（48）A．白盒测试　　B．灰盒测试　　C．黑盒测试　　D．静态测试

试题（48）分析

软件测试技术主要包括白盒测试技术和黑盒测试技术，等价类划分是一种重要的、常用的黑盒测试用例设计方法。

参考答案

（48）C

试题（49）

监理工程师检查项目的进度网络图时，发现某一路径用虚线表示，则该路径属于__（49）__。

（49）A．重点工作　　B．虚拟工作　　C．临时工作　　D．次要工作

试题（49）分析

进度网络图中，为了绘图方便，会引入一种额外的、特殊的活动，叫虚活动，用虚线表示。虚活动不消耗时间，也不消耗资源。

参考答案

（49）B

试题（50）

当项目的工程进度严重偏离计划时，总监理工程师应及时签发__（50）__，并组织监理工程师进行原因分析、研究措施。

（50）A.《工程实施进度动态表》　　B.《监理通知》
C.《工程延期申请表》　　D.《变更申请》

试题（50）分析

参考《信息系统监理师教程》7.3.2 小节。

发现工程进度严重偏离计划时，总监理工程师应及时签发《监理通知》，并组织监理工程师进行原因分析、研究措施。

参考答案

（50）B

试题（51）

进度、费用、质量是工程项目管理的三个重要目标，当 SPI＞1.0 而 CPI＜1.0 时，表示项目的__（51）__。

（51）A. 进度超前，费用节余　　B. 进度滞后，费用节余
C. 进度超前，费用超支　　D. 进度滞后，费用超支

试题（51）分析

参考《信息系统监理师教程》8.2.5 小节。

进度业绩指标 SPI=实绩值/计划值，（SPI＞1.0 表示进度提前，SPI＜1.0 表示进度滞后）

费用业绩指标 CPI=实绩值/消耗值，（CPI＞1.0 表示费用节约，CPI＜1.0 表示费用超支）

参考答案

（51）C

试题（52）

关于成本控制原则的描述，不正确的是：__（52）__。

（52）A. 投资控制不能脱离技术管理和进度管理独立存在，相反要在成本、技术、进度三者之间进行综合平衡
B. 成本控制的目的是保证各项工作要在它们各自的预算范围内进行
C. 成本控制的基本方法是各部门定期上报其费用报告，总监理工程师对其进行费用审核
D. 成本控制的基础是事先对项目进行费用预算。

试题（52）分析

参考《信息系统监理师教程》20.5.3 小节。

成本控制的原则：

1）投资控制不能脱离技术管理和进度管理独立存在，相反要在成本、技术、进度三者之间进行综合平衡。及时和准确的成本、进度和技术跟踪报告，是项目经费管理和成本控制

的依据。

2）成本控制就是要保证各项工作要在它们各自的预算范围内进行。投资控制的基础是事先就对项目进行的费用预算。

3）成本控制的基本方法是规定各部门定期上报其费用报告，再由控制部门对其进行费用审核，以保证各种支出的合理性，然后再将已经发生的费用与预算相比较，分析其是否超支，并采取相应的措施加以弥补。

参考答案

（52）C

试题（53）

某项目采用先估计各个独立工作的费用，然后再汇总估计出整个项目的总费用，这种估算方法是＿（53）＿。

（53）A．参数建模　　B．类比估计
C．从下向上估计　　D．工具计算

试题（53）分析

参考《信息系统监理师教程》8.3.2 小节。

从下向上的估计法：这种技术通常首先估计各个独立工作的费用，然后再汇总从下往上估计出整个项目的总费用。

参考答案

（53）C

试题（54）

信息系统工程竣工验收之后，项目的工程竣工结算由＿（54）＿汇总编制。

（54）A．建设单位　　B．监理单位
C．承建单位　　D．参建单位

试题（54）分析

参考《信息系统监理师教程》8.5.3 小节。

项目竣工结算，由建设单位汇总编制，项目竣工结算必须内容完整、核对准确、真实可靠。

参考答案

（54）A

试题（55）

关于工程变更控制的说法，不正确的是：＿（55）＿。

（55）A．对变更申请快速响应
B．明确界定项目变更的目标
C．变更由监理单方确认
D．防止变更范围的扩大化

试题（55）分析

参考《信息系统监理师教程》9.2 节。

变更控制的基本原则：对变更申请快速响应、任何变更都要得到三方确认、明确界定项目变更的目标、防止变更范围的扩大化、三方都有权提出变更、加强变更风险以及变更效果的评估、及时公布变更信息、选择冲击最小的方案。

参考答案

（55）C

试题（56）

关于变更控制的描述，不正确的是：__（56）__。

（56）A．变更申请单位向监理工程师提出变更要求，提交书面工程变更建议书

B．工程变更建议书应在预计可能变更的时间之前一周提出

C．变更的合理性应考虑是否会影响工作范围、成本、质量和时间

D．项目监理根据项目实际情况，有权驳回变更申请

试题（56）分析

参考《信息系统监理师教程》9.3 节。

变更申请单位向监理工程师提出变更要求，提交书面工程变更建议书。

工程变更建议书应在预计可能变更的时间之前 14 天提出。

评价项目变更合理性应考虑的内容包括变更是否会影响工作范围、成本、质量和时间进度。

监理机构应了解实际情况，对于完全无必要的变更，可以驳回申请，并给出监理意见。

参考答案

（56）B

试题（57）

监理人员在进行需求变更管理时，不正确的管理措施是：__（57）__。

（57）A．变更的内容应符合有关规范、规程和技术标准

B．变更文件必须表述准确、图示规范

C．变更的内容应及时反映在实施方案中

D．分包项目的需求变更由分包商提交监理单位签认

试题（57）分析

参考《信息系统监理师教程》9.4.1 小节。

需求设计变更、洽商过程的管理措施如下。

……

3）需求设计变更、洽商记录的内容应符合有关规范、规程和技术标准。

4）需求设计变更、洽商记录填写的内容必须表述准确、图示规范。

5）需求设计变更、洽商的内容应及时反映在实施方案中。

6）分包项目的需求设计变更、洽商应通过总承建单位办理。

参考答案

（57）D

试题（58）

合同履行管理的重点是__（58）__。

（58）A．合同分析　　B．合同控制
　　C．合同监督　　D．项目索赔管理

试题（58）分析

参考《信息系统监理师教程》10.2.2 小节。

履约管理的依据——合同分析，履约管理的方式——合同控制，履约管理的保证——合同监督，履约管理的重点——项目索赔管理。

参考答案

（58）D

试题（59）

合同索赔是在信息系统工程合同履行中，当事人一方由于另一方未履行合同所规定的义务而遭受损失时，向另一方提出赔偿要求的行为。关于索赔的描述，不正确的是：__（59）__。

（59）A．合同索赔的依据是国家有关的法律、法规和项目所在地的地方法规等
B．合同索赔的依据是本项目的合同文件、合同履行过程中与索赔事件有关的凭证等
C．反索赔是承建单位向建设单位提出的索赔
D．索赔是合同管理的重要环节，是合同双方利益的体现

试题（59）分析

参考《信息系统监理师教程》10.3.1 小节。

监理单位处理费用索赔应依据下列内容。

1）国家有关的法律、法规和信息系统工程项目所在地的地方法规，如《中华人民共和国合同法》等。

2）国家、部门和地方有关信息系统工程的标准、规范和文件。

3）本项目的实施合同文件，包括招投标文件、合同文本及附件等。

4）实施合同履行过程中与索赔事件有关的凭证，包括来往文件、签证及更改通知；各种会谈纪要；实施进度计划和实际实施进度表、实施现场项目文件、产品采购等。

反索赔是指建设单位向承建单位提出的索赔。

项目索赔的特征：索赔是合同管理的重要环节；索赔是合同双方利益的体现。

参考答案

（59）C

试题（60）

关于知识产权保护的描述，不正确的是：__（60）__。

（60）A．信息系统工程的知识产权问题，应该在有关合同中规定并加以管理
B．知识产权保护能防止纠纷产生，使得在专利等方面的纠纷防患于未然
C．监理对知识产权保护的管理，应该坚持全过程的管理
D．监理主要针对承建单位的最终成果进行知识产权管理

试题（60）分析

参考《信息系统监理师教程》10.6.2小节和10.6.3小节。

知识产权保护的意义：能防止纠纷产生，与其他企业在专利等方面的纠纷必须防患于未然。

知识产权保护的监理：信息系统工程在需求方案、集成方案、选型采购、软件设计等方面涉及较多的知识产权问题，这些问题应该在有关合同中规定，并加以管理。知识产权保护的管理，应该坚持全过程的管理。树立为建设单位和承建单位维权的意识。

参考答案

（60）D

试题（61）

《中华人民共和国网络安全法》自__（61）__起施行。

（61）A．2018年1月1日　　B．公布之日
　　C．2017年6月1日　　D．2015年5月31日

试题（61）分析

参考中国政府网。

中华人民共和国主席令（第五十三号）《网络安全法》自2017年6月1日起施行。

参考答案

（61）C

试题（62）

在信息系统工程建设中，应对信息系统的应用环境进行风险分析与安全管理。应用环境安全管理的内容中不包括__（62）__。

（62）A．火灾控制　　B．水灾探测
　　C．备份电力系统　　D．公开敏感信息

试题（62）分析

参考《信息系统监理师教程》11.3节。

对于应用系统的监理，包括以下几个方面：1）火灾的控制；2）水灾探测；3）计算机机房，其中包警报系统、备份电力系统等。

公开敏感的信息属于物理访问的安全管理内容。

参考答案

（62）D

试题（63）

保证信息系统工程项目的数据安全，应采取的措施不包括__（63）__。

（63）A．标签与识别　　B．介质与载体安全保护
　　C．设置通信加密软件　　D．数据监控和审计

试题（63）分析

参考《信息系统监理师教程》11.1.4小节。

为保证数据安全提供如下实施内容：介质与载体安全保护、数据访问控制、系统数据访

问控制检查、标识与鉴别、数据完整性、数据可用性、数据监控和审计、数据存储与备份安全。设置通信加密软件属于通信安全的内容。

参考答案

（63）C

试题（64）～（66）

在信息工程中，监理单位工作过程中会形成很多类文档，其中＿（64）＿是总体类文件，＿（65）＿是内部文件，＿（66）＿是综合性文件。

（64）A．监理日志　　B．监理月报
　　　C．设备开箱检验报告　　D．监理总结报告

（65）A．监理日志　　B．监理月报
　　　C．设备开箱检验报告　　D．监理总结报告

（66）A．监理日志　　B．监理月报
　　　C．设备开箱检验报告　　D．工程进度计划

试题（64）～（66）分析

参考《信息系统监理师教程》12.4.5 小节。

监理文件列表：表 12-1，总体类文档包含监理规划、监理实施细则、监理总结报告等；内部文件包含监理日志；综合类文件包含监理月报、监理周报、评审会议纪要等。设备开箱检验报告属于项目实施阶段的监理表格。

参考答案

（64）D　（65）A　（66）B

试题（67）

监理单位的组织协调工作涉及与建设单位、承建单位等多方关系，它贯穿于信息系统工程建设的全过程，贯穿于监理活动的全过程。＿（67）＿不属于监理工程师在组织协调过程应坚持的原则。

（67）A．公平、公正、独立　　B．诚信、守法
　　　C．科学　　D．及时

试题（67）分析

参考《信息系统监理师教程》13.2.1 小节。

组织协调的基本原则：1）公平、公正、独立原则；2）守法原则；3）诚信原则；4）科学的原则。

参考答案

（67）D

试题（68）

会议是把项目有关各方的负责人或联系人团结在一起的重要机制。以下关于项目监理例会的描述，不正确的是：＿（68）＿。

（68）A．由工程监理单位总监理工程师组织与主持
　　　B．会议纪要需三方负责人签认，发放到项目有关各方

C．监理例会的议题包含检查和通报项目进度计划完成情况

D．承建单位参会人员为项目经理、技术负责人及有关专业人员

试题（68）分析

参考《信息系统监理师教程》13.3.1 小节。

会议纪要经总监理工程师签认，发放到项目有关各方，并应有相关签收手续。

参考答案

（68）B

试题（69）

关于信息系统工程建设组织协调的描述，不正确的是：（69）。

（69）A．组织协调包括建设单位、承建单位多方的协调问题

B．组织协调包括监理单位内部和外部之间的协调

C．组织协调依据合同进行，不包含非合同因素的协调

D．组织协调工作的目标是使项目各方充分合作，有效执行合同

试题（69）分析

参考《信息系统监理师教程》13.1 节和 13.3 节。

组织协调包括多方的协调问题；组织协调包括监理单位内外部之间的协调。把信息系统工程建设项目作为一个系统来看，组织协调的对象分为系统内部的协调和系统外部的协调两部分。系统外部的协调又可分为具有合同因素的协调和非合同因素的协调。

组织协调工作的目标是使项目各方充分合作，有效执行承建合同。

参考答案

（69）C

试题（70）

某项目由于设计方案的概算结果超过投资估算结果，应由（70）主持紧急召开监理专题会议来协调解决。

（70）A．监理工程师　　　　B．总监理工程师

C．公司总监　　　　D．建设单位项目负责人

试题（70）分析

参考《信息系统监理师教程》13.3.1 小节。

监理专题会议：是为解决专门问题而召开的会议，由总监理工程师或授权监理工程师主持。

参考答案

（70）B

试题（71）

The information is circulated through communication processes.（71）is not included in Work Performance Information.

（71）A．The status of deliverables

B．Implementation status for change requests

C．Forecasted estimates to complete

D．Work performance report

试题（71）分析

考核点：信息管理——工作绩效信息。

工作绩效信息通过沟通过程进行传递。绩效信息可包括可交付成果的状态、变更请求的落实情况及预测的完工尚需估算。

（参考 PMBOK 第 5 版 P90）

Work performance information is circulated through communication processes. Examples of performance information are status of deliverables, implementation status for change requests, and forecasted estimates to complete.

参考答案

（71）D

试题（72）

（72）is not included in Information Security Risk Assessment Process.

（72）A．Establishing information security risk criteria

B．Identifying the information security risks

C．Formulating an information security risk treatment plan

D．Analysing the information security risk

试题（72）分析

考核点：信息安全风险评估包括：建立和维护信息安全风险的准则、识别信息安全风险、分析信息安全风险。

制订信息安全风险处置计划属于信息安全风险处置的内容。

（参考 ISO 27001-2013 版）

参考答案

（72）C

试题（73）

（73）is not included in Perform Integrated Change Control Process.

（73）A．Defining subsidiary plans

B．Approving changes

C．Managing changes to deliverables

D．Reviewing all change requests

试题（73）分析

实施整体变更控制包括：审查所有变更请求，批准变更，管理对可交付成果、组织过程资产、项目文件和项目管理计划的变更，并对变更处理结果进行沟通的过程。

制订项目管理计划的工作内容包括：定义、准备和协调所有子计划，并把它们整合为一份综合项目管理计划。

（参考 PMBOK 第 5 版 P63）

参考答案

（73）A

试题（74）

Every documented change request needs to be either approved or rejected by a responsible individual, usually __（74）__.

（74）A. the project sponsor
B. an individual
C. any stakeholder
D. quality controller

试题（74）分析

每项记录在案的变更请求都必须由一位责任人批准或否决，这个责任人通常是（项目发起人或项目经理）。

（参考 PMBOK 第 5 版 P96）

参考答案

（74）A

试题（75）

__（75）__ in not included in Control Quality input documents.

（75）A. Project management plan　B. Project documents
C. Quality problems report　D. Work performance data

试题（75）分析

控制质量的输入包括：项目管理计划、质量测量指标、质量核对单、工作绩效数据（包括：实际技术性能、实际进度绩效、实际成本绩效）、批准的变更请求、可交付成果、项目文件（包括但不限于：协议、质量审计报告和变更日志、过程文档）、组织过程资产。质量问题报告属于质量控制的输出。

（参考 PMBOK 第 5 版）

参考答案

（75）C

第18章　2018上半年信息系统监理师下午试题分析与解答

试题一（共20分）

阅读下列说明，回答问题1至问题4，将解答填入答题纸的对应栏内。

【说明】

X省交通厅拟建设省级智慧交通信息管理系统，聘请A公司作为该信息系统的监理机构。

【事件1】 在软件开发过程中，承建单位表示，会在需求分析阶段编制《软件需求规格说明》《数据库设计说明》，在设计阶段编制《软件功能设计说明》，在测试阶段编制《测试计划》，在系统交付后的维护阶段编制《用户手册》和《操作手册》。

【事件2】 承建单位提交了《软件需求规格说明》，章节包括：背景说明、对功能需求的规定、对输入输出要求的说明、对数据管理能力的说明、对运行环境的规定。监理工程师审查通过。系统交付测试时，交通厅发现系统难以负载海量数据、故障频发，导致系统无法上线，据此认为监理工程师对需求分析不完整负有直接责任并要求追责。

【事件3】 监理工程师在验收测试阶段认真检查了承建单位的测试方案、测试过程。

【问题1】（4分）

针对事件1，作为监理工程师，你是否同意承建单位的文档编制计划？为什么？

【问题2】（5分）

针对事件2：

（1）请指出监理工程师审核《软件需求规格说明》的错漏之处。

（2）交通厅针对监理工程师对需求分析不完整负有直接责任的问题进行追责，你是否认同？为什么？

【问题3】（5分）

针对事件3，请指出监理工程师在测试阶段的质量控制过程中，除了测试方案和测试过程，还应监理哪些内容？

【问题4】（6分）

关于在信息网络系统过程控制中常用的监理方法，从候选答案中选择一个正确选项，将该选项编号填入答题纸对应栏内（候选答案可重复选择）。

(1)：验证承建方的网络设计方案是否能够满足业主方的需要。

(2)：主要适用于网络设备的选型和采购。

(3)：对于某些网络的连通性和通信质量进行一定比率的测试。

(4)：比较适合于网络综合布线的质量控制。

(5)：通过必要的网络测试工具，对网络的性能进行测试。

(6)：用于某些关键网络设备的质量保证。

A．评估　B．网络仿真　C．现场旁站　D．抽查测试/测试　E．网络性能测试

试题一分析

本题重点考核监理工程师在监理过程中使用的监理技术和方法。

【问题 1】

针对案例的问答题，重点考核考生对《信息系统监理师教程》[1]21.8 节，表 21-2 中的软件生命周期各个阶段的文档编制要求的理解和掌握程度。

【问题 2】

针对案例的问答题，重点考核作为监理工程师，针对需求分析说明书的监理工作及质量控制要点（参考《信息系统监理师教程》20.3.5 小节）。

【问题 3】

针对案例的问答题，考核考生对测试阶段质量控制监理内容的掌握程度，具体包括：测试方案、测试工具、测试环境、测试过程、测试问题报告、回归测试、测试报告（参考《信息系统监理师教程》20.3.7 小节）。

【问题 4】

选择题，考核信息网络系统控制过程常用的监理方法的定义（参考《信息系统监理师教程》14.2.2 小节）。

参考答案：

【问题 1】（5 分）

不同意（1 分）

原因如下。

（1）数据库设计说明的文档应在设计阶段编制（1 分），不是在需求阶段（1 分）。

（2）测试计划应在需求分析及设计阶段进行编制（1 分），不是在测试阶段才编制（1 分）。

（3）用户手册、操作手册不应在系统交付后提供（1 分），应在测试阶段开展前完成（1 分）。

（每条 2 分，满分 4 分）

【问题 2】（5 分）

（1）《软件需求规格说明》的内容缺少：

a）对性能的规定（1 分）。

b）对故障处理要求的说明（1 分）。

（2）不认可交通厅对监理单位直接责任的追责要求（1 分）。

原因：监理方不直接进行需求分析工作，不承担需求分析的直接责任，监理单位只承担监理服务的相应责任（2 分）。

【问题 3】（4 分）

（1）测试工具

（2）测试环境

（3）测试问题报告

（4）回归测试

---

[1] 本章所提的《信息系统监理师教程》，全国计算机技术与软件专业技术资格（水平）考试指定用书，清华大学出版社出版。

（5）测试报告

（每条 1 分，满分 4 分）

【问题 4】（6 分）

（1）B　（2）A　（3）D　（4）C　（5）E　（6）D

（每个 1 分，共 6 分）

试题二（共 15 分）

阅读下列说明，回答问题 1 至问题 3，将解答填入答题纸的对应栏内。

【说明】

X 新能源集团的信息网络系统建设工程进入收尾工作。各分项工程除视频会议系统外全部初验合格，视频会议系统计划本周内完成初验。机房内的网络系统经过安装调试并试运行后，正常连续运行 2 个月。空调全部摆放到位，验收时将加电启动。其他条件也符合集成合同及信息安全的要求。

【事件 1】 承建单位认为已经满足工程验收的前提条件，要求下周验收。

【事件 2】 在对网络基础平台进行验收时，监理工程师对网络性能列出的审查要素如下：

网络性能	具体审查要素
网络整体性能	
服务器整体性能	
系统整体压力测试验收	

【事件 3】 综合布线系统验收时，监理工程师对交接间、设备间、工作区的建筑和环境条件进行了仔细的检查。

【问题 1】（5 分）

对于事件 1，作为监理工程师，你认为是否可以启动验收工作？为什么？

【问题 2】（5 分）

对于事件 2，请填写每项性能的具体审查要素。

【问题 3】（5 分）

对于事件 3，请判断下列几项检查是否正确（填写在答题纸的对应栏内，正确的选项填写“√”，不正确的选项填写“×”）：

（1）机柜、机架的垂直偏差最大达到 5mm。（　）

（2）交接间、设备间提供了 220V 单相带地电源插座。（　）

（3）电缆桥架及线槽水平度每米偏差均未超过 2mm。（　）

（4）经检验的器材做了记录，检查后的器件摆放在一起，不合格的器件贴上了明显标识。（　）

（5）电缆的电气性能抽检时，从本批量电缆的任意两盘中各截出 50m 长度进行抽样测试。（　）

试题二分析

本题重点考核监理工程师在验收阶段的审查内容和关键技术。

【问题 1】

针对案例的问答题，重点考核考生对工程验收的前提条件的掌握程度（参考《信息系统监理师教程》18.1.1 小节）。

工程验收必须符合下列要求：

（1）所有建设项目按照批准设计方案全部建成，并满足使用要求；

（2）各个分项工程全部初验合格；题中视频会议还未进行初验；

（3）各种技术文档和验收资料完备，符合集成合同的内容；

（4）系统建设和数据处理符合信息安全的要求；

（5）外购的操作系统、数据库、中间件、应用软件和开发工具符合知识产权相关政策法规的要求；

（6）各种设备经加电试运行，状态正常，正常连续运行时间应大于 3 个月；

（7）经过用户同意。

【问题 2】

针对案例的问答题，重点考核监理工程师在对网络基础平台进行验收时，需要审查网络性能的哪些指标和要素（参考《信息系统监理师教程》18.2 节）。

【问题 3】

细节判断题，参考《信息系统监理师教程》18.5.2 小节。

（1）机柜、机架安装完毕后，垂直偏差应不大于 3mm。

（2）交接间、设备间应提供 220V 单相带地电源插座。

（3）电缆桥架及线槽水平度每米偏差不应超过 2mm。

（4）经检验的器材应做好记录，不合格的器材应单独存放，以备核查与处理。

（5）电缆的电气性能抽验应从本批量电缆中的任意三盘中各截出 100m 长度，加上工程中所选用的接插件进行抽样测试，并做测试记录。

参考答案

【问题 1】（5 分）

不可以启动验收工作（1 分）。

因为工程验收的前提条件如下。

（1）各个分项工程全部初验合格。视频会议系统还未进行初验。（1 分）

（2）各种设备经加电试运行，状态正常。目前空调还未加电试运行。（1 分）

（3）机房系统安装调试、试运行后，正常连续运行时间不够（1 分）。应大于 3 个月，目前只运行 2 个月（1 分）。

【问题 2】（5 分）

网络整体性能：网络连通性能、网络传输性能、网络安全性能、网络可靠性能、网络整体性能。

服务器整体性能：服务器设备连通性能、服务器设备提供的网络服务、服务器设备的可靠性能、服务器设备的压力测试。

系统整体压力测试验收：网络压力测试、系统运行监控测试。

（答对 1 个要素 1 分，满分 5 分）

【问题 3】（5 分）

（1）×　（2）√　（3）√　（4）×　（5）×

（每个 1 分，共 5 分）

试题三（共 15 分）

阅读下列说明，回答问题 1 至问题 3，将解答填入答题纸的对应栏内。

【说明】

某公司新落成的信息产业园，在建设前通过招标的方式，确定了项目的监理单位和承建单位，监理单位派小王担任项目现场的监理工程师。项目建设内容包括机房建设、网络建设、应用系统建设等。

【事件 1】 在实施阶段，监理单位配合甲方对承建单位的实施质量和进度进行监督把控，对发现的项目质量问题及时协调相关方配合解决。在此期间，监理单位征得甲方同意后，改派小李到项目现场担任监理工程师。

【事件 2】 为保证应用系统建设内容能够达到建设要求，承建单位完成了集成测试和系统测试等工作。

【事件 3】 在验收准备阶段，小李发现承建单位没有经过甲方和监理单位同意，自行更换了某一重要网络设备。

【问题 1】（5 分）

事件 1 中涉及了哪些监理内容？监理过程中还应该包括哪些监理内容？

【问题 2】（4 分）

针对事件 2，请从候选答案中选择一个正确选项，将该选项编号填入答题纸对应栏内。

（1）测试是信息系统工程的重要手段。

A．项目管理　　B．安全管理　　C．质量控制　　D．进度控制

（2）以下不是系统测试的准入条件。

A．完成并通过软件确认测试

B．软件系统可运行

C．所有软件产品都在配置管理控制下

D．具备软件系统测试环境

【问题 3】（6 分）

针对事件 3，请指出承建单位更换网络设备的做法存在什么问题？正确的做法是什么？

答案：承建单位自行更换网络设备不符合变更管理程序。（1 分）

正确的做法（要点）如下。

（1）承建单位提出更换设备的变更申请。

（2）监理单位对变更申请进行初审。

（3）三方（或 CCB）对变更申请进行审核，审核通过后才能变更。

（4）审核通过后对变更设备进行更换。

（5）对变更设备更换情况进行监督。

（6）对变更效果进行评估。

（每条 1.5 分，满分 6 分）

试题三分析

本题重点考核监理工程师主要工作内容。

【问题 1】

针对案例的问答题，重点考核监理工程师的核心工作内容：四控、三管、一协调。

【问题 2】

细节选择题，重点考核质量控制手段和系统测试的准入条件。

测试是信息系统工程质量控制最重要的手段之一（参考《信息系统监理师教程》6.4.2 小节）。

系统测试进入条件（参考《信息系统监理师教程》23.1.2 小节）：

（1）完成并通过软件确认测试；

（2）所有软件产品都在配置管理控制下；

（3）已经具备了软件系统测试环境。

【问题 3】

本题重点考核考生对变更控制的工作程序的掌握程度（参考《信息系统监理师教程》9.3 节）。

参考答案：

【问题 1】（5 分）

事件 1 中涉及了质量控制、进度控制、变更控制、沟通协调。（每个 1 分，满分 3 分）

还应包括投资控制、合同管理、安全管理、信息管理。（每个 1 分，满分 2 分）

【问题 2】（4 分）

（1）C（2 分）

（2）B（2 分）

【问题 3】（6 分）

承建单位自行更换网络设备不符合变更管理程序。（1 分）

正确的做法（要点）如下。

（1）承建单位提出更换设备的变更申请。

（2）监理单位对变更申请进行初审。

（3）三方（或 CCB）对变更申请进行审核，审核通过后才能变更。

（4）审核通过后对变更设备进行更换。

（5）对变更设备更换情况进行监督。

（6）对变更效果进行评估。

（每条 1.5 分，满分 6 分）

试题四（共 15 分）

阅读下列说明，回答问题 1 至问题 3，将解答填入答题纸的对应栏内。

【说明】

某监理单位承担了一个信息系统工程全过程的监理工作。在应用系统建设过程中，由于工期紧张，成本有限，监理工程师按照承建单位的进度计划严格进行跟踪检查，并要求承建单位对 A、B、C、D 四个重要活动进行成本优化。监理工程师在检查承建单位项目经理的成本优化方案时，检查了如下网络图：（其中 T_A 表示正常工期，T_B 表示应急工期，C_A 表示正常成本，C_B 表示应急成本）。

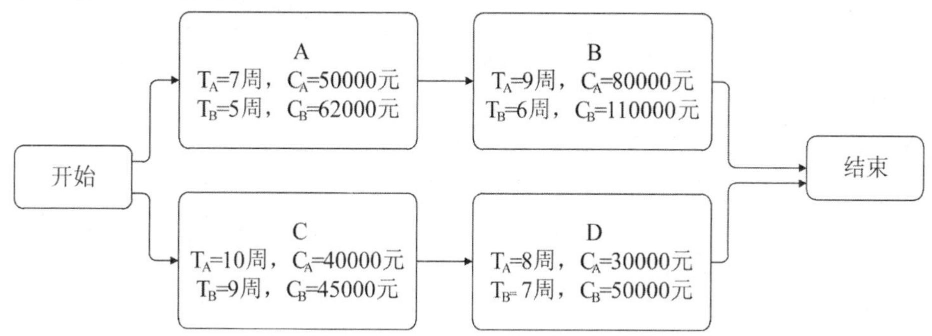

【问题 1】（6 分）

结合案例，如果按照正常工期估计，写出项目关键路径，并计算项目工期和项目总成本。

【问题 2】（4 分）

结合案例，如果全部活动均在它们各自的应急工期内完成，计算项目工期和项目总成本。

【问题 3】（5 分）

在正常工期下，如果将项目工期减少 1 周，则首先应该压缩哪个活动？为什么？压缩后项目总成本增加多少？

试题四分析

本题考核项目管理中进度管理、成本管理、成本控制方法及其内容。

【问题 1】

针对案例的问答题和计算题，重点考核监理工程师对项目关键路径、项目工期、项目总成本的计算方法的掌握程度（参考《信息系统监理师教程》20.4.5 小节）。

【问题 2】

针对案例的问答题和计算题，重点考核监理工程师在应急工期内对项目工期、项目总成本的计算方法的掌握程度。

【问题 3】

针对案例的问答题和计算题，重点考核监理工程师对成本压缩技术的掌握程度。

参考答案：

【问题 1】（6 分）

关键路径是 C-D（2 分），项目总工期为 18 周（2 分），总成本为 200 000 元（2 分）。

【问题 2】（4 分）

项目总工期为 16 周（2 分），总成本为 267 000 元（2 分）。

【问题 3】（5 分）

工期减少 1 周，先压缩活动 C（2 分）

原因：C 在关键路径上，其单位增加成本最小（1 分）。

进度每压缩 1 周，活动 A 增加的成本为 62 000–50000/（7–5）=6000 元。

进度每压缩 1 周，活动 B 增加的成本为 110 000–80000/（9–7）=10000 元。

进度每压缩 1 周，活动 C 增加的成本为 45 000–40000/（10–9）=5000 元。

进度每压缩 1 周，活动 D 增加的成本为 50 000–30000/（8–7）=20000 元。

此时，总成本增加 5000 元，增加至 205000 元（2 分）。

试题五（共 10 分）

阅读下列说明，回答问题 1 至问题 2，将解答填入答题纸的对应栏内。

【说明】

某电子政务工程是国家级重点项目，项目的甲方通过公开招标的方式选择了监理单位，按照工程建设的总体标准规范对承建单位进行监督、管理及检查。

【事件 1】 在项目建设过程中，为保证进度，监理单位严格按照项目进度计划，对项目进度计划的实施进行监控。

【事件 2】 在项目建设的生命周期内，监理单位对项目成本进行指导、监督、调节和限制，及时纠正偏差，把各项费用控制在计划成本的范围之内。

【问题 1】（6 分）

针对事件 1，请指出监理工程师如何针对进度计划的实施进行监控？

【问题 2】（4 分）

针对事件 2，请指出监理单位进行成本控制的内容。

试题五分析

本题考核监理工程师对进度计划和成本进行监控的主要内容。

【问题 1】

问答题，考核监理工程师如何对进度计划实施监控（参考《信息系统监理师教程》7.3.2 小节）进度计划的实施监控。

（1）在实施计划过程中，监理工程师将对承建单位实际进度情况进行跟踪监督，并对实际情况做出记录。

（2）监理工程师应根据检查的结果对工程的进度进行分析和评价。

（3）如发现偏离，应及时报告总监理工程师，并有总监理工程师签发《监理通知》要求承包商及时采取措施，实现计划进度的安排。

（4）承包商应每两周报一份《工程实施进度动态表》，报告工程的实际进展情况。

【问题 2】

问答题，考核成本控制的主要内容（参考《信息系统监理师教程》8.4.2 小节）：

（1）监控费用执行情况以确定与计划的偏差；

（2）确定所有发生的变化被准确记录在费用线上；

（3）避免不正确的、不合适的或者无效的变更反映在费用线上；

（4）股东权益改变的各种信息；

（5）寻找费用向正反两方面变化的原因，同时考虑与其他控制过程（范围、进度、质量）相协调。

参考答案：

【问题 1】（6 分）

（1）对承建单位进度情况进行跟踪监督，并对实际情况做出记录；

（2）根据检查结果对进度进行分析和评价；

（3）发现偏离，及时报告总监理工程师，由总监理工程师签发《监理通知》，要求承建方采取措施。

（每条 2 分，共 6 分）

【问题 2】（4 分）

（1）监控费用执行情况以确定与计划的偏差；

（2）确定所有发生的变化被准确记录在费用线上；

（3）避免不正确的、不合适的或者无效的变更反映在费用线上；

（4）股东权益改变的各种信息；

（5）寻找费用向正反两方面变化的原因，同时考虑与其他控制过程（范围、进度、质量）相协调。

（每条 1 分，满分 4 分）

第19章　2018下半年信息系统监理师上午试题分析与解答

试题（1）

__（1）__是以信息技术为主要手段建立的信息采集、存储、处理的系统。

（1）A．信息网络系统　　B．信息资源系统

C．信息应用系统　　D．信息安全系统

试题（1）分析

参考《信息系统监理师教程》（本章简称：教程）1.2.1小节。信息系统工程是指信息化工程建设中的信息网络系统、信息资源系统、信息应用系统的新建、升级、改造工程。

信息网络系统是指以信息技术为主要手段建立的信息处理、传输、交换和分发的计算机网络系统。

信息资源系统是指以信息技术为主要手段建立的信息资源采集、存储、处理的资源系统。

信息应用系统是指以信息技术为主要手段建立的各类业务管理的应用系统。

参考答案

（1）B

试题（2）

在__（2）__阶段不仅包括系统分析、系统设计、系统实施，还包括系统验收等工作。

（2）A．立项　　B．开发　　C．运维　　D．消亡

试题（2）分析

软件在信息系统中属于较复杂的部件，可以借用软件的生命周期来表示信息系统的生命周期，软件的生命周期通常包括：可行性分析与项目开发计划、需求分析、概要设计、详细设计、编码、测试、维护等阶段，信息系统的生命周期可以简化为系统规划（可行性分析与项目开发计划）、系统分析（需求分析）、系统设计（概要设计、详细设计）、系统实施（编码、测试）、运行维护等阶段，为了便于论述针对信息系统的项目管理，信息系统的生命周期还可以简化为立项（系统规划）、开发（系统分析、系统设计、系统实施）、运维及消亡四个阶段，在开发阶段不仅包括系统分析、系统设计、系统实施、还包括系统验收等工作。

参考答案

（2）B

试题（3）

自然语言处理是计算机科学领域与__（3）__领域中的重要方向，研究实现人与计算机之间进行有效交互的各种理论和方法。

（3）A．大数据　　B．人工智能　　C．互联网　　D．物联网

试题（3）分析

自然语言处理是计算机科学领域与人工智能领域中的重要方向，研究实现人与计算机之

间进行有效交互的各种理论和方法。

参考答案

（3）B

试题（4）

路由器通过选择算法，为报文或分组选择最合适的路径属于__（4）__的工作内容。

（4）A．物理层　　B．数据链路层　　C．网络层　　D．表示层

试题（4）分析

网络层：路由器通过选择算法，为报文或分组通过通信子网选择最合适的路径。物理层：集线器或中继器利用传输介质提供物理连接，实现比特流的透明传输。数据链路层：交换机或网桥负责建立和管理节点间的链路，通过各种控制协议，将有差错的物理信道变为无差错的、能可靠传输数据帧的数据链路。表示层：处理用户信息的表示问题，如编码、数据格式转换和加密解密。

参考答案

（4）C

试题（5）

__（5）__属于 DNS 服务器选型时需考虑的功能。

（5）A．支持集中和分布式域名解析
　　B．支持前端 Web mail 系统与核心系统分离
　　C．支持分布式并行处理和独立列队处理
　　D．支持页面高速缓存

试题（5）分析

参考教程 16.3.1 小节。DNS 服务器选型应考虑下述功能：（1）支持负载均衡策略；（2）提供主机健康检查和网络健康检查功能；（3）支持集中和分布式域名解析；（4）支持多 ISP 接入应用；（5）易管理性；（6）与不同操作系统和网络环境的兼容性。

B 和 C 为电子邮件服务器选型时考虑的，D 为 WWW 服务器选型时考虑的。

参考答案

（5）A

试题（6）

接入层交换机的功能不包括：__（6）__。

（6）A．支持组播，可以满足多媒体和视频流的要求
　　B．支持 SNMP、RMON 等网关协议，支持远程管理
　　C．支持全套广域网络接口和高密度以太网络接口
　　D．支持 IEEE 802.1P，使得 QoS 有保证

试题（6）分析

参考教程 16.2.2 小节。接入层交换机直接连接用户，其主要功能是为最终用户提供网络接入，所以要具有高性能、高端口密度且易于安装的特性。另外，还应检查接入层交换机是

否具备下述功能：

（1）能够适应恶劣的工作环境，比如高温、高温度、高尘土等环境。

（2）因为接入层设备数量较多，所以要求设备既能满足建设网络的要求，又要有很高的性价比。

（3）相对于 VoIP 要做到透明的程度，对 VoIP 的网络线路不能产生影响。

（4）支持组播，可以满足多媒体和视频流的要求。

（5）支持 SNMP、RMON 等网管协议，支持远程管理。

（6）支持 IEEE 802.1P，使得 QoS 有保证。

（7）可以利用基于 802.1Q VLAN 中继线路架构在任何端口创建 VLAN 中继线路，因而可以保障构筑跨骨干的 VPN 的功能。

（8）所有端口支持 802.1x 用户认证功能。

C 属于路由器的功能。

参考答案

（6）C

试题（7）

TCP/IP 协议中，__（7）__属于应用层协议。

（7）A．ICMP　B．IMAP　C．ARP　D．IP

试题（7）分析

ICMP 互联网控制信息协议，IP 是互联网协议，二者属于网络层。IMAP 因特网信息访问协议，属于应用层。ARP 是地址解析协议，属于数据链路层。

参考答案

（7）B

试题（8）

一般采用 Web 技术和 SOA 架构，向用户提供多租户、可定制的组件、工作流等的服务属于__（8）__。

（8）A．IaaS　B．PaaS　C．DaaS　D．SaaS

试题（8）分析

云计算服务提供的资源层次，分为 IaaS、PaaS、SaaS 等三种服务类型。

SaaS（软件即服务），向用户提供应用软件、组件、工作流等虚拟化软件的服务。SaaS 一般采用 Web 技术和 SOA 架构，通过 Internet 向用户提供多租户、可定制的应用能力。

参考答案

（8）D

试题（9）

移动终端被用户随身携带，具有唯一号码等特性使得移动应用可以满足衣食住行吃喝玩乐等需求，这属于移动互联网的__（9）__的特性。

（9）A．接入移动性　B．时间碎片性

C．生活相关性　D．终端多样性

试题（9）分析

移动终端被用户随身携带，具有唯一号码，与移动位置关联等特性使得移动应用可以进入人们的日常生活，满足衣食住行吃喝玩乐等需求。

参考答案

（9）C

试题（10）

__（10）__不属于防火墙技术。

（10）A．分组过滤　　B．应用网关
　　C．代理服务器　　D．网闸

试题（10）分析

参考教程 14.1.4 小节。网络安全主要包括以下几方面。

（1）防火墙技术，防止网络外部“敌人”的侵犯。目前，常用的防火墙技术有分组过滤、代理服务器和应用网关。

（2）数据加密技术，防止“敌人”从通信信道窃取信息。目前，常用的加密技术主要有对称加密算法（如 DES）和非对称加密算法（如 RSA）。

（3）入侵监测和漏洞扫描技术。

（4）物理隔离技术，如网闸。

（5）访问限制，主要方法有用户口令、密码、访问权限设置等。

参考答案

（10）D

试题（11）

__（11）__不属于网络传输系统。

（11）A．综合布线系统（PDS）　　B．同步数字序列（SDH）
　　C．有线电视网（CATV）　　D．光纤分布式数据接口（FDDI）

试题（11）分析

参考教程 14.1.2 小节。常用的传输系统主要有：DWDM（波分复用）、综合布线系统（PDS）、同步数字序列（SDH）、准同步数字序列（PDH）、数字微波传输系统、VSAT 数字卫星通信系统及有线电视网（CATV）等。光纤分布式数据接口（FDDI）属于数据交换技术。

参考答案

（11）D

试题（12）

市场上的存储产品中，__（12）__通常配置作为文件服务的设备，将分布、独立的数据整合为大型、集中化管理的数据中心，以便于对不同主机和应用服务器进行访问的技术。

（12）A．磁带库　　B．磁盘阵列　　C．NAS　　D．SAN

试题（12）分析

参考教程 14.1.2 小节。数据存储和备份设备：市场上的存储产品主要有磁盘阵列、磁带机与磁带库、光盘库、SAN 和 NAS 等，其中 SAN 和 NAS 是目前存储技术的主流。NAS 是一种将分布、独立的数据整合为大型、集中化管理的数据中心，以便于对不同主机和应用服务器进行访问的技术。NAS 的解决方案通常配置作为文件服务的设备。

参考答案

（12）C

试题（13）

关于机房工程施工监理的描述，不正确的是：<u>（13）</u>。

（13）A．审查承建方的工程实施组织方案，尤其要重点审查是否有保证施工质量的措施

B．控制好施工人员的资质，坚持持证上岗

C．贯彻国家和行业规范，及时发现并纠正违反规范的做法

D．施工完成后，及时测试，以保证施工质量

试题（13）分析

参考教程 17.3.1 小节。在机房工程施工监理中，要把握好以下四个重点：

（1）审查好承建方的工程实施组织方案，尤其要重点审查是否有保证施工质量的措施；

（2）控制好施工人员的资质，坚持持证上岗；

（3）认真贯彻《建筑智能化系统工程实施及验收规范》，及时发现并纠正违反规范的做法；

（4）深入现场落实“随装随测”的要求，以保证施工质量，加快施工进度。

参考答案

（13）D

试题（14）

在机房和综合布线工程实施过程中，关于金属线槽安装要求，不正确的是：<u>（14）</u>。

（14）A．在建筑物中预埋线槽可为不同尺寸，按一层或两层设置，应至少预埋两根以上

B．线槽应平整，无扭曲变形，内壁无毛刺，各种附件齐全

C．拉线盒盖应能开启，并与地面齐平，盒盖处应采取防水措施

D．线槽直埋长度超过 5m 宜设置拉线盒，以便于布放缆线和维修

试题（14）分析

参考教程 17.5.1 小节。金属线槽安装要求：

（1）线槽应平整，无扭曲变形，内壁无毛刺，各种附件齐全。

（2）线槽接口应平整，接缝处紧密平直，槽盖装上后应平整、无翘脚，出线口的位置准确。

（3）线槽的所有非导电部分的铁件均应相互连接和跨接，使之成为一个连续导体，并做好整体接地。

（4）线槽安装应符合《高层民用建筑设计防火规范》（GB 50045—1995）的有关部门规定。

（5）在建筑物中预埋线槽可为不同尺寸，按一层或两层设置，应至少预埋两根以上，线槽截面高度不宜超过 25mm。

（6）线槽直埋长度超过 6m 或在线槽路由交叉、转变时宜设置拉线盒，以便于布放缆线和维修。

（7）拉线盒盖应能开启，并与地面齐平，盒盖处应采取防水措施。

（8）线槽宜采用金属管引入分线盒内。

参考答案

（14）D

试题（15）

关于管道安装隐蔽工程监理的要求,不正确的是：__（15）__。

（15）A．过线盒、箱处须用支架或管卡加固

B．在路径上每根暗管的转弯角可以有“S”弯，不应有“Z”弯出现

C．暗管宜采用金属管，预埋在墙体中间的暗管内径不宜超 50mm

D．明敷管路连接应采用丝扣连接或压扣式管连接，暗埋管应采用焊接

试题（15）分析

参考教程 17.5.2 小节。管道安装要求：

（1）过线盒、箱处须用支架或管卡加固。

（2）管路敷设前应检查管路是否畅通，内侧有无毛刺；毛刺吹洗。明敷管路连接应采用丝扣连接或压扣式管连接；暗埋管应采用焊接；管路敷设应牢固畅通，禁止做拦腰管或拌管；管子进入箱盒处顺直，在箱盒内露出长度小于 5mm。

（3）暗管宜采用金属管，预埋在墙体中间的暗管内径不宜超过 50mm。

（4）暗管的转弯角度应大于 900，在路径上每根暗管的转弯角不得多于两个，并不应有“S”“Z”弯出现。

参考答案

（15）B

试题（16）

组建 VPN 专用网络的技术机制不包括__（16）__。

（16）A．透明包传输　　B．数据安全性

C．隧道机制　　D．QoS 保证

试题（16）分析

参考教程 14.1.4 小节。3.VPN 组建 VPN 技术机制包括：（1）不透明包传输；（2）数据安全性；（3）QoS 保证；（4）隧道机制。

参考答案

（16）A

试题（17）

__（17）__不属于漏洞扫描系统的功能和性能要素。

（17）A．支持对电子邮件附件的病毒防治

B．支持与入侵监测系统的联动

C．支持灵活的事件和规则自定义功能

D．支持快速检索事件和规则信息的功能

试题（17）分析

参考教程 16.4.2 小节。漏洞扫描系统的功能和性能要素主要包括：

（1）支持与入侵监测系统的联动。

（2）支持灵活的事件和规则自定义功能，允许用户修改和添加自定义检测事件和规则，支持事件查询。

（3）支持快速检索事件和规则信息的功能，方便用户通过事件名、详细信息、检测规则等关键字对事件进行快速查询。

A属于网络防病毒系统的功能和性能要素。

参考答案

（17）A

试题（18）

软件需求分析阶段的成果不包括__（18）__。

（18）A．软件（初步）确认测试计划　　B．软件需求说明书

C．用户使用说明书初稿　　D．集成测试计划

试题（18）分析

参考教程22.1.4小节和22.1.8小节。需求分析阶段成果有：（1）项目开发计划；（2）软件需求说明书；（3）软件质量保证计划；（4）软件配置管理计划；（5）软件（初步）确认测试计划；（6）用户使用说明书初稿。

软件设计阶段成果：（1）概要设计说明书；（2）数据库设计说明书；（3）用户手册；（4）软件概要设计说明书（数据库设计部分可单列一册）；（5）软件详细设计说明书；（6）软件编码规范；（7）集成测试计划。

参考答案

（18）D

试题（19）

某公司已将软件管理和工程文档化、标准化，并综合成该组织的标准软件过程；所有项目均使用经批准、裁剪的标准软件过程来开发和维护软件。说明该公司已达到CMMI的__（19）__。

（19）A．第二级可重复级　　B．第三级已定义级

C．第四级已定量管理级　　D．第五级优化级

试题（19）分析

参考教程19.9.1小节。考核软件过程能力成熟度，参见CMM模型概要表。

参考答案

（19）B

试题（20）

__（20）__不属于软件配置管理过程需满足的要求。

（20）A．有效性　　B．可见性　　C．可控性　　D．及时性

试题（20）分析

参考教程19.3.3小节。软件配置管理项是该软件的真正实质性材料，因此必须保持正确性、完备性和可追踪性。任何软件配置管理项都必须做到“文实相符、文文一致”，以满足“有效性”“可见性”和“可控性”要求。

参考答案

（20）D

试题（21）

测试团队需在信息系统集成项目的__（21）__阶段完成集成测试计划。

（21）A．需求分析　　B．软件详细设计
C．软件概要设计　　D．软件编码

试题（21）分析

参考教程 19.4.4 小节。测试组织的测试工作进程表。

参考答案

（21）C

试题（22）

根据软件项目的规模等级和安全性等级，软件测试可由不同机构组织实施。集成测试通常由__（22）__组织实施。

（22）A．承建单位　　B．监理单位　　C．业主单位　　D．设计单位

试题（22）分析

参考教程 19.4.4 小节。软件测试应由独立于软件设计开发的人员进行，根据软件项目的规模等级和安全性关键等级，软件测试可由不同机构组织实施。

（1）软件单元测试由承建单位自行组织，一般由软件开发组实施测试。

（2）软件集成测试由承建单位自行组织，软件开发组和软件测试组联合实施测试。

（3）软件确认测试由承建单位自行组织，软件测试组实施测试。

（4）系统测试应由业主单位组织，成立联合测试组（一般由专家组、业主单位、软件评测单位、承建单位等联合组成测试组）实施测试。

参考答案

（22）A

试题（23）

__（23）__属于适应性维护。

（23）A．软件支持环境的改变，如操作系统、编译器或实用程序的变化等
B．为改善性能而作的修改，如提高运行速度、节省存储空间等
C．为便于维护而做的修改，如为了改进易读性而增加一些注释等
D．为扩充和增强功能而做的修改，如扩充解题范围和算法优化等

试题（23）分析

参考教程 19.6 节。适应性维护：为适应软件运行环境改变而作的修改。环境改变的主要内容包括：软件支持环境的改变，如操作系统、编译器或实用程序的变化等。

完善性维护：

（1）为扩充和增强功能而做的修改，如扩充解题范围和算法优化等；

（2）为改善性能而作的修改，如提高运行速度、节省存储空间等；

（3）为便于维护而做的修改，如为了改进易读性而增加一些注释等。

参考答案

（23）A

试题（24）

面向对象系统分析的模型不包括＿（24）＿。

（24）A．用例模型　　B．类-对象模型
C．对象-关系模型　　D．客户-服务器模型

试题（24）分析

面向对象系统分析的模型由用例模型、类-对象模型、对象-关系模型和对象-行为模型组成。

参考答案

（24）D

试题（25）

面向对象系统设计的内容不包括＿（25）＿。

（25）A．用例设计　　B．原型设计　　C．类设计　　D．子系统设计

试题（25）分析

面向对象系统设计基于系统分析得出的问题域模型，用面向对象方法设计出软件基础架构和完整的类结构，以实现业务功能。

面向对象系统设计包括用例设计、类设计和子系统设计等。

参考答案

（25）B

试题（26）

信息系统项目实施过程中往往会出现进度滞后，投资超预算等情况，这说明该项目需加强＿（26）＿。

（26）A．安全管理　　B．项目管理　　C．知识管理　　D．信息管理

试题（26）分析

参考教程 2.1.1 小节。在信息系统集成项目中，其重要性更为突出，主要原因有：

（1）信息系统项目往往大到事关国家生死存亡，小到事关单位兴衰成败；

（2）信息系统项目需求往往在还没有完全搞清楚需求就付诸实施，并且在实施过程中一再修改；

（3）信息系统项目往往不能按预定进度执行；

（4）信息系统项目的投资往往超预算；

（5）信息系统的实施过程可视性差；

（6）信息系统的项目管理，尤其信息系统项目监理，往往不被重视。

参考答案

（26）B

试题（27）

某单位设立售前服务、开发、集成、售后服务部等部门，项目任务分派到各部门，该单

位组织结构为__（27）__。

（27）A．职能型　　B．矩阵型　　C．领域型　　D．项目型

试题（27）分析

参考教程 2.2.3 小节。单位组织结构的三种类型为职能型、领域型和矩阵型。

单位按职能类别划分部门，如设立售前服务、开发、集成、售后服务部等；项目任务分派到各职能部门。

单位按应用业务领域类别划分部门，如金融事业部、典型事业部、企业信息化事业部等；各领域事业部组织各自的项目组。

单位由职能部门和项目组构成。项目组人员来自不同职能部门，受职能部门和项目组双重领导。这种组织方式通常称为矩阵型。

参考答案

（27）A

试题（28）

范工为某信息系统项目的项目经理，其作为项目经理的权力不包括__（28）__。

（28）A．支配相应的项目资金

B．发布或修改项目章程

C．根据项目进展需要在紧急情况下进行随机处置

D．按公司规定对失职人员进行处罚

试题（28）分析

参考教程 2.2.3 小节。项目经理的权力包括：

（1）获取项目组人员及进行任务分配的权力；

（2）获取项目组所需环境条件的权力；

（3）支配相应的预算及资金权力；

（4）按公司规定奖励优秀员工的权力；

（5）按公司规定对失职、未完成任务等事或人进行处理甚至处罚的权力；

（6）根据项目进展需要在紧急情况下进行随机处置的权力。

参考答案

（28）B

试题（29）

__（29）__不属于项目进度计划中常用的工具和方法。

（29）A．甘特图　　B．关键路径法

C．计划评审技术　　D．挣值分析法

试题（29）分析

参考教程 2.2.6 小节。建立进度计划常用的工具和方法有：

（1）甘特图；

（2）关键路径法（CPM）；

（3）计划评审技术（PERT）。

挣值分析法属于成本管理的工具。

参考答案

（29）D

试题（30）

信息系统项目的实施涉及主建单位、承建单位、监理单位三方，建设单位重点实施项目管理要素中的__（30）__和评估与验收管理。

（30）A．立项管理 B．进度管理 C．成本管理 D．质量管理

试题（30）分析

参考教程2.3.2小节。建设单位重点实施的是第1项“立项管理”与第13项“评估与验收管理”。

参考答案

（30）A

试题（31）

信息系统工程监理单位的主要任务是“四控、三管、一协调”，其中的“四控”内容不包括__（31）__。

（31）A．进度控制 B．成本控制 C．质量控制 D.范围控制

试题（31）分析

参考教程1.2.2节。有如下。

四控：质量控制、进度控制、投资控制、变更控制。

三管：合同管理、信息管理、安全管理。

一协调：沟通与协调。

参考答案

（31）D

试题（32）

某信息系统工程项目中，张工为建设单位项目管理负责人，李工为承建单位的项目经理，王工为监理方的总监理工程师，以下说法不正确的是：__（32）__。

（32）A．张工、李工、王工所代表的三方都要采用项目管理的方法完成在项目实施中负责的工作

B．项目监理过程中，因张工为业主单位项目管理负责人，所以对于张工的意见在监理工作中需认真执行

C．项目实施过程中，由于王工具有丰富的配置管理流程工作经验，因此承建方与之签订合同，让其负责梳理软件配置管理流程

D．项目验收阶段，建设单位、承建单位和监理单位成立验收委员会，并主持整个软件验收工作

试题（32）分析

监理工程师起到的是监督作用，配置管理流程只能为承建方进行编制。

参考答案

（32）C

试题（33）

以下说法正确的是：__（33）__。

（33）A．监理单位编制监理工作计划，并与承建单位沟通、协商，征得承建单位批准

B．建设单位、承建单位、监理单位的项目负责人参加三方项目经理会议

C．总监理工程师可以指派或委托业绩突出的监理工程师来行使合同赋予监理单位的权限

D．甲单位负责信息系统项目的验收并提交最终监理档案资料

试题（33）分析

参考教程 1.2.3 小节。监理方编制监理工作计划，并与建设单位沟通、协商，征得建设单位确认。

召开三方项目经理会议，即由建设单位、承建单位、监理单位等各方任该项目主要负责人的管理者参加的会议，就工程实施与监理工作进行首次磋商。

信息系统工程实行总监理工程师负责制。总监理工程师行驶合同赋予监理单位的权限，全面负责受委托的监理工作。

监理单位与建设单位、承建单位一起，对所完成的信息系统项目进行验收。

参考答案

（33）B

试题（34）

现行的《信息化工程监理规范》是__（34）__。

（34）A．GB/T 19668.1-2014　　B．GB/T 19668.1-2015

C．GB/T 19668.1-2016　　D．GB/T 19668.1-2017

试题（34）分析

参考《信息化工程监理规范》GB/T 19668.1-2014。

参考答案

（34）A

试题（35）

__（35）__仅适用于项目工作量不大且能精确计算、工期较短、风险不大的项目。

（35）A．可调价格合同　　B．总价合同

C．单价合同　　D．成本加酬金合同

试题（35）分析

参考教程 10.1.2 小节。总价合同仅适用于项目工作量不大且能精确计算、工期较短、技术不大复杂、风险不大的项目。

参考答案

（35）B

试题（36）

合同管理中，履约管理的重点是＿（36）＿。

（36）A．合同监督　　B．档案管理　　C．合同分析　　D．索赔管理

试题（36）分析

参考教程 10.1.5 小节。合同的履约管理内容：

（1）履约管理的依据——合同分析；

（2）履约管理的方式——合同控制；

（3）履约管理的保证——合同监督；

（4）履约管理的重点——项目索赔管理。

参考答案

（36）D

试题（37）

关于监理单位的权利和义务，不正确的是：＿（37）＿。

（37）A．按照监理合同取得监理收入

B．不承建信息系统工程

C．与承建单位合伙经营

D．应维护建设单位和承建单位的合法权益

试题（37）分析

参考教程 4.1.3 小节。监理单位的权利与义务：

（1）按照“守法、公平、公正、独立”的原则，开展信息系统工程监理工作，维护建设单位与承建单位的合法权益；

（2）按照监理合同取得监理收入；

（3）不承建信息系统工程；

（4）不得与被监理项目的承建单位存在隶属关系和利益关系，不得作为其投资者或合伙经营者；

（5）不得以任何形式侵害建设单位和承建单位的知识产权；

（6）在监理过程中因违犯国家法律、法规，造成重大质量、安全事故的，应承担相应的经济责任和法律责任。

参考答案

（37）C

试题（38）

监理工程师刘工按照正常的程序和方法对承建方开发过程进行了检查和监督，未发现任何问题，系统上线后，发现由于系统设计缺陷而导致无法满足实际应用要求。从风险角度，这种系统设计的风险属于＿（38）＿。

（38）A．行为责任风险　　B．工作技能风险

C．技术资源风险　　D．环境风险

试题（38）分析

参考教程 4.2.1 小节。即使监理工程师在工作中没有行为上的过错，仍然可能承受一些风险。例如在软件开发过程中，按照正常的程序和方法对开发过程进行了检查和监督，未发现任何问题，系统上线后，发现由于系统设计存在缺陷而导致不能满足实际应用的情况。由于人力、财力和技术资源的限制，监理无法对施工过程的所有部位，所有环节的问题都能及时进行全面细致的检查发现。

参考答案

（38）C

试题（39）

监理大纲的编制应在__（39）__完成。

（39）A．签定监理委托合同阶段　　B．监理招投标阶段
C．监理项目部建立后　　D．监理责任明确后

试题（39）分析

参考教程 5.2 节。

监理大纲、监理规划和监理实施细则的主要区别

名称	编制对象	负责人	编制时间	编制目的	编制作用	编制内容		
						为什么	做什么	如何做
监理大纲	项目整体	公司总监	监理招标阶段	供建设单位审查监理能力	增强监理任务中标的可能性	重点	一般	无
监理规划	项目整体	项目总监	监理委托合同签订后	项目监理的工作纲领	对监理自身工作的指导、考核	一般	重点	重点
监理实施细则	某项专业监理工作	专业监理工程师	监理项目部建立、责任明确后	专业监理实施的操作指南	规定专业监理程序、方法、标准，使监理工作规范化	无	一般	重点

参考答案

（39）B

试题（40）

在编制监理实施细则时，__（40）__是最常用且易组织的方式。

（40）A．按信息系统工程中的专业分工编制
B．按监理的工作内容编制
C．按信息系统工程的阶段编制
D．按信息系统工程建设控制的目标编制

试题（40）分析

参考教程 5.4.2 小节。监理实施细则编制的方式：

第一种方式按照信息系统工程中的专业分工编制。

第二种方式按信息系统工程的阶段编制。

第三种方式按监理的工作内容编制。

第一种方式是最常用的方式，也是比较好组织的一种方式。

参考答案

（40）A

试题（41）

编制监理规划正确的步骤是__（41）__。

（41）A．项目规划目标的确认—规划信息的收集与处理—确定监理工作—工作分解

B．项目规划目标的确认—规划信息的收集与处理—工作分解—确定监理工作

C．规划信息的收集与处理—项目规划目标的确认—工作分解—确定监理工作

D．规划信息的收集与处理—项目规划目标的确认—确定监理工作—工作分解

试题（41）分析

参考教程 5.3.2 小节。编制监理规划的步骤：

规划信息的收集与处理—项目规划目标的确认—确定监理工作—按照监理工作性质及内容进行工作分解。

参考答案

（41）D

试题（42）

关于质量控制的描述，不正确的是：__（42）__。

（42）A．信息系统工程项目实体、功能和使用价值的各方面都应当列入项目的质量目标范围

B．工程项目建设的每个阶段对工程项目质量的形成起着重要作用，对工程质量产生重要影响

C．质量控制贯穿全过程，监理单位的质量控制是针对项目实施过程的质量控制

D．监理工程师根据每个阶段的特点，确定各阶段质量控制的目标和任务

试题（42）分析

参考教程 6.1.1 小节。质量控制是一个系统过程，贯穿全过程，监理单位的质量控制主要包括项目实施过程的质量控制以及项目实施结果与服务的质量控制。

参考答案

（42）D

试题（43）

三方协同的质量控制体系是信息工程项目成功的重要因素，项目的质量保证计划是在__（43）__的质量保证计划的基础上建立起来的。

（43）A．建设单位　　B．监理单位　　C．承建单位　　D．管理单位

试题（43）分析

参考教程 6.2.2 小节。三方协同的质量控制体系是信息工程项目成功的重要因素，项目的质量保证计划是在承建单位的质量保证计划的基础上建立起来的。

参考答案

（43）C

试题（44）

关于质量控制点的说法，不正确的是：__（44）__。

（44）A．针对应用软件开发项目，监理单位把需求获取作为一个质量控制点

B．针对综合布线工程项目，监理单位把隐蔽工程的实施过程作为一个质量控制点

C．为了保证项目质量，质量控制点的设置应固定不变

D．为了保证项目质量，选择的质量控制点应该易于纠偏

试题（44）分析

参考教程 6.3.1 小节。质量控制点的设置原则第四点：保持控制点设置的灵活性和动态性。

对于一些大型信息系统工程项目，由于建设规模庞大，建设周期较长，影响因素繁多，工程项目建设目标干扰严重，质量控制点设置并不是一成不变的，必须根据工程进展的实际情况，对已设立的质量控制点应随时进行必要的调整或增减。

参考答案

（44）C

试题（45）

关于项目实施阶段质量控制的描述，不正确的是：__（45）__。

（45）A．阶段性实施结果未达到有关标准要求时，应该开具整改通知报总监理工程师后方能进行下一阶段工作

B．进行工程各阶段分析，分清主次，抓住关键是阶段性工程结果质量控制的目的

C．对工程质量有重大影响的软硬件，应审核承建单位提供的技术性能报告或者权威的第三方测试报告

D．总监理工程师针对使用没有技术合格证的工程材料、擅自替换、变更工程材料的承建方有权下达停工令

试题（45）分析

参考教程 6.3.4 小节。项目阶段性实施结果的质量控制基本步骤对该阶段实施结果进行必要的纠正。经纠偏后，应重新检查，达到质量标准才予以认可。坚持项目各阶段实施验收合格后，才准进入下阶段工程实施的原则。

参考答案

（45）A

试题（46）

关于过程质量控制的实施要点，不正确的是：__（46）__。

（46）A．采用最新最先进设备时应设置质量控制点

B．对后续工程实施质量和安全有重大影响的工序应设置质量控制点

C．承建单位综合布线完成、网络通电测试合格后，通知监理单位进行测试检查

D．凡质量、技术方面有法律效力的凭证，只能由总监理工程师一人签署

试题（46）分析

参考教程 4.3.4 小节。布线系统完成后监理人员先签署认可后方能通电。

参考答案

（46）C

试题（47）

某网络计划，工作 A 后有三项紧后工作，这三项工作最早开始时间分别是第 24 天、第 26 天、第 29 天，最迟开始时间分别为第 27 天、第 28 天和第 29 天，工作 A 的最早开始时间为第 16 天，其持续时间为 4 天，则工作 A 的自由时差是__（47）__天。

（47）A．9　　B．7　　C．6　　D．4

试题（47）分析

工作 A 和紧后工作的单代号图如下：

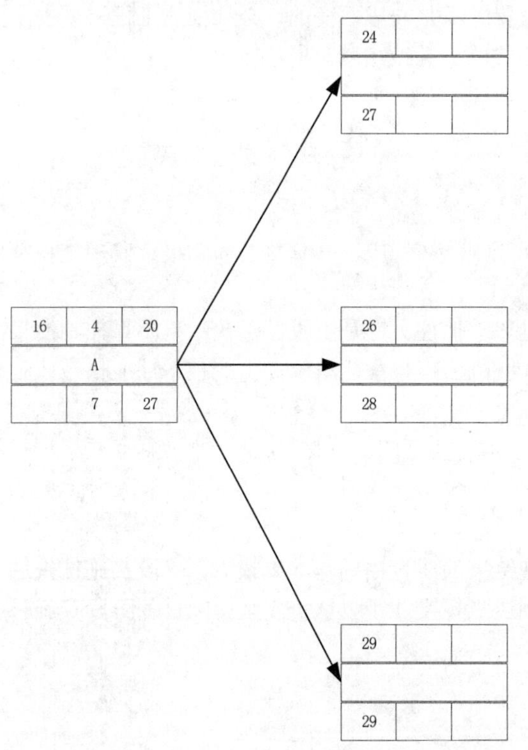

工作 A 的自由时差=Min（24,26,29）−20=24−20=4（天）。

参考答案

（47）D

试题（48）

某公司 ERP 项目网络图如下，该项目工期为__（48）__天。

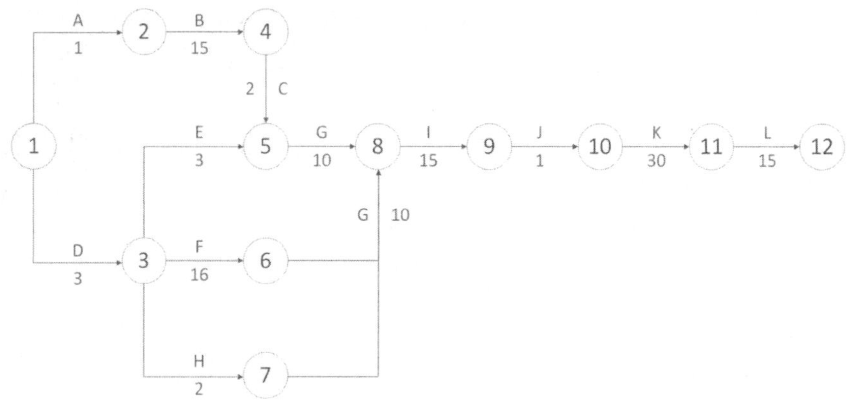

（48）A．88　　B．89　　C．90　　D．91

试题（48）分析

关键路径的两种定义：

双代号网络中，关键路径是历时最长的路径。

此题关键路径为 D-F-G-I-J-K-L，所需时间=3+16+10+15+1+30+15=90 天。

参考答案

（48）C

试题（49）

有关建设单位、承建单位、监理单位三方进度控制的描述，不正确的是：＿（49）＿。

（49）A．承建单位填写《项目进度计划报审表》，报送建设单位审核

B．监理工程师审查进度计划的关键路径，并进行分析

C．承建单位定期汇报《工程实施进度动态表》

D．进度计划有重要的修改意见时承建单位应重新申报

试题（49）分析

参考教程 7.3.2 小节。承建单位应根据工程建设合同的约定，按时编制项目总进度计划、季度进度计划、月进度计划或阶段作业计划，并按时填写《项目进度计划报审表》，报工程项目监理部审查。

监理工程师应审查进度计划的关键路径，并进行分析。

承包商每两周报一份《工程实施进度动态表》，报告工程的实际进展情况。

有重要的修改意见应要求承建单位重新申报。

参考答案

（49）A

试题（50）

监理工程师在实施阶段进度控制中所做的工作不包括：＿（50）＿。

（50）A．审查承建单位的施工进度计划，确认满足项目控制进度计划的要求

B．检查工程准备情况，如满足工程实施条件，签署开工通知

C．审查承建单位的进度控制报告，监督承建单位做好施工进度控制

D．研究制定预防工期索赔措施，做好处理工期索赔工作

试题（50）分析

参考教程7.3.1小节。完成实施阶段进度控制任务，监理工程师应当做好以下工作：

（1）根据工程招标和实施准备阶段的工程信息，进一步完善项目控制进度计划；

（2）审查承建单位的施工进度计划，确认其可行性并满足项目控制性进度计划要求；

（3）审查承建单位的进度控制报告，监督承建单位做好施工进度控制，对施工进度进行跟踪，掌握施工动态；

（4）研究制定预防工期索赔措施，做好处理工期索赔工作；

（5）在施工过程中，做好对人力、物力、资金的投入控制工作及转换控制工作；

（6）开好进度协调会，及时协调各方关系，使工程施工顺利进行；

（7）及时处理承建单位提出的工期延期申请。

参考答案

（50）B

试题（51）

某工程项目，完工预算为2000万元。到目前为止，由于某些特殊原因，实际支出800万元，成本绩效指数为0.8，假设后续不在发生成本偏差，则完工预算（EAC）为__（51）__万元。

（51）A．2800　　B．2500　　C．2360　　D．2160

试题（51）分析

在计算EAC时，通常用已经完工的实际成本AC，加上剩余工作的完工尚需估算（ETC）。由于在本题中，强调前期是由于特殊原因导致，并且未来这种情况不会再发生，所以在计算ETC时，应采用基于非典型的偏差计算ETC，即ETC=BAC–EV。

EAC=ETC+AC=BAC–EV+AC=2000– 0.8×800 +800=2160。

参考答案

（51）D

试题（52）

关于成本控制的说法，不正确的是：__（52）__。

（52）A．成本控制不能脱离技术管理和进度管理独立存在

B．成本控制的基础是事先对项目进行的成本预算

C．成本控制是对项目实际成本发生变动后的控制

D．成本控制保证各项工作要在它们各自的预算范围内进行

试题（52）分析

参考教程8.4.1小节。成本控制涉及对各种能够引起项目成本变化因素的控制（事前控制）、项目实施过程的成本控制（事中控制）、项目实际成本变动的控制（事后控制）。不是仅指对项目实际成本发生变动后的控制。

参考答案

（52）C

试题（53）

某系统集成公司正在对老客户某城市商业银行的新项目进行成本估算，公司以前做过相似的项目，作估算的个人或小组具有一定经验，但对该项目的具体特征、结构还不够了解。这种情况下，应当采用<u>（53）</u>进行估算。

（53）A．参数建模　　B．类比估计
C．从下向上估计法　　D．从上往下估计法

试题（53）分析

参考教程 8.3.2 小节。这些情况的类比估计是可靠的：先前的项目不仅在表面上而且在实质上和当前项目是类同的，作估算的个人或小组具有必要经验。参数建模法需要把项目的一些特征作为参数，CD 是累加估计法，需要有效了解项目需求、分解项目。

参考答案

（53）B

试题（54）

监理工程师小王正在审核某新零售信息系统工程的竣工结算，在深入实际、掌握数据的基础上，重点审核分析项目成本计划的执行情况。以下审核内容，不正确的是：<u>（54）</u>。

（54）A．工程设计的变更是否有设计部门和监理工程师的变更设计手续
B．核对竣工项目中的额外支出是否有设计部门和监理工程师的签证手续
C．根据批准的设计概算，审核竣工项目的实际成本是节约还是超支
D．根据批准的初步设计和成本计划，核对竣工项目中有无计划外工程增减

试题（54）分析

参考教程 8.5.4 小节。根据批准的初步设计和项目建设成本计划，核对竣工项目有无计划外工程的增减，是否有监理工程师和承建单位双方的签证手续，而不是设计部门和监理工程师的签证手续。

参考答案

（54）B

试题（55）

由于信息系统工程新技术发展速度快、技术手段更新速度快，新系统工程在建设过程中变更频繁。下列情形中，<u>（55）</u>会造成信息系统工程变更。

①政府颁布了更严格的项目相关的新技术规范

②项目总体设计、需求分析不够周密详细

③由于新技术的出现、设计人员提出了新的设计方案

④监理单位组织机构调整，总监理工程师换人

（55）A．①②③　　B．②③④
C．①②④　　D．①③④

试题（55）分析

参考教程 9.1.2 小节。建设单位由于机构重组原因造成业务流程变化，才可能导致信息系统工程变更，监理单位组织机构调整一般不影响信息系统工程变更。

参考答案

（55）A

试题（56）

某信息系统工程项目承建单位决定采用效率更高的公共构件库，预计 11 月 30 日变更在用的信息系统项目的技术方案，最晚应在__（56）__向监理工程师提出变更要求，提交书面工程变更建议书。

（56）A．11 月 29 日　　B．11 月 23 日
　　　C．11 月 16 日　　D．11 月 10 日

试题（56）分析

参考教程 9.3.2 小节。变更申请单位向监理工程师提出变更要求或建议，应在预计可能变更的时间之前 14 天提出，提交书面工程变更建议书。

参考答案

（56）C

试题（57）

现代工程管理通常使用变更控制系统控制项目变更。变更控制系统包括__（57）__。

①配置管理　　②变更控制委员会
③项目竣工验收小组　　④变更沟通过程所产生的信息

（57）A．①②③　　B．②③④
　　　C．①②④　　D．①③④

试题（57）分析

参考教程 9.4.1 小节。变更控制系统包括：一个变更控制委员会、配置管理、变更信息的沟通过程。

参考答案

（57）C

试题（58）

监理单位在信息系统工程监理过程中针对各类合同的管理须遵循合同管理原则，合同管理原则中不包括__（58）__。

（58）A．及时索赔原则　　B．实时纠偏原则
　　　C．充分协商原则　　D．公正处理原则

试题（58）分析

参考教程 10.2.3 小节。合同管理原则包括：事前预控原则、实时纠偏原则、充分协商原则、公正处理原则。

参考答案

（58）A

试题（59）

关于信息系统建设合同索赔的描述，不正确的是：__（59）__。

（59）A．索赔是建设单位、承建单位、监理单位三方的利益体现

B．索赔属于正确履行合同的正当权利要求

C．索赔的性质属于经济补偿行为，而不是惩罚

D．发生不可抗力事件也可以发起索赔

试题（59）分析

参考教程 10.3.1 小节。索赔是合同双方的利益体现。

参考答案

（59）A

试题（60）

在信息系统建设项目监理的整个过程中，监理工程师必须对有关知识产权的内容进行检查、监督、保护。监理工程师的如下做法，不正确的是：＿（60）＿。

（60）A．监督相关单位及时进行软件著作权登记

B．注意保护外购软件的知识产权

C．注意保护待开发软件的知识产权

D．重点保护承建单位的知识产权权益

试题（60）分析

参考教程 10.6.3 小节。监理工程师需要对承建单位、建设单位的知识产权都要保护，重点保护建设单位的知识产权。

参考答案

（60）D

试题（61）

监理工程师有义务建议建设单位在信息系统安全管理上采取一定的措施和规划。下列建议中，＿（61）＿是不正确的。

（61）A．便携式计算机中如果保存了敏感数据，应进行加密

B．对于关键的任务应保证由一个人独立完成

C．应当只授予操作人员为完成本职工作所需的最小授权

D．机房、供电系统、备份介质存放地等重要区域应限制人员的进出

试题（61）分析

参考教程 11.2.2 小节。信息系统安全相关的人员管理制度中，应注意授权分散化，对于关键的任务应划分为多个功能，由不同的人完成。

参考答案

（61）B

试题（62）

系统部件因为自然老化等造成的自然失效，破坏了信息网络系统的＿（62）＿。

（62）A．可用性　　B．保密性　　C．完整性　　D．时效性

试题（62）分析

参考教程 11.1.2 小节。可用性也体现在生存性，即在随机破坏下系统的可用性。系统部件因为自然老化等造成的自然失效即造成系统的随机性破坏。

参考答案

（62）A

试题（63）

应用环境控制可降低业务中断的风险，监理工程师在某省电视台广电信息系统工程建设过程中，就建造过程中的计算机机房向建设单位提出的建议，不正确的是：__（63）__。

（63）A．计算机机房应建在地下室
B．安装门禁系统，单一出入口
C．使用不间断电源/发电机
D．不公开敏感性设施的位置

试题（63）分析

参考教程 11.3.2 小节。机房所在楼层，不可在地下室，3～6 层为佳。

参考答案

（63）A

试题（64）

所有已评审通过的文件，如果在实际开发过程中承建单位需要变更某项内容，需经监理对其提出的变更内容和变更方案进行评审，并提出监理意见，经__（64）__确认后方可实施。

（64）A．建设单位 B．承建单位 C．监理单位 D．上述三方

试题（64）分析

参考教程 12.4.2 小节。工程项目变更评审通过的文档须经三方确认后实施。

参考答案

（64）D

试题（65）

总监理工程师组织编写工程监理月报时，汇报了工程概况、工程质量控制、工程进度控制、管理协调、下月监理计划，还欠缺__（65）__的内容。

（65）A．监理依据 B．监理总评价
C．工程成本结算 D．监理规划

试题（65）分析

参考教程 12.4.2 小节。工程进度综述是工程监理总结报告的内容。工程成本结算是在完工后才进行的。

参考答案

（65）B

试题（66）

工程监理总结报告中，工程质量综述部分应包括__（66）__。

①测试结论 ②质量事故
③工程变更 ④模块修改过程

（66）A．①②③ B．②③④ C．①②④ D．①③④

试题（66）分析

参考教程 12.4.2 小节。工程质量综述综合分析质量控制情况，包括测试结论、质量事故、模块修改过程。工程变更属于工程进度综述的内容。

参考答案

（66）C

试题（67）

在信息系统工程监理活动中，监理人员只在核定的业务范围内开展相应的监理工作，这体现了信息系统工程建设组织协调的__（67）__原则。

（67）A．合规　B．科学　C．诚信　D．公平

试题（67）分析

参考教程 13.2.1 小节。对任何一个具有民事行为能力的单位或个人，起码的行为准则就是遵纪守法、依法办事、依法经营。在信息系统工程监理活动中，守法的具体体现在监理只在核定的业务范围内开展相应的监理工作等。

参考答案

（67）A

试题（68）

监理工程师在从事监理工作时，应同建设单位和承建单位建立良好的人际关系，还需要创造人际交往的条件。监理工程师小王采取积极的态度与项目经理加强交往、增加交往频率，这是通过__（68）__创造了良好的人际交往条件。

（68）A．外表的亲和度　B．态度的类似性
C．需求的互补性　D．时空上的接近

试题（68）分析

参考教程 13.3.3 小节。地理距离的远近与交往的频繁，对于人际关系具有决定性的作用。与人为友必须主动拉近空间上的距离，并采取积极的态度加强交往，增加交往频率。

参考答案

（68）D

试题（69）

监理单位应在__（69）__阶段了解建设单位需求，协助建设单位确定招标方式，并对招标过程的组织提出建议。

（69）A．准备　B．系统需求分析　C．系统设计　D．系统实施

试题（69）分析

参考教程 21.3 节。准备阶段业主单位根据已经确定的采购需求开展招标工作，监理单位在招标阶段应了解业主需求，协助业主确定招标方式。

参考答案

（69）A

试题（70）

某系统集成企业在项目实施阶段出现突发情况，引起进度问题。此时监理单位应通

过__（70）__，督促各方采取应急措施赶上进度要求，以便项目的开发能以预期进度完成。

（70）A．监理日报　　B．监理周报　　C．监理月报　　D．监理专题会议

试题（70）分析

参考教程 13.3.1 小节。专题会议是为解决专门问题而召开的会议，由总监理工程师或授权监理工程师主持。对于突发性变更事件引起的进度问题，监理单位应召开紧急协调会议，当面处理问题。

参考答案

（70）D

试题（71）

__（71）__techniques are used to find ways to bring project activities that are behind into alignment with the plan by fast tracking or crashing the schedule for the remaining work.

（71）A．Schedule forecasts　　B．Schedule compression
C．Change requests　　D．Data analysis

试题（71）分析

采用进度压缩技术，使进度落后的项目赶上计划，可以对剩余工作使用快速跟进或赶工方法。A 是进度预测；C 是变更需求；D 是数据分析。

参考答案

（71）B

试题（72）

Generally, the contract claim can be settled amicably through negotiation. If no compromise can be reached, the dispute can be settled by __（72）__.

（72）A．negotiation　　B．the court
C．lawyer　　D．arbitration

试题（72）分析

参考教程 10.3.1 小节。索赔在一般情况下都可以通过协商友好解决，如果双方无法达成妥协，争议可通过仲裁解决。

参考答案

（72）D

试题（73）

The organizationshall undertake changein a planned and systematic manner,taking account of the review of the potentialconsequences of changes and taking action as necessary, to ensure the integrity of goods and services are maintained. This is called __（73）__.

（73）A．control of changes　　B．control of plans
C．control of accounts　　D．control of services

试题（73）分析

ISO9001:2015 8.6.6 变更控制。

变更控制即：组织应有计划地和系统地进行变更，考虑对变更的潜在后果进行评价，采

取必要的措施，以确保产品和服务完整性。

参考答案

（73）A

试题（74）

Much of the effort of cost control involves analyzing the relationship between the consumption of project funds and the work being accomplished for such expenditures. The key to effective cost control is the management of the approved （74） .

（74）A．schedule baseline　　B．cost baseline

C．cost output　　D．cost input

试题（74）分析

在成本控制中，应重点分析资金支出与相应完成的工作之间的关系。有效成本控制的关键在于管理经批准的成本基准。

参考答案

（74）B

试题（75）

The top management of a company will review the organization's management system, the management review will include consideration of:

（a）customerfeedback on quality

（b）processes performance and product conformity

The purpose of management review is （75） .

（75）A．control of customers　　B．control of measurements

C．control of qualities　　D．control of opportunities

试题（75）分析

ISO9001:2015 9.3 管理评审。

最高管理者应按策划的时间间隔评审质量管理体系，管理评审考虑质量管理体系绩效的信息，包括不符合与纠正措施、监视和测量结果、顾客反馈、过程绩效和产品的符合性、审核结果、外部供方等。进行管理评审的目的是更好地控制产品及服务质量。

参考答案

（75）C

第 20 章　2018 下半年信息系统监理师下午试题分析与解答

试题一（20 分）

阅读下列说明，回答问题 1 至问题 4，将解答填入答题纸的对应栏内。

【说明】

某系统集成一级企业承接某银行的业务系统建设工作，软件开发、硬件采购、网络建设、系统集成工作均由该企业实施。该项目是银行重要系统。

【事件 1】系统建设末期，所有建设项目按照批准的设计方案全部建成并满足使用要求，分项工程全部初验合格，技术文档和验收资料完备，设备型号与数量清点无误，验收时即可加电入网，软件已通过单元测试评审，源代码在开发人员本机上得到了妥善保存。系统建设符合集成合同、知识产权、信息安全的要求及规范。于是，承建单位和监理工程师商议后，决定于第二天即 12 月 1 日进行验收。

【事件 2】考虑到本系统对数据及信息安全要求极高，建设单位发现数据存储和备份系统验收测试方案中只有存储系统 RAID 功能测试及存储系统的读写速度测试，建设单位认为该测试方案不完整，要求延期验收。

【事件 3】几经磋商和调整，三方于 12 月 20 日组织了系统验收工作，验收小组共 5 人。在对软件进行验收测试时，发现 3 个严重 Bug，设计文档与程序相符但与需求文档不一致。验收小组成员对是否通过验收出现争议，组长决定投票表决，4 人签字同意通过验收，1 人坚决反对并拒绝在验收报告上签字。按照多数原则，组长决定软件系统最终通过验收。

【问题 1】（5 分）

针对事件 1，请指出 12 月 1 日时该项目尚不满足哪些验收前提条件。

【问题 2】（3 分）

针对事件 2，请补充数据存储和备份系统的验证点。

【问题 3】（7 分）

针对事件 3，你认为验收组长是否应同意通过验收？请说明理由。

【问题 4】（5 分）

基于案例，请判断以下描述是否正确（填写在答题纸的对应栏内，正确的选项填写“√”，不正确的选项填写“×”）：

（1）验收的依据是合同及合同附件、有关技术说明文件及适用的标准。（　）

（2）验收阶段，承建单位需向建设单位和监理单位提交正式的验收申请。（　）

（3）监理单位了解被验收软件的功能、质量特性和文档等方面的内容后，对验收申请报告进行审查，即可验收。（　）

（4）验收中需要对验收工作的关键过程进行记录，记录验收过程中验收委员会提出的所有问题与建议，以及建设单位、监理单位及承建单位的解答和验收委员会对被验收软件

的评价。（　）

（5）系统移交阶段的监理重点是确保文档及软件的完整、版本一致。（　）

试题一分析

本题重点考查项目验收阶段监理方的工作内容和工作要点。

【问题 1】

针对案例问答题，重点考查信息网络系统和软件验收的前提条件（参考《信息系统监理师教程》（本章简称：教程）18.1.1 小节和 24.1.2 小节）。

【问题 2】

针对案例问答题，重点考查监理工作中数据存储和备份系统的验证工作要点（参考教程 18.2.4 小节）。

【问题 3】

针对案例问答题，考查软件验收准则要求（参考教程 24.2.6 小节）。

【问题 4】

细节判断题，考核验收依据、验收时机、验收工作内容等相关知识点（参考教程 24.1 节）。

（1）验收的依据是合同及合同附件、有关技术说明文件及适用的标准。

（2）验收阶段，承建单位需向建设单位和监理单位提交正式的验收申请。

（3）业主单位及监理单位必须了解被验收软件的功能、质量特性和文档等方面的内容，对验收申请报告进行审查，提出处理意见。

（4）验收工作的全过程必须详细记录，记录验收过程中验收委员会提出的所有问题与建议，以及业主单位、监理单位及承建单位的解答和验收委员会对被验收软件的评价。

（5）系统移交阶段的监理重点是确保文档及软件的完整、版本一致。

参考答案

【问题 1】（5 分）

（1）验收前未获得用户同意

（2）设备未进行加电试运行

（3）软件产品应置于配置管理下，不应仅在开发人员本机保存

（4）软件未通过软件确认测试评审

（5）软件未通过系统测试评审

（每条 1 分，共 5 分）

【问题 2】（3 分）

（1）数据加密功能

（2）备份系统对重要数据的即时备份能力

（3）备份管理软件功能测试

（4）备份策略测试

（5）支持备份方式

（每条 1 分，满分 3 分）

【问题 3】（7 分）

不应该同意通过验收（1 分）

理由：

（1）验收测试中发现了 3 个严重 Bug，超过建设单位事先约定的限定值

（2）设计文档与需求文档不一致，不符合软件验收准则的要求

（3）本系统属于重要系统，重要系统应由全体验收委员协商一致同意（一般系统需要 2/3 以上同意）

（4）验收小组全体成员应在验收报告上签字

（每条 2 分，满分 6 分）

【问题 4】（5 分）

（1）√

（2）√

（3）×

（4）×

（5）√

（每个 1 分，共 5 分）

试题二（14 分）

阅读下列说明，回答问题 1 至问题 3，将解答填入答题纸的对应栏内。

【说明】

某省拟建设覆盖全省的扶贫信息服务网络，开展扶贫对象信息采集、动态管理及扶贫资金项目管理。信息系统集成公司 A 中标，省扶贫办委托信息系统监理公司 B 开展监理工作。

【事件 1】A 公司按照标书要求采购服务器时，将 CPU 的速度和性能、内存容量和性能作为服务器选型的评定指标。

【事件 2】由于扶贫信息服务网络的数据机房是新建机房，与省政务平台机房不在一栋楼里，综合布线系统方案中，存放服务器、交换机、路由器等公用设备的地方，从地面到天花板保持了 2 米高度的无障碍空间，地板承重压力最大达到 400kg/m^2。B 公司监理工程师审查综合布线设计方案时，未通过该方案。

【问题 1】（5 分）

针对事件 1，A 公司在服务器选型时还应考虑哪些其他因素？

【问题 2】（4 分）

针对事件 2，请指出监理工程师未通过综合布线设计方案的原因。

【问题 3】（5 分）

请从候选答案中选择一个正确选项，将该选项编号填入答题纸对应栏内。

综合布线系统建设中，__(1)__负责连接管理子系统和设备间子系统，__(2)__的功能是将工作区信息插座与楼层配线间的 IDF 连接起来，__(3)__由 RJ-45 跳线与信息插座所连接的设备组成，__(4)__由交连、互联和 I/O 组成，__(5)__将各种供系统的多种不同设备互连起来。

A．工作区子系统　　B．管理间子系统　　C．垂直干线子系统
D．建筑群子系统　　E．水平子系统　　F．设备间子系统

试题二分析

本题重点考查信息网络系统的监理相关工作内容。

【问题 1】

针对案例问答题，重点考查服务器选型时应考虑的因素（参考教程 14.1.2 小节中的网络服务器）。

【问题 2】

针对案例细节题，重点考查监理工作中网络设备构建时的重点监理内容（参考教程 16.5.2 小节中的设备间子系统设计）。

设备间空间（从地面到天花板）应保持 2.55m 高度的无障碍空间，地板承重压力不能低于 500kg/m^2。建筑群子系统架空电缆布线时，从电线杆到建筑物的架空进线距离不应超过 30m，建筑物的电缆入口可以是穿墙的电缆孔或管道，入口管道的最小口径为 50mm。

【问题 3】

细节填空题，考查机房建设规范条款及内容（参考教程 14.1.2 小节中的布线系统）。

管理间子系统由交连、互联和 I/O 组成，垂直干线子系统负责连接管理子系统和设备间子系统，设备间子系统将各种供系统的多种不同设备互连起来，水平子系统的功能是将工作区信息插座与楼层配线间的 IDF 连接起来，工作区子系统由 RJ-45 跳线与信息插座所连接的设备组成。

参考答案

【问题 1】（5 分）

（1）总线结构和类型
（2）磁盘总量和性能
（3）容错性能
（4）网络接口性能
（5）服务器软件
（每个 1 分，共 5 分）

【问题 2】（4 分）

（1）设备间无障碍空间高度设计不合理（2 分），应为 2.55m
（2）设备间地板承重压力设计不合理（2 分），地板称重压力不能低于 500kg/m^2

【问题 3】（5 分）

（1）C
（2）E
（3）A
（4）B
（5）F
（每个 1 分，共 5 分）

试题三（16 分）

阅读下列说明，回答问题 1 至问题 3，将解答填入答题纸的对应栏内。

【说明】

某城市双创平台成立后，拟建设中小企业服务管理信息系统，主要工作计划如下：

工作代号	工作名称	紧前作业	历时
A	可行性分析		乐观时间：8 悲观时间：22 正常时间：12
B	需求分析	A	30
C	A 模块设计开发	B	乐观时间：10 悲观时间：18 正常时间：17
D	B 模块设计开发	B	28
E	设备采购	B	16
F	联调测试	C、D	8
G	集成测试	E、F	8
H	试运行	G	40
I	项目验收	H	4

【问题 1】（4 分）

请计算 A、C 两项工作的最可能的历时。

【问题 2】（8 分）

请补充完整该管理信息系统的双代号网络图。

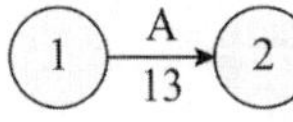

6
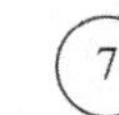

【问题 3】（4 分）

请给出项目关键路径和项目总工期。

试题三分析

本题重点考查信息系统建设过程中的进度管理相关内容。

【问题 1】

针对案例问答题，重点考查考生是否掌握进度管理中活动历时的估算方法。

【问题 2】

针对案例问答题，重点考查考生对进度管理中的进图网络图技术的掌握程度。

【问题 3】

针对案例问答题，重点考查考生是否掌握进度管理中项目关键路径和总工期的计算方法。

参考答案

【问题 1】（4 分）

活动 A 最可能的历时：(8+22+4×12)/6=13 天

活动 C 最可能的历时：(10+18+4×17)/6=16 天

（每个 2 分，共 4 分）

【问题 2】（8 分）

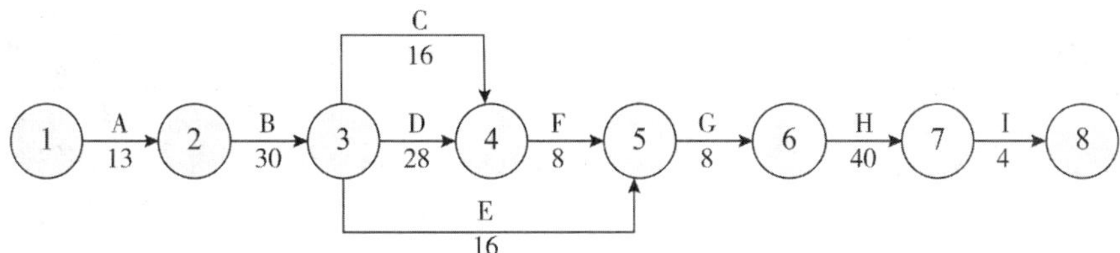

画对 B（1 分）

画对 C（1 分）

画对 D（1 分）

画对 E（1 分）

画对 F（1 分）

画对 G（1 分）

画对 H（1 分）

画对 I（1 分）

（C、D 可互换位置）

【问题 3】（4 分）

关键路径：A–B–D–F–G–H–I（2 分）

项目总工期：13+30+28+8+8+40+4=131 天（2 分）

试题四（15 分）

阅读下列说明，回答问题 1 至问题 3，将解答填入答题纸的对应栏内。

【说明】

某电子政务大数据平台项目，项目内容以应用软件系统开发为主，配套建设网络平台和机房，某信息系统工程监理单位承担了全过程的监理任务。

【事件 1】 建设单位通过邀标方式确定该项目总承建单位为 A 单位。A 单位将应用软件开发工作分包给 B 单位，将机房建设工作分包给 C 单位。C 单位由于人员结构调整无法承担机房建设任务，又将机房建设工作分包给 D 单位。

【事件 2】 设计阶段，承建单位提交了概要设计说明书、软件概要设计说明书、软件编码规范文档，监理审查文档后，指出设计阶段文档不全，需要补充。

【事件 3】 为了保证机房建设质量，监理机构采取了现场旁站方式进行质量监控。

【问题 1】（6 分）

针对事件 1，请指出项目中不正确的做法，并说明理由。

【问题 2】（4 分）

针对事件 2，请补充在设计阶段欠缺的文档。

【问题 3】（5 分）

针对事件 3，请判断监理机构针对机房建设采取旁站方式是否合适？并指出哪些项目或工序适合现场旁站方式进行质量控制。

试题四分析

本题重点考查信息系统建设过程中在招投标、设计阶段监理工作的相关内容。

【问题 1】

针对案例问答题，重点考查系统建设过程中分包的相关管理规定（参考教程 21.6 节）。

【问题 2】

针对案例问答题，重点考查设计阶段监理工程师需要检查的重点内容（参考教程 22.1.8 小节）。

【问题 3】

针对案例概念题，重点考查现场旁站方法的定义和适用范围（参考教程 6.4.3 小节）。

参考答案

【问题 1】（6 分）

（1）A 单位不能把软件开发工作分包给 B 单位（1 分）

理由：依照招投标法（1 分），软件开发工作是项目的主体、核心建设内容，不能分包（1 分）

（2）C 单位不能将机房建设工作再次分包给 D 单位（1 分）

理由：依照招投标法（1 分），已经分包出去的工作不能再次分包　（1 分）

【问题 2】（4 分）

（1）数据库设计说明书

（2）用户手册

（3）软件详细设计说明书

（4）集成测试计划

（每条 1 分，共 4 分）

【问题 3】（5 分）

合适（1 分）

适合采用旁站的项目或工序：

（1）出现问题后难以处理的关键过程或关键工序

（2）与项目地域有直接关系的项目

（3）网络综合布线

（4）设备开箱检验

（5）机房建设

（每条 1 分，满分 4 分）

试题五（10 分）

阅读下列说明，回答问题 1 至问题 2，将解答填入答题纸的对应栏内。

【说明】

某应用系统建设项目通过公开招标，确定 A 单位为监理单位、B 单位为承建单位。

【事件 1】A 单位制定了监理规划。在监理规划中明确工作任务之一是做好与建设单位和承建单位的协调工作。

【事件 2】在计划阶段，监理工程师按照如下检查项评审了 B 单位提交的项目计划：

（1）计划内容是否包含范围、进度、成本、质量等必要内容。

（2）计划中是否明确对项目控制所必需的工作产品。

【问题 1】（4 分）

针对事件 1，请简述监理机构在沟通与协调过程中需遵循的原则。

【问题 2】（6 分）

基于事件 2，请补充监理工程师针对软件项目计划的其他检查项。

试题五分析

本题重点考查监理工作中沟通协调、软件计划检查相关知识点。

【问题 1】

问答题，重点考查监理机构在沟通与协调过程中需遵循的原则（参考教程 13.2 节）。

【问题 2】

针对案例问答题，重点考查监理工程师针对软件项目计划的检查点（参考教程 22.2.1 小节）。

参考答案

【问题 1】（4 分）

（1）公平、公正、独立原则

（2）守法原则

（3）诚信原则

（4）科学原则

（每条 1 分，共 4 分）

【问题 2】（6 分）

（1）计划的制定和计划的内容是否满足标准、规范和合同要求

（2）计划的合理性、可行性

（3）确保计划通过正式评审

（4）确保计划评审后得到修改和批准

（5）验证计划是否可作为后续开发的依据

（6）验证计划是否可作为后续进度控制的依据

（每条 2 分，满分 6 分，其他合理答案酌情给分）

第21章　2019上半年信息系统监理师上午试题分析与解答

试题（1）

使计算机系统各个部件、相关的软件和数据协调、高效工作的是__（1）__。

（1）A．系统软件　　B．管理软件　　C．应用软件　　D．中间件

试题（1）分析

参考《信息系统监理师教程》[1]19.1节。

软件的分类，按软件的功能进行划分，系统软件是能与计算机硬件紧密配合在一起，使计算机系统各个部件、相关的软件和数据协调、高效工作的软件。例如，操作系统、数据库管理系统、设备驱动程序以及通信处理程序等。

参考答案

（1）A

试题（2）

在信息系统开发项目中，__（2）__不属于需求分析阶段监理工作的质量控制要点。

（2）A．需求分析报告　　B．初步用户手册

C．系统接口说明　　D．调研提纲

试题（2）分析

参考《信息系统监理师教程》22.1节。

需求分析的质量控制要点包括：调研提纲、需求分析报告（包括业务流程图、数据流程图、软件规格说明书和初步用户手册）、软件规格说明书。

系统接口说明属于系统设计阶段的质量控制要点。

参考答案

（2）C

试题（3）

GB/T 28827.1-2012《信息技术服务 运行维护 第1部分：通用要求》中，运行维护服务能力模型包括人员、资源、技术、过程4个关键要素，其中__（3）__属于过程要素的内容。

（3）A．岗位结构　　B．知识库

C．信息安全管理　　D．运行维护工具

试题（3）分析

过程要素包括服务级别管理、服务报告、事件管理、问题管理、信息安全管理等。

答案A岗位结构，属于人员要素。

答案B知识库、答案D运行维护工具，都属于资源要素。

---

[1] 本章提及的《信息系统监理师教程》是全国计算机技术与软件专业技术资格（水平）考试指定用书，由清华大学出版社出版。

参考答案

（3）C

试题（4）

人工智能的典型应用不包括__（4）__。

（4）A．3D 打印　　B．人脸识别　　C．无人驾驶　　D．语音识别

试题（4）分析

3D 打印（3DP）即快速成型技术的一种，又称增材制造，它是一种以数字模型文件为基础，运用粉末状金属或塑料等可粘合材料，通过逐层打印的方式来构造物体的技术。

增材制造，融合了计算机辅助设计、材料加工与成型技术，以数字模型文件为基础，通过软件与数控系统将专用的金属材料、非金属材料以及医用生物材料，按照挤压、烧结、熔融、光固化、喷射等方式逐层堆积，制造出实体物品的制造技术。

参考答案

（4）A

试题（5）

__（5）__是物联网感知层中的信息采集技术。

（5）A．通信技术　　B．射频技术　　C．数据挖掘　　D．解析技术

试题（5）分析

“射频技术”是物联网的感知层中的信息采集技术。

参考答案

（5）B

试题（6）

基于买方的购买历史及行为分析，进行针对性的信息推送，属于__（6）__的典型应用。

（6）A．智慧城市　　B．云计算　　C．物联网　　D．大数据

试题（6）分析

大数据流计算与机器学习的结合，可以利用大数据技术提升购物体验，节省商家人力成本。

参考答案

（6）D

试题（7）

FTP 是 TCP/IP 协议中的__（7）__。

（7）A．简单邮件传输协议　　B．简单网络管理协议

C．网络控制报文协议　　D．文件传输协议

试题（7）分析

FTP：文件传输协议；SMTP：简单邮件传输协议；SNMP：简单网络管理协议；ICMP：网络控制报文协议。

参考答案

（7）D

试题（8）

数字证书系统是计算机网络系统集成体系框架中__（8）__平台的内容。

（8）A．网络　　B．安全　　C．通信　　D．应用

试题（8）分析

参考《信息系统监理师教程》14.1.1 小节。

计算机网络系统的体系框架包括环境平台、数据库平台、服务平台、开发平台、网络平台、安全平台、用户平台、应用平台、网管平台和通信网。

其中，安全平台包括防火墙、入侵监测和漏洞扫描、网络防病毒、安全审计、数字证书系统等。

参考答案

（8）B

试题（9）

IEEE__（9）__是综合布线系统标准支持的以太网标准协议。

（9）A．802.3　　B．802.5　　C．802.8　　D．802.11

试题（9）分析

参考《信息系统监理师教程》14.1.2 小节。

IEEE 802.3：以太网标准协议；IEEE 802.5：令牌环协议；IEEE 802.8：光纤协议；IEEE 802.11：无线局域网协议。

参考答案

（9）A

试题（10）

__（10）__交换机采用交换能力较强的设备，连接子节点较多。

（10）A．核心层　　B．汇聚层　　C．接入层　　D．传输层

试题（10）分析

参考《信息系统监理师教程》16.2.2 小节。

在信息网络系统的建设中，基于应用层次、处理能力和可靠性要求，一般将交换机分为核心交换机、汇聚层交换机和接入层交换机三类。

汇聚层设备是相对数据量比较大的地方，所以汇聚层的设备连接子节点比较多的地方，应配备交换和路由能力比较强的设备。

参考答案

（10）B

试题（11）

__（11）__不属于智慧城市的典型应用。

（11）A．智能交通　　B．智慧旅游　　C．应急联动　　D．金税工程

试题（11）分析

金税工程是吸收国际先进经验，运用高科技手段结合我国增值税管理实际设计的高科技管理系统。该系统由一个网络、四个子系统构成基本框架。

参考答案

（11）D

试题（12）

如果将部门聚餐烤肉比作购买云计算服务，去饭店吃自助烤肉、去饭店直接吃烤肉、自己架炉子买肉烤着吃，分别对应＿（12）＿服务。

（12）A．PaaS、SaaS、IaaS　　B．SaaS、PaaS、IaaS
　　　C．SaaS、IaaS、PaaS　　D．PaaS、IaaS、SaaS

试题（12）分析

去饭店自助相当于使用饭店提供的烤肉平台，但吃肉仍然需要自己烤，属于 PaaS；去饭店直接吃肉，相对于直接享受最终应用服务，属于 SaaS；而自己准备所有工具和材料，属于 IaaS。

参考答案

（12）A

试题（13）

防火墙、入侵监测和漏洞扫描系统是保障＿（13）＿需要用到的网络安全产品。

（13）A．设施安全　　B．平台安全　　C．通信安全　　D．应用安全

试题（13）分析

参考《信息系统监理师教程》14.1.4 小节。

根据信息安全工程高级保障体系框架，我们可以把安全体系分为：实体安全、平台安全、数据安全、通信安全、应用安全、运行安全和管理安全其他层次。

平台安全泛指操作系统和通用基础服务安全，主要用于防范黑客攻击手段，目前市场上大多数安全产品均限于解决平台安全问题。

平台安全实施需要用到市场上常见的网络安全产品，主要包括 VPN、物理隔离系统（网闸）、防火墙、入侵监测和漏洞扫描系统、网络防病毒系统、信息防篡改系统、安全审计等系统。对于重要的信息系统应进行整体网络系统平台安全综合测试，模拟入侵与安全优化。

参考答案

（13）B

试题（14）

＿（14）＿不属于网络基础平台的传输技术。

（14）A．基于 IP 的语音传输（VoIP）　　B．准同步数字序列（PDH）
　　　C．波分复用（DWDM）　　D．同步数字序列（SDH）

试题（14）分析

参考《信息系统监理师教程》14.1.1 小节。

基于 IP 的语音传输（VoIP）属于网络服务平台的内容。

数据传输是网络的核心技术之一。传输线路带宽的高低，不仅体现了网络的通信负载能力，也反映了网络建设的现代化水平。目前常用的传输系统主要有：波分复用（DWDM）、综合布线系统（PDS）、同步数字序列（SDH）、准同步数字序列（PDH）、数字微波传输系统、

VSAT 数字卫星通信系统及有线电视网（CATV）等。

参考答案

（14）A

试题（15）

使用不同的操作方式，灾难恢复所耗费的时间和成本有所不同。在__（15）__方式下，系统恢复所需时间最长，成本最低。

（15）A．全自动恢复　　B．手动恢复　　C．数据备份　　D．半自动恢复

试题（15）分析

参考《信息系统监理师教程》14.1.2 小节。

灾难恢复系统可根据操作方式分为以下三种，其达到的效果各有所不同。

1）全自动恢复系统

它配合区域集群等高可靠性软件，可在灾害发生时自动实现主应用端的应用切换到远程的副应用端，并把主应用端的数据切换到远程的副应用端。并且它在主应用端修复后，把在副应用端运行的应用，返回给主应用端，操作非常简单。在灾害发生时全自动恢复系统可达到不中断响应的切换，很好地保证了重要应用的继续性。

这种方法的优点是：大大地减少了系统管理员在灾害发生后的工作量。缺点是：一些次要因素，如服务器死机、通信联络中断等，也随时有可能引发主生产系统切换到副应用端的操作。

2）手动恢复系统

在这种应用中，如果主应用端全部被破坏，在副应用端利用手动方法把应用加载到服务器上，并且手动完成将主应用端的数据切换到远程的副应用端的操作，以继续开展业务处理。

这种方法的优点是：整个系统的安全性非常好，不会因为服务器或网卡损坏而发生误切换。缺点是：会产生一段时间的应用中断。

3）数据备份系统

在这种系统中，系统将主应用端的数据实时地备份到远地的存储器中。这样，一旦主应用端的存储设备遭到损坏时，远程的存储器中会保留事故发生前写入本地存储器的所有数据，使丢失数据造成的损失降到最低点。当主应用端的存储器恢复正常，并将远地存储器的数据回装入本地存储器之后，应用可恢复到故障前的状态。这个时间差异取决于服务器的缓存中丢失了多少数据。

与上述两种方式相比，该方式系统恢复所需时间最长，但成本最低。

参考答案

（15）C

试题（16）

机房建设内容包括__（16）__。

①网络安全系统　　②屏蔽、防静电系统

③运行维护系统　　④保安系统

⑤专业空调通风系统　　⑥防雷接地系统

（16）A．①②③④　　B．①②④⑤　　C．③④⑤⑥　　D．②④⑤⑥

试题（16）分析

参考《信息系统监理师教程》16.5.1 小节。

机房建设所涉及系统包括：

（1）机房装修系统；

（2）机房布线系统（网络布线、电话布线、DDN、卫星线路等布线）；

（3）机房屏蔽、防静电系统（屏蔽网、防静电地板等）；

（4）机房防雷接地系统；

（5）机房保安系统（防盗报警、监控、门禁）；

（6）机房环境监控系统；

（7）机房专业空调通风系统；

（8）机房网络设备的分区和布置；

（9）机房照明及应急照明系统；

（10）机房 UPS 配电系统；

（11）机房消防系统。

参考答案

（16）D

试题（17）

隐蔽工程的管路设计采用明敷槽道方式时，不正确的是__（17）__。

（17）A．为了防尘、防潮或防火，槽道均应采取密闭措施加以保护

B．无孔托盘式槽道，距离地面的高度不低于 2.2m

C．在吊顶内敷设槽道时，槽道顶部距顶棚的距离应小于 0.3m

D．电缆竖井中安装的槽道，可以适当降低保护高度

试题（17）分析

参考《信息系统监理师教程》16.5.2.3 小节。

在智能化建筑中因客观条件等限制，只能采用明敷槽道方式时，应注意其吊装高度。有孔托盘式或梯架式槽道在屋内水平敷设时要求距离地面高度，一般不低于 2.5m；无孔托盘式槽道可降低为不小于 2.2m，在吊顶内敷设槽道时不受此限，可根据吊顶的装设要求来确定，但要求槽道顶部距顶棚或其他障碍物之间的距离不应小于 0.3m。

参考答案

（17）C

试题（18）

在机房和综合布线工程实施过程中，关于线槽内的配线要求，不正确的是__（18）__。

（18）A．同一线槽内包括绝缘在内的导线截面积总和应不超过内部截面积的 40%

B．缆线的布放应平直，不得产生扭绞、打圈等现象

C．缆线布放，在牵引过程中，吊挂缆线的支点相隔间距不应大于 1.5m

D．缆线布放后，在两端贴上线缆标签，以表明起始和终端位置

试题（18）分析

参考《信息系统监理师教程》17.5.1 小节。

隐蔽工程线槽内配线要求：

（1）在同一线槽内包括绝缘在内的导线截面积总和应该不超过内部截面积的 40%。

（2）缆线的布放应平直，不得产生扭绞、打圈等现象，不应受到外力的挤压和损伤。

（3）缆线在布放前两端应贴有标签，以表明起始和终端位置，标签书写应清晰，端正和正确。

（4）缆线布放，在牵引过程中，吊挂缆线的支点相隔间距不应大于 1.5m。

参考答案

（18）D

试题（19）

__（19）__不属于 VPN 采用的网络技术及机制。

（19）A．数据安全性　　B．透明包传输　　C．QoS 保证　　D．隧道机制

试题（19）分析

参考《信息系统监理师教程》14.1.4 小节。

组建 VPN 技术机制：（1）不透明包传输；（2）数据安全性；（3）QoS 保证；（4）隧道机制。

参考答案

（19）B

试题（20）

__（20）__不属于漏洞扫描系统的功能和性能要素。

（20）A．提供多种方式对监视引擎和检测特征的定期更新服务

B．支持快速检索事件和规则信息的功能

C．支持与入侵监测系统的联动

D．提供安全事件统计概要报表，并按照风险等级进行归类

试题（20）分析

参考《信息系统监理师教程》16.4.2 小节。

答案 A 为入侵监测系统的功能和性能要素。

漏洞扫描系统的功能和性能要素主要包括：

（1）定期或不定期地使用安全性分析软件对整个内部系统进行安全扫描，及时发现系统的安全漏洞、报警并提出补救建议。

（2）支持与入侵监测系统的联动。

（3）检测规则应与相应的国际标准漏洞相对应，包括 CVE、BugTrap、WhiteHats 等国际标准漏洞库。

（4）支持灵活的事件和规则自定义功能，允许用户修改和添加自定义检测事件和规则，支持事件查询。

（5）支持快速检索事件和规则信息的功能，方便用户通过事件名、详细信息、检测规则

等关键字对事件进行快速查询。

（6）可以按照风险级别进行事件分级。

（7）控制台应能提供事件分析和事后处理功能，应具有对报警事件的源地址进行地址解析、分析主机名、分析攻击来源的功能。

（8）传感器应提供 TCP 连接的检测报警能力。

（9）提供安全事件统计概要报表，并按照风险等级进行归类。

参考答案

（20）A

试题（21）

（21）属于总监理工程师的岗位职责。

（21）A．编制监理实施方案
B．做好监理日记和有关的监理记录
C．对工程进行抽检及监理测试
D．主持编写工程项目监理规划

试题（21）分析

参考《信息系统监理师教程》5.1.2 小节。

总监理工程师的职责：主持编写工程项目监理规划及审批监理实施方案。

专家的职责：（1）对本工程监理工作提供参考意见；（2）为相关监理组的监理工作提供技术指导；（3）参与对工程的重大方案的评审。

答案 B 为监理员的职责。

参考答案

（21）D

试题（22）

以应用范围划分，云计算的应用不包含（22）。

（22）A．公有云　B．私有云　C．混合云　D．集成云

试题（22）分析

从应用范围来看，云计算的应用层次分为：公有云、私有云和混合云。

集成云的概念不存在。

参考答案

（22）D

试题（23）

（23）是需求分析阶段完成的文档。

（23）A．概要设计说明书　B．软件质量保证计划
C．数据库设计　D．软件编码规范

试题（23）分析

参考《信息系统监理师教程》22.1.4 小节。

需求分析阶段的成果有：项目开发计划、软件需求说明书、软件质量保证计划、软件配

置管理计划、软件（初步）确认测试计划、用户使用说明书初稿。

软件设计阶段（概要设计阶段完成时）的成果有：概要设计说明书、数据库设计说明书、用户手册、软件概要设计说明书（数据库设计部分可单列一册）、软件详细设计说明书、软件编码规范、集成测试计划。

参考答案

（23）B

试题（24）

按照 GB/T 16260《软件工程 产品质量》标准，软件质量不包括__（24）__。

（24）A．内部质量　　B．服务质量　　C．外部质量　　D．使用质量

试题（24）分析

按照 GB/T 16260《软件工程产品质量》标准，软件质量分为内部质量、外部质量、使用质量。

参考答案

（24）B

试题（25）

软件配置管理通过标识产品的组成元素、管理和控制变更、验证、记录和报告配置信息，来控制产品的进化和__（25）__。

（25）A．可靠性　　B．安全性　　C．连续性　　D．完整性

试题（25）分析

软件配置管理通过标识产品的组成元素、管理和控制变更、验证、记录和报告配置信息，来控制产品的进化和完整性。

参考答案

（25）D

试题（26）

__（26）__是为了评价和改进产品质量、识别产品的缺陷和问题而进行的活动。

（26）A．需求分析　　B．软件设计　　C．软件测试　　D．软件维护

试题（26）分析

软件测试是为了评价和改进产品质量、识别产品的缺陷和问题而进行的活动。

参考答案

（26）C

试题（27）

《软件集成测试计划》的编写在__（27）__阶段完成。

（27）A．软件概要设计　　B．软件详细设计
C．软件编码　　D．软件测试

试题（27）分析

参考《信息系统监理师教程》19.4.4 小节。

在软件概要设计阶段，完成集成测试计划，开始设计确认测试用例，编写确认测试说明。

参考答案

（27）A

试题（28）

软件维护包含更正性维护、适应性维护、预防性维护、完善性维护。__（28）__属于完善性维护。

（28）A．使软件产品能够在变化后的环境中继续使用

B．在软件产品中的潜在错误成为实际错误前进行完善

C．改进交付后产品的性能和可维护性

D．为改善性能而做的修改

试题（28）分析

参考《信息系统监理师教程》19.6.1 小节。

完善性维护包括：

（1）为扩充和增强功能而做的修改，如扩充解题范围和算法优化等；

（2）为改善性能而做的修改，如提高运行速度、节省存储空间等；

（3）为便于维护而做的修改，如为了改进易读性而增加一些注释等。

参考答案

（28）D

试题（29）

类库、构件、模板和框架是软件开发过程中常用的几种提高软件质量、降低开发工作量的软件复用技术。__（29）__是面向对象的类库的扩展，并由一个应用相关联构件家族构成，这些构件协同工作形成了它的基本结构骨架。

（29）A．构件　　B．模式　　C．框架　　D．模板

试题（29）分析

参考《信息系统监理师教程》19.9.10 小节。

框架是面向对象的类库的扩展，框架由一个应用相关联构件家族构成，这些构件协同工作形成了框架的基本结构骨架，并在此基础上通过构件的组合进一步构建一个完整的应用系统。

参考答案

（29）C

试题（30）

__（30）__描述了系统的功能，由系统、用例和角色三种元素组成。

（30）A．用例图　　B．对象图　　C．序列图　　D．状态图

试题（30）分析

参考《信息系统监理师教程》19.9.11 小节。

UML 提供了九种不同的图，分为静态图和动态图两大类。

（1）静态图包括：用例图、类图、对象图、组件图和配置图。

（2）动态图包括：序列图、状态图、协作图和活动图。

用例图（Use Case Diagram），描述系统的功能，由系统、用例和角色（Actor）三种元素组成。

对象图（Object Diagram），是类图的示例，类图表示类和类与类之间的关系，对象图则表示在某一时刻这些类的具体实例以及这些实例之间的具体连接关系，可以帮助人们理解比较复杂的类图。

序列图（Sequence Diagram），面向对象系统中对象之间的交互表现为消息的发送和接收。序列图反映若干对象之间的动态协作关系，即随着时间的流逝，消息是如何在对象之间发送和接收的。

状态图（State Diagram），用来描述对象、子系统、系统的生命周期。通过状态图可以了解一个对象可能具有的所有状态、导致对象状态改变的事件，以及状态转移引发的动作。

参考答案

（30）A

试题（31）

项目管理不是万能的，在信息系统集成项目中不能做到＿（31）＿。

（31）A．促使信息系统项目按预定进度执行
B．降低信息系统项目投资超出预算的风险
C．提高信息系统实施过程的可视性
D．防止信息系统项目出现需求变更

试题（31）分析

参考《信息系统监理师教程》2.1.1 小节。

信息系统项目需求变更几乎是必然的、不可避免的，通过项目管理能做到的是防止项目需求在没有完全搞清的情况下就付诸实施，并且在实施过程中一再修改导致项目范围不可控。

项目管理的重要性原因有：信息系统项目往往不能按预定进度执行；信息系统项目的投资往往超预算；信息系统的实施过程可视性差等。

参考答案

（31）D

试题（32）

作为一个大型信息系统建设项目的项目经理，应当具备＿（32）＿的能力。

①知人善任　②应急处置

③推过揽功　④善于运用所掌握的权力

（32）A．①②④　B．①②③　C．①③④　D．②③④

试题（32）分析

参考《信息系统监理师教程》2.2.3 小节。

1）项目经理要具有的能力：

（1）判断与决策能力——洞察事物敏锐、逻辑思维清晰、反应快速、判断准确、决策果断。

（2）用人能力——知人善任，能鼓动，能劝说，能协调，能听取大家意见，有充分调动自己的副手及至项目组内每位员工的积极性和能力，使之在最需要且又能充分展示各自长处的岗位上发挥出来，形成团组协同效应。

（3）专业技术能力——精通（至少是熟练掌握）本专业技术。

（4）应变应急处置能力——在重大变化和突发事件发生时镇定自若，不慌不乱，能驾驭复杂情况，采取有效应对措施化险为夷，转危为安。

（5）不断学习和不断创新的能力。

（6）善于运用所掌握权力的能力。

2）项目经理要具有人格的魅力：坚忍不拔、以身作则、推功揽过。

参考答案

（32）A

试题（33）

项目管理是信息系统项目三方（建设单位、承建单位、监理单位）均采用的方法。在信息系统项目管理要素中，由建设单位重点实施的是＿（33）＿。

（33）A．合同管理与文档管理　　B．成本管理与进度管理

C．立项管理与验收管理　　D．采购管理与外包管理

试题（33）分析

参考《信息系统监理师教程》2.3.2 小节。

建设单位重点实施的是“立项管理”与“评估与验收管理”，并密切关注 14 要素中的其他 12 项管理要素，并提出相关的意见。

参考答案

（33）C

试题（34）

信息系统项目监理活动的主要内容被概括为“四控、三管、一协调”，其中的“三管”不包括＿（34）＿。

（34）A．合同管理　　B．信息管理　　C．质量管理　　D．安全管理

试题（34）分析

参考《信息系统监理师教程》1.2.2 小节。

“三管”包括：合同管理、信息管理、安全管理。

“质量”属于“四控”的内容。

参考答案

（34）C

试题（35）

在监理工作程序中，应在＿（35）＿之前确定总监理工程师。

（35）A．选择监理单位　　B．签订监理合同

C．组织监理前的三方会议　　D．编制监理计划

试题（35）分析

参考《信息系统监理师教程》1.2.3 小节。

监理工作程序的顺序是：选择监理单位→签订监理合同→三方会议→组建监理项目组→编制监理计划→实施监理业务→参与工程验收→提交监理文档。

组建监理项目组时，要确定一名总监理工程师，所以该项工作应在编制监理计划之前进行。

参考答案

（35）D

试题（36）

信息系统工程有着不同于其他工程建设的诸多特点，其建设合同内容较为复杂，但不包括__（36）__。

（36）A．监理单位的权利和义务
B．承建单位的权利和义务
C．承建单位提交各阶段项目成果的期限
D．建设单位提交有关基础资料的期限

试题（36）分析

参考《信息系统监理师教程》10.1.4 小节。

信息系统工程合同的主要内容包括：甲乙双方的权利义务，承建单位提交各阶段项目成果的期限，建设单位提交有关基础资料的期限。

工程合同的甲乙双方是建设单位、承建单位，与监理单位无关。

参考答案

（36）A

试题（37）

《信息系统工程监理暂行规定》中规定了监理单位的权利与义务。信息系统工程监理单位应遵循的行为准则中，不包括__（37）__。

（37）A．独立 B．科学 C．保密 D．高效

试题（37）分析

参考《信息系统监理师教程》4.1.3 小节。

监理单位行为准则包括：守法、公正、独立、科学、保密，不包括高效。

参考答案

（37）D

试题（38）

在某金融安全信息系统建设中，由于监理工程师小王不了解金融风险相关知识，未发现本应发现的问题和隐患，未能有效履行监理责任。该事项属于__（38）__风险。

（38）A．过程 B．工作技能 C．技术资源 D．管理

试题（38）分析

参考《信息系统监理师教程》4.2.1 小节。

监理工程师由于在某些方面工作技能不足，尽管履行了合同职责，但并未发现本应发现的问题和隐患，属于工作技能风险。

参考答案

（38）B

试题（39）

为投标某行业大数据智能平台建设项目，某信息系统监理公司总监在投标书中编制了<u>（39）</u>，重点阐述监理目的，初步规划将采取的监理措施。

（39）A．监理大纲　　B．监理规划　　C．监理合同　　D．质量保证计划

试题（39）分析

参考《信息系统监理师教程》5.2 节。

监理大纲是监理项目投标书内容的重要组成部分，目的是使建设单位信服，采用本监理单位制定的监理方案，能够圆满实现建设单位的投资目标和建设意图，进而赢得竞争投标的胜利。

参考答案

（39）A

试题（40）

某综合性信息系统建设工程中，通信工程专业监理工程师编制了详尽的监理实施细则，内容包括：监理流程、监理的控制要点和目标、计划采用的监理技术和工具、针对工程异常情况的监理措施。如果你是总监理工程师，审核时应指出该监理实施细则还必须补充<u>（40）</u>。

（40）A．监理人员的责任范围　　B．通信工程的专业特点
C．信息系统的监理目标　　D．信息系统的工程概况

试题（40）分析

参考《信息系统监理师教程》5.4.3 小节。

监理实施细则包括工程专业的特点、监理流程、监理的控制要点及目标、监理单位法及措施。其中目标及特点均为本专业的目标和特点，不是整个信息系统的监理目标和特点。

答案 A、C、D 都是监理规划的内容。

参考答案

（40）B

试题（41）

某信息网络系统建设工程监理项目，项目总监编制了<u>（41）</u>作为指导整个监理项目工作的纲领性文件。该文件描述了监理项目部对工程的哪些阶段进行监理、说明了监理工作具体做什么、列出了监理工作在本项目中要达到的效果。

（41）A．监理规划　　B．监理大纲　　C．监理日志　　D．监理实施细则

试题（41）分析

参考《信息系统监理师教程》5.3.1 小节。

监理项目的纲领性文件是监理规划，监理规划中描述监理的范围、内容及目标。

参考答案

（41）A

试题（42）

信息系统工程建设过程是人的智力劳动过程，下列说法不正确的是__（42）__。

（42）A．智力劳动受个人的影响很大，要控制质量，首先要控制人

B．监理单位要保证对承建单位项目组人事权的控制，否则无法控制质量

C．监理单位要审查承建单位的过程质量控制体系，减少个人随意性

D．承建单位要建立有效的文档管理体系，减小人员流动带来的损失

试题（42）分析

参考《信息系统监理师教程》6.1.4 小节。

监理单位对承建单位的人员控制并不是人事权的控制，而主要通过审查项目主要负责人是否具有信息产业部颁发的项目经理证书，以保证项目经理的素质。

参考答案

（42）B

试题（43）

在某工程建设过程中，承建单位制定了一套质量保证体系，包括建立健全专职质量管理机构、实现管理业务标准化、实现管理流程程序化、配备必要的资源条件、建立一套灵敏的质量信息反馈系统。监理工程师检查后，认为该体系还必须包括制订明确的__（43）__。

（43）A．质量方针　　B．质量目标　　C．质量计划　　D．质量标准

试题（43）分析

参考《信息系统监理师教程》6.2.2 小节。

承建单位的质量保证体系必须包括制订明确的质量计划。质量目标、质量标准是合同中约定的，质量方针是企业自行制定的纲领性口号。

参考答案

（43）C

试题（44）

某信息系统工程对质量控制特别重视，多次召开三方会议讨论质量控制方案，建设单位、承建单位、监理单位对质量控制点的设置和处理策略产生了分歧。下列说法正确的是__（44）__。

（44）A．质量控制点的设置应面面俱到、细密周全

B．质量控制点关系全局，牵一发而动全身，不能随意更改

C．监理单位应根据自身的技术能力确定要检查的质量控制点

D．三方应根据项目的具体情况，制定各自的质量控制措施

试题（44）分析

参考《信息系统监理师教程》6.3.1 小节。

答案 A：质量控制点设置时应突出重点，放置在工程项目建设活动中的关键时刻和关键部位。

答案 B：质量控制点不是一成不变的，应保持灵活性、动态性。

答案 C：监理单位应根据监理目标确定要检查的质量控制点，与自身能力无关。

答案 D：三方共同从事质量控制，但控制点的侧重不同，应各自制定质量控制措施。

参考答案

（44）D

试题（45）

在某信息网络系统建设项目的机房工程实施过程中，因工期紧张，项目经理与监理工程师协商后，决定通过优化工序的方式进行赶工。下列做法不正确的是__（45）__。

（45）A．对主要硬件设备开箱查验，并按所附技术说明书及装箱清单验收

B．上一阶段验收合格，经现场监理工程师的代表签认，进入下一阶段

C．书面审查屏蔽线合格证、抽检报告后，监理工程师批准安装

D．综合布线完成，经监理工程师测试后，与计算机网络系统相连通电

试题（45）分析

参考《信息系统监理师教程》6.3.4 小节。

关键过程质量控制的实施要点：

（1）制订阶段性质量控制计划，是实施阶段性质量控制的基础。

阶段性质量控制计划包括：确定控制内容，技术质量标准，检验方法及手段，建立阶段性质量控制责任制和质量检查制度。

（2）进行工程各阶段分析，分清主次，抓住关键是阶段性工程结果质量控制的目的。

工程各阶段分析是指从众多影响工程质量的因素中，找出对特定工程阶段重要的或关键的质量特征特性指标起支配性作用或具有重要影响的主要因素，以便在工程实施中对那些主要因素制定出相应的控制措施和标准，开展对工程实施过程中关键质量的重点控制。

（3）设置阶段性质量控制点，实施跟踪控制是工程质量控制的有效手段。

质量控制点是实施质量控制的重点。在实施过程中的关键过程或环节及隐蔽工程；实施中的薄弱环节或质量变异大的工序、部位和实施对象；对后续工程实施或后续阶段质量和安全有重大影响的工序、部位或对象；实施中无足够把握的、实施条件困难或技术难度大的过程或环节；在采用新技术或新设备应用的部位或环节都应设置质量控制点等。

（4）严格进行各过程间的交接检查。

主要项目工作各阶段（包括布线中的隐蔽作业）须按有关验收规定经现场监理人员检查、签署验收。如综合布线系统的各项材料，包括插座、屏蔽线及 RJ45 插头等，应经现场监理检查、测试，未经测试不得往下进行安装。又如在综合布线系统完成后，未经监理工程师测试、检查，不得与整个计算机网络系统相连或通电等。对于重要的工程阶段，专业质量监理工程师还要亲自进行测试或技术复核。

坚持项目各阶段实施验收合格后，才准进行下阶段工程实施的原则，由实施、开发单位进行检测或评审后，并认为合格后才通知监理工程师或其代表到现场或机房、实验室会同检验。合格后由现场监理工程师或其代表签署认可后，方能进行下一阶段的工作。

综合上述分析，综合布线系统的屏蔽线未经测试不得安装，答案 C 错误。

参考答案

（45）C

试题（46）

监理单位有责任协助建设单位对严重质量隐患和质量问题进行处理，必要时可以按合同行使否决权。总监理工程师在___（46）___情况下应对承建单位果断下达停工令。

①实施、开发中出现质量异常情况

②承建单位使用盗版软件

③隐蔽作业未经现场监理人员查验自行封闭

④擅自变更设计及开发方案自行实施、开发

（46）A. ①②④　　B. ②③④　　C. ①③④　　D. ①②③

试题（46）分析

参考《信息系统监理师教程》6.3.4 小节。

协助建设单位对严重质量隐患和质量问题进行处理。

在必要的情况下，监理单位可按合同行使质量否决权，在下述情况下，总监理工程师有权下达停工令：

（1）实施、开发中出现质量异常情况，经提出后承建单位仍不采取改进措施者；或者采取的改进措施不力，还未使质量状况发生好转趋势者。

（2）隐蔽作业（指综合布线及系统集成中埋入墙内或地板下的部分）未经现场监理人员查验自行封闭、掩盖者。

（3）对已发生的质量事故未进行处理和提出有效的改进措施就继续进行者。

（4）擅自变更设计及开发方案自行实施、开发者。

（5）使用没有技术合格证的工程材料、没有授权证书的软件，或者擅自替换、变更工程材料及使用盗版软件者。

（6）未经技术资质审查的人员进入现场实施、开发者。

监理工程师遇到工程中有不符合要求情况严重时，可报总监理工程师下达停工令。

结合上述情况，答案①的描述不准确。在出现质量异常，经提出后仍不采取改进措施，或者采取的改进措施不力，未使质量状况发生好转趋势的情况下，要下达停工令。

参考答案

（46）B

试题（47）

某电子政务工程各活动实施计划如下表，项目工期是___（47）___天。

工作代码	紧前工作	完成时间估计（天）		
		乐观时间	平均时间	悲观时间
A		2	3	4
B	A	4	7	22
C	A	2	3	4

续表

工作代码	紧前工作	完成时间估计（天）		
		乐观时间	平均时间	悲观时间
D	B	4	7	16
E	B、C	3	5	13
F	D	2	3	4
G	E、F	2	3	10
H	E	3	6	9
I	G、H	2	3	4

（47）A．21　　B．25　　C．30　　D．31

试题（47）分析

参考《信息系统监理师教程》7.4 节。

首先计算出每个任务 PERT 估算值，PERT =（O+4ML+P）/6

工序	A	B	C	D	E	F	G	H	I
PERT 估算值	3	9	3	8	6	3	4	6	3

网络图如下：

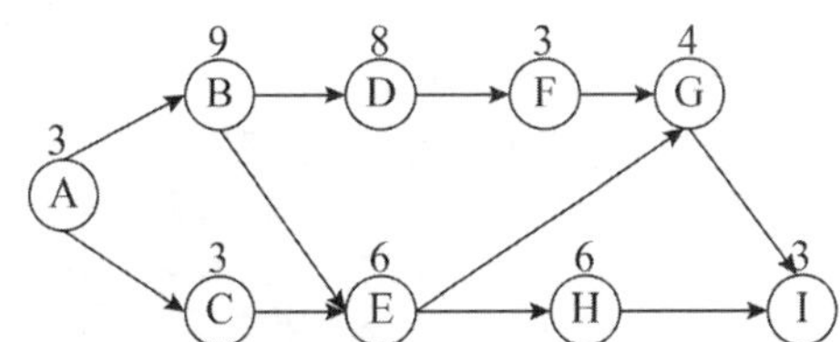

关键路径 A-B-D-F-G-I，总工期为 30 天。

参考答案

（47）C

试题（48）

某工程活动路径图如下所示，弧上的标记为活动编码及需要的完成时间，该工程的关键路径为＿（48）＿。

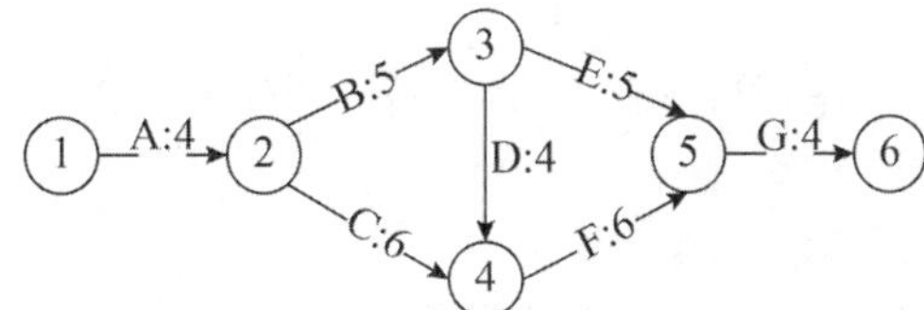

（48）A．A-B-E-G　　B．A-C-F-G　　C．A-C-D-E-G　　D．A-B-D-F-G

试题（48）分析

关键路径是历时最长的路径，所以此题关键路径为 A-B-D-F-G。

参考答案

（48）D

试题（49）

进度控制过程是个周期性的循环过程，一个完整的进度控制过程为__（49）__。

（49）A．编制进度计划→检查进度计划→分析进度计划→实施进度计划
　　B．分析进度计划→编制进度计划→实施进度计划→检查进度计划
　　C．编制进度计划→实施进度计划→调整进度计划→分析进度计划
　　D．分析进度计划→编制进度计划→检查进度计划→实施进度计划

试题（49）分析

参考《信息系统监理师教程》7.1.2 小节。

进度控制过程是个周期性的循环过程，完整的进度控制过程分 4 个阶段：编制进度计划—实施进度计划—检查与调整进度计划—分析与总结进度计划。

参考答案

（49）C

试题（50）

监理工程师审查承建单位施工进度计划属于__（50）__工作。

（50）A．准备阶段　　B．设计阶段　　C．实施阶段　　D．验收阶段

试题（50）分析

参考《信息系统监理师教程》7.3.1 小节。

实施阶段进度控制任务，监理工程师应当做好以下工作：

（1）根据工程招标和实施准备阶段的工程信息，进一步完善项目控制性进度计划，并据此进行实施阶段进度控制。

（2）审查承建单位的施工进度计划，确认其可行性并满足项目控制性进度计划。

（3）审查承建单位进度控制报告，监督承建单位做好施工进度控制，对施工进度进行跟踪，掌握施工动态。

（4）研究制定预防工期索赔措施，做好处理工期索赔工作。

参考答案

（50）C

试题（51）

有关成本控制描述，不正确的是__（51）__。

（51）A．项目成本控制是项目实施过程中，通过项目成本计划管理尽量使项目实际发生的成本控制在预算范围之内
　　B．项目实际成本变动的控制属于事中控制
　　C．成本控制不能脱离技术管理和进度管理独立存在
　　D．成本预算的审核目的是发现并纠正错误，以及控制成本和造价

试题（51）分析

参考《信息系统监理师教程》8.4.1 小节。

项目成本控制工作是在项目实施过程中，通过项目成本管理尽量使项目实际发生的成本控制在预算范围之内。

项目实际成本变动的控制属于事后控制。

成本控制不能脱离技术管理和进度管理独立存在，相反要在成本、技术、进度三者之间做综合平衡。

成本预算的审核目的是发现纠正错误，从而起到控制成本和造价。

参考答案

（51）B

试题（52）

成本控制的内容不包括__（52）__。

（52）A．监控费用执行情况以确定与计划的偏差

B．确定所有发生的变化被准确记录在费用线上

C．建设单位权益改变的各种信息

D．不正确的或无效的变更也应反映在费用线上

试题（52）分析

参考《信息系统监理师教程》8.4.1 小节。

成本控制的内容：

（1）监控费用执行情况以确定与计划的偏差；

（2）确定所有发生的变化被准确记录在费用线上；

（3）避免不正确的、不合适的或者无效的变更反映在费用线上；

（4）建设单位权益改变的各种信息。

参考答案

（52）D

试题（53）

某拟建项目财务净现金流如下表所示，进行该项目财务评价时，可得出__（53）__的结论。

年	1	2	3	4	5	6	7	8	9	10
净现金流量（万元）	–1400	–1200	200	400	600	600	600	600	600	800

（53）A．净现值大于零，项目不可行　　B．净现值大于零，项目可行

C．净现值小于零，项目可行　　D．净现值等于零，项目不可行

试题（53）分析

参考《信息系统监理师教程》8.2.4 小节。

根据项目历年净现金流逐步累加，第 8 年开始为正数：

200+400+600+600+600+600+600+800–1400–1200>0，NPV＞0，项目可行。

参考答案

（53）B

试题（54）

关于竣工结算的描述，不正确的是＿（54）＿。

（54）A．竣工项目中计划外工程的增加，必须审核是否有监理和承建单位双方的签字手续

B．工程设计的变更应有设计单位和监理工程师的变更手续

C．对各账目和统计资料进行完整性和准确性审核

D．对报废工程应减少审核时间，尽量核实其他主要开支

试题（54）分析

对报废工程要进行认真审核，要尽量回收利用减少损失。

参考答案

（54）D

试题（55）

＿（55）＿不属于信息系统工程变更的原因。

（55）A．项目外部环境发生变化

B．项目成本估算不够周密详细

C．新技术的出现，设计人员提出了新的设计方案

D．建设单位由于机构重组等原因造成业务流程的变化

试题（55）分析

造成信息系统工程变更的原因有以下几个方面：

（1）项目外部环境发生变化；

（2）项目总体设计，项目需求分析不够周密详细，有一定的错误或者遗漏；

（3）新技术的出现、设计人员提出了新的设计方案或者新的实现手段；

（4）建设单位由于机构重组等原因造成业务流程的变化。

参考答案

（55）B

试题（56）

关于变更控制工作程序的描述，正确的是＿（56）＿。

（56）A．变更的初审→变更分析→接受变更申请→确定变更方法→监控变更的实施→变更效果评估

B．接受变更申请→确定变更方法→变更的初审→变更分析→监控变更的实施→变更效果评估

C．接受变更申请→变更的初审→变更分析→确定变更方法→监控变更的实施→变更效果评估

D．接受变更申请→变更分析→确定变更方法→变更的初审→监控变更的实施→变更效果评估

试题（56）分析

参考《信息系统监理师教程》9.3 节。

变更控制的工作程序：接受变更申请—变更的初审—变更分析—确定变更方法—监控变

更的实施—变更效果评估。

参考答案

（56）C

试题（57）

关于项目复工的描述，正确的是__（57）__。

（57）A．项目暂停是建设单位原因时，监理工程师及时签发“复工报审表”

B．项目暂停是承建单位原因时，监理工程师及时签发“监理通知单”

C．项目暂停是承建单位原因时，应填写“复工报审表”，由监理工程师签发审批意见

D．承建单位在接到同意复工的指令后，才能继续实施

试题（57）分析

参考《信息系统监理师教程》9.4.4 小节。

复工办法如下：

（1）如项目暂停是由于建设单位原因，或非承建单位原因时，监理工程师应在暂停原因消失，具备复工条件时，及时签发“监理通知单”，对承建单位发出复工指令；

（2）如项目暂停是由于承建单位原因，承建单位在具备复工条件时，应填写“复工报审表”报项目监理部审批，由总监理工程师签发审批意见；

（3）承建单位在接到同意复工的指令后，才能继续实施。

参考答案

（57）D

试题（58）

关于分包合同的描述，不正确的是__（58）__。

（58）A．分包单位可以在分包项目的范围内再分包一次

B．分包单位需要有符合国家规定的注册资本，且有相应的专业技术人员

C．承建单位不得将其承包的全部建设项目肢解后分别转包给第三人

D．信息系统工程主体结构的实施必须由承建单位自行完成

试题（58）分析

参考《信息系统监理师教程》10.1.2 小节。

分包合同管理时也有相应的禁止性规定，这些禁止性规定包括：

（1）禁止转包。所谓转包是指承建单位将其承包的全部信息系统工程建设倒手转让给第三人，使该第三人实际上成为该建设项目新的承建单位的行为。承建单位也不得将其承包的全部建设项目肢解以后以分包的名义分别转包给第三人。

（2）禁止将项目分包给不具备相应资质条件的单位。所谓相应的资质条件是指，一有符合国家规定的注册资本；二有相应的专业技术人员；三有相应的技术装备；四符合法律、法规规定的其他条件。

（3）禁止再分包。承建单位只能在其承包项目的范围内分包一次，分包人不得再次向他人分包。

（4）禁止分包主体结构。信息系统工程主体结构的实施必须由承建单位自行完成，不得向他人分包，否则签订的合同属于无效合同。

参考答案

（58）A

试题（59）

关于索赔程序的描述，不正确的是__（59）__。

（59）A. 监理单位在收到承建单位递交的索赔报告及有关资料后，如在约定时间内未予答复，承建单位必须延期等待监理单位签字认可

B. 发出索赔意向通知后约定时间内，向建设单位和监理单位提出延长工期和补偿经济损失的索赔报告及有关资料

C. 索赔事件发生约定时间内，向建设单位和监理单位发出索赔意向通知

D. 当索赔事件持续进行时，承建单位应当阶段性向监理单位发出索赔意向

试题（59）分析

参考《信息系统监理师教程》10.3.3 小节。

索赔的程序：

（1）索赔事件发生约定时间内，向建设单位和监理单位发出索赔意向通知；

（2）发出索赔意向通知后约定时间内，向建设单位和监理单位提出延长工期和补偿经济损失的索赔报告和有关资料；

（3）监理单位在收到承建单位送交的索赔报告及有关资料后，于约定时间内给予答复，或要求承建单位进一步补充索赔理由和证据；

（4）监理单位在收到承建单位送交的索赔报告和有关资料后约定时间内未予答复或未对承建单位作进一步要求，视为该索赔已经认可；

（5）当索赔事件持续进行时，承建单位应当阶段性向监理单位发出索赔意向，在索赔事件约定时间内，向监理单位送交索赔的有关资料和最终索赔报告。

参考答案

（59）A

试题（60）

知识产权保护的监理应该坚持全过程的管理，管理措施不包括__（60）__。

（60）A. 树立为建设单位和承建单位维权的意识

B. 监督承建单位实施知识产权管理制度

C. 实施知识产权保护的监理措施

D. 监督建设单位制定知识产权管理制度

试题（60）分析

参考《信息系统监理师教程》10.6.3 小节。

知识产权保护的监理，应该坚持全过程的管理：

（1）树立为建设单位和承建单位维权的意识；

（2）建议建设单位制定知识产权管理制度；

（3）监督承建单位实施知识产权管理制度；

（4）实施知识产权保护的监理措施。

参考答案

（60）D

试题（61）

信息系统实施安全管理制度不包括__（61）__。

（61）A．计算机信息网络系统质量保证制度
　　B．计算机信息网络系统工作人员人事管理制度
　　C．计算机信息网络系统工作人员循环任职制度
　　D．计算机信息网络系统各工作岗位的工作职责

试题（61）分析

参考《信息系统监理师教程》11.2.3 小节。

通常情况下信息系统实施安全管理的有关制度包括：

（1）计算机信息网络系统出入管理制度；

（2）计算机信息网络系统各工作岗位的工作职责、操作规程；

（3）计算机信息网络系统升级、维护制度；

（4）计算机信息网络系统工作人员人事管理制度；

（5）计算机信息网络系统安全检查制度；

（6）计算机信息网络系统应急制度；

（7）计算机信息网络系统信息资料处理制度；

（8）计算机信息网络系统工作人员安全教育、培训制度；

（9）计算机信息网络系统人员循环任职、强制休假制度等。

参考答案

（61）A

试题（62）

在信息系统安全管理中，__（62）__不属于信息系统应用环境监控的对象。

（62）A．互联网　　B．电源　　C．地面　　D．空间状态

试题（62）分析

参考《信息系统监理师教程》11.3.2 小节。

应用环境控制可降低业务中断的风险。监控的项目包括电源、地面及空间状态。互联网属于架构安全管理。

参考答案

（62）A

试题（63）

关于信息网络系统可用性的描述，不正确的是__（63）__。

（63）A．部分线路后节点失效后，系统仍然能够提供一定程度的服务
　　B．随机性破坏和网络拓扑结构对系统可用性的影响

C．要求信息不被泄露给未授权的人，信息不致受到各种原因的破坏

D．信息系统的部件失效情况下，满足业务性能要求的程度

试题（63）分析

参考《信息系统监理师教程》11.1.2 小节。

以信息网络系统为例

（1）可用性体现在：

①抗毁性，指系统在人为破坏下的可用性；

②生存性，是在随机破坏下系统的可用性；

③有效性，是一种基于业务性能的可用性。

（2）保密性要求信息不被泄露给未授权的人。

（3）完整性要求信息不致受到各种原因的破坏。

综合上述分析，答案 C 是保密性和完整性的要求。

参考答案

（63）C

试题（64）

__（64）__不属于工程监理日报的内容。

（64）A．工程进度　　B．工程质量　　C．合同管理　　D．监理计划

试题（64）分析

参考《信息系统监理师教程》12.4.2 小节。

工程监理日报由监理工程师根据实际需要每日编写，主要针对近期的工程进度、工程质量、合同管理及其他事项进行综合分析，并提出必要的意见。

监理评价属于月报内容。

参考答案

（64）D

试题（65）

__（65）__不属于工程验收监理报告的内容。

（65）A．监理工作统计　　B．工程竣工准备工作综述

C．测试结果与分析　　D．验收测试结论

试题（65）分析

参考《信息系统监理师教程》12.4.2 小节。

监理工作统计，属于工程监理总结报告中的内容。

工程监理验收报告，是信息工程项目验收阶段产生的主要监理文件，此阶段的主要监理工作是监督合同各方做好竣工准备工作，组织三方对工程系统进行验收测试，以检验系统及软硬件设备等是否达到设计要求。验收采用定量或定性分析方法，针对问题进行分析和研究，最后提出监理报告，因此工程监理验收报告的主体应该是验收测试结论与分析，必须包含以下几个要素。

（1）工程竣工准备工作综述。

评估集成商准备的技术资料、文档、基础数据等是否准确、齐全，其他竣工准备工作是否完备。

（2）验收测试方案与规范。

组织三方确定验收测试方案、测试案例、测试工具的使用等。

（3）测试结果与分析。

依照验收测试方案实施测试得到的测试结果描述，包括业务测试和性能测试；对原始测试结果必要的技术分析，包括各种分析图表、文字说明等。

（4）验收测试结论。

根据测试结果分析对各项指标是否达到工程设计要求做综合性说明，对工程中存在或可能存在的问题进行分析和归纳，以及确定需要返工修改的部分；对返工修改部分回归测试的情况。

参考答案

（65）A

试题（66）

工程合同评审表属于__（66）__文件。

（66）A．项目前期阶段监理　　B．项目设计阶段监理

C．项目实施阶段监理　　D．项目验收阶段监理

试题（66）分析

参考《信息系统监理师教程》12.4.5 小节中的监理单位产出文档列表。

表监理单位产出文档列表

序号	分类	文 件 名 称	文 件 编 号
1	总体类文件	监理单位案	公司缩写-JL-101-****-###
2		监理合同	公司缩写-JL-102-****-###
3		监理规划	公司缩写-JL-103-****-###
4		监理实施细则	公司缩写-JL-104-****-###
5		监理总结报告	公司缩写-JL-105-****-###
6	回应类文件	提交资料回复单	公司缩写-JL-106-****-###
7	内部文件	监理日志	公司缩写-JL-107-****-$$$$$$
8	综合性文件	监理月报	公司缩写-JL-001-****-###
9		监理周报	公司缩写-JL-002-****-###
10		专题监理报告	公司缩写-JL-003-****-###
11		监理工作会议纪要	公司缩写-JL-004-****-###
12		评审会议纪要	公司缩写-JL-005-****-###
13		监理工程师通知单	公司缩写-JL-006-****-###
14		工程暂停令	公司缩写-JL-007-****-###

续表

序号	分类	文 件 名 称	文 件 编 号
15	项目前期阶段监理表格（含招/投标）	招标文件评价记录	公司缩写-JL-011-****-###
16		投标文件评价记录	公司缩写-JL-012-****-###
17		开标过程确认表	公司缩写-JL-013-****-###
18		工程合同评审表	公司缩写-JL-014-****-###
19		质量保证资料检查记录	公司缩写-JL-015-****-###
20	项目设计阶段监理表格	软件开发文档审核表	公司缩写-JL-021-****-###
21		软件开发进度计划检查表	公司缩写-JL-022-****-###
22		工程设计方案审核表	公司缩写-JL-023-****-###
23	项目实施阶段监理表格	设备开箱检验报告	公司缩写-JL-031-****-###
24		设备安装调试记录	公司缩写-JL-032-****-###
25		软件安装调试记录	公司缩写-JL-033-****-###
26		工程进度计划检查表	公司缩写-JL-034-****-###
27		项目付款阶段验收报告	公司缩写-JL-035-****-###
28		合同阶段性支付申请表	公司缩写-JL-036-****-###
29	项目验收阶段监理表格	工程验收方案审核表	公司缩写-JL-041-****-###
30		初验报告	公司缩写-JL-042-****-###
31		验收报告	公司缩写-JL-043-****-###
32	缺陷责任期监理表格	项目各阶段培训检查记录	公司缩写-JL-051-****-###
33		缺陷责任期服务检查表	公司缩写-JL-052-****-###

参考答案

（66）A

试题（67）

监理在组织协调工作中采用的方法不包括＿（67）＿。

（67）A．监理会议　B．监理报告　C．质量审计　D．沟通

试题（67）分析

参考《信息系统监理师教程》13.3 节。

组织协调的监理方法包括监理会议、监理报告和沟通。

参考答案 13.3

（67）C

试题（68）

监理在处理实际监理事务中保持对问题的综合分析能力，不被表象和局部问题所干扰，体现了＿（68）＿原则。

（68）A．守法　B．独立　C．诚信　D．科学

试题（68）分析

参考《信息系统监理师教程》13.2 节。

组织协调的基本原则包括：公平、公正、独立原则，守法原则，诚信原则，科学的原则。

参考答案

（68）B

试题（69）

不定期监理报告不包含＿（69）＿。

（69）A．项目优化变更的建议　　B．成本估算和预算
　　C．各阶段测试报告和评价　　D．项目进度预测分析

试题（69）分析

参考《信息系统监理师教程》13.3.2 小节。

建立项目的监理汇报制度是保证工程顺利进行的有效方法，可以使工程实施处于透明的可监控状态。

监理单位会向建设单位不定期提交以下监理工作报告：

（1）关于项目优化设计、项目变更的建议；

（2）投资情况分析预测及资金、资源的合理配置和投入的建议；

（3）各阶段的测试报告和评价说明；

（4）项目进度预测分析报告；

（5）监理业务范围内的专题报告。

参考答案

（69）B

试题（70）

关于监理会议的描述，不正确的是＿（70）＿。

（70）A．举行会议成功的关键原则之一是确保每个人到场
　　B．高效的会议需将会议议题保持在 10 个以内
　　C．领导的与会作用是保证会议的结果得到落实的重要保证
　　D．会后 24 小时之内公布会议结果

试题（70）分析

参考《信息系统监理师教程》13.3.1 小节。

举行会议成功的关键原则是：确保每个人到场、议程和领导。为了保证每个人都出席，要把会议作为每个人日程的固定项目。如果没有讨论的议题就取消会议。开好会议要把议程的项目保持在所需的最低数量，以确保每一个人都掌握最重要的事件、议题和问题的最新动向。作为会议的组织者，要确保在概括会议议程时尽可能地精炼，没有必要的长会其效果将适得其反。领导的与会作用是保证会议的结果得到落实的重要保证。

会议结果的落实原则：在会后 24 小时之内公布会议成果。

参考答案

（70）B

试题（71）

The ＿(71)＿ of information lies in the trustworthiness of its source, collection method and transmission process.

（71）A．reliability B．integrity C．timeliness D．economy

试题（71）分析

可靠性指信息的来源、采集方法、传输过程是可以信任的。

参考答案

（71）A

试题（72）

The meaning of ___（72）___ is that access to protected information must be restricted to people who are authorized to access the information.

（72）A．digital signature B．encryption technology
C．access control D．authentication technology

试题（72）分析

访问控制是指只有有权限的人员才能对受保护信息进行访问。

参考答案

（72）C

试题（73）、（74）

The perform Integrated Change Control process is the ultimate responsibility of the ___（73）___. Although changes may be initiated verbally,they should be recorded in written form and entered into the ___（74）___ system.

（73）A．resource manager B．division manager
C．functional manager D．project manager

（74）A．quality management B．configuration management
C．risk management D．scope management

试题（73）、（74）分析

项目经理对实施整体变更控制负最终责任。

尽管变更也可以口头提出，但所有变更请求都必须以书面形式记录，并纳入配置管理系统中。

参考答案

（73）D （74）B

试题（75）

A goal of the ___（75）___ process is to determine the correctness of deliverables.

（75）A．Perform Quality Assurance B．Plan Quality Management
C．Control Quality D．Perform Quality Improvement

试题（75）分析

控制质量过程的目的是确定可交付成果的正确性。

参考答案

（75）C

第 22 章　2019 上半年信息系统监理师下午试题分析与解答

试题一（20 分）

阅读下列说明，回答问题 1 至问题 4，将解答填入答题纸的对应栏内。

【说明】

南方 X 省试点建设重大自然灾害监测预警信息系统，计划部署 50 个 PC 监控终端和 500 个电子标签（RFID）。建设单位与承建单位签订了项目建设合同，与监理单位签订了项目监理合同。项目要求次年八月结束，在项目实施过程中发生如下事件：

【事件 1】由于项目的试点试验性，承建单位从 3 个厂商采购了不同型号的电子标签。电子标签全部到货后，监理工程师抽取了其中 50 个逐一检查，抽检比例、检查内容符合质量控制计划。监理工程师检查合格，在进货清单上签署“同意”后设备入库。一周后，承建单位又补充采购了 10 个电子标签。监理工程师按照抽检比例抽查了其中 1 个，检查合格后同意入库。

【事件 2】为有效掌握工程的实际进度，及时发现计划与实际的偏差，监理工程师小周在项目建设过程中绘制了下图。其中，曲线 A 是最早时间计划，曲线 B 是最迟时间计划，曲线 N1 是网络工程实际进度，曲线 N2 是软件开发实际进度。整个项目建设期间，小周始终严格记录并保管监理日志。

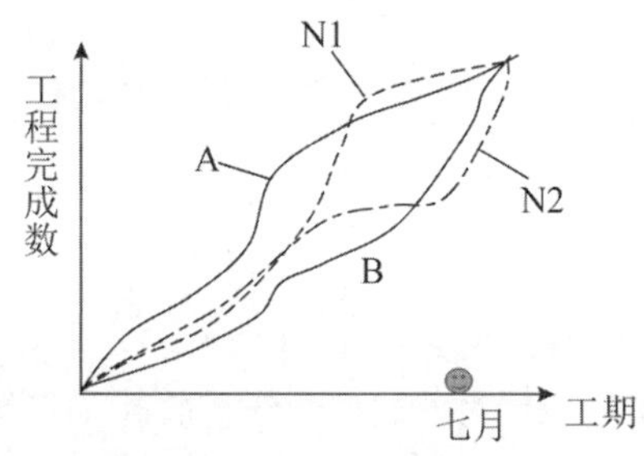

【事件 3】由于经费紧张，该项目要求严格控制成本。建设单位提出可以裁剪设计评审活动、减少专家支出、设备采购采取最低价中标策略；承建单位提出可以减少人员投入，延长工期到次年九月；监理单位提出谁实施谁负责，投资控制应由承建单位负全责。三方各执己见。

【事件 4】该项目完成系统设计后，南方几省突然发生严重冰灾。承建单位发现需要增加“极端气候”预警监控子系统，项目经理马上通过电话向监理工程师小周提出需求变更。小周感到事态严重，当即同意变更。项目经理立即组织人马加班加点全力投入研发工作。项目出现新增子系统与其他几个子系统不兼容的问题，最终超支并延期。

【问题 1】（6 分）

请指出事件 1 中监理工程师工作的疏漏之处，并给出正确做法。

【问题 2】（4 分）

针对事件 2：

（1）请给出监理工程师采用的进度控制方法，并分析七月时的项目进展情况。

（2）如果你是监理工程师，请在小周的工作基础上进行补充完善。

【问题 3】（5 分）

针对事件 3：

（1）请写出监理在投资控制应遵循的基本原则。

（2）结合以上原则，三方的投资控制建议分别违反了哪一项？

【问题 4】（5 分）

作为项目监理工程师，如何对事件 4 进行变更控制？

试题一分析

本题重点考核信息化工程监理的手段和原则。

【问题 1】

案例问题 1，重点考核质量控制中的抽查手段（参考《信息系统监理师教程》[1]6.4.4 小节）。

【问题 2】

案例问题 2，重点考核进度控制的技术手段“香蕉”曲线图（参考《信息系统监理师教程》7.4.3 小节）。

【问题 3】

案例问题 3，重点考核投资控制的原则（参考《信息系统监理师教程》8.1.1 小节）。

【问题 4】

案例问题 4，重点考核变更控制监理人员必须遵守的原则（参考《信息系统监理师教程》9.4.1 小节）。

试题一参考答案

【问题 1】（6 分）

（1）疏漏 1：第一批采购抽查时方法不当（1 分）

正确做法：大量设备到货时应针对不同型号分别抽查/随机抽查（1 分）

（2）疏漏 2：签署同意即入库方法不当（1 分）

正确做法：入库抽查时还要有详细的抽查记录（1 分）

（3）疏漏 3：第二批采购检查时抽查 1 个即入库的做法不当（1 分）

正确做法：少量设备采购时需要逐一检查（1 分）

（每条 2 分，共 6 分）

【问题 2】（4 分）

（1）香蕉曲线图法（1 分）

网络工程提前（1 分），软件开发延期（1 分）

---

[1] 本章提及的《信息系统监理师教程》是全国计算机技术与软件专业技术资格（水平）考试指定用书，由清华大学出版社出版。

（2）建议承建单位对网络工程采取修正措施（0.5 分）

建议承建单位对软件开发采取修正措施（0.5 分）

【问题 3】（5 分）

（1）投资最优化原则

全面成本控制原则

动态控制原则

目标管理原则

责权利相结合原则

（每个原则 0.5 分，满分 2 分）

（2）建设单位的建议违反投资最优化原则（1 分，多答不得分）

承建单位的建议违反投资最优化原则（1 分，多答不得分）

监理单位的建议违反全面成本控制原则（1 分，多答不得分）

（每条 1 分，共 3 分）

【问题 4】（5 分）

（1）应在变更前评估变更对项目计划、流程、预算、进度、可交付成果的影响；

（2）不应口头接受变更申请，每一个项目变更必须用变更申请单书面提出（紧急情况下可以接受口头申请，但需后续补充书面变更）；

（3）在审批变更申请前，必须与总监理工程师商议所有提出的变更；

（4）变更必须获得项目三方责任人的书面批准才可实施；

（5）变更申请单批准后，必须要求承建单位修改项目整体计划，反映出该项变更。

（每个 1 分，共 5 分）

试题二（15 分）

阅读下列说明，回答问题 1 至问题 3，将解答填入答题纸的对应栏内。

【说明】

某单位进行大型电子政务信息系统工程建设，总投资 5000 万元。建设单位分别与承建单位、监理单位签订了实施合同和监理合同。

【事件 1】承建单位在合同时间范围内完成了业务应用系统的代码开发工作，将软件源代码及编译配置说明文档提交建设单位和监理单位，准备验收工作。

【事件 2】承建单位向监理单位提交了验收申请。监理单位首先需要对其验收计划和验收方案进行审查。

【事件 3】建设单位准备组织验收委员会进行测试、验收。

【问题 1】（5 分）

针对事件 1：

（1）承建单位的做法是否合理？为什么？

（2）验收准备工作前，承建单位需要补充提交给建设单位和监理单位的资料有哪些？

【问题 2】（5 分）

针对事件 2，请指出监理单位对承建单位验收计划和验收方案进行审查的主要内容。

【问题 3】（5 分）

针对事件 3，请从候选答案中选择一个正确选项，将该选项编号填入答题纸对应栏内。

（1）（ ）不需要专门的测试工具和设备，一旦发现错误就能定位错误。

A．代码审查 B．黑盒测试 C．质量控制 D．控制流分析

（2）软件集成测试由（ ）组织，软件开发组和软件测试组联合实施测试。

A．承建单位 B．建设单位 C．监理单位 D．第三方测试单位

（3）系统测试由（ ）组织，成立联合测试组实施测试。

A．承建单位 B．建设单位 C．监理单位 D．第三方测试单位

（4）（ ）包含软件单元的功能测试、接口测试和重要执行路径测试。

A．单元测试 B．集成测试 C．系统测试 D．验收测试

（5）（ ）的目的在于通过与系统的需求定义做比较，发现软件与系统定义不符合的地方。

A．单元测试 B．集成测试 C．系统测试 D．验收测试

试题二分析

本题重点考核信息应用系统建设监理。

【问题 1】

案例问题 1，重点考核验收阶段信息应用系统建设承建单位的工作（参考《信息系统监理师教程》24.1.5 小节）。

【问题 2】

案例问题 2，重点考核验收阶段信息应用系统建设的监理要点之一（参考《信息系统监理师教程》6.3.5 小节）。

【问题 3】

选择题，重点考核实施阶段信息应用系统的监理技术（参考《信息系统监理师教程》19.4 节）。

试题二参考答案

【问题 1】（5 分）

（1）不合理（1 分）

原因：承建单位需要在提交验收前，进行如下内部测试（将软件提交业主单位与监理单位进行验收测试之前，必须保证承建单位本身已经对软件的各方面进行了足够的正式测试）。（2 分）

（2）需要补充提交如下材料：

a. 提供与验收相关的文档（1 分）；

b. 提供与验收相关的软件配置内容（1 分）。

【问题 2】（5 分）

（1）验收目标

（2）各方责任

（3）验收内容

（4）验收标准

（5）验收方式

（每个 1 分，共 5 分）

【问题 3】（5 分）

（1）A

（2）A

（3）B

（4）A

（5）C

（每个 1 分，共 5 分）

试题三（15 分）

阅读下列说明，回答问题 1 至问题 3，将解答填入答题纸的对应栏内。

【说明】

某市卫生部门拟建立“基于人工智能的医学影像诊断云平台”。该平台每天从 10 家三级甲等医院获取病人的临床数据，智能分析后生成医学影像诊断知识库，共享给本市所有医疗机构。因病例数据涉及患者隐私，建设单位委托承建单位 A 为云平台搭建一个星型拓扑结构的专有信息网络系统，委托监理单位 B 承担信息网络系统的监理工作。

【事件 1】在对信息网络系统进行招标时，监理工程师协助建设单位制定了技术方案投标评分标准。

【事件 2】监理工程师应当了解《智能建筑设计标准》的要求，并据此监理综合布线系统的设计方案。

【事件 3】信息网络系统实施完成后，监理工程师协助建设单位对网络安全和网络管理平台组织了严格的测试验收。

【问题 1】（6 分）

针对事件 1，请判断监理工程师设置的评分项或评分方法是否正确（填写在答题纸的对应栏内，正确的选项填写“√”，不正确的选项填写“×”）

（1）选用的技术路线（包括网络架构、网络安全体系、服务器）应当是主流的；（　）

（2）主要设备的价格应与当前的市场行情相符；（　）

（3）防火墙和入侵检测系统应相互独立，不具有联动性；（　）

（4）应重点考虑总体技术方案的适用性，把实际需求放第一位；（　）

（5）应当提供定性化的系统规划方法，确保网络交换机、服务器、存储系统、备份系统的配置规划合理；（　）

（6）对于某些新技术领域，选择的产品应当得到实践验证。（　）

【问题 2】（3 分）

针对事件 2，请将下列综合布线设计要点补充完整（请从候选答案中选择一个正确选项，将该选项编号填入答题纸对应栏内）。

（1）工作区子系统设计的基本链路长度应为（　）是合理的。

A．85 米　　B．92 米　　C．96 米　　D．100 米

（2）工作区子系统中共设计了 60 个信息点，需要（ ）个 RJ45。

A．240　　B．276　　C．288　　D．300

（3）系统中心机房的室外电缆采用直埋+架空方式连接到建设单位的另一楼宇。当（ ）情况存在时，电缆一般不会遭到雷击。

A．本地区年平均雷暴日为 5 天，且大地电阻率约为 90Ωm

B．本地区年平均雷暴日为 6 天，且大地电阻率约为 80Ωm

C．建筑物的直埋电缆为 50 米，且电缆的连续屏蔽层两端都接地

D．建筑物的直埋电缆为 45 米，且电缆的连续屏蔽层近地端接地

【问题 3】（6 分）

针对事件 3，请问网络安全平台验收主要针对哪些设备或系统？

试题三分析

本题重点考核信息网络系统建设监理。

【问题 1】

判断题重点考核信息网络系统招标监理的基本特点（参考《信息系统监理师教程》15.2.1 小节）。判断 3 和 5 错。

（3）防火墙和入侵检测系统具备联动性，应通过接口互联。

（5）评价配置规划是否合理，应当采用定量化的规划方法。

【问题 2】

选择题考核综合布线系统设计要点（参考《信息系统监理师教程》16.5.2 小节）。

选择题 1 和 2 是工作区子系统的设计知识，选择题 3 是建筑群子系统的设计知识。

（1）基本链路长度限制在 90 米以内，信道长度限制在 100 米内。

（2）RJ45 需求量=信息点数量×4+信息点数量×4×15%。

（3）答案 B、C、D 错，答案 B 年平均雷暴日超过了 5 天，答案 C 和 D 的直埋电缆长度大于 42m。

【问题 3】

案例问题 3 重点考核监理审核网络安全系统的产品功能和性能要素（参考《信息系统监理师教程》16.4 节）。

试题三参考答案

【问题 1】（6 分）

（1）√

（2）√

（3）×

（4）√

（5）×

（6）√

（每个 1 分，共 6 分）

【问题 2】（3 分）

（1）A

（2）B

（3）A

【问题 3】（6 分）

（1）防火墙系统

（2）入侵监测系统

（3）漏洞扫描系统

（4）网络防病毒系统

（5）安全审计系统

（6）Web 信息防篡改系统

（7）网闸

（每个 1 分，满分 6 分）

试题四（15 分）

阅读下列说明，回答问题 1 至问题 3，将解答填入答题纸的对应栏内。

【说明】

某制造集团制定了智能制造战略目标，要求 2019 年 9 月之前上线“高品制造信息应用系统”，协助集团实现汽车生产线的工况在线感知、智能决策控制和装备自律执行，以达到提升装备性能、提高复杂零件制造品质的目的。集团委托监理单位 A 承担监理工作。项目建设过程中，发生如下事件。

【事件 1】在软件工程招标过程中，集团要求投标方拥有完善的质量管理体系，能够对产品和过程建立起定量的质量目标，同时在开发过程中具备明确的连续度量能力。评标过程要特别关注投标方质量能力及按时交付能力。监理单位据此在招标书中要求投标单位拥有 CMMI 2 级资质、通过 GB/T 27001 认证。由集团战略总监、集团项目总监、总监理工程师、质量体系认证专家、技术专家、经济专家各 1 人组成评标小组，其中 3 名专家从事相关领域工作满 6 年，均具有高级职称。

【事件 2】软件公司 B 与集团签订了建设合同，承诺保证质量、按时交付。B 的需求小组进行了认真细致的需求调研与分析工作，编制的需求说明书内容完善，将系统分为 3 个功能子系统和 1 个工作流子系统，既包含了充分的功能点也细致描述了实现方法。需求说明书通过评审后，项目经理安排设计小组制定系统运行环境方案，以便及时交付建设单位进行采购；安排测试小组制定软件检验标准，务必满足建设单位的严格要求。经建设单位和监理单位同意后，B 将 1 个功能子系统分包给了软件公司 C，要求 C 在 2019 年底前完成开发及测试。C 要求了解系统总体及其他子系统情况，以便编写需求说明书，B 以保密为由拒绝了。

【事件 3】软件研发进入实施阶段的尾声，各软件单元分别完成开发，B 公司准备进行集成测试。

【问题 1】（5 分）

针对事件 1，请指出监理单位在招标过程中的不正确之处。

【问题 2】（5 分）

针对事件 2，作为监理工程师，请指出存在的问题并说明理由。

【问题 3】（5 分）

针对事件 3，作为监理工程师，请给出集成测试的进入条件。

试题四分析

本题重点考核信息应用系统建设监理知识。

【问题 1】

案例问题 1 考核信息应用系统建设准备阶段的监理工作（参考《信息系统监理师教程》21.5 和 21.6 节）。

【问题 2】

案例问题 2 考核信息应用系统建设监理：

（1）需求说明书的监理审核内容（参考《信息系统监理师教程》22.2.5 小节）；

（2）软件分包合同的监理审核内容（参考《信息系统监理师教程》22.2.2 小节）。

【问题 3】

案例问题 2 考核：信息应用系统建设工程集成测试进入条件（参考《信息系统监理师教程》23.1.2 小节）。

试题四参考答案

【问题 1】（5 分）

（1）投标要求 CMMI2 级不符合建设单位要求，应为 CMMI4；

（2）投标书中未要求投标单位的质量管理体系认证资质，应通过 GB/T 19001 或者 ISO9001 认证；

（3）评标小组现在是 6 人，应为 5 人以上单数；

（4）技术、经济专家目前共 2 人，应达到成员总数的 2/3；

（5）专家从事相关领域 6 年不符合评标专家资格要求，应当从事相关领域工作满 8 年。

（每个 1 分，共 5 分）

【问题 2】（5 分）

（1）B 公司的需求说明书应当将功能与实现分开，只需要描述“做什么”，而不是“怎样实现”；

（2）需求说明书必须包括系统运行环境，不应安排给后续的设计小组；

（3）需求说明书必须包括软件检验标准，不应安排给后续的测试小组；

（4）C 公司负责的功能子系统是系统的一部分，需要描述、开发与其他子系统的交互及接口，B 不应拒绝 C 了解其他系统的要求；

（5）系统交付日期为 2019 年 9 月，B 分包给 C 的子系统要求交付日期是 2019 年底，软件分包合同不能与项目建设合同有冲突。

（每条 1 分，共 5 分）

【问题 3】（5 分）

（1）被集成的软件单元无错通过编译；

（2）被集成的软件单元通过代码审查；

（3）被集成的软件单元通过单元测试并达到测试要求；

（4）被集成的软件单元已置于配置管理受控库；

（5）已具备集成测试计划要求的测试工具。

（每条 1 分，共 5 分）

试题五（10 分）

阅读下列说明，回答问题 1 至问题 2，将解答填入答题纸的对应栏内。

【说明】

某省政府根据整体战略规划部署，拟建设统一身份认证系统。该系统为用户提供注册、实名验证、身份鉴别等服务，实现可信注册、实名验证以及安全登录等功能，支撑政务服务的有序运行。

完成开发任务后，项目进入系统测试阶段。

【问题 1】（5 分）

请判断如下说法是否正确（填写在答题纸的对应栏内，正确的选项填写“√”，不正确的选项填写“×”）。

（1）监理单位在测试阶段检查了承建单位是否按照设计中制定的规范与计划进行测试。（　）

（2）监理单位组织进行了单元测试、集成测试，并取代了开发方的内部测试。（　）

（3）可与客户和最终用户一同参与开发和评审测试准则。（　）

（4）每当被测试软件或软件环境发生变化时，则在各有关的测试级别上适当进行回归测试。（　）

（5）由软件开发小组兼职系统测试工作，计划和准备所需的测试用例和测试规程。（　）

【问题 2】（5 分）

请简述系统测试阶段监理的主要活动。

试题五分析

本题重点考核信息应用系统实施阶段监理。

【问题 1】

案例问题 1 考核软件测试监理（参考《信息系统监理师教程》23.2.2 小节）。判断 2 和 5 错。

（2）切忌由监理单位进行单元、集成或确认测试而取代开发方的内部测试，这种方法并不能保证工程的质量；

（5）系统测试，由一个独立于软件开发者的测试小组来计划和准备所需的测试用例和测试规程。

【问题 2】

案例问题 2 考核软件测试监理的活动（参考《信息系统监理师教程》23.2.2 小节）。

试题五参考答案

【问题1】（5分）

（1）√

（2）×

（3）√

（4）√

（5）×

切忌由监理单位进行单元、集成或确认测试而取代开发方的内部测试，这种方法并不能保证工程的质量。

系统测试，由一个独立于软件开发者的测试小组来计划和准备所需的测试用例和测试规程。

【问题2】（5分）

（1）监督承建单位将合适的软件系统测试工程方法和工具集成到项目定义的软件过程中；

（2）监督承建单位依据项目定义的软件系统过程，对系统测试进行开发、维护、建立文档和验证，以满足软件系统测试计划的要求；

（3）监督承建单位依据项目定义的软件过程、计划和实施软件系统的确认测试；

（4）计划和实施软件系统测试，实施系统测试以保证满足软件需求；

（5）跟踪和记录软件系统测试的结果。

（每条1分，共5分）

第 23 章　2019 下半年信息系统监理师上午试题分析与解答

试题（1）

为提升企业管理能力，某公司自行研发了项目管理系统。该项目管理系统属于__（1）__。

（1）A．系统软件　　B．支撑软件　　C．应用软件　　D．产品软件

试题（1）分析

参考《信息系统监理师教程》[1]19.1 节。

软件按功能进行划分：

（1）系统软件：能与计算机硬件紧密配合在一起，使计算机系统各个部件、相关的软件和数据协调、高效地工作的软件。例如，操作系统、数据库管理系统、设备驱动程序以及通信处理程序等。

（2）支撑软件：是协助用户开发软件的工具性软件，其中包括帮助程序人员开发软件产品的工具，也包括帮助管理人员控制开发的进程的工具。

（3）应用软件：是在特定领域内开发，为特定目的服务的一类软件。其中包括为特定目的进行的数据采集、加工、存储和分析服务的资源管理软件。

参考答案

（1）C

试题（2）

编写可行性报告时，__（2）__分析是对项目的价值、投资与预期利益进行科学评价。

（2）A．经济可行性　　B．技术可行性

C．系统生存环境可行性　　D．政策可行性

试题（2）分析

参考《信息系统监理师教程》15.1.2 小节。

可行性分析主要关注的四个方面：

（1）经济可行性。对项目的价值、投资与预期利益进行科学评价。

（2）技术可行性。

（3）系统生存环境可行性。确定系统运行环境和生命周期。

（4）各种可选方案。对用于该系统开发的各种处理方法进行评价。

参考答案

（2）A

试题（3）

为确保系统正式运行后发生问题时有稳妥可行的解决方案，承建商应制定__（3）__。

---

[1] 本章提及的《信息系统监理师教程》为全国计算机技术与软件专业技术资格（水平）考试指定用书，由清华大学出版社出版。

（3）A．试运行方案　B．培训方案　C．运维方案　D．验收方案

试题（3）分析

参考《信息系统监理师教程》23.1.3 小节。

系统建设在试运行与培训阶段承建单位的工作任务：

在系统的试运行与维护阶段，承建单位在业主单位现有条件下进行系统的试运行与维护工作。承建单位制订详细的试运行计划，进行现场跟踪，修改实现环境运行工程中发现的问题，对用户进行培训，制定详细的维护方案。

参考答案

（3）C

试题（4）

人工智能技术中，__（4）__学习方式制定了奖励/惩罚机制。

（4）A．监督式　B．非监督式　C．半监督式　D．加强型

试题（4）分析

人工智能相关技术——机器学习分类：

监督式学习：给定输入，预测输出，训练数据包含输出的标签。

非监督式学习：给定输入，学习数据中的模式和范式，训练数据不包含输出数据的标签。

半监督式学习：给定输入和输出的某些假设，联合概率最大，训练数据中包含少量的标签数据和大量的无标签数据。

加强型学习：制定奖励/惩罚机制，在没有指导的情况下，该机制就可以帮助网络完成学习，例如，利用动态规划制定奖励机制。

参考答案

（4）D

试题（5）

__（5）__是物联网技术的典型应用。

（5）A．扫地机器人　B．无人超市
C．广告精准推送　D．人脸识别

试题（5）分析

扫地机器人、人脸识别均是人工智能的应用案例。

广告精准推送是大数据的应用案例。

参考答案

（5）B

试题（6）

网络层协议中，__（6）__协议用于获取设备的硬件地址。

（6）A．ARP　B．IP　C．ICMP　D．IPX

试题（6）分析

ARP：地址解析协议，是根据 IP 地址获取物理地址的一个 TCP/IP 协议。

IP：Internet Protocol（因特网互连协议），是 TCP/IP 体系中的网络层协议。设计 IP 的目

的是提高网络的可扩展性。

ICMP：Internet 控制报文协议，它是 TCP/IP 协议族网络层的一个子协议，用于在 IP 主机、路由器之间传递控制消息。

IPX：互联网分组交换协议，提供分组寻址和选择路由的功能，保证可靠到达，相当于数据报的功能。

参考答案

（6）A

试题（7）

（7）是 TCP/IP 协议的应用层协议。

（7）A．ARP　　B．TCP　　C．UDP　　D．SMTP

试题（7）分析

ARP：地址解析协议，是根据 IP 地址获取物理地址的数据链路层 TCP/IP 协议。传输有地址的帧以及错误检测功能。

TCP：传输控制协议，是一种面向连接（连接导向）的、可靠的、基于字节流的传输层通信协议。

UDP：用户数据报协议，是 TCP/IP 协议族传输层的协议，提供端对端的接口。

SMTP：简单邮件传输协议，它是一组用于由源地址到目的地址传送邮件的规则，由它来控制信件的中转方式。SMTP 协议属于 TCP/IP 协议簇应用层的协议，它帮助每台计算机在发送或中转信件时找到下一个目的地。

参考答案

（7）D

试题（8）

网络按照（8）可划分为总线型结构、环型结构、星型结构、树型结构和网状结构。

（8）A．覆盖的地理范围　　B．链路传输控制技术
C．拓扑结构　　D．应用特点

试题（8）分析

计算机网络按照拓扑结构可分为总线型结构、环型结构、星型结构、树型结构和网状结构。

参考答案

（8）C

试题（9）

针对网站的访问监控内容一般不包括（9）。

（9）A．响应时间　　B．连接数　　C．网络流量　　D．CPU 负载

试题（9）分析

对于网站的性能指标，重要的是响应时间、吞吐量、并发数。

（1）响应时间：是一次请求从发送请求到收到响应的总时间，直观地反映系统的快慢。

（2）吞吐量：是单位时间处理的请求数，通常用 TPS 来标示，是系统容量的直观体现。

（3）并发数：是系统同时能处理的请求，对于同时在线用户数高的，短时间有大量用户使用的，如电子商务购物网站在短时间内保证用户能同时访问平台，需要极高的并发能力支持。

参考答案

（9）D

试题（10）

（10） 定义了软件质量特性，以及确认这些特性的方法和原则。

（10）A．软件验收　　B．软件设计　　C．软件规划　　D．软件需求

试题（10）分析

软件质量指的是软件特性的总和，是软件满足用户需求的能力，即遵从用户需求，达到用户满意。软件质量包括“内部质量”“外部质量”和“使用质量”三部分。软件需求定义了软件质量特性，及确认这些特性的方法和原则。

参考答案

（10）D

试题（11）

在智慧城市建设参考模型中， （11） 利用SOA、云计算、大数据等技术，提供应用所需的服务和共享资源。

（11）A．智慧应用层　　B．数据及服务支撑层
C．网络通信层　　D．物联感知层

试题（11）分析

智慧城市建设参考模型：

（1）智慧应用层：提供应用和服务；

（2）数据及服务支撑层：利用SOA、云计算、大数据等技术，支撑智慧应用层的相关应用，提供应用所需的服务和共享资源；

（3）网络通信层：负责网络通信；

（4）物联感知层：负责感知。

参考答案

（11）B

试题（12）

（12） 通过特定的工具和途径记录用户所访问的相关页面信息。

（12）A．外界环境数据　　B．安全审计日志
C．用户主体数据　　D．用户浏览日志

试题（12）分析

关于大数据应用的“用户日志”一般包括下列几类数据：

（1）网站日志：用户在访问某个目标网站时，网站记录的用户相关行为信息。

（2）搜索引擎日志：记录用户在该搜索引擎上的相关行为信息。

（3）用户浏览日志：通过特定的工具和途径记录用户所浏览过的所有页面的相关信息，

如浏览器日志、代理日志等。

（4）用户主体数据：如用户群的年龄、受教育程度、兴趣爱好等。

（5）外界环境数据：如移动互联网流量、手机上网用户增长、自费套餐等。

参考答案

（12）D

试题（13）

在网络系统安全体系中，网络基础设施漏洞检测与修复属于__（13）__。

（13）A．实体安全　　B．应用安全　　C．数据安全　　D．平台安全

试题（13）分析

参考《信息系统监理师教程》14.1.4 小节。

网络系统安全体系构成：实体安全、设施安全、平台安全、数据安全、通信安全、应用安全、运行安全、管理安全。

平台安全，泛指操作系统和通用基础服务安全，主要用于防范黑客攻击手段。目前市场上大多数安全产品均限于解决平台安全问题，包括以下内容：

（1）操作系统漏洞检测与修复，包括 UNIX 系统、Windows 系统、网络协议。

（2）网络基础设施漏洞检测与修复，包括路由器、交换机、防火墙等。

（3）通用基础应用程序漏洞检测与修复，包括数据库、Weblftp/mai1/DNS/其他各种系统守护进程。

参考答案

（13）D

试题（14）

__（14）__技术用于防止网络外部“敌人”的侵犯。

（14）A．防火墙　　B．入侵监测　　C．数据加密　　D．漏洞扫描

试题（14）分析

参考《信息系统监理师教程》14.1.4 小节。

网络安全包括以下几方面：

（1）防火墙技术，防止网络外部“敌人”的侵犯。目前，常用的防火墙技术有分组过滤、代理服务器和应用网关。

（2）数据加密技术，防止“敌人”从通信信道窃取信息。目前，常用的加密技术主要有对称加密算法（如 DES）和非对称加密算法（如 RSA）。

（3）入侵监测和漏洞扫描技术。

（4）物理隔离技术，如网闸。

（5）访问限制，主要方法有用户口令、密码、访问权限设置等。

参考答案

（14）A

试题（15）

实施系统灾难恢复时，__（15）__系统的恢复时间最长，成本最低。

（15）A．全自动恢复　B．半自动恢复　C．数据备份　D．手动恢复

试题（15）分析

参考《信息系统监理师教程》14.1.2 小节。

灾难有时是不可避免的，关键是在灾难发生时如何有效地恢复系统。灾难恢复系统可根据操作方式分为以下三种，其达到的效果各有不同。

（1）全自动恢复系统。

在灾害发生时全自动恢复系统可达到不中断响应的切换，很好地保证了重要应用的继续性。这种方法的优点是：大大地减少了系统管理员在灾害发生后的工作量。缺点是：一些次要因素，如服务器死机、通信联络中断等，也随时有可能引发主生产系统切换到副应用端的操作。

（2）手动恢复系统。

这种方法的优点是：整个系统的安全性非常好，不会因为服务器或网卡损坏而发生误切换。缺点是：会产生一段时间的应用中断。

（3）数据备份系统。

在这种系统中，系统将主应用端的数据实时地备份到远地的存储器中。这样，一旦主应用端的存储设备遭到损坏时，远程的存储器中会保留事故发生前写入本地存储器的所有数据，使丢失数据造成的损失降到最低点。与上述两种方式相比，该方式系统恢复所需时间最长，但成本最低。

参考答案

（15）C

试题（16）

关于机房接地系统的描述，不正确的是：<u>（16）</u>。

（16）A．网络及主机设备的电源应有独立的接地系统

B．分支电路的每一条回路都需有独立的接地线

C．网络设备的接地系统可与避雷装置共用

D．高架地板的机房可用铝钢架代替接地的地网

试题（16）分析

参考《信息系统监理师教程》17.3.5 小节。

机房接地系统的要求：

（1）网络及主机设备的电源应有独立的接地系统，并应符合相应的技术规定。

（2）分支电路的每一条回路都需有独立的接地线，并接至配电箱内与接地总线相连。

（3）配电箱与最终接地端应通过单独绝缘导线相连：其线径至少须与输入端、电源路径相同，接地电阻应小于 4Ω。

（4）接地线不可使用零线或以铁管代替。

（5）在雷电频繁地区或有架空电缆的地区，必须加装避雷装置。

（6）网络设备的接地系统不可与避雷装置共用，应各自独立，并且其间距应在 10m 以上；与其他接地装置也应有 4m 以上的间距。

（7）在有高架地板的机房内，应有 16mm^2 的铜线地网，此地网应直接接地；若使用铝钢架地板，则可用铝钢架代替接地的地网。

（8）地线与零线之间所测得的交流电压应小于 1V。

参考答案

（16）C

试题（17）

关于机房内槽道敷设的描述，不正确的是：__（17）__。

（17）A．水平敷设梯架式槽道时，梯架式槽道距离地面的高度不低于 2.2m

B．无孔托盘式槽道，距离地面的高度不低于 2.2m

C．在吊顶内敷设槽道时，槽道顶部距顶棚的距离不应小于 0.3m

D．在同一个机房中如有几组槽道，且在同一高度，槽道之间的间距不宜小于 0.6m

试题（17）分析

参考《信息系统监理师教程》16.5.2.3 小节。

关于隐蔽工程管路的设计要求有：

（1）在智能化建筑中因客观条件等限制，只能采用明敷槽道方式时，应注意其吊装高度。有孔托盘式或梯架式槽道在屋内水平敷设时，要求距离地面高度一般不低于 2.5m；无孔托盘式槽道可降低为不小于 2.2m；在吊顶内敷设槽道时不受此限，可根据吊顶的装设要求来确定，但要求槽道顶部距顶棚或其他障碍物之间的距离不应小于 0.3m。

（2）在智能化建筑中如有几组槽道（包括各种缆线）在同一路由（如在技术夹层中或地下室内），且在同一高度安装敷设时，为了便于维护检修和日常管理，槽道之间应留有一定的空间距离，一般不宜小于 600mm。

参考答案

（17）A

试题（18）

在综合布线工程实施过程中，有关线槽内配线的操作，不正确的是：__（18）__。

（18）A．缆线在布放前两端应贴有标签，以表明起始和终端位置

B．电源线、光缆及建筑物内其他弱电系统的缆线应分离布放

C．布放缆线的牵引力，对光缆瞬间最大牵引力不应超过光缆允许的张力

D．在水平桥架中敷设缆线时，不应对缆线进行绑扎

试题（18）分析

参考《信息系统监理师教程》17.5 节。

信息网络系统建设中，关于隐蔽工程的线槽配线要求有：

（1）缆线在布放前两端应贴有标签，以表明起始和终端位置，标签书写应清晰、端正和正确。

（2）电源线、信号电缆、对绞电缆、光缆及建筑物内其他弱电系统的缆线应分离布放。各缆线间的最小净距应符合设计要求。

（3）缆线布放，在牵引过程中，吊挂缆线的支点相隔间距不应大于 1.5m。

（4）布放缆线的牵引力，应小于缆线允许张力的 80%，对光缆瞬间最大牵引力不应超过光缆允许的张力。

（5）在水平、垂直桥架和垂直线槽中敷设缆线时，应对缆线进行绑扎。

参考答案

（18）D

试题（19）

关于服务器选型的描述，不正确的是：＿（19）＿。

（19）A．应考虑应用服务器和数据服务器的运算指标和性能

B．在关键业务应用中数据库和应用服务器应支持群集和高可用性处理

C．服务器的处理能力只需满足关键业务应用和当前用户规模的需求

D．服务器的硬盘、网络接口、网络连接及电源均应考虑足够的冗余

试题（19）分析

参考《信息系统监理师教程》16.2.3 小节。

选择服务器时，应考虑的内容：

（1）分析应用系统的运算模型是以 OLTP（联机事务处理）为主还是以数据挖掘和数据仓库等 OLAP 类型为主，审核系统设计和资源配置方案时应主要考查应用服务器和数据服务器的运算指标和性能。

（2）在关键业务应用中数据库和应用服务器应支持群集和高可用性（HA）处理，设备选型时应重点审核多机间的热切换和负载均衡能力（需要应用软件开发商的配合）。此外还要确定服务器的 HA 策略是否需要网络设备的支持。

（3）服务器的硬盘、网络接口、网络连接及电源均应考虑足够的冗余。

（4）服务器的处理能力要求能满足所有的业务应用和一定用户规模的需求，而且须考虑全部系统的开销及应用切换时的性能余量。

参考答案

（19）C

试题（20）

＿（20）＿属于网闸的功能。

（20）A．支持攻击特征信息的集中式发布和攻击取证信息的分布式上载

B．定期或不定期地使用安全性分析软件对整个内部系统进行安全扫描

C．支持快速检索事件和规则信息的功能

D．既能防止来自 Internet 的网络入侵，又能防止业务系统的泄密

试题（20）分析

参考《信息系统监理师教程》16.4.2 和 16.4.3 小节。

1. 入侵监测和漏洞扫描系统的功能和性能要素：

（1）入侵监测系统：支持攻击特征信息的集中式发布和攻击取证信息的分布式上载。

（2）漏洞扫描系统：①定期或不定期地使用安全性分析软件对整个内部系统进行安全扫描，及时发现系统的安全漏洞、报警并提出补救建议。②支持灵活的事件和规则自定义功能，

允许用户修改和添加自定义检测事件和规则，支持事件查询。

2. 其他网络安全系统的功能和性能要素：

网闸既能防止来自 Internet 的网络入侵，又能防止业务系统的泄密。

参考答案

（20）D

试题（21）

总监理工程师不得将＿（21）＿工作委托总监理工程师代表。

（21）A．审核工程量数据和凭证　　B．项目日常监理文件的签发
　　C．项目一般性监理文件的签发　　D．项目竣工验收文件的签发

试题（21）分析

参考《信息系统监理师教程》5.1.2 小节。

总监理工程师代表的职责包括：

（1）总监理工程师代表由总监理工程师授权，负责总监理工程师指定或交办的监理工作。

（2）负责本项目的日常监理工作和一般性监理文件的签发。

（3）总监理工程师不得将下列工作委托总监理工程师代表：

- 根据工程项目的进展情况进行监理人员的调配，调换不称职的监理人员。
- 主持编写工程项目监理规划及审批监理实施方案。
- 签发工程开工/复工报审表、工程暂停令、工程款支付证书、工程项目的竣工验收文件。
- 审核签认竣工结算。
- 调解建设单位和承建单位的合同争议，处理索赔，审批工程延期。

参考答案

（21）D

试题（22）

云计算具备的特点包括＿（22）＿。

①超大规模　②虚拟化　③按需服务　④专用性　⑤潜在的危险性

（22）A．①②③④　　B．②③④⑤　　C．①③④⑤　　D．①②③⑤

试题（22）分析

云计算的特点：①超大规模；②虚拟化；③高可靠性；④通用性；⑤高可扩展性；⑥按需服务；⑦极其廉价；⑧潜在的危险性。

参考答案

（22）D

试题（23）

＿（23）＿包含系统程序的基本处理流程、模块划分、接口设计、运行设计等内容。

（23）A．软件需求说明书　　B．概要设计说明书
　　C．网络设计说明书　　D．数据库设计说明书

试题（23）分析

参考《信息系统监理师教程》20.3.5 小节。

软件设计说明书分为概要设计说明书、详细设计说明书和数据库设计说明书。概要设计说明书说明对程序系统的设计考虑，包括程序系统的基本处理流程、程序系统的组织结构、模块划分、功能分配、接口设计、运行设计、数据结构设计和出错处理设计等，为程序的详细设计提供基础。

参考答案

（23）B

试题（24）

在质量监控过程中，__（24）__不属于监理的工作内容。

（24）A．根据合同及有关标准审查总体需求说明书
　　B．审查需求说明书的输入输出要求是否全面
　　C．检查系统设计的全面性和业务符合性
　　D．根据测试方案实施测试并整改发现的问题

试题（24）分析

参考《信息系统监理师教程》20.3.5 小节。

1. 需求分析说明书的监理工作与质量控制工作如下：

（1）监理过程中，要根据合同及有关标准审查总体需求说明书。

（2）监理要审查输入输出要求是否全面，是否符合基本逻辑。

2. 软件设计说明书的监理工作与质量控制工作如下：

承建单位按合同规定日期提交正式会签确认的概要设计说明书、详细设计说明书和数据库设计说明书。

参考答案

（24）D

试题（25）

软件配置管理通过标识产品的组成元素来实现产品的__（25）__。

（25）A．适用性　　B．安全性　　C．易用性　　D．完整性

试题（25）分析

软件配置管理，通过标识产品的组成元素、管理和控制变更、验证、记录和报告配置信息，来控制产品的进化和完整性。

参考答案

（25）D

试题（26）

__（26）__是为了评价和改进产品质量、识别产品的缺陷和问题而进行的活动。

（26）A．需求分析　　B．软件设计　　C．软件测试　　D．软件维护

试题（26）分析

（1）软件设计：根据软件需求，产生一个软件内部结构的描述，并将其作为软件构造的基础。

（2）软件测试：是为了评价和改进产品质量、识别产品的缺陷和问题而进行的活动。

（3）软件维护：将软件维护定义为需要提供软件支持的全部活动。

参考答案

（26）C

试题（27）

__（27）__是对计算机软件单元组装得到的计算机软件部件进行测试。

（27）A．单元测试　　B．集成测试　　C．确认测试　　D．系统测试

试题（27）分析

参考《信息系统监理师教程》19.4.4 小节。

（1）计算机软件单元测试。适用对象为任一计算机软件单元。

（2）计算机软件集成测试。适用对象为由计算机软件单元组装得到的计算机软件部件。

（3）计算机软件确认测试。适用对象为完整的软件。

（4）系统测试。适用对象为整个计算机系统，包括硬件系统和软件系统。

参考答案

（27）B

试题（28）

__（28）__需要运行程序，并能在运行过程中跟踪程序的执行路径。

（28）A．代码审查　　B．静态分析　　C．白盒测试　　D．黑盒测试

试题（28）分析

参考《信息系统监理师教程》19.4.2 小节。

（1）代码审查（包括代码评审和走查）主要依靠有经验的程序设计人员根据软件设计文档，通过阅读程序，发现软件错误和缺陷。

（2）静态分析主要对程序进行控制流分析、数据流分析、接口分析和表达式分析等。静态分析一般由计算机辅助完成。

（3）白盒测试是一种按照程序内部的逻辑结构和编码结构设计并执行测试用例的测试方法。

白盒测试需要运行程序，并能在运行过程中跟踪程序的执行路径。软件人员使用白盒测试方法，主要想对程序模块进行如下的检查：

- 对程序模块的所有独立的执行路径至少测试一次；
- 对所有的逻辑判定，取“真”与取“假”的两种情况都能至少测试一次；
- 在循环的边界和运行界限内执行循环体；
- 测试内部数据结构的有效性，等等。

（4）黑盒测试是一种从软件需求出发，根据软件需求规格说明设计测试用例，并按照测试用例的要求运行被测程序的测试方法。

参考答案

（28）C

试题（29）

某单位在系统试运行阶段，因相关政策变化造成软硬件配置发生变化，系统需要进

行__（29）__。

（29）A．更正性维护 B．适应性维护 C．完善性维护 D．预防性维护

试题（29）分析

（1）更正性维护：更正交付后发现的错误。

（2）适应性维护：使软件产品能够在变化后或变化中的环境中继续使用。

（3）完善性维护：改进交付后产品的性能和可维护性。

（4）预防性维护：在软件产品中的潜在错误成为实际错误前，测试并更正它们。

参考答案

（29）B

试题（30）

__（30）__用来描述对象、子系统、系统的生命周期。

（30）A．用例图 B．对象图 C．序列图 D．状态图

试题（30）分析

参考《信息系统监理师教程》19.9.11小节。

（1）用例图（Use case diagram）：用例图描述系统的功能，由系统、用例和角色（Actor）三种元素组成。

（2）对象图（Object diagram）：对象图是类图的示例，类图表示类和类与类之间的关系。

（3）序列图（Sequence diagram）：反映若干个对象之间的动态协作关系。

（4）状态图（State diagram）：状态图主要用来描述对象、子系统、系统的生命周期。

参考答案

（30）D

试题（31）

信息系统项目往往在还没有完全搞清需求前就付诸实施，并且在实施过程中频繁修改，因此在项目管理过程中需重点关注__（31）__。

（31）A．变更管理 B．信息管理 C．成本管理 D．质量管理

试题（31）分析

变更在信息系统工程实际的建设过程中是经常发生的，在IT行业中，很多失败的先例都是由于项目的变化不能及时确定和处理，导致项目后期变更太多，成本和进度压力过大，因此做好变更控制可以更好地为质量控制、进度控制和成本控制服务。

参考答案

（31）A

试题（32）

__（32）__是指导整个项目执行和控制的文件。

（32）A．项目计划 B．资源规划 C．工作说明书 D．质量计划

试题（32）分析

参考《信息系统监理师教程》2.2.2小节。

项目计划是用来生成和协调诸如质量计划、进度计划、成本计划等所有计划的总计划，

是指导整个项目执行和控制的文件。

参考答案

（32）A

试题（33）

在信息系统集成项目中，涉及的“三方一法”中的三方不包括__（33）__。

（33）A．项目建设单位　　B．项目监理单位
C．项目设计单位　　D．项目承建单位

试题（33）分析

参考《信息系统监理师教程》2.3.1 小节。

信息系统项目的实施涉及主建方、承建单位和监理单位三方，而三方都需要采取项目管理的方法（简称“三方一法”），以完成其在项目实施中所肩负的责任。

参考答案

（33）C

试题（34）

__（34）__不属于监理单位的工作内容。

（34）A．合同管理　B．供应商管理　C．信息管理　D．安全管理

试题（34）分析

参考《信息系统监理师教程》1.2.2 小节。

监控活动的主要内容被概括为“四控、三管、一协调”。

四控：信息系统工程质量控制、进度控制、投资控制和变更控制。

三管：信息系统工程合同管理、信息管理和安全管理。

一协调：信息系统工程实施过程中协调有关单位及人员间的工作关系。

参考答案

（34）B

试题（35）

__（35）__不属于监理活动。

（35）A．信息系统工程质量控制　　B．信息系统工程进度控制
C．信息系统工程风险控制　　D．信息系统工程变更控制

试题（35）分析

参考《信息系统监理师教程》1.2.2 小节。

监理项目范围和监理内容，监理活动的内容被概括为“四控、三管、一协调”。四控包括：质量控制、进度控制、投资控制、变更控制，不包含风险控制。

参考答案

（35）C

试题（36）

监理合同内容不包括__（36）__。

（36）A．监理业务内容　　B．承建单位的违约责任

C．监理单位的违约责任　　D．监理费用的计取和支付方式

试题（36）分析

参考《信息系统监理师教程》1.2.3小节。

监理合同与承建单位无关。一旦选定监理单位，建设单位与监理单位应签订监理合同，合同内容主要包括：

（1）监理业务内容；

（2）双方的权利和义务；

（3）监理费用的计取和支付方式；

（4）违约责任及争议的解决方法；

（5）双方约定的其他事项。

参考答案

（36）B

试题（37）

__（37）__不属于监理单位的行为准则。

（37）A．守法　B．公开　C．科学　D．独立

试题（37）分析

参考《信息系统监理师教程》4.1.3小节。

监理单位的行为准则是：守法、公正、独立、科学、保密。

参考答案

（37）B

试题（38）

在软件开发过程中，监理工程师按照正常的程序和方法，对开发过程进行了检查和监督，并未发现任何问题，但仍有可能出现由于系统设计缺陷导致不能全部满足实际应用的情况。这种属于__（38）__风险。

（38）A．技术资源　B．工作技能　C．管理　D．进度

试题（38）分析

参考《信息系统监理师教程》4.2.1小节。

监理工作的风险类别包括：行为责任风险，工作技能风险，技术资源风险，管理风险。

参考答案

（38）A

试题（39）

__（39）__是在监理招标阶段编制的。

（39）A．监理规划　B．监理大纲　C．监理实施细则　D．经营方针

试题（39）分析

参考《信息系统监理师教程》5.2节中的表5-1。

监理大纲在监理招标阶段由公司总监编制。

参考答案

（39）B

试题（40）

关于监理实施细则的描述，不正确的是：__（40）__。

（40）A．监理实施细则是由监理员编写，监理工程师审核

B．监理实施细则中要细致分析工程的专业特点

C．监理实施细则中的监理流程要有一定的灵活性

D．监理实施细则内容包括监理的控制要点、监理流程、监理单位法

试题（40）分析

参考《信息系统监理师教程》5.4.3 小节。

监理实施细则是由专业监理工程师进行编写，由总监理工程师审核。无论哪种专业，都要包含四个方面的内容：工程专业特点、监理流程、监理的控制要点及目标、监理单位法及措施。

参考答案

（40）A

试题（41）

监理规划的内容应该具有__（41）__。

①统一性　②针对性　③时效性　④复用性

（41）A．①②③　　B．②③④　　C．①③④　　D．①②④

试题（41）分析

参考《信息系统监理师教程》5.3.2 小节。

编制监理规划的基本要求：

（1）监理规划的内容应该有统一性；

（2）监理规划的内容应该有针对性；

（3）监理规划的内容应该有时效性。

参考答案

（41）A

试题（42）

关于信息工程项目质量控制的原则，不正确的是：__（42）__。

（42）A．质量控制只关注项目结果，属于事后控制

B．对于不同的工程应采取不同的质量控制方法

C．质量控制要实施全面控制

D．质量控制要与建设单位对工程质量监督紧密结合

试题（42）分析

参考《信息系统监理师教程》6.1.3 小节。

信息系统工程质量控制的原则：

（1）质量控制要与建设单位对工程质量监督紧密结合。

（2）质量控制是一种系统过程的控制，在整个监控过程中强调对项目质量的事前控制、事中控制和事后控制。

（3）质量控制要实施全面控制，对于不同的工程内容应采取不同的质量控制方法。

参考答案

（42）A

试题（43）

信息系统工程项目是由建设单位、承建单位和监理单位三方共同完成，以下相关描述不正确的是：__（43）__。

（43）A．建设单位的工程项目管理体系是项目成功的关键要素之一

B．承建单位的质量控制体系是项目质量保障的关键

C．监理单位按照建设单位的质量控制体系从事监理活动

D．三方协同的质量控制体系是项目成功的重要因素

试题（43）分析

参考《信息系统监理师教程》6.2.2 小节。

工程项目的质量管理体系：

建设单位的工程项目管理体系是项目成功的关键要素之一，承建单位的质量控制体系是项目质量保障的关键，监理单位是工程项目的监督管理协调方，既要对自己的质量控制体系从事监理活动，还要对建设单位的质量控制体系和建设单位的工程管理体系进行监督和指导，三方协同的质量控制体系是项目成功的重要因素。

参考答案

（43）C

试题（44）

对于一个应用软件开发项目，需求获取阶段关系整个应用系统的成败，而这类工作往往做得不够细致，因此监理工程师把需求获取作为一个质量控制点。这种情况下，设置质量控制点遵守的原则是：__（44）__。

（44）A．突出重点　　B．易于纠偏

C．灵活性　　D．动态性

试题（44）分析

参考《信息系统监理师教程》6.3.1 小节。

进行质量控制点设置时，应遵守的原则之一：选择的质量控制点应该突出重点。例如：对于一个应用软件开发项目，需求获取阶段关系整个应用系统的成败，而这类工作往往做得不够细致，因此监理工程师把需求获取作为一个质量控制点。

参考答案

（44）A

试题（45）

在项目实施阶段出现质量异常情况，经提出后承建单位采取改进措施，但质量状况未发生好转，__（45）__有权下达停工令。

（45）A．公司总监　　B．总监理工程师
　　C．监理工程师　　D．质量工程师

试题（45）分析

参考《信息系统监理师教程》6.3.4 小节。

项目实施阶段，监理协助建设单位对严重质量隐患和质量问题进行处理，在必要的情况下，监理单位可按合同行使质量否决权。

在下述情况下，总监理工程师有权下达停工令：

（1）实施、开发中出现质量异常情况，经提出后承建单位仍不采取改进措施者；或者采取的改进措施不力，还未使质量状况发生好转趋势者。

（2）隐蔽作业（指综合布线及系统集成中埋入墙内或地板下的部分）未经现场监理人员查验自行封闭、掩盖者。

（3）对已发生的质量事故未进行处理和提出有效的改进措施就继续进行者。

（4）擅自变更设计及开发方案自行实施、开发者。

（5）使用没有技术合格证的工程材料、没有授权证书的软件，或者擅自替换、变更工程材料及使用盗版软件者。

（6）未经技术资质审查的人员进入现场实施、开发者。

监理工程师遇到工程中有不符合要求情况严重时，可报总监理工程师下达停工令。

参考答案

（45）B

试题（46）

工程实施阶段性质量控制的基础是＿（46）＿。

（46）A．制订阶段性质量控制计划
　　B．进行工程各阶段分析，分清主次
　　C．设置阶段性质量控制点
　　D．严格进行各阶段的交接检查

试题（46）分析

参考《信息系统监理师教程》6.3.4 小节。

关键过程质量控制的实施要点：

（1）制订阶段性质量控制计划，是工程实施阶段性质量控制的基础。

（2）进行工程各阶段分析，分清主次，抓住关键是阶段性工程结果质量控制的目的。

（3）设置阶段性质量控制，实施跟踪控制是工程质量控制的有效手段。

（4）严格各过程间交接检查。

参考答案

（46）A

试题（47）

＿（47）＿无法跟踪控制进度。

（47）

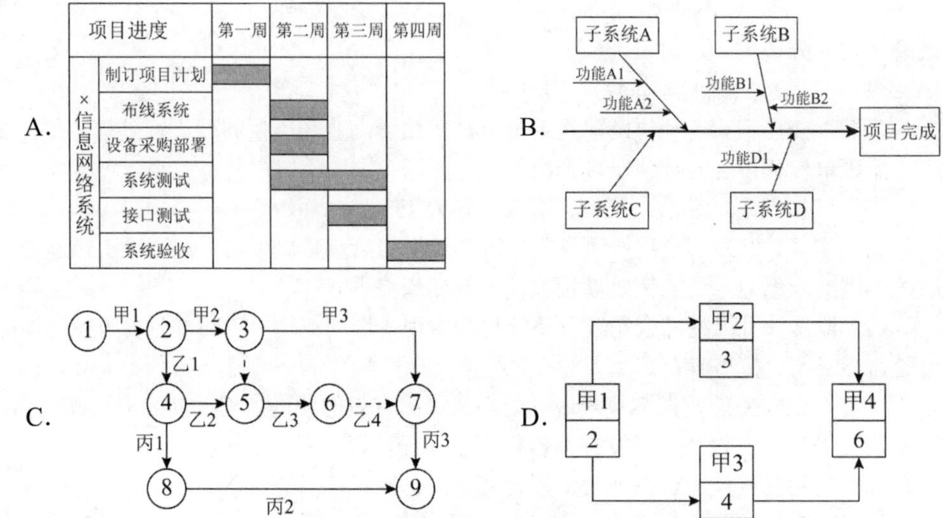

试题（47）分析

参考《信息系统监理师教程》7.4.1 小节。

鱼骨图无法控制进度，只能用来发现造成问题的根本原因。

参考答案

（47）B

试题（48）

工程施工进度曲线能够帮助监理工程师更准确地掌握工程进度状况，有效进行进度控制。图中工程施工进度曲线的切斜率是由＿（48）＿决定的。

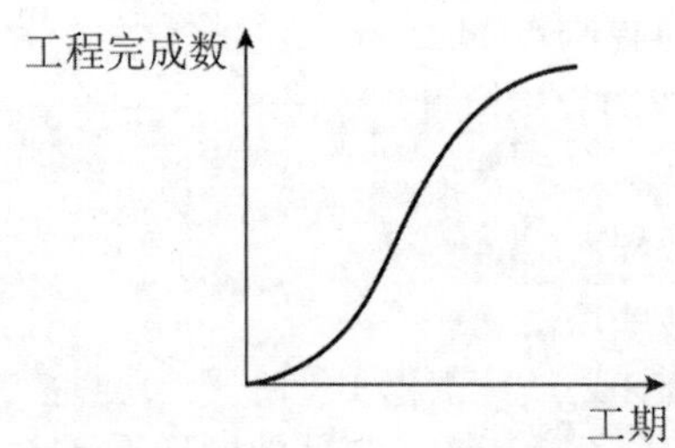

（48）A．项目工期　　B．施工速度　　C．项目难度　　D．工程总量

试题（48）分析

参考《信息系统监理师教程》7.4.1 小节中的图 7.5。

工程施工进度曲线的切斜率即为施工进度速度，它是由施工速度决定的。

参考答案

（48）B

试题（49）

监理工程师在为期一年的信息网络系统建设项目中，发现计划工期为 4 个月的综合布线系统 2 个月就完成了。此时，监理工程师应首先进行的工作是：__（49）__。

（49）A．表扬项目经理
B．调整项目进度计划
C．分析偏差原因及对后续工作和工期的影响
D．采取进度调整措施，让后续工作跟上新的进度变化

试题（49）分析

参考《信息系统监理师教程》7.3.2 小节中的图 7.3。

工程进度计划调整的过程顺序：

出现工程偏差→分析偏差原因→分析偏差对后续工作和工期的影响→确定影响后续工作和工期的限制条件→采取进度调整措施→形成调整的进度计划→实施调整后的进度计划→进入进度检测系统。

参考答案

（49）C

试题（50）

为合理有效地控制项目建设进度，监理工程师应在项目的__（50）__，对建设合同所涉及产品和服务的供应周期做出详细说明，以便建设单位做出合理安排，同时用以指导、验收承建单位的设计和施工工作。

（50）A．准备阶段　B．招标阶段　C．设计施工阶段　D．验收阶段

试题（50）分析

参考《信息系统监理师教程》7.3.1 小节。

监理工程师应在准备阶段对建设合同所涉及产品和服务的供应周期做出详细说明。

招标阶段通常只有工程的总周期要求。

参考答案

（50）A

试题（51）

长期以来，我国信息工程项目建设成本失控现象严重，造成成本失控的原因很多，但不包括__（51）__。

（51）A．项目规划和设计方案的较大更改，引起有关费用大大增加
B．项目规划和设计不采用新技术，导致项目缺乏先进性
C．对项目的设计缺乏成本控制意识
D．项目建设超过客观的合理经济规模

试题（51）分析

参考《信息系统监理师教程》8.1.2 小节。

投资控制技术方面失效的原因有：

（1）进行项目成本估算时，项目规划设计的深度不够，不能满足成本估算的要求；

（2）采用的项目成本计算方法选择不当，与项目的实际情况和占有的数据资料不符；

（3）项目成本计算的数据值不准确，计算疏忽漏项，使计算的成本额偏低；

（4）设计者没搞好设计方案优化，致使项目设计方案突破项目成本目标值；

（5）项目实施期间，有关物资价格的上涨幅度，大大超过对其上浮的预测值；

（6）项目规划和设计方案的较大更改，引起有关费用的大大增加；

（7）没有考虑工程实施中可能发生的不可预见因素，故使实施所需费用大量增加。

所以，项目是否采用新技术、是否具有先进性，与成本控制无关。

参考答案

（51）B

试题（52）

信息系统工程项目进行投资控制时，应遵循的基本原则包括__（52）__。

①投资最少化原则②全面成本控制原则

③静态控制原则④目标管理原则

⑤责、权、利相结合原则

（52）A．①②③　　B．②③④　　C．①②⑤　　D．②④⑤

试题（52）分析

参考《信息系统监理师教程》8.1.1 小节。

投资控制的原则：

（1）投资最优化原则；

（2）全面成本控制原则；

（3）动态控制原则；

（4）目标管理原则；

（5）责、权、利相结合原则。

参考答案

（52）D

试题（53）

关于参数建模的估算方法，不正确的是：__（53）__。

（53）A．参数建模的模型比较复杂，至少需要 5 个独立参数因子

B．当用来建模的历史数据比较精确时，参数建模法是可靠的

C．当用来建模的参数容易定量化时，参数建模法是可靠的

D．参数建模法对大型项目和小型项目都适用

试题（53）分析

参考《信息系统监理师教程》8.3.2 小节。

参数建模是把项目的一些特征作为参数，通过建立一个数学模型预测项目成本。模型可简单（开发人员的成本是以每月的费用的成本作为参数）也可复杂（软件研制的模型涉及 13 个独立参数因子，每个因子有 5～7 个子因子）。

参数建模的成本和可靠性各不相同，参数建模法在下列情况下是可靠的：

（1）用来建模的历史数据是精确的。

（2）用来建模的参数容易定量化。

（3）模型对大型项目适用，也对小型项目适用。

所以，参数建模的模型可以简单，也可以复杂。

参考答案

（53）A

试题（54）

监理工程师审核工程竣工结算中的报废工程损失时，不正确的做法是：__（54）__。

（54）A. 审核相关账目是否准确完整

B. 审核各项损失是否经过主管部门的批准

C. 尽量回收利用减少损失

D. 审核损失的真实性，而不是合理性

试题（54）分析

参考《信息系统监理师教程》8.5.4 小节。

审核分析报废工程损失，应核销其他支出中的各项损失是否符合实际情况，是否经有关主管部门批准，要尽量回收利用减少损失。监理工程师有责任审核项目的各项费用支出是否合理。

参考答案

（54）D

试题（55）

下列情形中，__（55）__会造成信息系统工程变更。

①贸易摩擦导致项目所需设备无法进口

②项目需求分析出现错误或遗漏

③承建单位的项目经理离职

④建设单位由于机构重组的原因造成业务流程的变化

（55）A. ①②③　　B. ②③④　　C. ①②④　　D. ①③④

试题（55）分析

参考《信息系统监理师教程》9.1.2 小节。

造成信息系统工程变更的原因有几个方面：

（1）项目外部环境发生变化，例如政府政策的变化。

（2）项目总体设计，项目需求分析不够周密详细，有一定的错误或遗漏。

（3）新技术的出现，设计人员提出了新的设计方案或者新的实现手段。

（4）建设单位由于机构重组等原因造成业务流程的变化。

参考答案

（55）C

试题（56）

某信息系统工程项目的承建单位因进口设备入关手续不全，设备被海关扣留，准备进行项目进度变更。下述变更控制流程中，__（56）__是正确的。

（56）A．变更申请→监理初审→变更分析→三方协商→实施变更
B．变更分析→变更申请→监理初审→三方协商→实施变更
C．变更申请→监理初审→三方协商→变更分析→实施变更
D．变更分析→监理初审→变更申请→三方协商→实施变更

试题（56）分析

参考《信息系统监理师教程》9.3.7小节。

变更控制流程中：变更申请→监理初审→变更分析→三方协商→实施变更→监理监督变更过程。

参考答案

（56）A

试题（57）

监理人员在需求变更过程中，不正确的做法是：__（57）__。

（57）A．要求必须用变更申请单提出变更
B．要求变更必须获得项目各方责任人的书面批准
C．要求变更申请获批后尽快执行，不必修改项目整体计划
D．审批变更申请前，监理工程师必须与总监理工程师商议

试题（57）分析

参考《信息系统监理师教程》9.4.1小节。

变更申请获批后必须修改项目整体计划，使之反映出该项变更，并使该变更单成为这个计划的一部分。

参考答案

（57）C

试题（58）

监理单位在信息系统工程监理过程中针对各类合同的管理须遵循合同管理原则。有关合同管理的原则不包括__（58）__。

（58）A．公正处理原则　　　　B．实时纠偏原则
C．事中控制原则　　　　D．充分协商原则

试题（58）分析

参考《信息系统监理师教程》10.2.3小节。

合同管理原则包括：事前预控原则、实时纠偏原则、充分协商原则、公正处理原则。

参考答案

（58）C

试题（59）

某市智能交通信息系统建设过程中，出现__（59）__情形并导致损失时，承建单位可以向

建设单位提出索赔。

①建设单位接受上级审计，项目暂停 1 月

②承建单位的施工质量不符合实施技术规程的要求

③施工人员参加建设单位组织的会议，出差途中丢失工作电脑

④地震

（59）A．①②　　B．②③　　C．③④　　D．①④

试题（59）分析

参考《信息系统监理师教程》10.3.1 和 10.5.4 小节。

索赔是在信息系统工程合同履行中，当事人一方由于另一方未履行合同所规定的义务而遭受损失时，向另一方提出赔偿要求的行为。

项目索赔具有以下特征：

（1）索赔是合同管理的重要环节；

（2）索赔有利于建设单位、承建单位双方自身素质和管理水平的提高；

（3）索赔是合同双方利益的体现；

（4）索赔是挽回成本损失的重要手段。

因不可抗力事件导致的费用及延误的工期由双方按以下方法分别承担：

（1）项目本身的损害、因项目损害导致第三方人员伤亡和财产损失以及运至实施场地用于实施的材料和待安装的设备的损害，由建设单位承担；

（2）建设单位、承建单位人员伤亡由其所在单位负责，并承担相应费用；

（3）承建单位设备损坏及停工损失，由其承建单位承担；

（4）停工期间，承建单位应监理单位要求留在实施场地的必要的管理人员及保卫人员的费用由发包人承担；

（5）项目所需清理、修复费用，由建设单位承担；

（6）延误的工期相应顺延。

但监理单位应特别注意因合同一方迟延履行合同后发生不可抗力的，不能免除迟延履行方的相应责任，应承担因此造成的损失。

参考答案

（59）D

试题（60）

企业信息化系统建设过程中，监理工程师应通过日常检查和教育，监督承建单位积极进行软件知识产权保护。为防止内部员工侵权，建议承建单位＿（60）＿。

①制定知识产权保护规章制度

②对员工进行知识产权相关教育

③与员工签订知识产权保护协议

④及时到国家知识产权局进行作品登记

（60）A．①②③　　B．②③④　　C．①②④　　D．①③④

试题（60）分析

参考《信息系统监理师教程》10.6.3 小节。

信息系统工程在需求方案、集成方案、选型采购、软件设计等方面涉及较多的知识产权问题，这些问题应该在有关合同中规定，并加以管理。知识产权保护的管理，应该坚持全过程的管理。具体包括：

（1）树立为建设单位和承建单位维权的意识。

（2）建议建设单位制定知识产权管理制度。

（3）监督承建单位实施知识产权管理制度。

- 保护自己的软件著作权。
- 防止公司内部员工侵害知识产权。
- 认识盗版软件的危害。

（4）实施知识产权保护的监理措施：政策措施、技术措施。

参考答案

（60）A

试题（61）

信息系统实施安全管理制度中，人员方面的制度不包括＿（61）＿。

（61）A．计算机信息网络系统工作人员出入管理制度

B．计算机信息网络系统工作人员差旅报销制度

C．计算机信息网络系统工作人员循环任职制度

D．计算机信息网络系统工作人员强制休假制度

试题（61）分析

参考《信息系统监理师教程》11.2.3 小节。

信息系统实施安全管理的有关制度包括：

（1）计算机信息网络系统出入管理制度；

（2）计算机信息网络系统各工作岗位的工作职责、操作规程；

（3）计算机信息网络系统升级、维护制度；

（4）计算机信息网络系统工作人员人事管理制度；

（5）计算机信息网络系统安全检查制度；

（6）计算机信息网络系统应急制度；

（7）计算机信息网络系统信息资料处理制度；

（8）计算机信息网络系统工作人员安全教育、培训制度；

（9）计算机信息网络系统工作人员循环任职、强制休假制度等。

不包括差旅报销制度，出差补助属于财务制度，与信息系统安全无关。

参考答案

（61）B

试题（62）

监理工程师应监督建设单位采用的防范火灾安全管理设施不包括＿（62）＿。

（62）A．手提式灭火器　　B．烟雾探测器
C．抗静电喷雾器　　D．火灾警报器

试题（62）分析

参考《信息系统监理师教程》11.3.2 小节。

火灾可能从信息处理设施的内部或外部引起，因此防火控制系统必须设置在机构中的所有地方，以提供适当的防护。监理应监督建设单位采取的安全管理措施有手提式灭火器、触动式火灾警报器、烟雾探测器、灭火系统（二氧化碳、水、干管）等。

抗静电喷雾器不是用于防火的，是用于防静电的。

参考答案

（62）C

试题（63）

信息系统计算机机房的主干电缆出现自然老化，引起停电、停机事故。该情形破坏了信息系统安全属性中的__（63）__。

（63）A．不可抵赖性　　B．可用性　　C．完整性　　D．保密性

试题（63）分析

参考《信息系统监理师教程》11.1.2 小节。

信息网络系统可用性体现在：

（1）可用性是信息系统工程能够在规定条件下和规定的时间内完成规定的功能的特性。可用性是信息系统安全的最基本要求之一，是所有信息网络系统的建设和运行目标。可用性是指信息及相关的信息资产在授权人需要的时候，可以立即获得。例如通信线路中断故障会造成信息在一段时间内不可用，影响正常的商业运作，这是信息可用性的破坏。

（2）保密性是信息不被泄露给非授权的用户、实体或过程，信息只为授权用户使用的特性。信息的保密性根据信息被允许访问对象的多少而不同，所有人员都可以访问的信息为公开信息，需要限制访问的信息一般为敏感信息或秘密。秘密可以根据信息的重要性及保密要求分为不同的密级。

（3）完整性定义为保护信息及其处理方法的准确性和完整性。信息完整性一方面是指信息在利用、传输、存储等过程中不被删除、修改、伪造、乱序、重放、插入等，另一方面是指信息处理的方法的正确性。不适当的操作，如误删除文件，有可能造成重要文件的丢失。

参考答案

（63）B

试题（64）

工程监理验收报告的必要内容不包括__（64）__。

（64）A．实施集成测试方案得到的测试结果　　B．返工修改部分回归测试的情况
C．竣工准备工作完备情况　　D．验收测试方案与规范

试题（64）分析

参考《信息系统监理师教程》12.4.2 小节。

工程监理验收报告是信息工程项目验收阶段产生的主要监理文件，此阶段的主要监理工

作是监督合同各方做好竣工准备工作，组织三方对工程系统进行验收测试，以检验系统及软硬件设备等是否达到设计要求。

须包含的要素有：

（1）工程竣工准备工作综述；

（2）验收测试方案与规范；

（3）测试结果与分析；

（4）验收测试结论。

参考答案

（64）A

试题（65）

监理文档中，__（65）__属于实施类文档，不属于总控类文档。

（65）A．承建合同　　B．监理实施细则

C．采购计划　　D．监理总结报告

试题（65）分析

参考《信息系统监理师教程》12.4.1 和 12.4.2 小节。

总控类文档包括：承建合同、总体方案、项目组织实施方案、技术方案、项目计划、监理规划及实施细则。

工程监理总结报告属于监理实施类文档。

参考答案

（65）D

试题（66）

工程监理总结报告的管理协调综述部分综合分析了合同管理和项目协调情况，应重点包含__（66）__的内容。

①签监理合同情况　②合同履行情况

③合同纠纷　④合同双方工作关系情况

（66）A．①②③　　B．②③④　　C．①②④　　D．①③④

试题（66）分析

参考《信息系统监理师教程》12.4.2 小节。

工程监理总结报告由总监理工程师组织编写，由各相关专业监理工程师参加，综合各工程月报和所有的监理资料，对工程进度、工程质量、合同管理及其他事项进行统一的综合分析，总结出整体监理结论。

工程监理总结报告应重点包含以下几个方面的内容：

（1）工程概况；

（2）监理工作统计；

（3）工程质量综述；

（4）工程进度综述；

（5）管理协调综述；

（6）监理总评价。

管理协调综述是综合分析合同管理、综合协调情况，包含有无新签分包合同、合同履行情况、合同纠纷、双方工作关系情况等。

参考答案

（66）B

试题（67）

组织协调的基本原则包含：__（67）__。

①公平、公正　②守法　③诚信　④科学　⑤创新　⑥简单

（67）A．①③④⑤　　B．③④⑤⑥　　C．②③⑤⑥　　D．①②③④

试题（67）分析

参考《信息系统监理师教程》13.2.1 小节。

组织协调的基本原则：

（1）公平、公正、独立原则；

（2）守法原则；

（3）诚信原则；

（4）科学原则。

参考答案

（67）D

试题（68）

监理会议后，应在会后__（68）__小时之内公布会议成果。

（68）A．8　　B．12　　C．24　　D．48

试题（68）分析

参考《信息系统监理师教程》13.3.1 小节。

确保会议成功的措施，会议结果的落实原则：在会后 24 小时之内公布会议成果。

参考答案

（68）C

试题（69）

在监理实施过程中，监理单位与建设单位的联系均以书面函件为准。在不作出紧急处理时可能导致人身、设备或项目事故的情况下，监理应__（69）__。

（69）A．召开监理专题会议　　B．先口头或电话通知，事后补书面通知

C．编写监理日报　　D．正式发布有监理单位盖章的书面通知

试题（69）分析

参考《信息系统监理师教程》13.3.2 小节。

在监理实施过程中，监理单位与建设单位的联系均以书面函件为准。在不做出紧急处理时可能导致人身、设备或项目事故的情况下会先口头或电话通知，事后会在约定时间内补做书面通知。

参考答案

（69）B

试题（70）

（70）不适合作为项目监理例会的主要议题。

（70）A．分包单位的管理和协调问题

B．项目款支付的核定问题

C．因突发性变更事件引起的进度问题

D．针对存在的质量问题提出改进措施要求

试题（70）分析

参考《信息系统监理师教程》13.3.1 小节。

项目监理例会的主要议题：

（1）检查和通报项目进度计划完成情况，确定下一阶段进度目标，研究承建单位人力、设备投入情况和实现目标的措施；

（2）通报项目实施质量的检查情况和技术规范实施情况等，针对存在的质量问题提出改进措施要求；

（3）检查上次会议议定事项的落实情况，检查未完成事项及分析原因；

（4）分包单位的管理和协调问题；

（5）项目款支付的核定及财务支付中的有关问题；

（6）接收和审查承建单位提交相关项目文档；

（7）监理提交相关监理文档；

（8）解决项目变更的相关事宜；

（9）违约、工期、费用索赔的意向及处理情况；

（10）解决需要协调的其他有关事项。

参考答案

（70）C

试题（71）

（71） concerns a cycle of organizational activity: the acquisition of information from one or more sources, the custodianship and the distribution of that information to those who need it, and its ultimate disposition through archiving or deletion.

（71）A．Acquisition management　　B．Information management

C．Distribution management　　D．Deletion management

试题（71）分析

信息管理（IM）涉及组织活动的一个周期：从一个或多个来源取得信息、保管和将该信息分发给需要它的人，以及通过存档或删除对该信息的最终处理。

参考答案

（71）B

试题（72）

The information security management system preserves the confidentiality, integrity and availability of information by applying a/an ＿（72）＿ management process and gives confidence to interested parties.

（72）A．quality　B．information　C．risk　D．data

试题（72）分析

信息安全管理体系通过应用风险管理过程来保持信息的保密性、完整性和可用性，以给予相关方信心。

参考答案

（72）C

试题（73）

＿（73）＿ describes the configurable items of the project and identifies the items that will be recorded and updated so that the product of the project remains consistent and operable.

（73）A．The configuration management plan

B．The change management plan

C．The requirements traceability matrix

D．The change baseline

试题（73）分析

配置管理计划描述项目的配置项，识别应记录和更新的配置项，以便保持项目产品的一致性和有效性。

参考答案

（73）A

试题（74）

When required, the Perform Integrated Change Control process includes a ＿（74）＿, which is a formally chartered group responsible for reviewing, evaluating, approving, deferring, or rejecting changes to the project and for recording and communicating such decisions.

（74）A．BBC　B．CCB　C．BCB　D．CBC

试题（74）分析

必要时，应该由变更控制委员会（CCB）来开展实施整体变更控制过程。CCB 是一个正式组成的团体，负责审查、评价、批准、推迟或否决项目变更，以及记录和传达变更处理决定。

参考答案

（74）B

试题（75）

＿（75）＿ are also known as tally sheets are used to organize facts in a manner that will facilitate the effective collection of useful data about a potential quality problem. They are especially useful for gathering attributes data while performing inspections to identify defects.

（75）A．Effect sheets B．Data sheets
C．Check sheets D．Cost sheets

试题（75）分析

检查表，又称计数表，用于合理排列各种事项，以便有效收集关于潜在质量问题的有用数据。在开展检查以识别缺陷时，用检查表收集属性数据特别方便。

参考答案

（75）C

第24章　2019下半年信息系统监理师下午试题分析与解答

试题一（共20分）

阅读下列说明，回答问题1至问题4，将解答填入答题纸的对应栏内。

【说明】

为提升金融机构现金处理效率、降低现金综合运营成本，某省级银行拟建设区域现金中心管理系统，以实现现金处理集约化、数据集中化和监管全程化。建设单位与承建单位A签订了建设合同，与监理单位B签订了监理合同。在项目建设过程中发生了如下事件：

【事件1】系统需求分析阶段结束后，承建单位A向监理工程师提交了项目需求小组编制并签章的《应用软件系统开发计划（初稿）》《软件需求规格说明（初稿）》《软件质量保证计划》《软件配置管理计划》《测试计划（初步）》《用户使用说明（初稿）》，申请进入系统设计阶段。

【事件2】建设单位对项目的成本控制特别关心，要求在成本、技术、进度三者之间综合平衡，保证各项工作在各自的预算范围内进行。

【事件3】为提高代码质量，承建单位A的开发小组编制了《软件编码规范》，内容包括：

（1）变量名称应完全体现变量用途，需使用英文完整单词，不得缩写；

（2）为提高程序运行效率，不要在程序中写注释；

（3）程序中数据说明的次序与语法无关，可以是任意的；

（4）为了体现项目的编程水平，程序编写要做到效率第一，清晰第二；

（5）输入输出的方式、格式应尽可能方便用户使用；

（6）对所有的输入数据都要进行检验，保证每个数据的有效性。

【事件4】数据报表子系统预计代码规模500 000行，开发人员完成250 000行代码时，承建单位A项目负责人上报该子系统开发进度完成50%。

【问题1】（3分）

针对事件1，如果你是监理工程师，请依据需求分析阶段的监理控制要点，向承建单位提出你在监理过程中发现的问题。

【问题2】（5分）

针对事件2，作为监理工程师，你认为成本控制的内容包括哪些方面？

【问题3】（6分）

针对事件3，作为监理工程师，请逐一指出这份《软件编码规范》的要求是否正确，不正确的请写出正确的做法。

【问题4】（6分）

针对事件4，作为监理工程师，你认为A单位的进度评估是否合理，为什么？

试题一分析

本题重点考查信息系统工程监理关于进度控制和成本控制的相关知识。

【问题1】

本问题重点考查需求分析阶段的监理控制要点，参考《信息系统监理师教程》[1]20.4.3小节。

【问题2】

本问题重点考查监理关于成本控制的要点，参考《信息系统监理师教程》20.5.3小节。

【问题3】

本问题考查系统软件编码规范监理评审的知识，参考《信息系统监理师教程》22.2.10小节。

【问题4】

本问题考查应用软件监理关于进度控制的知识，参考《信息系统监理师教程》20.4.3小节。

参考答案

【问题1】（3分）

（1）《应用软件系统开发计划》不应是初稿，应是经批准后生效的版本。

（2）《软件需求规格说明》不应是初稿，应是通过评审的版本。

（3）承建单位应在需求分析阶段建立以软件需求规格说明为核心的配置管理基线。

（每条1分，共3分）

【问题2】（5分）

（1）监控费用执行情况与计划的偏差；

（2）确使所有发生的变化被准确记录在费用线上；

（3）避免不正确的、不合适的、无效的变更反映在费用线上；

（4）注意股东权益改变的各种信息；

（5）寻找费用正反两方面变化的原因；

（6）注意与其他控制过程相协调。

（每条1分，满分5分）

【问题3】（6分）

（1）不正确（0.5分）。变量名称应选择精炼、意义明确的名称，必要时可缩写（0.5分）。

（2）不正确（0.5分）。需要注释，绝不是可有可无的（0.5分）。

（3）不正确（0.5分）。出于阅读、理解、维护的需要，最好使数据说明规范化，先后次序固定（0.5分）。

（4）不正确（0.5分）。程序编写要做到清晰第一，效率第二（0.5分）。

（5）正确（1分）。

（6）正确（1分）。

（每条1分，共6分）

---

[1] 本章提及的《信息系统监理师教程》为全国计算机技术与软件专业技术资格（水平）考试指定用书，由清华大学出版社出版。

【问题 4】（6 分）

不合理（1 分）。

原因：

对整个子系统的代码行估计可能是不准确的。（1 分）

没有考虑难易程度，已完成的代码部分可能是相对容易，或使用代码生成器完成的。（2 分）

没有考虑质量因素，软件没有通过测试就不能算完成，测试的工作量没有计算进来。（2 分）

（其他合理答案酌情给分，满分 5 分）

试题二（共 15 分）

阅读下列说明，回答问题 1 至问题 3，将解答填入答题纸的对应栏内。

【说明】

为推进“互联网+政务服务”，某建设单位拟建设省级政务服务平台，使平台能够支撑一网通办、汇聚数据信息、实现交换共享、强化动态监管。通过公开招标确定了承建单位和监理单位。在准备验收时，承建单位完成了如下工作：

（1）采购了操作系统、数据库、应用软件等，均符合相关政策法规要求；

（2）采购的设备已全部到货，经加电运行，状态正常；

（3）项目大部分建设内容已按照批准的设计方案建设完成；

（4）技术文档和验收资料基本完备。

在项目验收阶段：

（1）建设单位和监理单位共同确定了项目的验收方案；

（2）建设单位和监理单位根据验收方案组建了验收组；

（3）验收组按照验收工作程序完成初步验收，提交了正式的竣工验收申请；

（4）验收组按照分项工程成立了测试（复核）小组、资料文档评审小组和工程质量鉴定小组。

【问题 1】（6 分）

针对案例中承建单位已完成的工作内容，请指出其不满足验收前提条件的地方。

【问题 2】（3 分）

基于以上案例，请问验收过程中的做法哪些是不正确的？

【问题 3】（6 分）

作为监理工程师，请指出各验收小组的具体工作内容。

试题二分析

本题重点考查信息系统验收阶段的监理相关工作的技术要点。

【问题 1】

本问题考查信息网络系统验收的前提条件，参考《信息系统监理师教程》18.1.1 小节。

【问题 2】

本问题考查验收工作的准备及验收方案的审核与实施，参考《信息系统监理师教程》18.1.2 小节。

【问题 3】

本问题考查工程验收的组织及验收工作的分工，参考《信息系统监理师教程》18.1.3 小节。

参考答案

【问题 1】（6 分）

（1）项目应全部建设完成；

（2）项目建设内容满足使用要求；

（3）项目各项技术文档和验收资料都要完备；

（4）项目各文档资料符合合同的内容；

（5）各分项建设任务全部通过初步验收；

（6）系统建设和数据处理符合信息安全的要求；

（7）用户同意项目验收。

（每条 1 分，满分 6 分）

【问题 2】（3 分）

（1）业主和监理方共同确定了项目的验收方案不对，需要三方共同确定验收方案。

（2）建设单位和监理单位根据验收方案组建了验收组不对，需要三方共同推荐人员参与验收组。

（每条 1.5 分，共 3 分）

【问题 3】（6 分）

测试小组：根据验收测试报告和数据，按照具体相关标准对关键点复测。（2 分）

资料评审小组：根据合同要求对相关技术资料进行评审。（2 分）

工程质量鉴定小组：现场复查、验收，听取测试小组和资料评审小组汇报，起草工程验收评语。（2 分）

试题三（共 15 分）

阅读下列说明，回答问题 1 至问题 3，将解答填入答题纸的对应栏内。

【说明】

某市拟建设城市供水全过程监管大数据平台，利用城市供水行业各企业及机构现存的海量信息，通过大数据手段进行分析预测、辅助决策，帮助政府部门实现城市供水全过程智慧化监管。建设单位委托承建单位 A 负责该系统的建设，委托监理单位 B 负责监理工作。

【问题 1】（4 分）

为了安全高效地存储、备份海量数据，请根据建设单位如下系统需求，选择合适的存储及恢复技术类型（请将正确选项填写在答题纸的对应栏内）。

序号	选型内容	系统需求	可选范围（单选）
（1）	存储技术	需要将分布、独立的供水机构数据整合为大型、集中化管理的数据中心，采用 TCP/IP 协议，支持长距离的小数据块传输，对距离的限制少，易于部署和管理	A. SAN B. SAS C. NAS D. DAS

续表

序号	选型内容	系统需求	可选范围（单选）
（2）	灾后恢复的数据复制模式	要求主站点数据能够迅速、实时地复制到第二站点，需要达到秒级或微秒级，适应长距离、写操作密集的系统，且不需要附加的存储	A.同步数据复制 B.异步数据复制 C.定期复制 D.人工复制
（3）	灾难恢复方式	要求恢复系统的安全性非常好，不会因为服务器损坏而发生误切换，恢复时间不能太长，可以接受一段时间的应用中断	A.全自动恢复方式 B.手动恢复方式 C.数据备份系统 D.磁盘备份系统
（4）	灾难恢复站点类型	要求服务器、数据、应用程序与主服务器随时同步运行，恢复过程快到难以令人察觉	A.热站 B.冷站 C.温站 D.寒站

【问题 2】（6 分）

针对下列工作内容，请填写适合的监理方法（请将下面（1）～（4）处的答案填写在答题纸的对应栏内）。

监理内容	监理方法
依据信息系统工程项目的总体需求和网络设备的指标，判断网络设备是否能够满足	（1）
网络工程涉及范围较大，检查部分网络综合布线的连通性和通信质量	（2）
在网络施工过程中，对网络综合布线现场施工方式进行质量控制	（3）
模拟真实网络应用场景，验证承建单位的网络设计方案是否满足业主方的要求	（4）

【问题 3】（5 分）

作为监理工程师，请判断下列内容是否正确（填写在答题纸的对应栏内，正确的选项填写“√”，不正确的选项填写“×”）。

（1）主机房设计容纳设备 20 台，设备尚未选型，主机房面积设计为 100m^2。（　）

（2）开机时，主机房夏季设计适宜温度为 26℃，相对湿度 50%。（　）

（3）敷设的光缆在室内布线时要走线槽，拐弯处曲率半径设计为 35cm。（　）

（4）有一处管道设计在沼泽地处，设计方案选择了现场浇筑的接合井。（　）

（5）管理间、设备间的接地设计为：单个设备接地电阻小于 1Ω，整个系统设备互联接地电阻小于 4Ω。（　）

试题三分析

本题重点考查信息网络系统建设的监理相关知识。

【问题 1】

本问题考查信息网络系统数据存储和备份设备的基本知识，参考《信息系统监理师教程》14.1.2 小节。

【问题 2】

本问题考查信息网络系统监理常用的过程控制的监理方法，参考《信息系统监理师教程》14.2.2 小节。

【问题 3】

本问题考查机房假设及综合布线系统的基本知识，参考《信息系统监理师教程》16.5.1 和 16.5.2 小节。

（1）16.5.1，设备未选型时，主机房面积=设备数量×（4.5～5.5）（m^2/台）。

（2）16.5.1，开机时主机房温度应为（23±2）℃。

（3）16.5.2，光缆拐弯出曲率半径不能小于 30cm。

（4）16.5.2，沼泽地不适于安装预制井，应选择现场浇筑的接合井。

（5）16.5.2，单个设备接地小于 4Ω，整个系统设备互联接地小于 1Ω。

参考答案

【问题 1】（4 分）

（1）C

（2）B

（3）B

（4）A

（每个 1 分，共 4 分）

【问题 2】（6 分）

（1）评估

（2）抽查测试

（3）现场旁站

（4）网络仿真

（每个 1.5 分，共 6 分）

【问题 3】（5 分）

（1）√

（2）×

（3）√

（4）√

（5）×

（每个 1 分，共 5 分）

试题四（共 15 分）

阅读下列说明，回答问题 1 至问题 3，将解答填入答题纸的对应栏内。

【说明】

某省计划 2020 年初步建成信息共享的生态环境监测网络。通过招标，建设单位确认了 A 单位为承建单位，B 单位为监理单位。

随着项目建设任务的推进，B 单位根据项目建设的总体进度计划，要求 A 单位在合同规定时间节点，按监理要求提交正式的文档或软件，并根据相关标准审查文件。

在项目实施过程中，发生了如下事件：

【事件 1】由于项目工期比较紧，A 单位在需求调研没有全部完成且未与用户进行确认的情况下，开始了系统开发工作。监理工程师给 A 单位发了监理通知单，要求 A 单位尽快整改。

【事件 2】为了实现项目建设目标，当发现事件 1 问题后，A 单位邀请监理工程师担任工程承保人或保证人，帮助监督实施质量。

【问题 1】（4 分）

在项目实施过程中，质量控制的方法包含哪些（请选择 4 个正确选项填写在答题纸的对应栏内）？

A．挣值　　B．帕累托图　　C．香蕉图　　D．决策树

E．控制图　　F．趋势分析　　G．网络图　　H．统计分析

【问题 2】（7 分）

（1）针对事件 1，监理单位的做法是否合理？为什么？

（2）针对事件 2，A 单位的想法是否可行，为什么？

（3）结合事件 2，你认为在项目中监理的责任范围是什么？

【问题 3】（4 分）

写出监理工作的主要内容。

试题四分析

本题重点考查信息系统建设监理的目标及相关内容。

【问题 1】

本问题考查信息应用系统建设监理对项目质量控制的方法，参考《信息系统监理师教程》20.3.4 小节。

【问题 2】

本问题考查信息应用系统建设的监理目标，参考《信息系统监理师教程》20.2.1 小节。

【问题 3】

本问题考查信息应用系统建设的监理内容，参考《信息系统监理师教程》20.2.2 小节。

参考答案

【问题 1】（4 分）

B E F H

（每个 1 分，共 4 分，选错 1 个扣 1 分，多于 4 个选项不给分）

【问题 2】（7 分）

（1）合理，因为需求需要进行评审确认。（1 分）

（2）A 单位的想法不可行。（1 分）

因为：

监理单位和监理工程师需要保持客观、公正，不可能成为承建单位的工程承保人或保证人。（2 分）

（3）监理是一种技术服务性质的活动，不承担设计、开发、实施、软硬件选型采购方面的直接责任。（1分）

监理单位只承担整个建设项目的监理责任。（2分）

【问题3】（4分）

四控：质量控制、进度控制、投资（成本）控制、变更控制。

三管：合同管理、信息管理、安全管理。

一协调：三方沟通协调。

（每点0.5分，共4分）

试题五（共10分）

阅读下列说明，回答问题1至问题2，将解答填入答题纸的对应栏内。

【说明】

为了保证某信息化平台建设项目的实施质量，通过招标，建设单位确定了监理单位和承建单位。在实施过程中，监理单位配合完成了相关工作。

【问题1】（6分）

请判断如下监理相关工作是否合理（填写在答题纸的对应栏内，正确的选项填写“√”，不正确的选项填写“×”）。

（1）部分设备的配件不合格，监理督促承建单位与供货厂商联系更换。（　）

（2）监理在测试阶段对承建单位进行检查，确认承建单位是否按照设计中制定的测试规范与计划进行测试。（　）

（3）监理监督承建单位根据项目需要，对软件测试进行开发、维护、建立文档等。（　）

（4）监理监督承建单位依据项目定义的软件过程、计划确认测试。（　）

（5）从承建单位抽调开发人员与监理人员共同组成测试小组，共同计划和准备所需的测试用例和测试规程。（　）

（6）根据实际工作需要，监理对软件测试活动进行跟踪、审查和评估。（　）

【问题2】（4分）

按照测试阶段划分，软件测试由__（1）__测试、__（2）__测试、__（3）__测试和__（4）__测试组成。（请将（1）～（4）处的答案填写在答题纸的对应栏内。）

试题五分析

本题重点考查信息系统建设过程中软件测试的要求和监理方法。

【问题1】

本问题重点考查信息系统建设软件测试的监理目标、活动等，参考《信息系统监理师教程》23.2.2小节。

【问题2】

本问题考查信息系统建设过程中软件测试的监理方法，参考《信息系统监理师教程》23.2.2小节。

参考答案

【问题 1】（6 分）

（1）√

（2）√

（3）√

（4）√

（5）×

（6）√

（每个 1 分，共 6 分）

【问题 2】（4 分）

（1）单元

（2）集成

（3）确认

（4）系统

（每条 1 分，共 4 分，4 个答案顺序无关）